U0902197

Marguerite Duras
La traversée d'un siècle

杜拉斯传

一个世纪的穿越

[法]阿兰·维贡德莱　著
胡小跃　伍倩　译

江苏凤凰文艺出版社
JIANGSU PHOENIX LITERATURE AND ART PUBLISHING, LTD

谨以此书纪念玛格丽特·杜拉斯，并献给阿斯特丽。

她写作，玛格丽特·杜拉斯，是的，M.D.[1]，她写作。她有铅笔，有钢笔，她写作。就是这样。就是这样，别无其他。

——玛格丽特·杜拉斯，法国电视一台，1988年

我希望人们像我自己写作那样来写我。那或许会是一本包罗万象的书。

——玛格丽特·杜拉斯，《文学杂志》，1990年6月

「1」玛格丽特·杜拉斯法语姓名的首字母。编者按：如无特别说明，本书脚注均为译者注。

Table

目　录

序

在我写过的所有传记中，献给玛格丽特·杜拉斯的这一部是最难以完成的，是最痛苦同时也是最刺激的。在我之后，还有很多人也曾试图重新勾勒她的一生，他们也都碰到了困难，这样一项工作到底难在何处？杜拉斯本人特别善于分析心灵的深处与心灵的沉默，以及她也曾面对过的孤独片段，对于这项工作无法完成的原因，她阐述得很清楚："我根本无法看清人们所说的'她的人生'。构成我的，只有对死亡的思考，或对某个男人和我的孩子的爱。纵观所有过往经历，我好像根本不可能近似于任何一种人生模式。"凭借着什么，才能编织出一部即使并非完美无缺但至少正确无误的杜拉斯传记？它应该围绕哪些秘密的主线，才能触及深层次的真相？因为，传记所要做的，正是触及深层次的真相，至少我一直以来所理解的传记艺术是这样的：找到人的秘密，回到它们火热的策源地，就像杜拉斯说的那样"一直追溯到它们"，把犹如深邃夜空中闪闪繁星的它们记录下来。无论是为谁作传，都不仅仅是罗列既往事实，或满足于一篇众所周知的编年史，还包括其他很多更复杂的东西，事后看来，这对玛格丽特·杜拉斯而言尤为如此。

当然，我们离不开这样一个无法回避的提纲：殖民地时期的印度支那、家庭的苦难、中国情人、返回法国和在洛特-加隆省杜拉斯镇度过的童年、与罗贝尔·昂泰尔姆在一起的日子、抵抗阵营、在“文稿管理委员会”的短暂工作、昂泰尔姆的流放、与迪尤尼斯·马斯科罗的长相厮守、加入和退出法国共产党、帅气的情人热拉尔·雅尔洛、学会喝酒、《抵挡太平洋的堤坝》和随后多部作品以及她久久不屑的爱情小说所获得的闪电般的成功、诺夫勒堡的居所、阿尔及利亚战争、“圣伯努瓦街小组”、在特鲁维尔购置的公寓、离群索居、1968年“五月风暴”、介入女权主义运动、与扬·安德烈亚在一起的生活、她与同性恋的关系、1981年左派的上台、从影经历，还有书籍，至死相随的书籍，还有临终前的孤独、逝世后留下的传奇……对于所有那些倾力重现玛格丽特·杜拉斯的“人生”的人来说，以上就是他们的传记素材。然而，仅凭这些就够了吗？只采用这些素材，仅有这些素材，岂非南辕北辙？自始至终，杜拉斯深知，她的所有一切是一个个疑问，是一扇扇紧闭的大门，是一片片阴暗的“森林”——她把她的人生称为“森林”——是穿插和拥堵在她人生中的一个个十字路口和岔道口。只有她写的那些书，只有那些延续她那深不可测的、有待破解的奥秘的影片，才有望让她触及尘世与万物的珍贵和美好。“对于我们年少时某一天所发现的那种空洞，”她说，“什么都无法使之从未存在”；对于爱情，她发现世间没有什么“能取代爱情”；对于时光，她“从来都只是等候在紧闭的门口”：所以，只有书才能反映她那偶然性的、碎片式的、撕裂了的人生，她那千疮百孔的人生。除了书，还有与之呼应的音乐，特别是巴赫、舒伯特、维瓦尔第、迪亚贝利[1]的奏鸣曲和卡洛斯·达勒西奥[2]的乐曲，它们犹如夜空中前进的足迹，尽头处或许会突然出现金色的光芒：就像小说《爱》结尾处所说的，“或许是一个黎明，上帝”。书和音乐就像召集人，构成了最初的和谐。

对于那些关注她人生的人，她有言在先：“你们人生的史实，我人

「1」迪亚贝利（Anton Diabelli，1781—1858），奥地利作曲家。他创作了一首圆舞曲，并邀请当时的51名著名作曲家参与创作变奏曲，贝多芬为其中之一。

「2」卡洛斯·达勒西奥（Carlos d'Alessio，1935—1992），原籍阿根廷的法国作曲家。

生的史实，其实并不存在，或者说只是一堆词汇。我的人生，我们的人生，只有虚构的故事，而没有史实。只有通过想象去回顾时光，才能使人生焕发生气。”对于传记作者来说，难道还有比这更美的途径和更好的建议吗？在传记的创作中，所要做的到底是什么？是把一个人的人生搬上舞台，将其变成一场“真人秀”，还是在充满疑虑和痛苦的夜幕中盲目前行，只靠这种方法去发现人生的生气及其内在的运动？因此，杜拉斯的书或许是其传记的唯一素材，是打开其真实人生的唯一钥匙。更进一步，杜拉斯对未来她的传记作者开出了一个特殊的处方：“我希望人们像我自己写作那样来写我。那或许会是一本包罗万象的书……”

如此说来，1994到2012年间那些前仆后继的传记或许未能完全达到玛格丽特·杜拉斯的预期。确实，无论是沉湎于挖掘私生活中的秘密和政治上的背叛，还是把传记混同于法官的卷宗，以期将杜拉斯置于历史之中或直面她的命运，这些都是不够的。肯定还有别的东西，还有另一些故事，它们发生于夜间，是精神层面的，牵涉到所有游历其中的人，包括读者和作者，而我们永远也不知道能否将其解释清楚。可见，有一点是肯定的：研究杜拉斯，首先得重视她内心的演变，跟着那个阴暗的迷宫——途中，文本是唯一的向导，它引导着读者——深入克洛德·鲁瓦「1」所说的“杜拉斯特质”（Durasie），一个陌生地带，以及“黑色大陆”（continent noir），而我们稍后将看到，这一“黑色大陆”或许是所有人共有的，因此它既令人痴迷，又令人惧怕。

很久以来，我觉得我熟知杜拉斯不断讲述的那个世界和那个故事，故事只讲了她和她的人生，却触动了所有读者，他们从中找到了自己的一部分。我一直认为，这便是文学及其普适性和全部人性的真正标志。玛格丽特·杜拉斯属于这样一类作家，他们的根源可以上溯到文字诞生之初，上溯到人类最初的呼喊和占卜。她直觉里知道这一点，否则，她怎么能像马格德林岩洞「2」里的史前人类一样，在外部世界面前举起残缺的双手，

「1」克洛德·鲁瓦（Claude Roy，1915—1997），法国作家。

「2」位于法国西南部多尔多涅省，岩洞中曾发现距今1.7—1.2万年的史前人类遗迹。

齐声发出绝望的爱的呼喊？写这部传记，就是要与她相会，捕获她的气息——她曾不断重申，这气息为我们大家、她的读者乃至全人类所共有。

我致力于这项工作，不仅因为我年轻时长期与她交往频繁，因为我是索邦大学第一位研究她的学生——我曾于1972年在塞杰尔出版社发表了一部关于她的论著，系法国出版界开先河之作——因为同一年她同意为我创作的一部诗集作序，更重要的是因为我一直认为，她的作品触碰到了我内心的最深处，因为在不断阅读她的作品的过程中，已没有什么让我觉得怪异，无论是说出来的还是没说出来的，无论是显露在外的还是隐藏于黑夜的，因为我已由此变成她最专注的读者之一。

我对杜拉斯的研究长达44年，可谓整整一生，期间我一直只以她的书为出发点，那是她人生的隐迹纸本，是仍有待解码的遗迹。可见，这便是大家所说的“第一手”工作，从塞杰尔出版社出版的那部论著，到对她在洛特–加隆省（其笔名的来源地）度过的童年的调查，再到组织举办关于某些从未被研究过的主题的研讨会（与她和上帝的关系一样，那些主题一开始总是被人嘲笑和挖苦，但最终都得到了认可），再到1991年发表的那部传记，系第一部杜拉斯的传记，在全球广为译介，已成为很多论文的依据，并被我不断重读、修改和补充新元素，直到成为今天交出的这部作品，只为尽量贴近她的主题和她的真面目。研究玛格丽特·杜拉斯是一件总有挑战和风险的事，一是因为必须亲身体会疯狂和眩晕，进入她所说的“暗室”（chamber noire）和“内在阴影”（ombre interne），二是因为她的所有文本都不像人们希望的那样，轻易交出用于开启紧闭的大门的专用钥匙。阅读杜拉斯，我们永远不在她所说的“光亮地带”（zones claires），而是处于一些最偏僻的、埋藏得最深的区域。

她的人生铭记在她作品的长卷中，而那些作品犹如炼金术士的工作，旨在将所有的痛苦和所有的孤独化为金子。因此，为她作传并非一往无前，把握住她人生的气息和历程，也不一定非得像某些人以招徕读者为主要目的所做的那样，展示一些她几十年前就已禁止公布的资料，但有的人并不理会她的要求……要知道，她的人生其实是处于一些更为阴暗的陷阱中。玛格丽特·杜拉斯一再宣称：“我们有我们所写的，那是一种不可见的人生，接着有另一种人生，它是可见的。”有些人想要一天接一天地复现时光缓慢但愤怒的脚步，排列那些或喧嚣或安静的日日夜夜，整理一件件大事，以日期和标志事物为主线——对于这些人，杜拉斯略带奚落地答道：“我这么说吧，为的是解脱我自己……（如果）非得让我说明日期……我没有这个能力。”

剩下的是她作品的地点，也即她称之为必须追随的“图像之路”（chemin d'images），这些图像被记忆突然泛起的波浪带到水面上来，就像一袭滔天巨浪，她从浪尖上撷取了泡沫，而那泡沫本身也是转瞬即逝的。

对于这部新传记，我把它看作我对她漫长的研究工作所获得的一个成果。我一直视她为20世纪的重要作家，与马塞尔·普鲁斯特比肩：普鲁斯特为这个世纪揭开了序幕，她则为之画上了句号。在书写她的人生故事之时，我忠于她的抉择和她的价值观，也即尽可能地贴近她，无惧狂风或海浪。不管怎么说，杜拉斯提醒过那些拿她来冒险的人：从1969年我第一次遇到她，到1995年我最后一次见到虚弱而无助的她，她总是会提到进入“内在阴影”的危险和写作的巨大风险，她就像一阵风，“从人生中经过，人生中别无其他，除了人生，还是人生”。

她在文集《物质生活》里讲的一个小故事为我写这部传记提供了帮助。故事说的是皮埃尔·博纳尔的一幅画，画的是海上的一艘小船。这位画家对他的画不满意，想要加以修改。当拥有这幅画的人同意把画托付给他之后，他把画的整个空间全都让给了小船的帆。于是，帆占据了一切，占据了大海、天空和风。杜拉斯认为，书也是如此，一句话，一个词，都能改变作品的意义，使它走向别处，走向无数的终点。人生一定也是如此。一个故事，一个日期，一个事实，一件轶事，或许会让历史走向别的日期、别的轶事，走向意料之外的含义。基于这样的考虑，这部传记或许会成为一个巨大的谜，或许能完美地反映杜拉斯的人生，她的神话，她的传奇。

阿兰·维贡德莱，2013年6月

Chapitre 1　La mémoire de l'oubli

忘却的记忆[1]

1914年4月4日，她出生在闷热而昏暗的印度支那嘉定市，也即西贡北郊的一个小居民区里。故事就是从那儿开始的。在那里，她挣脱了母亲，挣脱了那个浸润着她的温柔乡，进入到弥漫着死亡气息的日光之中，发出婴儿的初啼。外头，原住民的街上，也有其他婴儿呱呱坠地，那都是些黄皮肤的婴儿，是苦命的人，刚生下来就被乞丐般的人裹在破衣烂衫里，背在背上，吼出和她一样的怨言和哭声。她是玛丽·多纳迪厄生的最后一个孩子。

她的姓氏是一个征兆，已经道出了一层说不清道不明的意思。像是命中注定似的，多纳迪厄[2]，这个父辈的姓氏将她献给了素未谋面的上帝，要把她变成他的奴隶，变成一个嗷嗷待哺、脱离了母体、托付给了上帝的不知名的小生命，就像一个“被丢下的孩子，被抛弃的孩子”——她后来这样说道。

是不是为了佐证她的姓名，多纳迪厄，这个小丫头才经历了童年里

「1」引自《玛格丽特·杜拉斯在蒙特利尔》，螺旋出版社/索兰出版社，蒙特利尔，1981年，第41页。另，关于玛格丽特·杜拉斯的多种论著，详见本书后附的书目。——原注

「2」法语为“Donnadieu”，该姓氏由“donner à Dieu”（意即“交给上帝”）缩合而成。

的暴力？很小的时候，她就感觉到内心有一些隐藏的力量在塑造着她，有一些与生俱来的冲动在支配着她，有一种获得独立的欲求使她与其他人，包括殖民者和他的家人，分离开来。

她反抗自然法则，转而寻觅广袤的丛林，蜿蜒而不知去向的河流，向它们的危险发出挑衅。

她的父亲亨利·多纳迪厄是一名数学教师，祖籍法国洛特-加隆省，历经第一次婚姻之后，有了两个儿子。促使他奔赴印度支那的，是海外的召唤，是标榜生财之道的殖民宣传告示，还是由于他“郁郁寡欢地读了皮埃尔·洛蒂[1]的书”，抑或他不过是想在另一种环境下重塑人生？毋庸置疑，他不是那种急于发财致富、靠原住民赚钱的冒险家，而是属于浸淫于茹费里[2]的教条的那一代理想主义者，对那一代人而言，奔赴印度支那，就是拓展法兰西的疆界，传播法国的文化和一个天真的梦想，也即坚信土著人需要文明，必须得到法国的护佑。他先后被任命为河内、北圻[3]、柬埔寨的教授、教学主任，成为白人社会贵族阶级的一员，他们认可他的学识，他也尊重他们。孩提时，玛格丽特·多纳迪厄就见识了不少舒适惬意的官邸，譬如她全家曾住过的坐落于金边的柬埔寨王宫。她生活在古代支那落寞的余晖中，生活在佛塔和寺庙弥留的时光中，生活在季风的气息中，四处漂浮着麻风病。敏感的她就像一头小兽，对一切都充满好奇，她听到了四周的喧嚣，听到了老百姓和仆人们对话的音节，周围的一切全都被她记在心里：土著民的敏捷，宛如哑然的河流的街道，街上神经质的、密密麻麻的人群。

就在这里，在这片富有传奇色彩和异域风情的天地里，在各种相互交融的反差与充满暴力的景象中，记忆力发挥了它的作用。所有一切已

---

[1] 皮埃尔·洛蒂（Pierre Loti，1850—1923），法国小说家，著有多部描绘异国风情的小说。

[2] 也译作儒勒·费里（Jules Ferry，1832—1893），法国政界人士，曾在第三共和国先后担任教育部长、外交部长、总理，任内以推行政教分离、殖民扩张、免费世俗义务教育而闻名。

[3] 旧地名，今越南北部地区。1834年，越南阮朝明命皇帝将越南分为三圻：北方宁平省以北的各省统称为北圻，北圻以南至北纬20度之间的各省称为中圻，中圻以南各省称为南圻。其中，南圻又译作“交趾支那”。

在孩提时代的她的心中沉积：湄公河上落日的余晖、仆人们如仪的举止、傍晚的濡湿、织物——即便薄如蝉翼——压在肌肤上的重量、花园里高大的热带植物、绿色——无边无际的绿色——而厚重的丛林。

还有麻风病，这种像黑夜一样蔓延的地方病让整个城市和成片的土地陷入病态，使河流泛黄，给这个国度带来了致命的空气和灼热的气息。它是一个隐喻，可以被人隐隐约约地预感到，所形容的是一个有待认识和发现的世界，而这世界是一成不变的，也是苟延残喘的。

她的母亲，玛丽·勒格朗，祖籍法国加莱海峡省。按她的说法，是在“弗雷旺附近”，那是一片多云、寒冷而广袤的土地。母亲生在农家，出身贫寒，兄弟姐妹五人中，她是老大。她曾获得奖学金，在小学教员师范学校求学。毕业后，她在敦刻尔克找到了第一份工作，但她生性狂野、桀骜不驯，注定要到其他地方去施展满腔的充沛精力。弗兰德斯地区「1」风萧萧的广袤大地不适合她，所以她提出了到殖民地教育机构谋一份工作的申请，并顺利地得到了这样一份工作。杜拉斯在《来自中国北方的情人》中写道，1905年，“殖民地儿童受入学教育伊始”，母亲“被任命到法属印度支那”，她将见识到别样的景致：荆棘丛生、人迹罕至的公路，河流，稻田，山脉，有水牛一路小跑的小路。和未来的丈夫一样，她也无意于宣传布告里说的发财致富，只因她的心中另有一个更为崇高的梦想，是这个梦想让她充满活力。很快，在任职的不同工作岗位上，她认识到了殖民生活的辛酸和白人儿童命运的艰难，但她感觉到了从父母那里继承来的农民的力量，并将其保留了下来。不久，她觉得自己跟土著民亲近了，为教授越南孩子法语而感到自豪，她“给孩子们补课到深夜，尽管她知道这些孩子日后将成为工人、‘苦力’，也即她所谓的‘被剥削者’”。她的付出，她的生命力，使她很快就变得受人欢迎，成了“穷人当中的无国界女王”和“田间的流浪者”。

不久，她嫁给了亨利·多纳迪厄，两人组成了一个典型的教师家

「1」古地名，现泛指法国北部、比利时西部、荷兰沿海地区。

庭，成了殖民者的骄傲。他们生了三个孩子：皮埃尔、保罗也即杜拉斯的“小哥哥”，以及最小的玛格丽特。

母亲的活力、她骨子里的冲动、她像“一个疯子”那样施展的精力，这一切给幼小的玛格丽特留下了深刻的印象。她一个纯粹的母亲，一心扑在孩子身上，满脑子想的都是“日常生活的历险”，是居家过日子的一把好手。

当时拍的一些照片使我们得以更好地认识这一家人。父亲是三角脸，胡子修成法兰西第二帝国时期的流行式样，目光炯炯有神，有穿透力，使得整个人显得热情似火。母亲坐在亚洲皇帝的一个宝座上，背后是异国情调的布景，装饰着富有戏剧色彩的帷幔和挂毯；她的衣着是那一代妇女的典型，胸部高耸、丰满，从身材上看像是穿了紧身衣，整个人被固定在简朴的裙子里，一大串煤玉项链点缀在她的脖子上；她的目光也是坚毅的，狂热的，这像是全家人共有的一个符号。孩子们围在母亲身旁。皮埃尔——杜拉斯后来只称他为“大哥”——穿着水手服，也可能是殖民时代流行的白色套装，目光有些倔强、坚定，是带着厌倦在拍照。“小哥哥”保罗比杜拉斯大两岁，身材瘦削，“那么的瘦，有一双带蒙古褶的眼睛”，他露出一丝微笑，显得弱不禁风、“与众不同”。最后是玛格丽特，她穿着纱裙或细亚麻布裙，为的是不至于感到太热，头发里别着一只硕大的蝴蝶结，长长的卷发一直垂到肩头。她的眼睛特别惹眼，目光严肃，教人简直受不了。她的目光里有一种发出挑衅、与人对抗的东西。她的内心已经有了固执而必胜的意志，像是一个标志或预兆。

关于记事之初，如今只有她自己是唯一的见证人。她愿意提及的，只有一些画面，其痕迹被她留在了记忆里，还有一些小事，一些她难以释怀的事，一些她想要重温的时刻。她在访谈、散文和自述中如数家珍的那些旧事使人相信她，“杜拉斯，总在述说同样的事”，到最后她自己也厌烦了这一切：南圻、雨季黄色而泥泞的河流、墙角的乞丐发出的刺耳的叫喊声……

对于记忆里的这个暗室，她只记得几幅画面、几个场景，普普通通，却又至关重要。

1917年，或是1918年，她记不清了，那时她三岁，也可能是四岁，但刚满四岁。有一天，她看见一个越南工人从梯子上摔了下来，那人面无表情，鲜红的血沿着嘴角流下来。当时，她的眼神应该与上述照片中呈现的眼神是一样的，坚定，教人捉摸不透。女仆对她说："别待在那儿，过来，别看了。"她记忆犹新："我明白了，我刚见到的是一件大事。"

在那些半模糊半清晰的往日痕迹中，还有夏日在父母和仆人们陪伴下的中国之旅，长路漫漫，令人筋疲力尽，却又显得神秘。她还能依稀记得有些小路的两旁竖着墓碑、佛塔，站着乞丐，披着鲜艳袈裟的喇嘛时不时从路上走过，她记得那一大帮人，也记得那一大帮人的流浪。

那段放逐的时光已无确切日期可考。放逐之地是那片鱼龙混杂的殖民地，有殖民者鳞次栉比的白色宅邸，也有原住民的草屋和棚户区，是侨民的地盘。与所有被征服的、臣服了的、异国他乡的土地一样，那里也承载着想象，充满着香气。

1918年，父亲被调往金边，柬埔寨的首都。一家人沿着宽广蜿蜒的湄公河北上，住进了宽敞而富丽堂皇的新宅邸。新房四周是无边无际的茂密丛林，林子里留下了她玩耍的足迹，虽然她心怀惧怕。

不料，父亲不久就得了殖民地的传染病，是一种会传染的突发性发烧疾病，这种病像是会榨干病人的所有体液和精力。据诊断，父亲得的是阿米巴痢疾，而母亲也同时得了这种病，但症状要轻一些。于是，父亲提出了回法国的申请，但母亲并未一同回国，而是被工作困住，像是被绑在了印度支那这片土地上，孤身一人照料着几个孩子。就是从那个时候起，在这个维系于母亲一人的家庭小团体中，在这个仇恨与暴力、疯狂与恐惧以及令人恐惧的、纯粹的爱相互交织的家庭中，玛格丽特·多纳迪厄的传奇故事拉开了序幕。

父亲回法国并非没有造成影响。他还会回来吗？在被抛弃感和等他回来的等待之间，玛丽·多纳迪厄和她的孩子们一起体会着这几个月的孤独。玛格丽特受到影响了吗？她性格矜持，喜欢回避，不会把父亲的远去挂在嘴边。打小起，她的内心就深藏着拒绝，情感经受着折磨，情愿体会情感（经常是强烈的）的刀锋，与太多冲动的情绪相抗衡。父亲走了，她却未必从中感到痛苦或怨恨。一切都会过去，恰似那流淌的大河，不为外物所动。

父亲在法国的日子并不像他所期望的那样。他的病情加重了。他曾有一个秘密的梦想，就是把远在印度支那的家人和法国的家人——第一任妻子以及他们的孩子——团聚到普拉提耶，他在那儿置办了漂亮的房产，但他应该是绝望了，知道这个梦想正在破灭。那处房产“不是一座城堡”，玛格丽特后来坦言，只是诸多养眼的府邸之一，坐落于一片葱郁的大地。房子四周有一个大花园，杜拉斯称之为“公园”，这好像是她的一个习惯——她在诺夫勒堡还有一处房产，附带的花园相对小一些，也被她称为“公园”。除了房产，房契还详细说明了周围一并出售的建筑和土地：“附属建筑、花园、菜园、耕地、牧场、葡萄园，以及其他性质的地产。”房产附近有几处宁静而怡人的山谷。到了晚上，一栋栋亮着灯的房屋依稀可见，给人一种祥和与安宁的印象，亨利·多纳迪厄喜欢这种印象，看惯了印度支那总是透着残酷的异域风光之后，他在这里看到了永恒的法国所拥有的神话般的画面。

对于父亲的离去，多纳迪厄一家作何感想？他们是否隐隐觉得这是一种背弃？亨利真的是他们当中的一员吗？到最后，以玛丽·勒格朗为核心的这个小家庭是否会发现父亲“太过法国化”？至于他们，两兄弟、妹妹、母亲，他们已觉得自己成了这片越南大地上的外国人，差不多成了混血儿——若干年后，这片土地被杜拉斯毫不含糊地称为“水乡祖国”（patrie d'eaux）。

不管怎样，一家人能收到来自法国的信件，但这并不是什么教人翘首期盼的大事。亨利·多纳迪厄在或不在，他们无所谓。在生命中的最后两个月里，亨利住在普拉提耶，他被因细菌而起的病拖垮了，觉得已被世间万物所抛弃，于是便放任自流，向自己的死亡走去。

在印度支那，母亲害怕丛林，害怕丛林里厚重而灼热的植物，害怕游荡的闲人，害怕她从未完全信任的男仆。她让孩子们睡在她床上，正如后来，在坐落于卢瓦尔河畔她得到的那座路易十五时期风格的破旧古堡里，每逢寒夜，她就让绵羊、小鸡等动物睡在她卧室里。

她有预知和通灵的天赋，能看懂各种迹象、巧合和事件，预见灾难的来临。一天晚上，确切地说，是通过电报得知丈夫于1921年12月4日病故的前夜，她听见丈夫的书房里有一只迷路的鸟，不断地撞到墙上，喧闹不已。当她向孩子们宣布这个坏消息时，谁都没有表露出伤感。父亲的死只是世间万物中的又一件事情，是玛格丽特早已习以为常的宿命。她后来承认，得知父亲病故的那一刻，她没有落泪，并且认真地补充道，不久后失去她的小狗之时，她的反应就不一样了。父亲留给她的只有两点：一是姓氏，多纳迪厄，一是洛特-加隆省的房子。前者后来令她无法承受，几乎“无法随身携带”。确实，与上帝之名离得这么近，叫她该怎么活下去，最关键的是，她该拿什么奉献给上帝？上帝又会要求她奉献些什么？至于后者，当玛格丽特梦想着广阔的世界，想要在不同事物之间架起桥梁之时，一栋迷失在乡间的房屋就变得毫无用处了。殖民地的生活还在继续，一如既往。在那片殖民地的大地上，孩子们从此感觉到了前所未有的狂野和自由，无尽的自由。

父亲的下葬得益于他前妻里维耶一家的帮助。他的墓紧挨着莱维纳克德吉安教堂，沿途可见公墓的地势比高大的围墙还要高。前妻里维耶一家的墓地很大，但不那么考究。父亲的墓比较高，上面摆放着用上了釉的陶瓷制成的花朵，有菊花、紫罗兰等，显得花团锦簇，且不会被时光所摧毁……一块大理石板上刻着这样的字眼：“亨利·多纳迪厄，南圻学校校长。”文字并不完全正确，但又有什么关系呢！政府多次派员登门致敬，玛丽·勒格朗一一接待，毫无怨言，但也没有表露出特别的感情。她太忙，有太多的事要打理，殖民地的日子太苦，但她却没有想过要换一种活法。幼小的玛格丽特似乎已经忘了父亲，至少表面上看是如此，她没有服丧，也不曾悲痛。关于父亲，她后来曾说过，她“不认识他”。

时光荏苒，毁掉了熟识的物品，改变了一张张照片，弄丢了为数不多的几件纪念品。父亲写了一本关于指数函数的数学书，她保留了很长一段时间，但书还是不见了，她不知道是什么原因，也不知道是怎么丢的。她一直认为，书其实没有丢，她或是别人会有机会从某件家具的死角里发现它，发现它滑到了抽屉后头，迷失在那里，就像她多年之后在那个路易十五时期风格的衣柜深处发现一件衣服那样。那件衣服是她用《抵挡太平洋的堤坝》的版税买的，布料用的是细亚麻布，上面有一些暗红色的血迹，肯定是经血，怎么看都是一件女装，衣服上满是历年来静悄悄的夜里落下的灰尘，那是时间的颜色。

时间继续流逝。父亲没了，去了小玛格丽特已忘却的地方，把她的记忆空间让给了母亲的形象。对于玛丽·多纳迪厄来说，一切又重新开始了。她躲过了致命的痢疾，开始继续教书。然而，父亲一死，特殊优待也就没了。她在一所当地学校当教师，职位在行政级别中是最低的。生活不再如往日那么宽裕，母亲必须靠着全力劳作和一腔执着，才能担负起新的生活。

不知不觉中，她对大儿子，她莫大的骄傲，寄予了一种教人无法抗拒的爱。女儿黑头发、棕色皮肤，眼神特别有穿透力，一举一动不招人喜欢，样子略显堕落，个性极为反叛，性格怪异而特殊，她指望得上吗？次子整日只知“爬上高大的芒果树”，无忧无虑，略显天真、“痴呆”，举止“无声无息”，她又能指望得上吗？

另一种生活开始了，更不稳定，更为野蛮。

当时拍的一张照片上，玛丽·勒格朗身旁围着三个孩子，拍摄地是一处破旧、脏乱、堆满杂物和垃圾的庭院。这张照片完全不同于父亲在世时的那些照片，在昔日的照片中，看得到亨利·多纳迪厄殖民的骄傲及其社会地位的上升，仆人们和看上去团结一心的家人围在他身旁。此时此刻，母亲内心深处的本性和与生俱来的疲乏一一显露，她像是认命了，不再想抚养她的孩子，他们太难缠，太堕落，太不听话，无法抚养下去。她的身影显得沮丧，她的目光显得迷离。“灾难就此驻足。”杜拉斯后来这样形容道。为此，母亲决定回一趟法国，去继承亨利·多纳迪厄的遗产。

1922年，也即他们第一次回国的那一年，玛格丽特年仅八岁。一家人登上了“Azay le Rideau”号[1]邮轮，时值7月，旅程一共30天。在漫长的旅途中，玛格丽特懵懵懂懂地体验了她日后所有的写作主题，以及她未来作品里的所有符号：放逐、流浪、行李、无定所的夜、变化多端的事物，尤为重要的，是船舷之外始终相伴的海景：深邃的海，莫名的海，阴暗的海，大浪滔天的海，吞噬一切的海。《情人》中那些描绘大海及其奥秘的华丽篇章早在此时就已铭刻在她的记忆之中。

海上之旅，继而一段漫长的陆上之旅，他们到了杜拉斯镇，随后到了普拉提耶。屋子锁了六个多月，已散发出霉味，但条件相对要好一些。呈现在他们面前的，是一个全新的世界，对于它，年幼的玛格丽特只有一些鸿爪雪泥般的印象，那是她在印度支那翻阅一些以田园牧歌的方式描绘祖国母亲和永恒法兰西的书籍而得来的。她记住了所有那些触动过她的画面，比如冷杉林、杏子林、起伏的田野，听到了桤木林中刮过的风，看到了安静而冷漠的母牛、繁星满天的夜晚、田间的劳作、里厄托尔河（在山谷中蜿蜒的一条小河）静静的河水、地势较高的村庄里的生活、赶集或看电影的日子：这一切构成了一个极富法兰西风情的神话，将呈现在她1943年发表的小说处女作《厚颜无耻的人》中。

慢慢地，普拉提耶的生活步入了正轨。父亲已置办家具，一家人便定居了下来。在附近的农民看来，这是一户殷实的人家。玛丽·勒格朗仍然寡居，内心深处泛起了对印度支那的怀念。和在印度支那时一样，她喜欢重拾殖民地时的生活习惯，总在黄昏时分坐在葡萄架下的扶手椅上，然后在夜幕初降时进入梦乡……那一年，玛格丽特是个小丫头，黑发棕肤，眼神里总是充满好奇，骨子里有一种冲动、粗鲁、执拗的性

[1] 该船号系地名，阿瑞勒利多，是法国中部–卢瓦尔河谷大区（Centre–Val de Loire）安德尔–卢瓦尔省（Indre–et–Loire）的一个小镇。

格。不过，她也会满怀忧郁，那时她的眼神就会逃避，专注于无人知晓的、孤独寂寞的内心世界。她丝毫没有表露出父亲之死本该给她带来的忧愁，而是一副坚强、骄傲的模样。事实上，她不可能永远忘记父亲。在父亲健在时的一张照片上，我们看到，她蜷缩在父亲怀里；多年后，1988年，她向法国电视一台的记者露丝·佩罗讲述了父亲带她参加一次葬礼的记忆。那个记忆是历久弥新的，甚至是“固定的”：“父亲牵着我的手。”她说。

在普拉提耶，她渐渐熟悉了法国，熟悉了舒适的田园生活、西南地区温和的气候，以及一种更为文明同时也更为和谐的自然环境。所有这些情感和这些转瞬即逝的印象都被她牢牢记在心里。母亲打算至少在法国待一年，于是便张罗起孩子们的教育，试图结交一些朋友，建立一些邻里关系。玛格丽特有了一个形影不离的朋友，她叫伊维特·阿默兰，住在山谷的另一侧，见她一面得先穿过田野。这个朋友后来在村子里开了一间杂货铺，卒于2013年。她保存着玛格丽特寄给她的许多明信片，经常接待杜拉斯传记的作者，向他们讲述杜拉斯固执的性格，她逃学去野外玩耍、去帕代扬看望神父的经历，她所钟爱的抹了接骨木果酱的面包，她桀骜不驯、变化莫测的个性，以及她写的一手好字和她对故事的偏好。无论是做游戏，还是野游，拿主意的总是玛格丽特。这个老妇人曾告诉让·瓦里耶[1]：“每到周四，我到她家时，一切都已计划好了。于是，我们要么玩跳房子，要么在田野里撒欢。”“你看，”老人伸手指着田野，“那是我们的广阔天地……后来，她哥哥保罗给我们帮了很大的忙……我们步行去帕代扬，去看望杜佛神父。我们经常抄近道，很好玩，也很惬意。途中要穿过一片小树林，林子里有一所房子，里头住着一个聋哑人。一开始，我们都感到很新奇，那聋哑人朝我们不停地打手势。最后，我们终于到了帕代扬，那里有人接待我们。神父的母亲年事已高，是个驼子。她总是会给我们准备一些小吃。有大圆面包，您知道吧，她切下一片，我们抹上果酱，味道有点酸，特别好

[1] 让·瓦里耶（Jean Vallier，1932— ），法国作家，著有多部杜拉斯传记。

吃……每到杏子成熟的时节，一到晚上，人们打开炉子，那味道真好闻，玛格丽特也一定感觉得到。还有葡萄收获时的气味，您知道吧，那是一种香气，葡萄收获时的香气。所有这一切，她全都记得。”

在学校里，她是一个好学生。她爱好叙事和宽泛意义上的诗学，具有一种与生俱来的天赋，因此得到了老师们的注意和欣赏。然而，随着时间的推移，与伊维特的友谊开始变成她的压力。她是个与众不同的小姑娘，性格孤僻，崇尚自我，喜欢那些意料之外、充满奇遇的情境，她爱读历险记，喜欢把自己置于其中。她早就知道母亲偏爱她的长子，但她一言不发，像是对此表示默许，只是把这个爱与恨、欲望与失望相互交织的故事放在内心最深处。在小说处女作中，她赋予了女主人公一种隐秘的忧愁：“一位母亲和她的孩子之间存在着没有出路的爱……”普拉提耶的大自然刺激了她的感性，她觉得自己和大地非常亲近，她热爱多变的季节、乡村的时令——播种、成熟、收获——以及穿越其间的香气。他们四人的生活有几分波西米亚人的意思，周围的农民也觉得他们不合群，玛丽·多纳迪厄对此有一个更为贴切的说法，她形容自己是“迁移的”……四人中，玛格丽特最难以捉摸。“她将来会给您惹麻烦的。”邻居对母亲这样说道。当时，母亲抬头看着天际，像是发出一声徒劳的召唤，又像是怀着一种骄傲。

一天，玛格丽特经历了一件后来被录入“童年严重创伤登记簿”的事。那天，经母亲允许，她去把从田间走失的母牛沿着德罗河畔赶回家。田间道的尽头有一段铁路，一列火车鸣着汽笛飞驰而来。一头受了惊的母牛躲避不及，撞到了火车上。它的一只角折断了，留下了一个鲜血喷涌的洞口。玛格丽特俯下身，紧紧地抱着它，听着它哞哞的吼叫声。这次经历是苦难，是痛苦，也是孤独。是不幸。她紧紧地抱着它，想要给它温暖，给它生命。这件事成了她想象力的一个新主题。

然而，法国的经历没有掩盖住暂时被放到一边的印度支那。印度支那从未远去，反而一直令玛格丽特痴迷。同样的，母亲也觉得对那片殖民地的怀念与日俱增：换个角度来看，她有没有觉得自己是法国人？从某种意义上说——法国所传递的秩序观和伦理观，以及她作为教师所要传播的公民价值——她也许有过这样的感觉，但是萦绕在她内心深处的，却是北圻那片野蛮的大地，是它的不稳定性，它的脆弱性，它那野蛮而粗鄙的风俗，是那个泥沙俱下的社会，是与法国乡村那种完美平衡格格不入的、显而易见的不和谐。与母亲相比，玛格丽特不觉得自己更具法国人特质，尽管她后来发表了《法兰西帝国》，在书中盛赞法国的价值观，捍卫殖民主义，褒扬领导殖民运动的将军们。相反，她觉得自己更亲近印度支那文明，更熟悉柬埔寨王宫的废墟，那个已经凋零与灭亡但痕迹犹在的世界，更喜欢稻田的脆弱，因为它们像是一个暗喻，宛如她隐约觉得漂泊不定的人生，就好像印度支那（著名的“水乡祖国”）褪色的景致折射出的是尘世之初，是人与动物和谐共处的纯洁而原始的天堂……对她而言，家乡是创世之初的家乡，是“处于初现状态中的”家乡，她总是这样宣称……

再说玛丽·勒格朗。她一直在受丈夫及其前妻的两个孩子的气，这两人——雅克和让——私底下指责玛丽·勒格朗离间了他们的父母。关于遗产，以及房产的处置方式，她无法找到一个达成共识的余地。回印度支那的想法慢慢明确起来，她要找回她所熟悉的、不那么舒适的生活习惯，在那些像被水洗涤过的景色中忘掉一切，它们或许会将往事抹拭。她一直扮演着可敬的寡妇的角色，事实上，她在杜拉斯那个地方确实很受人尊敬。不过，在内心里，她还是觉得自己是异乡人，关键是她的孩子们太特别了：长子粗暴而野蛮，次子举止笨拙且不适应周围的社会环境，女儿就更别提了，性格太叛逆，太堕落。她给政府写了很多悲怆的信，以此向其施压，要求得到一份抚恤金和退休金，理由是她认为她丈夫或许是死于一种在殖民地染上的疾病。

印度支那再次成了摆在她面前的选择，一如当年身为教师的她积极投身于殖民运动，以此作为走出失败的唯一出路。她开始考虑是否带着孩子们回到印度支那。玛格丽特对此是比较赞成的。法国的生活中规中矩，母亲在印度支那让孩子们过的日子混乱无序，但后者更适合玛格丽特。她喜欢那个异国他乡，喜欢有颜色也有香气、鱼龙混杂且兼容并包的印度支那，喜欢它那支离破碎的、被洪水淹过的土地，喜欢它奇异的风土人情。

出发的日期定了。政府三次传唤玛丽，请他去波尔多一趟。她必须重操旧业且只能享受部分休假，否则就得辞职。鉴于她身体状况不稳定——她不是害怕得疟疾吗？——每次传唤都给了她一个截止日期。1923年5月，8月，11月，她一次又一次地拖延着，但紧接着，政府只给了她两个月，请她限期到任。

于是，普拉提耶的房产被纳入了拍卖流程，假如拍卖如她所愿，她将把房子买下来。拍卖于12月22日进行，价格一直被抬到了8万法郎。玛丽·勒格朗把丈夫及其前妻的两个孩子应得的部分付给了他们，从而保住了房子。在她看来，若是遇到不幸，这所房子就是她的避风港。不料，祸不单行：所有家具也要被拍卖。玛丽回天无术，只能眼睁睁地看着所有家具陈列在花园里，被邻居或当地旧货商买走。她只好听天由命了：把所有一切全都处理掉，把已逝去的夫妻生活的痕迹全都擦拭掉，然后从头再来。

1924年春末，她带着孩子们登上了返程的轮船。“S.S.Amazone”号邮轮载着他们，驶上了一段漫长的旅途。伊维特（玛格丽特的朋友）的母亲珍藏着玛丽·勒格朗从船上寄给她的一张漂亮的明信片，背面写道：“亲爱的玛丽，很遗憾没有在走之前见你们一面。我们在此拥抱你们，并感谢你们的友善相助。小家伙（指玛格丽特）确实给伊维特写了一封信，但她晕船晕得太厉害，以至于没了勇气。下次再说吧。截至目前，我们的旅途都不顺利。海上浪很大，而且一天比一天热。拥抱你们俩。”

玛格丽特虽然还很小，但已很有心智，她把她在法国经历的一切全都牢牢地记在了心间，什么都不会忘。日后，她将会把记忆中的自然界、气候、动物和大地上的人浇筑在内心深处，把它们与另一个自然界、另一种气候、另一些动物和另一些人联系起来。终有一天，一切将再次出现。《厚颜无耻的人》《印度之歌》等作品就是源于此，源于这个她用于储存万物的熔炉。

杜拉斯的传奇就这样开始了。不光有她所说的像在一条高速路上飞驰的日子，也有业已消逝了的国度和地域，有“像玻璃般碎裂了的”老照片，照片上出现过各色人影、奇特的气息、封闭的疆域、充斥着因焚香而烟雾缭绕的公园。还有罕见而难记的、陌生但又美丽的地名：琅勃拉邦、永隆、河内的还剑湖……

她的童年里有游廊，有无精打采的树木，有石雕栏杆和铺着珐琅瓷砖的露台，有白色的漆木家具和藤椅，有飘摇在悠悠河水上的木舟，有擦肩而过的原住民的白色身影和安南的挑水工。

她将永远记住这些光影，记住这个不平等的世界。一天晚上，应该是一九七几年的某一天，在她诺夫勒堡的家中，迪尤尼斯·马斯科罗把她叫到花园里，让她看看“天气晴朗时一轮圆月下的白色花朵变成了什么”，只见那月亮的乳汁淹没了群山，白玫瑰像是被雪花渐渐覆盖，而红玫瑰却陷入了丝绒般的夜色深处。那一刻，她的思绪游离到了儿时：皓月当空，在“面对着暹罗[1]森林”的木屋里，在野兽们和植物们静悄悄的喧闹中，在昆虫窸窸窣窣的叫声中，她把那本红色装帧的《悲惨世界》读了又读，读到了夜色中的珂赛特，读到了雪地里蹒跚而行的芳汀。

她开始写作了。与年龄相仿的孩子们一样，她也被这个遥远国度的奇特风貌所掌控，同时又梦想着那个她只能通过母亲的笔记和各种书籍去了解的国家。她写了一些关于雪的诗句，试着想象雪花在田野里消融，在江河的水面上掠过，为树木粉妆玉琢。“还有别的吗？”1986年，阿兰·维因斯坦在电台节目《磁性之夜》中这样问她，“您在那个年龄时想写些什么？”“关于生活，关于日常事物的演变。”这样的事物已有太多：父亲的病和他的死、家道中落的新生活、母亲的呼喊……

那么，写作本身又是什么呢？记下这一切？遣词造句，在这世上寻求自我慰藉？

「1」泰国的旧称。

一家人回到印度支那后，母亲的绝望久久不散。日子艰难时，她总是显得癫狂，正是这种癫狂使她随时会陷入一种无法预料和规避的状态。不过，她的野性起了作用，支撑着她，并最终救了她。在当时的照片里，她总是护着孩子们，使人觉得她控制着一切。实际上，她的确什么都管，却又把自己的力量掩盖起来，有时甚至教人害怕。教人害怕的，是她的精力和她的意志。

1968年的一天，玛德莱娜·雷诺在排练《成天上树的日子》时，与杜拉斯聊到了“森林夫人”（Dame des Arbres）——杜拉斯后来这样称呼她的母亲。杜拉斯对此三缄其口，该说的，她在《抵挡太平洋的堤坝》中全都说了。可玛德莱娜·雷诺很有耐心，她知道杜拉斯一定会向她倾述一些童年琐事。杜拉斯说道：“她想要一些照片，我给她看了一张年轻时的，还给她透露了一些与主人公无关的信息。那个女人是加莱海峡省的农家女，是殖民地的学校教师，是一所小学里的小领导，她奉茹费里为师。她问我：‘还有呢？她穿什么裙子？’‘没裙子，只有手提包，没别的装束。’我说。”

在金边，后来在永隆，每到黄昏时分，母亲总是带孩子们坐敞篷马车。他们沿着古毡河（湄公河的一条舒缓的支流）漫步，途经几家隔离治疗传染病人的应急医院，几条两侧种着棕榈树的长街。挥之不去的，是流放异乡的压力，是一种折磨着所有欧洲人的特殊乡愁，是一种没来由的伤感，时间的厚重在这种情绪中经受磨炼，灵魂的不适也在其中日渐增强。

这便是印度支那的时光，是不公正的殖民时代，是并肩而走但又形同陌路的各色人种的时代，是输出文明的征服时代，是充斥着男仆、奴隶、奸商、俗妇、无业游民和白人种族主义者的时代。几家大酒店附近，差不多就在它们背后，便是小路、荆棘丛生之地、广袤而葱郁的热带雨林、低声喧闹的动物。此时的玛格丽特·多纳迪厄要去的就是这些地方，丛林之中，三角洲深处，流入大海的湍急小溪，高大的芒果树的枝头。她沉溺于大自然的力量，喜欢在这些地方哭泣，“为激情、爱情、童年、放逐而哭泣”。

每到晚上，小哥哥总是过来睡在她身旁，显得很温馨，犹如初现的金色黎明。不料，这一幕有一次被大哥撞见了。他揍了小哥哥一顿。“置他于死地的恐惧就是从那时开始的。”她在《来自中国北方的情人》中这样写道。

是幻觉，还是性命攸关的一幕，没人能知道。生活变得像是传奇一般。西贡寄宿学校的女同学已经意识到了这一点：

“再跟我讲讲你的小哥哥吧。”

“又要把同一件事再讲一遍？”

“是啊，肯定是不同样的，不过你也不知道。”

很早，她就体会到了秘密的幸福的力量，养成了冒险和逃跑的爱好。

也许是由于母亲的缘故，她才会从家里溜走，逃到陌生的荒野，因为母亲唠叨的总是父亲的死，寡居的绝望，抚养孩子的艰辛，害怕无法给孩子们必需的教育、无法继续活下去的忧虑。曾经的宣传海报上，法国夫妇坐在摇椅上晃晃悠悠，“原住民在他们周围笑呵呵地忙里忙外”，香蕉树和甘蔗的叶子在暖风中悠闲地摇曳，好一派殖民地的光辉景象，但是那些海报早已不知所踪！

可见，皮埃尔·洛蒂的书并未道出一切，比如生活的艰辛、殖民政府的腐败甚至罪行，而只是描绘了一个梦想，以及异域的景象、画面和它固有的财富。玛丽·多纳迪厄身处社会最底层，职位与海关和邮局职员不相上下，她并不比她的学生更受人尊敬。面对当局的各种羞辱，面对分配给她的职务，她不得不忍气吞声。1924年，她带着孩子们离开金边，去了沙沥，接着又去了永隆，总是在穿过诸多城市和平原的湄公河流域转悠。作为来自法国北方的一名小教员，她在体制内的地位极为卑微，但她却像军人一般英勇，在湿热和瘴气中埋头苦干，无惧广袤植被散发出来的、像是要闷死一切生物的闷热。这种拮据的生活持续了将近十年，这十年中，幼小的玛格丽特将回归野性，在野兽般的活力中茁壮成长。

关于多纳迪厄一家子在印度支那的传奇，杜拉斯多年后将在《抵挡太平洋的堤坝》一书中详加叙述。这传奇犹如史诗般铺开，活像威廉·福克纳、约翰·斯坦贝克笔下主人公的经历。母亲变得很神秘。她是否真的会成为一个钢琴师，默默地坐在法国一家小影剧院的演奏席中，靠着晚上赚的薪水改善一家人的日常起居？是啊，这个“殖民地的勇敢母亲”本该可以成为那样的钢琴师，而“小哥哥”和玛格丽特由于多次逃出去玩耍，每到晚上就会懒懒地靠着钢琴，在“伊甸影院”的观众席中沉沉睡去，那观众席黑漆漆的，活像一个墓穴。

记事之初的很多场景在杜拉斯“异国他乡”的童年里留下了深刻印象，使她因逃到丛林里而得到的快乐大打折扣。八岁那年，她遇见了一个女乞丐，“永隆的疯子”，只见她发出谁也听不懂的叫喊声。她吓坏了，“如果那个女人碰了我，”她说，“哪怕只是一只手轻轻地碰我一下，我肯定会陷入疯癫，那是一个比死亡还要糟糕的状态……”

日后，在回法国的路上，途经加尔各答时，她还将遇到那个女人，也许是她本人，也许是她姐妹，总之是这种流浪者中的一员。她们或是“在田埂上”，或是在“蕴藏着瘟疫的森林里”，她们承载着杜拉斯未来作品的所有主题，使她在不知不觉中开始默默地思考“无法构想的命运”、想象中的人生之旅、永不停歇的流浪、无法解释且荒谬的生存的诅咒，以及由于太早发现“世间孤儿的共同深渊”而感受到的痛苦。

在沙沥，在永隆，当母亲上班和上课的时候，玛格丽特经常逃出学校，钻进森林。这是不允许的，她知道，但她控制不住自己，就是要跨过边界，钻到安南森林和安南空气的深处，在那里进行蜕变，和小哥哥一起变成“外国人”。

虽然母亲总是赞颂法国，赞颂法国北部的田地，称赞那儿的小麦和新鲜牛奶，赞美法国大地的温柔，但是玛格丽特从中捕捉到的却是另一种回声。学校外面有很多高大的芒果树，树上结满果实，隐藏在错综复杂的枝叶中。每次她去摘芒果，就像别人去打仗或打猎似的。

她是怎样通过模仿而像变魔术一样变成了安南人？她的双眼变黑了吗？她的肤色变黄了吗？她的面容发生转变了吗？更早一些，她还只是个“混血儿”，喜欢叛逆，喜欢从这片土地上的事物中寻找亲缘性和复杂性。她什么都不怕，不怕暴晒，不怕传染病，好像她具有免疫力，或者说得到了这个国度的庇护。可是，随着时光在她身上留下印记，同时毁坏她的脸庞（就像她自己所说的那样），此时的她已像是一个安南老妪，挑了一辈子的水桶把她压得直不起腰来，背已经驼了。

有时，当她外出游玩回家被母亲撞见，母亲就会打她，冲她叫嚷，不断地抱怨，其中提到最多的总是法国。法国抚慰了她寡居的痛苦。对于这个太过顽固、太过执拗、与自己太不相像的孩子，她无能为力，只能嚷嚷着“安南小鬼、安南小鬼”。

一种悄无声息的紧张气氛正在不知不觉中塑造着这个家庭。母亲是个彻头彻尾的法国人，她必须将法国理念灌输给安南的小学生，同时灌输给她的“两个小孩子”——她这样称呼他们，因为不喜欢叫他们的名字。然而，孩子们所梦想的，只是溜到原始森林里去玩耍。他们喜欢在午休时逃出校园，每当那时，所有一切都沉浸在湿热中，昏昏欲睡。他们把熟透了的芒果从树枝上摘下来，“黏糊糊的果汁溅到”他们身上。很久以后，杜拉斯依然记得，她早就知道，在以大米和芒果果腹之时，她的“腹中填满的是不同于母亲的人种”。

哺育她的童年的，正是这样的力量，这样的经历，这样的转变。

在这片异域的但又极为熟悉的土地上，她得到的只有欲望：采摘的欲望，捕猎（总是和小哥哥一起）的欲望，对危机四伏的丛林的欲望，对冲突的欲望，对自然力量的欲望。她熟悉这些欲望所带来的各种不同的愉悦，也熟悉在小哥哥怀里睡去的幸福。至于性欲，她很早之前就已体验过了。那时她应该是四岁，一家人住在越南北部，河内的还剑湖附近，马上就要迁往金边。在厨房设施和男仆住所之间，一个越南青年把她带到湖边，想要得到她的抚慰。“他的阴茎软软的，暖暖的。他告诉我应该怎么做。我永远也没忘记手中之物的形状和它的温暖。”那一刻被雕刻在她的脑海中，在她记忆的“暗室”里不断浮现、传递，她四周的湖水一直在见证她的第一次愉悦，以及一种陌生的、她觉得漫无止境的战栗。

装在记忆这个“暗室”里的，是以上那些从时光的宽松脉络中抽离出来的（为什么？）信号和日常场景。倘若没有它们，她还会写作吗？

她的全部作品均以印度支那白人社会为食粮，在这种杂糅的、她钟爱的食粮里，她一直汲取着似乎取之不尽的养料，一直到她老去，一直到当她书写她对扬·安德烈亚的史无前例但又真真切切的爱之时。那段时光的痕迹点缀在她的语言中，在她的书中随处可见。她说过这样一件事：一天，黑岩旅馆（原为诺曼底的一处宫殿，杜拉斯曾在这里长期居住）的朋友们（他们的阳台也朝着一望无际的大海）被一阵阵汽笛声吵醒，当他们眺望空无一人、只有旅游设施的海滩时，看见一艘白色的游艇划破特鲁维尔的夜空——亚洲的白人社会就像这艘游艇，它来了，不见了，吹响了防雾号，然后又不声不响地来来回回，却从未离开过“语言之巅”。

她的童年里充斥着霍乱这种瘟疫的气息，但她却只爱这种味道。母亲对“肮脏的霍乱”严防死守，强迫小哥哥和她吃苹果，诺曼底的一种苹果。可是，玛格丽特不愿吃，借口说那苹果跟棉花似的，把她给噎住了，说她更喜欢吃鱼塘里养的鱼，“用盐水和鱼露烹饪”的那种。她和母亲之间的对立越来越严重。她属于另一个世界，一个迟钝的世界，她是湄公河沿岸攒动的人群中的一员，他们身在祖国，却是异乡人，身在故土，却是流放者。

深入安南社会之时是她最快乐的时光。在那里，她像是修女，是选择了自己人种的修女。她喜欢“和男仆的孩子们一起”帮他们用大量的水冲洗游廊，“那是庆祝至高博爱的节日”。她喜欢把“小哥哥”带进茂密而危险的森林，她不畏惧满是垂死病人的防疫站，她属于这片土地，她很坚强，坚强得没了怜悯。

水无处不在。“我的故乡，是一个水乡祖国。”有狂野的、凶残的、像刺痛皮肤的小刀片一般的雨水；有她晚上乘坐渡船、在人们吞食鸭汤而发出的嘶哑的嘈杂声中渡过的河水；有汇集了泉水、洪流和洼水，漂着腐烂的蝌蚪、昆虫、数不清的微生物和细菌、扭曲得跟水母一样的奇怪植物、风筝的脏水。

至于她母亲的故事，“那就像是一部美国影片”。片中有好人，有坏人，有不幸，有不知廉耻地抢劫孤儿寡母的强盗。然而，无论经过多少失望和失败，母亲永不疲倦、具有象征意义的形象一直树立着，母亲是庞大的，是广袤的，尽管身体弱不禁风，但却像一块巨岩那样顽强、坚韧，像极了法国北部的农民，他们推着犁铧，心无杂念，心中只保留了一种顽固精神，这种精神被钉在心中，将他们与土地联系在一起。

由于有资格购买一块土地，母亲向“殖民地地产总局”递交了申请。1924年——如果《伊甸影院》所言可信的话——或是两年后，她的申请得到了批准。分配给她的土地位于柬埔寨贡布省的波雷诺，距泰国边境不远，处在中国海域外缘，土壤易受侵蚀，前途未卜，四周种着红树林。为此，她倾注了二十年来省下的积蓄，但是很快她就发现，那片土地无法耕种，因为“一年之中有六个月”被大海覆盖，被潮水淹没。第一次播种失败后，她疯了似的，决定与大自然做斗争，继续辛勤劳动，固执地复种，但没用，海水还是悄没声息地渗进土壤，或是淹没整片土地。

不过，这只是一件再平常不过的事。在当时的印度支那，出让的土地是被任意分配的。所有一切全都取决于一个腐化的政府，他们把土地当作彩票一样出售，收取贿赂之后，连上有台风、巨浪和兽群出没，下有看不见的病原体滋生的贫瘠土地都拿来卖。有的倒霉蛋听信于一些坏人，而后者会千方百计地破坏土地，传播疾病，对设施建设横加阻扰。

一旦土地到手，买主就得加以调理，哪怕荆棘遍地，就得招募劳工，就得了解中国人、印度人、马来西亚人、柬埔寨人、安南人当中哪些最勤劳、最厚道、最敬业，就得和村里的头目们打交道，而这种人大多一肚子坏水，会把最差劲的人手偷偷塞给幼稚而不懂当地习俗和生活方式的种植户。

所有人都在追逐着一个不切实际的梦想，在欧洲沉溺于幻想，做着发财梦，仿佛看到了布列塔尼地区的奶牛适应了印度支那的湿热气候。著名的殖民者勒内·勒鲁瓦就是这些人当中的一员，他于1906年在湄公河An Hoa岛上购置了600公顷沼泽地，并将其改造成了富饶的稻田。

可是，并非人人都这么幸运。这桩事业对体格的要求使新来的殖民者有的踏上回国的路途，有的陷入绝望，有的自杀，还有的由于身处炎热和漫天疟疾而死在荒郊野外，永远也没能实现他们的梦想。

对于母亲遇到的悲剧，对于她在遍地的水流和潮湿的稻田之间发出的怒吼，小玛格丽特理解吗？她难道不是一直活在冲动、激情和疯狂之中吗？对于人生，对于存在，她所感知到的只有冲动和狂热。在艰苦而偏私的殖民地社会里，母亲的斗争无异于以卵击石，在别人看来，包括农民、土地管理员等，她的坚韧不过是一种顽固，而玛格丽特却从中隐约看出了一种宿命般的东西。她惊讶地发现了“人生的巨大的、无法估量的荒谬”。

不过，什么也吓不倒这个高大的母亲，这个凶恶的女人，这个“供应食粮和爱的女王”。她不怕浪，不怕雨，不怕命运。她打算建造一座堤坝，用于抵挡粗暴而具有毁灭性的大海。这是两种古老的力量在相互碰撞和挑战，在孩子们眼中，这注定是败局。原野上，用红树做成的圆木，几百个圆木，面对着大海，绝望而惊惧地等待着海水的到来。海水真的来了，对希望报以嘲讽，一路上将所有的一切掀了个底朝天。母亲在被毁掉的土地上叫喊着，怒吼着，她的抱怨声不断回响，却于事无补。

看着海浪淹没庄稼，将其夷为平地，孩子们不知所措。海浪的脚下有时能撞到淹死的老鼠、松鼠和孔雀的沉重的尸体，连它们也在灾难中被一卷而空。

谁也无法战胜宿命，只能看着稻田逝去，看着海水——它就像人生一样——夺走一切，然后疲倦了，溜走了，不知去向何方，不知去寻找什么。

母亲的心中有着怎样不为人知的怒火，以至于她继续这场必败的战斗？作为殖民者，她确信自己的权利和特权，但骨子里是个老实人，上了亚洲这个宏伟的异域风情之梦的当，觉得已不可能回到欧洲生活，因为已扎根于这片土地，和过去一刀两断。关于法国，她保留下来的是继承自农民家庭的对土地的执着，是生活习俗中的粗犷，是对旧事物的偏爱，这使得她对官员们弄虚作假和腐败堕落嗤之以鼻。也正是由于这些原因，她并未不屑于与印度支那的老百姓为伍，并接受了他们的习俗，有时还从中获得一些有利于自己日常生活的启发。她是——她女儿不久后也是——没有籍贯的，她既居有定所，又居无定所，无论在哪儿都是移民。她并没有放弃她对文明的确信，一直坚定地认为她传授给当地人的知识是正确的，以此继续履行丈夫的使命，但与此同时，她也愿意将当地生活的印记和东方的事物引入自己的日常生活，譬如用纱笼和绸裤来打扮自己的女儿。她与巫师们和术士们交往，这些人能治好一些莫名其妙的病症，甚至能用春药和各种植物来治病，她仿佛迷上了这个神奇的亚洲，对其充满信任。

对于母亲的疯狂，小玛格丽特应该全都能理解，因为她12岁了，已经有了叛逆心理。某种可怕的东西在她心中滋生，继而占据了她的内心。她发现自己内心深处隐藏着巨大的恐惧，这恐惧吞没了一切，就像堤坝后的潮水淹没整个平原那样。她也叫喊，她也咒骂，而且“忍不住说一些伤人的话”。她觉得自己的理智在动摇，发现自己身后总有一种莽撞而危险的恐惧感，怎么也甩不掉。

直到1981年，她才开始试着解释这种疯癫状态。年少时，这种疯癫战胜了她，摧毁了她，使她诅咒她的母亲，继而诅咒整个家庭甚至所在的国度和悲惨的命运。1925年，一家人去南中国海的海滨小镇龙海度假时，“我第一次来月经，我在那儿待了一个月，老是去游泳，月经竟从没停止”。她心里有了一种沉重的负罪感，经血到处都是，弄脏了她，追随着她，玷污了她，使她恨上了她那什么也没看见、什么也没明白的母亲。这一个月具有决定性意义，就在这个月里，她开始辱骂上帝，嘲笑上帝，每天晚上都要发表一番伤人的、亵渎神明的话。不，她不想把自己献给那个让她流血的上帝，永远也不能成为小牺牲品，不能做一个被祭献、被抛弃、逆来顺受的上帝的小圣人。相反，她要杀了她的母亲和哥哥，谁让他们同意用她的血做祭品。一种“谋杀的疯狂”占据了她的内心，她发现了自己的暴力，发现了自己内心深处的野蛮和隐藏在那里的无底深渊。

在暴力、仇恨、愤怒和放任相冲突的状态中，所有一切在慢慢发酵。她感觉到内心有一股力量，如火般炽热；有一道裂痕，只需一秒就能把她推入癫狂和晕眩；有一种随遇而安的能力，使她融入这个国度，融入湄公河漫长的蜿蜒和无尽的岛屿。在河流与森林之间，在黑乎乎的舢板船奇特的漂流与栖息着虎和蛇的原生态大地之间，她所学到的是虔诚。

她的内心充满了爱与恨，激烈而狂野的冲动，以及对“那么的瘦，有一双带蒙古褶的眼睛，疯狂的、安静的”小哥哥的无限柔情。和小哥哥一起，他俩组成了一对哀婉而单纯的情人，她成了乱伦的人，那是“一份普通的史料”——她后来这么说——是她在那儿，在那片无人踏足的、朴素的大地上的经历。没什么好解释的，没什么好说的，就是那儿，就在那儿。

同样是在这个年纪，12岁左右，她又遇到了一个女乞丐。此后很长一段时间里，她带着她，把她写进书中，以至于自己也变成了老挝沙湾拿吉市的一个小乞丐，跟她一样四处流浪，念叨着乞讨的祷词，那祷词就像一首间或沉默、顿挫、重复、诉苦的歌谣。

多年后，她漫步在新城市的商业区，行走在铺着方砖的广场上，周围是克雷泰伊和塞纳河畔维特里[1]的高楼大厦、水流丰沛的喷泉以及新式的古建筑。她身材瘦削，驼着背，走在路上，活像印度支那的那个女乞丐。

回到当年。那是一个平常的日子，在那个鱼龙混杂的国度，在一阵阵“花朵……和麻风病的气味”中，那个女乞丐游荡在印度支那的棚户区，怀里抱着她的女儿——可能是两岁，也可能只有半岁，是一个“被虫子啃噬”的小女孩。她把女儿送给玛丽·多纳迪厄，玛丽·多纳迪厄转而把她给了玛格丽特，就像给她一个玩具娃娃似的。然后，她走了，消失在原野深处，从此没再露面。必须把她的流浪故事记下来，追随她漫无目的旅程，把她的悲惨故事写进每一部书，让人听到她的吟唱。“是的，17岁……她怀孕了，她17岁……她被母亲驱赶，她走了……她要一个指向，好让自己迷失。”

对年幼的玛格丽特而言，这是一个巨大的震撼。从此，她总是能听见来自沙湾拿吉的吟唱，能听见这吟唱中的幽怨和这尘世间的所有忧伤，还有那个被遗弃的、垂死的孩子，以及那些穿着整洁的白色制服、掌管着饥饿和灾难、无情的地籍管理员。

饥饿随处可见，它就在那些瘦弱的躯体中，就在那些因水肿而胀大的肚子里，就在那些孩子的空洞的目光里。玛格丽特从他们的尸体旁边擦身而过，看着那些尸体被扔在那儿，等着被草草下葬。“死的人太多了，都没人再哭泣”，而就在这无尽的痛苦中，她懂得了人世间的恐怖，乃至它的秩序，它那冷酷无情的法则和它的残酷。在柬埔寨，她在沿着山谷的公路边见过一些幽深的山洞，洞里埋着作恶的犯人，他们的头部露在外面，暴露在烈日下，等着慢慢死去。

于是，她回到水流遍地的原野，回到丛林的原始地带，只为洗去所有这些不幸，而这童年的游戏便有了几分传奇色彩。她总是和小哥哥在

「1」克雷泰伊（Créteil）、塞纳河畔维特里（Vitry-sur-Seine），法国法兰西岛大区Val-de-Marne省的市镇，位于巴黎附近。

一起，她像是来自于吉卜林[1]的书，是那么的自由，无尽的自由。

然而，无边无际的大自然景象仍然折射着人世间的法则，那儿也有杀戮，“我们见到许多被老虎咬断脖子的鸟儿”。注视着这样的苦痛，她又回想起了孩子们的尸体。

她痴迷于童年的画面，那一堆堆沉重的记忆不断浮上语言的表面，在作品的每一页上，越来越迅猛地袭击她，追随她。这一切，该如何述说？

她一边积攒各类画面，一边已开始写作。不久后，她的书里将出现在河水中洗澡——那河水黯淡而温暖，河面上时有红树的树枝划过——在象山荒野的山坡上狩猎，像绳子般悬着的藤条。

还有那个女乞丐，在她的文字中、在她的迷梦中奔跑，在她酒醉时的脑海中吟唱，那歌声挥之不去，怎么躲得过？

是不是因为还记着那个弃婴，所以她才酷爱孩子们，认识到了他们的天真和未经雕琢的真实，并将他们融入“宇宙”（Univers）——它能够包括所有一切，特别是寂静——的宏观运动？

只有他们，才能够拯救世界；只有他们，才懂得用她发现他们眼中饱含的引力虔诚地注视大海；只有他们，才能超脱大地的边界。

她喜欢孩子，因为他们会打开陷阱，他们的目光能激起反响，传递一些古老的传说，映射一些被语言封锁而不见天日的秘密。她喜欢孩子，因为他们教会了她许多东西，比如尘世、星辰的轨迹、浪涛的起落，以及她在特鲁维尔透过窗户注视着的海滩上潮汐的时间。她的心中也有着同样的纯真，同样的执拗，同样的凶残，她也在以激进的方式理解宇宙万物，也在倾听蕴藏着奥秘和疑问的寂静。

她就这样活着，活在令人眼花缭乱的大自然里，活在狂热奔放的森林里，委身于慷慨的大地，活在一个复杂的种族里。她和小哥

「1」拉迪亚德·吉卜林（Rudyard Kipling，1865—1936），英国作家。

哥结成了一种“心灵的同盟”（union d'âme），一种“姐妹关系”（sororalité），也即罗兰・巴特[1]在分析拉辛笔下的恋人时所说的那种姐妹关系，它与生俱来，充满柔情，像一座桥梁，让她和小哥哥总能相逢。直到死的那一天，她总是把小哥哥挂在嘴边，像强迫症一样，不断提到他，称他为“小哥哥、我深爱的哥哥、我的小哥哥”，那段童年如山涧溪流般奔涌而出，继而迅猛地注入大海。

在小哥哥身旁，她可以把一切忘在脑后，包括母亲所遭遇的贪污、腐败、人心的险恶、利益的丑陋，以及一切苦痛。

不过，孩子们尊重母亲，既害怕她，又爱戴她。母亲就像一个魔鬼，不屈不挠地向政府官员发起挑战。她有着一种类似境遇的女性所没有的动力，也有着一种令人惊慌的、独断专横的、超常的能量。她是“殖民地的露易丝・米歇尔[2]”，也是“印度支那的圣女贞德”，她勇往直前，在政府门口冒险，与之对峙。她表现出来的强大魅力镇住了她的孩子们，她的个性令人畏惧，教人折服。她像是一个先知，成了原住民崇拜的对象，而孩子们离家出逃则变得势在必行，是出于逃生的本能。她不是凡人，敢于同大海与大地做斗争，而在她的压迫之下，小哥哥和妹妹隐约感到了窒息，所以才钻进浓厚的大自然和茂密百年巨树之间，在那里寻找新的生命之源和其他给养方式。

不过，他们内心深处仍然有一种苦涩的滋味，觉得丛林的天堂无非南柯一梦，觉得在殖民地的广阔天地之间，他们只能看着原住民那温柔而野性的土地日渐流失。

母亲发出咒骂和威胁，她的斗争令她心力交瘁，她的沮丧可能突然转变为疯狂，社会的不公颠扑不破，有的人不顾廉耻地发财致富——所有这一切使明眼人看到了这个国度的病痛，看到了它的垂死，看到了它

---

[1] 罗兰・巴特（Roland Barthes，1915—1980），法国符号学家、文学评论家。

[2] 露易丝・米歇尔（Louise Michel，1830—1905），法国教师、无政府主义激进人士、女权主义者，巴黎公社主要人物之一，曾参加保卫公社的巷战，被誉为“红色圣女”。

的鲜血在流失，就像汁液从古树中流出，将它们的元气抽空，也看到了整个民族的奴化，看到了那些被人剥削但听天由命并为其文明而自豪的白人的妥协。每当看到孩子们一命呜呼，婴儿们像气泡一样消逝不见，老人们四处乞讨，而有权有势的人却在城市的高处饮酒作乐，玛格丽特的心中就悄然滋生一种叛逆心理，仿佛有一个盘根错节的东西堵在她的嗓子眼。

这个国度是一个隐喻，它象征着失败、无奈，以及可怕而孤独的人类境况。即便是森林，这个无边无际的庇护之地，也阻止人们去斗争。它给人的启发是一种放弃，因为人永远不可能战胜大自然无法抵抗的力量，比如人与大海之间的激烈战斗就不仅荒唐可笑，而且徒劳无功。逃进丛林，就像潜入厚重的水，而这种水同样是危险的，与固执地摧毁堤坝的海水一样危险。某种至高无上的、神圣的东西赋予了森林一种超自然的、非寻常的姿态。对于土著人来说，对于那些想要逃脱殖民地秩序的人来说，森林是避难之地，而对于逃离文明社会的玛格丽特和她的小哥哥来说，它却是真正的生命起源之地。然而，丛林同时也是充斥着死亡和谋杀、野蛮和野性的地方：“藤本植物和兰科植物……缠住整个森林，把它变成紧密的一团，就像深海的某一处，一样的不可侵犯、令人窒息。”无论转向哪一侧，所见的都是大自然的无法抵抗的力量，都是它所施加的暴力，或施加于成排的红树林，也即抵御南中国海的脆弱堡垒，或施加于自由绽放的植被。不经意间，一个确凿的观念浮出水面：“生活是可怖的”，顽强、反抗都对它束手无策。生活的节奏必须是凶残的大海的节奏，是潮汐的节奏，是植物汁液的节奏——它使藤条越来越长，越来越紧密，总有一天会令所有一切窒息而亡。如何抵抗这一悲剧的力量？它观察着农民们的不幸，比谁都观察得更细致，看着他们陷入那泥泞、温暖但散发着恶臭的水中，看着他们注定遭受那自古以来的不公正。他们变成了被判刑的、悲怆的、孤独的人类的写照。

1920至1930年间，承载着古老的梦想、宏伟的垦荒蓝图的印度支那渐渐走向了死亡，一是由于故步自封，误以为地界是明确的，而人口却突然盲目地集中，二是在继续高喊发展方针和绥靖口号、坚信自身状况安全可靠之时，所有一切都已预示着未来充满艰难险阻。人们当时津津乐道的“美丽的殖民地”已经从骨子里开始腐烂，陷入形形色色的贪污腐败以及刻板的规章制度，既不愿宽容，也不愿深入认识被殖民者。政府部门成了徇私枉法、社会排斥和因循守旧的地方，上下级关系变得僵化，而像玛丽·多纳迪厄这样的怪人则被装腔作势的官老爷们拒之门外。这帮官老爷执掌着法律和秩序，对教师、林业人员、邮局人员等提供民生服务的二等办事员极为鄙视。

要知道，“森林夫人”——杜拉斯后来这样称呼她的母亲——是令人厌烦的，因为她成天精力十足，彪悍而不顾羞耻，将丑闻叫嚷得尽人皆知，而与此同时，她的疯狂计划、她发起的挑衅（那是社交晚会上的笑谈）、她兼具谦卑和反叛的个性，也使她自己成了一桩丑闻。她的幻想，她的社会秩序观念，她错乱的生活，以及她的怒火，同殖民地社会的社交习惯格格不入。她的疯癫和狂热使她的命运变得怪异而病态，就像那些在亚洲大地上探险的人一样，他们有时也会被亚洲这个国度推向同样的命运，甚至死于发烧、霍乱或致命的细菌。

母亲一直在恳求管理地籍的官员，但她的抗争摇摆不定——既反对他们，同时又恳求他们伸出援手——这使得孩子们从中得到启发，产生了截然相反的态度。母亲越是要求公正而从不对它提出质疑，越是写信给政府部门，孩子们就越是离家出逃，甚至不愿在家里的餐桌上吃饭，宁愿用另一位母亲也即越南的丛林给予他们的芒果来填饱肚子。反叛和自由悄悄地形成了一种辩证关系，孩子们慢慢地学会了反抗、逃避和怀疑。

是不是由于这一切，由于“藤本植物和兰科植物”、一望无际的稻田、来来往往的水牛、在山涧溪流的出口处窥伺黑豹时的等待，玛格丽特才已无视她所隶属的殖民地社会，像《夏雨》里的小欧内斯托一样怀有敌意，不愿学习她尚不知晓的事物，而是全盘吸收她凭直觉感到默契和亲近的事物？

与欧内斯托一样，“借助事物的力量”，她隐约懂得了欺骗、仇恨、偷窃，于是也学会了拒绝尘世，体会到了反抗时的快感、自由时的喜悦，以及幻想时的风险。

通过这些游戏，她发现了孤独的内涵，在这种孤僻和反叛的性格中变得坚强，是这种性格将她推到日光之下，推到越南的森林之中。

她像一个神圣的仓库保管员，心中一直保留着一些鲜明的画面，比如灾难、不公正、灿烂的大自然，它们久久萦绕在她心间。那里还有一个女乞丐，她一次又一次地浮现在她的想象中；还有一个农夫，他每到农忙季节就受雇于人，像稻草人一样一连几小时站在泥泞而肮脏的水中，一动不动；还有一群阴险而凶狠的小螃蟹，正嚼着红树做成的圆木；还有一夜之间全数崩溃的堤坝，那是一个绝无仅有的壮观场面；还有周而复始的一切，比如母亲的叫喊、诉说不幸的愤怒歌谣。

她的心中还有一种恐惧，它犹如田里的水，被稻禾的根须紧紧抓住，慢慢腐化。这恐惧与家庭联系在一起，是因大哥而起。大哥堪比查尔斯·劳顿执导的影片《猎人之夜》中的男主角哈里·鲍威尔——哈里是一个心理变态的罪犯，他在美国乡间沿河而下，追捕一对兄妹，因为这两个孩子的父亲给他们留下了一万美元，哈里想要杀了兄妹俩，逼问那一万美元藏在何处。

杜拉斯非常喜欢这部由罗伯特·米切姆主演的影片，因为它具有象征性，象征着她童年的恐惧和她所说的“焦虑不安”。大哥就像一个魔鬼般的演员，使这种恐惧在家中滋长，而母亲却“什么都不再阻止”，任由“该来的事发生”。

玛格丽特的少女时代就是在这样一种紧张的环境中度过的，对此她时刻做好了准备。这种紧张的环境来自于家庭生活，来自于印度支那的日子，来自于她所遇到的画面、景象和人物，来自于异国的习俗，她常常是在这些习俗中实现自我认识，用她自己的目光去看透它们，并用她自己的方式去接收和加以诠释。生活中的某些时光变成了具有象征意义的片段，汇聚成了她内心的神秘世界，那一大堆画面和事件后来将成为她作品的食粮。从此，她觉得自己已不再是法国人，而是属于印度支那这片土地，她认识到自己熟悉这个世界：她已经把父亲抛弃给上帝了吗，已经按照她姓氏的字面含义把他交给上帝了吗？她想要为自己创造一个祖国，把自己的出生地改为她所希望的地方。于是，如她所愿，她的少女时代成了“杂交的”时代，她去了远在异国的、野蛮的出生地，去了“芒果之地、南方黑色河流之地、平坦的稻田之地”。

永隆，1930年。那年，还有一件事情将与她终生相伴，正如那个哭哭啼啼的女乞丐是她一生的包袱一样。有一天，她迎头撞到了一个瘦削的女人，是新任总督的夫人，名叫伊丽莎白·斯特里德特，但她不久就忘了她的姓氏。神秘的是，再次出现时，她的姓名成了安娜–玛丽·斯特莱特[1]，一个幻想的姓名，是她写作的启动器。

永隆这座城市被湄公河穿流而过。湄公河的一端位于南中国海附近，往北穿过南圻，再往北是柬埔寨、暹罗，以及沙湾拿吉的小乞丐游荡的老挝。永隆与西贡一样，也有一些杂乱的街区和鱼龙混杂的地方，土著民、中国人、安南人、马来西亚人、流浪汉、佣人，以及被“国人”认定为老狐狸、扒手和懒汉的男仆，全都在那里繁衍生息，一副忙忙碌碌的模样。

还有一些街区几乎寂静无声，那儿的房屋努力重现着法兰西风情，却又必须适应气候条件，建有露台、游廊和长廊，装点着栏杆和挑檐，为的是躲避陡然而至的雨水。花园里有很多异域的植物，开着花，比如三角梅、缅栀子，还隐藏着网球场，那球场是看不见的，只听得见网球的弹跳声。居民区的路上开着“莱昂波雷”轿车，镍制的车身被打磨过，行驶时听起来像是“被悬挂在一种奇特的半安静半吵闹的氛围中”。

当时，杜拉斯约摸15岁。她没了少女时代略显矮胖的身材和招人讨

[1] 安娜–玛丽·斯特莱特（Anne–Marie Stretter），杜拉斯多部作品的女主人公。

厌的样子，已很少光着脚在花园里行走，尽管她不怕扎人的植物，也不怕褐色的蝎子。那些蝎子四处乱窜，有时甚至偷偷钻到床上和书本里。

她喜欢观察殖民地社会，猜想一成不变的社会等级会酿成什么后果：先是通常被视为低等人的原住民，接着是被人轻视的二等白人，还有商人、官员、军人、社会名流，以及国家使节，包括使领馆人员和行政长官。

有时，那些社会名流的夫人们活像福楼拜笔下的包法利夫人，水性杨花，郁郁寡欢，在湿热的阳光下萎靡不振，心中总有某种致命的烦恼，苍白的脸色使那烦恼更加严重。

她们是来自另一个世界的妓女，梦想着过上一种独特的生活。她们像妓女那样跳舞，四周的气味跟马尼拉和越南隆城县一样。与妓女一样，她们同样也露着锁骨、酥胸和苗条的身段。

正巧，伊丽莎白·斯特里德特坐着一辆小汽车路过。她总是带着两个女儿坐车兜风。她的头发呈红棕色，脸色却非常苍白。她的目光里有一种死亡的意味，时刻窥伺着她。某种挥之不去的烦恼盘亘在她心间。

她貌似已远远离去，已身在别处。

总在四处游荡、对什么都好奇的杜拉斯一眼就认出了伊丽莎白·斯特里德特。她发现，她是半透明的，既像死亡，又像爱——而这二者难道不是一回事吗？在殖民地这个小天地里，什么事都传得很快，她不久后便得知：她“没有女性朋友”，只有若干情人。她总是萎靡不振，总在迈步前行，印象中她在湿热的永隆总是有人相伴，总是背负着沉重的烦恼，涂抹着用每到傍晚便凋谢的花朵制成的香水，香气柔和，但已淡去。

她跟随着这个女人的脚步，对她浮想联翩，把她想象成神话里的公主。然而，这个女人已成为小资阶层的谴责对象。她的母亲辱骂她，认定她是“移居来的”，意思是与殖民地的生活习惯和道德守则格格不入。根据那些习惯和守则，女人不能像低等街区那些稀奇古怪的人那样喝大米酿的啤酒，也不能在使馆的客厅里畅饮法国香槟，把自己喝醉——大批法国香槟被源源不断地运到这里，并非为了让人怀念祖国，而主要是为了让人忘却那莫可名状的感伤、漫无目的欲望、迫不得已的悠闲，以及对死亡但并非真的死去的喜好。

她得知，有个情人不久前刚为她殉情自杀。突然间，伊丽莎白·斯特里德特变成了一个执掌生死大权的人，变成了一个女神，她把自己献给男人，接着又抽身而退，假装属于他们，接着又夺去他们的性命。她令玛格丽特恐惧，也令她痴迷。从她身上，玛格丽特隐约看到了自己，觉得爱情总是与死亡相伴，这游戏没有别的出路，只有赤裸裸的真相。未来的安娜–玛丽·斯特莱特将成为杜拉斯作品中的典型形象，使她发现女人的秘密，发现她遥远的、古老的记忆，发现她沉淀了千年的力量——这力量使她与众不同，引领她走进那些最为晦涩的奥秘。

玛格丽特观察着她，窥视着她，或是透过网球场的栅栏，或是沿着大街，或是沿着她带女儿散步的林荫道，只见她总是安安静静，几乎瞧不见她。

后来，在《地方》中，杜拉斯写道："有的时候，我心想，我是由于她才写作的。"

令她痴迷的，是这个游荡的女鬼，是她所扮演的角色：一个出轨的女人，忍受着丈夫的职业及其在亚洲都市的职位，身不由己，被别人的眼神折磨着——有男人们的，也有孩子们的——坐着自己的汽车去白人富户的街区，那些街区是受保护的，是专享的，是"神奇的妓院，在那里，白种女人能够在一种纯粹的和睦氛围中，让自己的出场变成神圣的景象"。

杜拉斯将永远记得安娜–玛丽·斯特莱特现身的景象。在杜拉斯的所有作品里，安娜–玛丽·斯特莱特一直跟随着她，一直在那儿，在她的背后，在《副领事》《印度之歌》《加尔各答的荒漠里她的名字叫威尼斯》等作品中，无处不在，激起她写作，撬动着词句，促使她诉说、揭露……

在伊丽莎白·斯特里德特身上，杜拉斯喜欢的是她对殖民地生活的蔑视，她作为社会边缘人物的人生，她在招待会上独特的出场，以及她突然转向另一种生活，进入欲望的地狱和感官的丛林。她羡慕这个母亲和这个女人，因为她的内心好像存在着危险，敢于挑战她所在的阶层，也即彰显着富裕和优越性的白人贵族。

作为教师之女，玛格丽特也找到了离家出逃和违背殖民地秩序的理由，她在湿热的午休时间逃进自由的大自然，两脚踏进鱼群攒动的泥沼，她全身心地对另一个人种的事物加以吸收，为另一类民众的欲望而战栗，对不平等的社会秩序和其中包含着的被合法化了的、被付诸运用的暴力而感到厌恶。

她变成了一个活了千年的人，几个世纪和宇宙的各种力量从她身上穿越而过。

至此，她从这尘世间学到的，是放弃，是事物消磨殆尽却被弃之不顾，诸如加尔各答和开罗的城市废墟——它们已无法重建，只能一天天地损毁，人们束手无策。面对凶猛的南中国海，连母亲也只能举手投降，任由堤坝的泥土暴露于来势汹汹的海水、大风和暴雨，任由没完工的小木屋的木桩被螃蟹蚕食，地板的木条被咬穿。

母亲对所有这一切心知肚明，她深谙生活的荒谬，昨天的金边，今天湄公河的一条支流也即古毡河畔的永隆，明天永隆附近的沙沥，莫不如是。这些法国属地都有“笔直的街道、花园、栅栏、江河、法国人的圈子、网球”，都有港口、肥皂厂和锯木厂，每到有风的夜晚，那些肥皂厂就会散发出一种淡淡的、古怪的气味。

玛格丽特终于离开了平原，离开了辽阔且总是潮湿的稻田，不再逃到创世之初，逃进纯洁的丛林——在那里，泥土、空气、水流的各种香气汇聚在一起，“结为一体，没有差别”——也离开了享用芒果时的快乐，去了城市。

那城市便是西贡，是30年代初的殖民地首都。

当时，西贡人称“远东的巴黎”，这城市狂热地模仿着巴黎的时髦和优雅，一定程度上抹拭了当地的色彩。那是一个人造的、仿制的世界，美女、商人、有权有势的殖民地政府官员、穿着皱巴巴的套装并留着精致的小胡子的地痞流氓云集于著名的卡迪纳大街，每到湿热的傍晚，他们便坐在咖啡厅的露天平台上，听着酒吧里钢琴的呜咽，抿着马爹利和百悦，或是科西嘉的欧润嘉和帕迪纳矿泉水[1]，一面回想着自己的流放与灵魂的空虚。体育爱好者们则把约会定在赛马场，他们穿着殖民地的白色制服，手里拿着来自巴黎的时尚杂志，那杂志由于气候的缘故而略显走样。与上个世纪末一样，上流社会人士仍然相约在剧院，里头演奏着施特劳斯、奥芬巴赫或弗朗兹·莱哈尔的作品，或是精致的轻歌剧，比如《风流寡妇》，或是富有异国情调、情感丰富的歌剧，比如《蝴蝶夫人》。要么，他们约在报亭周围，或是交响乐团演奏欢快而振奋的音乐的公园，或是上映《蓝天使》的黑漆漆的影院。更多的时候，他们约好在舞会上碰面，当时舞会很频繁，舞会上过客匆匆，时间则在烦恼和欲求不满中悄然流逝。早在世纪之初设立的街道编号仍在原地，使这座城市显得像是由多个细胞构成，生活方式看起来仿佛一成不变。城里有环形公路，也有敞篷马车，有种着刺槐的林荫道，也有湖滨道，看上去就像普鲁斯特在布洛涅森林遇到凡尔杜兰夫妇时的记忆。

在这座城市里，明面上，苦力和外国劳工在街头来来往往，那是一个思想正统的世界，属于大部分来自法国的败类，他们打着文明的旗号来到这里，往往是为了发财致富，劫掠这片土地。除此之外，还有一个更加千奇百怪、更加贴近“异国风情”应有之义的世界，那里有赌徒、赌场和妓女，上演歌舞杂耍的咖啡厅里有轻佻的女孩，夜间的饭馆里聚集着堕落的女人，在后堂摧残着军人、官员、进出口商和社会名流。

附近，不远处便闻得见森林的气息，似乎西贡是活在森林的呼吸之中，活在芒果树、罗望子树、高大的蕨类植物、榄仁树之间，这些植物混杂在一起，无边无际，散发着充满瘴气的气息，令整个城市喘不过气

---

[1] 马爹利（Martell）、百悦（Perrier）、欧润嘉（Orezza）、帕迪纳（Pardina），法国饮料品牌。

来，使之在午休时分变得奄奄一息，教人觉得它似乎气血不足，联想到临死的人那种中了毒似的脸庞，是一个无法应对的挑战。

这个世界的秩序是虚假的，其中盛行着心灵的腐化和错乱。正是在这样一种环境下，玛格丽特首次接受了知识培养，其来源除了书本，还有对这个杂乱的天地的认识。这个天地被一分为二，一边是世俗的伦理，一边是处于浓郁的湿热之中的江河与森林的奥秘。

母亲把她送到西贡，让她在那里通过中学毕业会考的第一部分。她住在利奥泰寄宿学校。学校是母亲的一个朋友开办的，这位朋友与玛格丽特的母亲一样，也是1905年来到印度支那。由于经济拮据，每到周末，玛格丽特不能像学校里其他女生那样回到远在沙沥的家。于是，她便留在大城市，学习着不同的行为规范，观察着不同的生活习俗，怀着自己所坚信的东西，变得更加坚强和稳重。漫步在城里的白人区，她既为它的奢侈而感到陶醉，又对它不屑一顾，令她着迷的，既有白人区的洁净，也有原住民区和“土著殖民区”的拥挤和脏乱。她一定渴望坐在白人区大酒店的露天平台上，置身于每到夜晚就会更加浓厚的木兰花香中。或许，她觉得这种地方是非同寻常的。对于这种以原创的或从欧洲舶来的礼仪为节奏的生活，她无法阻止自己从中发现魅力，但与此同时，她或许也喜欢钻进贫民区臭烘烘的小巷，徜徉于别样的气息之中，那气息更为浓烈，其中充斥着香料的气味，特别是贫穷的味道，还有诸如“港口周边密集的妓院”等独特区域的味道。

从社会尤其是殖民地社会赋予“道德观”这个字眼的一般意义上来说，她没有什么道德观。她太守旧，太野性，太独立，不愿忍受世俗或宗教的法则，而且还一直带着她的姓氏，就像带着一个沉重的负担。虽然只有16岁，她的心中却饱含着暴力和冷冷的怒火，使她更亲近那些失败的人、卑微的人和妓女。妓院施加给了她一种无可比拟的诱惑力。与豪门的羞耻心、行为准则以及宗教所产生的失落感相对立，妓院是欲望的高地，是至高欲望的高地，是“命运的世界，被视为宿命的人的世界……光明而炽热的、一边吟唱着一边呼喊着的未来世界，艰辛的美好世界，但为了进入其中，人们就得适应它的残酷”。

因此，她把妓院想象成另一种丛林——那里的植被与山中繁茂的植物一样无边无际，也能蓬勃生长——想象成自由之地、疯狂之地、无端地放纵身体之地，并向往那些隐姓埋名的献身者。她的宗教信仰，她对神圣事物的感受，尽在不同感官陡然的混杂之中，在这自然而然的相逢之中。

在西贡，每逢周日，她就和她的女同学一起去植物园。有一次，她看见一条蟒蛇吞下了一只活鸡，那一幕吸引了不少爱凑热闹的人和一些情感丰富、好奇心重的业余爱好者。从自己亲身经历的这桩轶事中汲取灵感，杜拉斯1967年发表了中篇小说《巨蟒》[1]。这篇小说很好地展现了她的想象力的形成方式，丰富了她的创作主题。目睹蟒蛇吞食活鸡之后，紧接着她没法逃过被女伴——一个干瘦的女孩，散发着“处女的臭味”——照例拽去做礼拜，返回的途中先喝了茶，然后又被她拽去欣赏她的衣服，若非如此，蟒蛇那一幕想必定会令她愤慨和恶心。令人不解的是，残忍的蟒蛇却使她有了生存和斗争的欲望，想要变得勇敢，变得不怕羞耻。不管怎么说，那头畜生终究在光天化日之下自由自在地吞下了一只鸡，不声不响，旁若无人，它的厚颜无耻把它变成了一个强大的、榜样式的动物，远非那些只图自保、躲躲藏藏的动物可比。

玛格丽特几乎是虔诚地注视着那一幕，她发誓，一定要像那条蟒蛇一样，对，要一直怀着那样的勇猛和暴力。

痴迷于那一幕的她想到了她的小哥哥：1922年，她约摸8岁，有一天，她提出要看看小哥哥的阴茎，面对小哥哥的拒绝，她把她当时的不解告诉了他。此时此刻，看着蟒蛇和她的女伴，当年的不解顿时释然：身体应当用于服务别人，认识别人，满足别人的欲望，应当慷慨地接受别人的注视，为别人播种。人生的意义，尽在于此：在于这种馈赠，在

「1」原文如此，似有误。《巨蟒》被收入短篇小说集《成天上树的日子》，此书于1954年出版。

于这种馈赠时的自由、献身时的勇敢、接受时的力量，在于这种被生活撼动、抛弃继而又拥入怀中之时的力量。

在未来动荡的人生道路上，她是否还记得这个故事？玛格丽特·多纳迪厄，当年沙湾拿吉的小乞丐，当她变成了杜拉斯，当她的脸庞被源自人生之美的皱纹而损毁但仍旧美丽，当她为人生而欣喜同时也接受了它的苦痛和惊叹，她是否还记得这个故事？

她喜欢融入茂密的丛林，以此在不知不觉中回到创世之初，置身于创世之初的温柔和残酷之中。与此类似的是，她也渴望去西贡的电影院，让自己消逝于“虚假而民主的夜间……在那种夜间，所有羞耻都得到了抚慰，所有绝望都消失不见”。潜入一间黑暗的影院，看着活动的、流动的、像生活场景一样的影像突然出现，她仿佛觉得“洗脱了少女时代的可怕的污垢”，觉得这是对不幸和不公进行报复的另一种方式。在报刊亭的橱窗前，她贪婪地看着里头像衣物一样悬挂着的《好莱坞电影》，那是梦想的跳板，是欲望的酵母。

那个人造的世界，那些为都市纯情少女而打造的人生，那些在威尼斯、海岛、度假广场等神奇而必不可少的地方排演的英雄人物的虚假宿命，展开了她的想象，令她兴奋不已。

她痴迷于电影院，而这种痴迷中又夹杂着一种含混而无言的博爱，这使她确信，她将沉溺和消融于这种由幻觉所构成的深夜，总有一天会消逝在这深夜的黑暗而陌生之处。

与此同时，她的心中悄悄保留着伊丽莎白·斯特里德特现身时的场景，把她埋藏在这深夜里。日后，她将让她涌现在她的书中。到那时，萦绕在她心间的伊丽莎白·斯特里德特将变成安娜–玛丽·斯特莱特，与她那奇特的、史诗般的、由放逐和强烈的情感关系所构成的童年绑在一起。即便母亲，也不知道女儿的人生中闯入了这么一个人，一个由“女性”和“死亡”交织而成的形象，一个游荡于殖民城市、和她一样居无定所的流浪者的形象。

大约50年后，1977年，有一天，她收到了伊丽莎白·斯特里德特——她终于从幻觉中走了出来——的孙女寄来的一封信，邀请她几天后去她家聊聊天。

杜拉斯未曾赴约。一个月后，她又收到了一封信。这次的信是伊丽莎白·斯特里德特写的，她告诉杜拉斯："您保持沉默是对的。通过年轻时的我，您的想象创造了一个虚构的形象，而这一形象之所以不失魅力，恰是得益于她神秘的匿名，这匿名可以保持下去。我自己深信，我不曾想读您的书，也不曾想看您的电影。记忆和印象留在阴影中，留在对变成几乎不真实的现实的意识中，它们的价值才能得到保留。"一年后，《世界报》上刊登的一则讣告宣告了伊丽莎白·斯特里德特的死讯。从此，不再有伊丽莎白·斯特里德特，只有安娜-玛丽·斯特莱特，还有她的扮演者黛芬·赛瑞格，她扭着柔媚的、近乎不真实的腰肢，在布洛涅森林罗斯柴尔德王宫高大的楼梯上走下来，成了影片《印度之歌》中一幅绝对经典的画面。

玛格丽特就这样从永隆到了西贡：一边是充斥着各种叫喊声的怪异而喧嚣的城市，一边是野蛮的荒原；一边是城里人满为患或奢侈浮华的街区，一边是尚未完工的小木屋和母亲在柬埔寨买的土地；一边是她栖居的寄宿学校，散发着房东尸体般的"恐怖气味"，一边是被堤坝抛弃了的、自由的土地；一边是城市里的孤独，一边是她做梦都想亲近的广袤的大自然，也即"肉体交易"的场所，是"放肆而从容的交配"的场所，是不讲伦理的地方。连接这两个截然相反的世界的，是渡船，是它以象征性的方式把她从此岸运送到彼岸，它是一个既无名也无所指的介质，是过渡的方式。渡船就像梭子，从一个想象的世界穿行到另一个想象的世界，一边在江河的水平面上滑行，一边静悄悄地设下许多邂逅，揭露许多秘密。

正是在渡船上，她邂逅了那个名叫胡陶乐的中国人。"那天，他渡湄公河去西贡"，而她则刚在沙沥度完假，辞别母亲，正赶回西贡的寄宿学校。她在沙沥上了客车，客车、旅客、小汽车都将乘渡船过河。她总是害怕水流的秘密动向，害怕那些或许会把她卷入深渊的漩涡和水流。她下了客车，肘部支在船舷上，眺望着大河，只见大河漫无尽头，川流不息，塑造它的是一条条支流和一座座小岛。她戴着一顶“玫瑰木色的毡帽，帽子上有黑色的宽饰带”，穿着一双镀金孔、镶细丝的鞋子，一条薄薄的丝裙，腰带扎得很紧。

渡船上，一辆“莫里斯–莱昂波雷”轿车停在她身旁，车里坐着一个身穿浅色丝绸西装的中国人。他注视着她。那一刻，她已预感到后来将要发生的不可避免的一切。

对于她在1984年出版的《情人》里讲的那些，比如“大型灵车”、她那身精致而又独特的奇装异服、昏黄且变幻的天空、舒展的河水，我们该从中记取什么？如何从似真中辨别出真，从“本该发生的”中辨别出“发生了的”，而那颤动的刘海（时光所哺育的记忆在其中无边无际地展开）、她的遗忘、想象的气息又是否确有其事？假如杜拉斯是根据少女时代一个顽固而挥之不去的幻觉而虚构了《情人》的故事，并且在每本书里一而再再而三地虚构这个故事，以此培育她的传奇呢？

总之，两人邂逅的那天早上，她就在那儿——或许在那儿——独自站在渡船上，而他，那个中国人，则观察着她。他走到她身旁，看着她，作了自我介绍，说他刚刚在巴黎完成学业，说“他家在中国北部，在抚顺”，说他和她一样，也住在沙沥，但住在河边，是“一间大屋子，有几个很大的露台，装有用蓝色陶瓷制成的栏杆”。一小撮从中国来的投资商把持着殖民地广大民众的不动产，他的家人是其中的一员。

他向她提了一个建议，说到高中校门口去接她，然后送她去宿舍。不久，他就因对她的欲望而疯狂。两人私底下产生了一种奇特而热烈的感情。她知道自己无法抗拒这段感情，只能接受它。一个周四的下午，按规定是外出散步的日子，她逃出宿舍，就像当年逃出小木屋然后钻进森林那样。她坐着宽敞的轿车，逛了华人区也即堤岸区，到了他的单身公寓。那间公寓没有百叶窗，也没有窗户，只有一些被窗帘遮住的开口，外头就是街道，堤岸区甜的和酸的气味从那些开口处钻进屋内。

关于快感，她说那是大海，时而愤怒时而平稳的大海。她也是刚刚才体验到这种快感，觉察到自己与大海的亲近，并认识了海水，认识了海浪持续不断的运动和它的柔软，以及它与风、天空、云朵的亲昵。

她将把这个中国人的故事一直保留在她的记忆里，而与这个中国人紧密联系的，是激情，是欲望，是对欲望的欲望。她把这个故事保管得完好无损，因为与它相关的，是另一个故事，一个关于发现另一类人的故事，是对她所属的白种人的违犯，是自由——她一直在猜测自由在自己内心的位置，她的内心空空如也，已准备好迎接自由的到来。有了这个中国人，怀着一种确信——她说，12岁那年向母亲宣告“我将写作”的时候，她就已经有了同样的确信——她成了一个见不得人的人，久久沉浸于凝视裸体，沉浸于“身体与城市的摩擦”，她几乎忘了他人，忘了母亲和她的堤坝，几乎和死亡只有一步之遥。还有那总是挥之不去的大海，“不断聚集、远离、返回的庞然大物”。

在《情人》里，接着在《来自中国北方的情人》里，她都说到了大海的运动。只有当她在字里行间采用她称之为“流动式写作”（écriture courante）的手法之时，她才知道如何去述说它，而那些段落就像天桥一样把一个个意象连接起来。钢笔犹如巫师的魔棒，寻找着根源，找到一条条灌溉大地和记忆的水流，而她则从中汲取着她的意象。她笔下那些散乱的场景混在一起，表面上毫不协调，被她遗留和埋藏在她的夜空中。

在情人的欲望和她自己的欲望之间，掺杂着她对小哥哥的爱和对“我的母亲、我的爱”的恨。杜拉斯的人生就在这儿，在这些书里，它们就像草稿一样，通向无尽的意义和广阔的大海。“我的人生在书里，”她1988年曾说过，“没有次序，而次序又有什么用呢？”

成就她的声名的，首要的是她的私密生活。隐藏起来的生活，犹如井里一样的生活，她乐此不疲，在那井里找到了秘密，找到了光芒，找到了地狱，但“这都不重要，就像波德莱尔说的，只要是新的东西就好”。她生活的地方是一些“困境之地，遇难之地”。从被淹没的堤坝，到《印度之歌》里随着时光而被遗弃的罗斯柴尔德王宫，到她的毁灭，再到冲刷出一道道沟壑的大雨，一直是同样一个崩塌中的世界，就像支撑着威尼斯的木桩，慢慢被污浊的湖水、泡沫、细菌和寄生虫所蚕食。此处，在华人区，她和她的情人在一起，在这间不为人知的单身公寓里，当卤水、鱼露、桂皮和烤鱼的气味涌进来的时候，在这个沉溺于激情时刻的地方，在这具欲火焚身的、绷紧了的躯体中，仍然有某种新事物在发生，在出现，在惊诧、爱与激情中完成。不管怎样，对于自我的放纵，她暂时还不是很懂，她放开身体，当情人进入她的时候，两人一齐发出呻吟。也许应该说，当像水和大海一般迸发的快感平息下来，她已沉溺并迷失于她自己的水中。

爱上这个中国人，同时也意味着溜进华人区。那是白种人的禁地，是“外国人的”城区，就像当时阿尔及尔的旧城区喀什巴，一个封闭的、法国人无法进入的阿拉伯人区。尽管还很年轻，但她已开始构建自己的人生，凭的正是这种越界和快乐的反叛，也即发现那些已消失了的地方。背叛，还有穿过镜子和翻过围墙的强烈欲望，一直驻守在她内心深处。

堤岸区也是快乐之城。夜里，过路的游客们沆瀣一气，不顾危险，不怕丧命，钻进鸦片烟的气味，钻进烟雾浓厚的后堂，那里有妓女们四处游荡。白天，大街小巷被喧闹的人群侵占，汽车、三轮车和自行车在人群中穿行，形成了一股杂乱无章的波浪。水手街——相当于西贡上流社会的卡迪纳大街——满是店铺、地摊、集市和柜台。不远处，运河沿岸，笨重的小船把它们装载的商品卸下来，运到碾米厂和仓库。

她遇到了另一个世界、另一类人：有小商贩，他们用简陋的货摊匆匆忙忙地叫卖，有拔牙的，还有卖小吃的，他们走街串巷，带着既是炉子又是柜台的家伙，用它煮出热乎乎的面条。店铺的门口点着一盏盏灯笼，像是一场永不落幕的演出，那演出是懒散的，也是不真实的。她陷入了情人的欲望，同时也钻进了他的世界、他的气味和他的习俗。

她的青少年是杂交的，是混合的，她从中学会了一切。她不断回到那个时代，她永远只写了一本书，一本关于沉浸于罗望子和桂皮的气息之中的青少年时代的书。“《抵挡太平洋的堤坝》是一本真正的回忆录，”她说，“写它的时候，我还不到三十岁。”从那些被时光抹拭了的日子里留下来的，是一些鲜明的画面，是一些具有根本意义的场景，而她就像一个命运女神，一次次地拿起它们，绣了又绣，绣成了一张巨大的人生之毯。

在那种危机四处游荡的湿热空气里，在那个灼热的国度，当麻风病通过触碰皮阿斯特「1」而到处传染的时候，黄色的大地就蒙上了宗教启蒙的色彩。西贡的寄宿学校里有一个女孩，后来被她称作埃莱娜·拉戈奈尔。正是这个与她年龄相仿的女孩，向她揭露了女人的身体，包括乳房和腹部的坚实，肌肤的紧致、柔滑和优雅，以及她们始终把自己拱手付出的祭献。

那是放逐的大地，却激起极度的兴奋，而“绝顶的炎热”又使这种兴奋更为锐利和猛烈，使它消磨人的意志，让人感觉到极限。那也是垂死的大地，它那火热的张力，它的烦躁，还有它的气馁和消极的闷热，全都无情地映射出死亡，映射出爱、人生及时光的终结。

她喜欢这样生活，活在有毒的、不稳定的状态里，活在绝望之中，就好像这种状态更善于让人理解世间事物，给人一种最高的智力，一种终极的、恐怖的、痛苦的智力。

很早，她就习惯于此，习惯了温柔和冷酷，二者齐头并进，融合在一起，看起来似乎和谐并存，挨得很近，但这种相近是危险的，会使人摇晃不定。情人用“坛子里的水”给她冲澡，用他那柔软而坚定的手揉擦她的肌肤。在小说里，坛子里的水似乎一直在她身上流淌，还有他的手，情人纤细的双手，一直在爱抚着她。外头是残酷的西贡，是白人区和杂乱的穷人区，是殖民的耻辱，以及活跃于无数巷弄里的密密麻麻的原住民。一边是网球场的宁静，另一边是堤岸区震耳欲聋的喧嚣。在她的家中，在那个威廉·福克纳式的家庭里，大哥往

「1」当时的货币。

日与眼下的暴力，他施加给弟弟和妹妹的压力，他几乎控制不住的谋杀的欲望，他对破坏的喜好，母亲时常发作的疯狂，所有这些生活中的震荡全都伴随在她左右。

这里头有宿命在作祟。多年后，当她病魔缠身，当她被酒精又一次攫取，推到死亡的边缘，扬·安德烈亚毫不吝惜地为她提供了同样的照料和同样的爱。他在浴缸里给她洗澡，让水在她那浮肿的、被毁掉了的身体上流淌，而那时她的身体已绝非当年她任由中国情人爱抚的身体，但爱，以及那闻所未闻的、无法躲避的柔情，仍在传递。然而，同时传递的还有痛苦，无法爱到骨子里的痛苦，由于扬·安德烈亚无法步入的那种爱而产生的痛苦，这种痛苦造成了恐惧和折磨，但爱仍有残存，那是一种脆弱的、无法描述的状态，能形容它的或许只有喷涌而出、奇妙无比的音乐以及音乐制造的奇迹，它弱不禁风，稍纵即逝，就像香火一样，在夜幕降临之时那段朦胧的时光里燃烧着，冒出袅袅青烟，飘荡在屋子里，在利奥泰寄宿学校的宿舍里，在《印度之歌》的大厅里。

杜拉斯所在之地总是散发出教堂的气味、亚洲的气味，以及焚尸炉的气味，那里凝聚着记忆，是死亡、往事和残留的记忆所在的阴森之地，也是陵墓和灵柩所在之地，那里的灵床和棺木里躺着爱的尸体，有中国情人曾陷入其中的玛格丽特·多纳迪厄的尸体，也有《印度之歌》里的黛芬·赛瑞格瓷器般的尸体，还有曾躺在美国医院「1」一间隐秘的病房里、陷入昏迷的杜拉斯的尸体。

杜拉斯的人生及其小说中挥之不去的，是生命中不断闯入的死亡，是死亡的临近，是她意欲借助绝对的、不可能的、激进的爱去认识死亡的秘密。无论她身在何处，她的照片都展现出了这一点。她存在于由一本又一本书构建起来的神话中，也会突然存在于别人的视线中，存在于别处，她对离去的喜好，以及她那异乡人、偷渡客一般的目光，不仅令

「1」指“巴黎美国医院”（Hôpital Américain de Paris），是一家法美合作医疗机构，位于塞纳河畔诺伊（Neuilly-sur-Seine），巴黎西北郊。

人震撼，也让人对她一见钟情。

早在亚洲，从青少年时期开始，她就养成了她思考和理解外在世界的方式——那世界是混沌的、碎裂的，继而突然像把所有一切尽数掩盖的大海那样辽阔——形成了她的写作风格，写的是永远在相互碰撞的正与反、生与死。她从埃莱娜·拉戈奈尔的怀抱里、从中国情人的怀抱里、从和小哥哥一起逃学中得到了爱的启蒙，从中发现了死亡、痛苦和抛弃，发现了逃逸的、带走一切的、抹拭眼前幸福的时光，这一切在她带有自传性质的作品中和她在不同报刊的访谈中相互权衡。没有无皱纹的青春，没有无疑虑的热忱，也没有无别离的美满。

她常在寺庙附近游荡，时而躲起来，惊恐不安地观察着一队队念经的喇嘛，听着转经轮发出刺耳的声音。她总是这样，喜欢去听一些禁止听的东西。至于别处，她记得她在沙沥度过的难得惬意的一天，记得那种空闲且几乎无所事事的状态。那天，母亲利用学校工作之余少有的闲暇时间，来到游廊外的露台上，坐着摇椅，吹着穿堂风，软软地晃悠着，慢慢坠入梦乡。那就像上帝的一次恩宠，像一幅停滞的画面，固定在记忆的时光里，而在这幅画面四周，疯狂、不幸、饥饿、“流氓”大哥的叫喊仍在回响，只不过暂时被遗忘了似的。

《情人》里的时光是以母亲为节奏的。她无处不在，说起话来像是预言家，也像是冒险家，她很少关注她的女儿，尽管女儿才是她的问题焦点。对于这位母亲，对于她的爱的抉择，对于她把一腔柔情尽数倾注于集强盗、无赖和小偷于一身的长子，我们该如何理解？在母亲身边，杜拉斯懂得了生活的窘迫，懂得既有事物会轻易毁于一旦，也懂得了解体和不适的辉煌状态，这种状态日后将占据主导，包括她活着之时和死去之后。她处在疯狂和深渊的边界，在堤岸区那个男人的怀中，处在总是临界的、就要坠落的状态中，在浪涛之巅颠簸着，眼看就要消失。

母亲的形象是宽广的、巨大的、恐怖的，她的疯狂经常突然发作。杜拉斯想要与母亲“疯狂的突然发作”做斗争。她想要写作。对此，母亲反驳了她，说这是个“孩子的想法”。然而，杜拉斯的心中一直有一种怀念，她所怀念的，是那些她暂未学会的东西，是那些社会上没有先例的东西，是她那既残酷又温柔的童年生活，是森林里的原始状态，是她未来的那本书，是她想要创作的那部小说，是她通过重温黄金时代而驻足休憩的那片海滩。或许，她一直和小哥哥在一起，在那片富饶的原始丛林里追寻母狮子的踪迹。或许，她一直是那个学龄少女，穿着她那双系带的鞋子，走遍那座激情四溢的城市，去到情人的身旁。是的，她一直是那个自由的小姑娘，像刚来到世间一样，在她看来，他们俩带着两人甚至都未学会的暴力和温柔吞噬对方的身体，并不是一件羞耻的事。

使她有志成为预言家的，是不是她那处于欲望中的童年？她在言说，她就是神谕。早在少女时代，她便已洞晓一切。那是无法改变的，甚至不受她控制。她什么都知道，虚无，时间的不可倒流，绚烂的尘世中万物的逃逸，宛如教堂般的森林，废弃的雕木宫殿，白人的、散发着腐烂气味的殖民城市，无法得到的爱，以至于雅克·拉康[1]后来说道：“这个女人（什么都）知道。”

关于她那个“石头做的、石化了的、厚重得根本无法进入的家庭”——她在《情人》中这样描写道——要说的或许还很多，还有在她内心占统治地位的黯淡的光芒，母亲的疯癫，大哥悄无声息的、他不在场时仍在回荡的暴力，小哥哥受了伤的童真，以及处在这些黑暗和暴行的交汇处，既粗鲁又温柔，既叛逆又顺从的她。

之所以应当不断谈论她的家庭，是因为它诠释了她未来的所有作品，紧跟着她。而且，人到暮年，杜拉斯也将不停地述说她的家庭，就好像她永远也无法用尽这口深不见底的水井。

她使她的小哥哥成了神话。她与他的关系是最明显、最简单、最重要的。她爱他，因为她相信他是不朽的。对于大哥，她同样赋予其一个

「1」雅克·拉康（Jacques Lacan，1901—1981），法国心理学家、精神分析学家。

神话形象：他处在家庭的中心，是一个高傲而“粗鲁”的老爷，一个“徒手的杀人犯”。她把她最初的谋杀的本能归咎于他，把她所承载的仇恨和愤怒集中起来，用于同他做斗争，她有能力去仇恨和愤怒，她将把它们倾注到她的文字中，以此发泄她的痛苦。

中国情人使她见识到了社会对她的否定和边缘化，以及同学们对她蔑视，但她没有停止抗争。她成了整个城市的笑柄，被有着狭隘的种族主义道德观的殖民者阶层所不齿。她变得像是一个私生女，而放逐则增强了她的决心，助长了她内心一直包含着的暴力。身体的快感，献身的快乐，对抗孤独的野蛮方式，对节约的拒绝，这一切促使她为自己变成异教徒而欣喜，像神圣的贞女那样献出自己的身体，同时向一切约束制度发起反抗。从此，对她而言，所要做的也许就是在苦短的人生中，挥霍有待发现的一切可能性，她早就开始观察人生的流逝，观察得太多了。她肯定不会把自己的身体献给命定和说教的上帝，而是献给既粗暴又温柔的宇宙“万物”，献给自己心中蠢蠢欲动的、她想要表达出来的原始欲望。于是，只有中国人的躯体，那个神秘情人的欲望之躯，才能成为违抗母亲、所有官方机构以及所有权力部门并向他们说“不”的方式。

水又一次成了主宰者。水是她的宇宙中最主要的参照物。那流动的水，波光粼粼的水，细微差别不计其数的水，使她得以把握世界的广袤。正是在那艘滑行的渡船上，一个爱情故事诞生了。

在那个时代，也即中国情人的时代，她年轻貌美，一副让人眼前一亮、紧张而又怯生的模样，像个小动物。他说他“喜欢小姑娘”，她说那是“正常的”。她突然有了一种肉欲的、未经雕饰的力量，这力量将她推向欲望，使她的眼中和姿态中有了一种下定决心、不顾廉耻、继续反叛和充满智慧的东西。面对欲望的风险，她把母亲想要灌输给她的一切通通抛诸脑后，比如身为白人和上等人、凭着知识和殖民而获得的荣耀，比如处女的贞操。一种无法抗拒的激情在她身体里流动，在西贡那个闷热的下午，她跨过了危机重重的大地，也即她将在她来日的所有作品中不断探索的大地，是有界限的大地，也是欲火中烧、死亡遍布的大地。在献身中国人的同时，她挖好了她的陷阱和地窖，使她的夜的黑更为浓厚，并埋藏了那些终将置她于危险境地的不可告人的事实。

先于《广岛之恋》中的那个女人，她对中国情人说："你要了我的命，你让我觉得舒服。"她在他的怀抱里发现了一些火热的区域，令她甚至感到惊讶的是，她竟能像这样猛烈地去爱，却又不真正地去爱，不动真感觉，也不动真心思，只是在这个芬芳且富有异域情调的国度去爱。构成这个国度的所有一切混在一起，上升到她的眼前，就像祭坛上的香火，朝着被人们祈求的上帝飘去，也像香火顶部的烟雾，漂浮在安娜–玛丽·斯特莱特的照片上，漂浮在加尔各答大厅里的那架三角钢琴之上。

这一次，在这间陌生的房间里与中国人做爱，做了又做，一连数月不顾习俗和法则，活在危险逼近的状态里，这是与大自然的力量达成了和解，站在蟒蛇和青葱而茂盛的丛林一边，置身于从此永不离身的丑闻之中。

这同时也是混入了这个杂乱国度的香气和香味之中，混入了它的嘈杂和灰尘之中。那灰尘被黄包车掀起，被茉莉的香气冲散，接替它的是流动小吃摊的臭味，摊子上煮着各种淡水鱼和酱肉，带酸味的酱料如烂泥一般，黑黝黝的。

正是在这样的地界里，她献身于人，体验到了快感，辱骂了父辈的法则，站在了那些法则的另一侧，变得自由，坚定的自由。

在一波又一波的快感中，在发出的叫喊声中，在这种圆满的状态中，她发现了欲望的真实，弥补了母亲的叫喊，让她哑口无言，堵住了她那张绝望的女祭司一般的嘴，同时发出出生时的叫喊，重新来到人世，并准备发出垂死时的叫喊。

在西贡的那几个月里，把年少的玛格丽特带到中国人身边的，大概就是所有这一切了。那是一段学习和受训的时光，她戴着她那顶淡红色的男式小毡帽，蹬着系带皮鞋，活像《好莱坞电影》里的小明星，她的脑子里响起的是《罗曼娜》，一首柔情似水、浪漫的歌，而在这首歌背后，更深处，是那个女乞丐永无休止的怨言，是她在祖辈的大地上的游荡和她的不幸。

然而，大哥的统治地位仍在，是绝对的、不祥的。他偷母亲的钱，偷鸦片烟馆里的中国人的钱，他无所不能，一副殖民地的害群之马的模样。弟弟和妹妹饱受他的摆布，忍受着他的独断，他的仇恨，以及他对谋杀的嗜好。他自己则无所事事，或以玩乐来消磨时光，他没有道德观念，是个野人。

母亲知道他已迷失，什么教育都不能令他改观，他将停留在这种野蛮蒙昧的状态，任何监护人都不知该怎样使他得到拯救。全家回法国前不久，母亲曾申请把他遣返回国，那是一个令她心碎的主意，因为她“没了他便活不了，她什么都做不了”。他将要回法国，这让“两个小的”松了一口气。母亲已感觉到他俩受到了威胁，特别是保罗，他太脆弱，太“单纯”，受了太多的折磨。

至于妹妹，她已在堤岸区那个中国人的怀里找到了新生。当他在她身上“坠入深渊”，当印度支那的所有味道一股脑地进入她的身体，她找到了生存的力量和新的人生，这力量和新生都不再是来自她的家中。通过她母亲的邻居，人们开始得知她的轶事，在他们眼中，在寄宿学校里，她是个小“娼妇”，和一个中国人上了床，是殖民运动的耻辱，是文明社会的渣滓。玛丽·多纳迪厄知道一些，同时又不想全都知道。她有她的原则，那些原则高于一切，但是她内心里有一些无法言表的东西，她欣赏她的女儿，欣赏她敢于冒天下之大不韪的勇气和她对伦理与思想的抗拒。

在中国情人和玛格丽特之间，既没有初恋的浪漫，也没有未来，只有一种贪婪的激情，那激情是不假思索的，也是不为世人所接受的。他们必须深入这种疯狂，深入到它的核心，不要对它加以任何理解或解释，而要任由香火的烟雾钻进他们放开的身体，体验这一切，用痛苦填满自己。

所有这些画面将被埋藏在哪儿，埋藏在哪个铺着边角料的地方，埋藏在哪间暗室里，像被埋在忘却的坟墓里似的？该如何命名这个地方，这个她日后——当她自称杜拉斯时——定义为“难以呼吸的、与死亡并肩而行的地方，暴力、痛苦、绝望和可耻的地方”，这个被书写的地方，这个被隐藏的，被放进其他虚构故事里再三修饰的，继而再次被埋藏的，然后再重见天日的地方？

正是在这种日常的暴力中，在母亲纯粹的绝望中，在“这个关于毁灭和死亡的故事，也即家庭的故事”中，写作的机遇应运而生。

此时，她所欲望的，是那个触动她心扉和身体的中国人。她的脸上有一种肉体的顺滑之美，没有一丝皱纹，脸上的肌肤有一种完美的紧致，给了她所有不知羞耻和藐视的表情。

她对欲望的认识很快就在时光的流逝中留下了印记。她在她的快乐之中看到了时光的流逝，只见它的流动是那么灵活，像一道粼光在波动，汇聚在她内心，与她埋藏在内心的所有一切相会合，从此哺育着她。

在这道粼光的映射中，还包含着全家人于1932年最后一次造访堤坝那儿的土地。今天，她依然记得他们在废弃的走廊里看着对面的暹罗，记得那广袤的暹罗，记得那阴暗的森林，森林里躲藏着她曾靠近的野生动物，也记得天空中五光十色的沙尘。

她想起了那个安静的片刻，那个所有画面汇聚在一起的庄严时刻。那一刻，她有一种狂热的欲望，想要捕获哪怕最微小的细节，将它们带到远方。也许，一阵微风正好拂过，那风是温热的，也是干燥的，轻柔地摇晃着走廊四周攀爬而上的植物。那片刻的安静里，有失意，有虔诚，也有抚慰放逐的内心呼喊。

流浪使全家人有了一副“奇特的”模样，把他们隔离在活跃的、高产的、敢打敢拼的殖民地社会之外。她和小哥哥“什么也没学会，只会注视着森林，等待着，哭泣着”。

可见，在童年的人生里，留下来的是一些具有根本意义的、“至关重要的”画面，它们从记忆中被抽出来，被一再述说。或许，她避免去述说它们，而是加以杜撰，并且每次述说的时候都再次进行杜撰。她无法不服从于她所说的“回忆的惯例”（rituel de l'évocation），服从于语言——语言在当下自发地呈现，却又不真实地反映过往的事实，它被记忆过滤了，试图重新构造往事，并使其在避免不了的混乱中保持协调连贯。

太多的失败、内心创伤和经济困难毁掉了母亲。她掉进了由她自己的精力、愤怒和疯狂所构成的陷阱。从身为青年教师时的幻想开始，她一定经历了太多的抛弃，也曾被太多的骗局所害。她已筋疲力尽，尽管突然发作的疯狂会给予她一些粗暴的、错觉般的力量。离开印度支那并不是为了回应故土的召唤，说实在的，那里或是别处，都不重要。她担忧她的孩子们，想让玛格丽特“上中学”和“进高校”。她已经感觉到女儿不知羞耻，那是她自己或许不敢表现出来的。她承认那是她的女儿，时而又猛地摆脱她。此外，钱一直是她主要操心的事。为了要钱一天比一天多的长子，她奋力工作，省吃俭用。返回法国，其实是继续流浪，是与长子重逢，开始新的生活。这是一个游牧家庭，是一个流浪家庭，活在动荡里，从未扎根定居。

在与中国人的约会中，玛格丽特寻觅的不仅仅是快乐。他的家庭条件令她着迷。诱惑这个男人，这个中国青年，这个堤岸区某银行家的儿子，就像是一个挑战；看到他背叛他的种族，被置于边缘社会，也是一种欣喜。有时，她的母亲和两个哥哥来西贡的时候，她便要求他带他们去城里最好的餐厅。所有人埋头吃着最贵的饭菜，却无视他的存在，让他目睹这个家庭的秘密——这个家庭是由他们四人组成的一个“活不下去的团体”，他们是可恨的，他们彼此仇恨，彼此相爱，那爱是无尽的，是不计年龄的，也是旁人所无法涉足的。

经母亲许可，她敲诈了他五百皮阿斯特，“这是定居巴黎所需要的”，她在《情人》里这样写道。

或许，最艰难的，是放弃堤坝那儿的土地，是知道再也不会回到波雷诺的沼泽地，回到他们曾经以为可以耕种的沙滩。那是一片被毁掉了的土地，已被拱手让给当地人，但仍是他们的，更是母亲的，她在那片土地上拼命劳作，直到精疲力竭，失去理智，大声疾呼。

Chapitre 2　Les années de formation

求学的岁月

大海是杜拉斯的全部根基，它又一次出现在她脚下，这一次将把她带回法国。中国情人的故事已经落幕，那是一场消耗殆尽的激情，残留下来的只有拒绝与无奈的余味。

母亲又一次把所有一切拱手送给自然的力量，送给了风、雨和海潮。堤坝那儿的土地已被遗弃，送给了留在那儿的人，任由重新掌权的时光加以侵袭。脆弱的堤坝最终还是屈服了：“加尔各答，**句号**。”——杜拉斯后来这么说道，她所暗示的，是那些喜欢在别处或是在严重损毁、有待翻新的城区旁边进行重建的印度建筑师。可见，青少年时代给玛格丽特留下的印象主要是抛弃的观念，她将把它化为自己的力量与作品。从堤坝那儿迁居，带走的是一些再简单不过的东西：行李箱里的几件物品，一些熟悉的东西，别无其他。“空手离去，不带家具，什么也不带，”母亲说，“真开心！”失败变成了解脱。普拉提耶是他们要回的地方，母亲为了不时之需保住了那儿的房产，她对此感到高兴，庆幸自己的远见之明。

1931年2月24日，当局批准玛丽・勒格朗休一段带补贴的假，以便让她返回法国。她还会回到印度支那吗？她暂时不得而知。当月27日，一家人乘坐“Compiègne”号[1]邮轮，开始穿越一片又一片海域。

他们乘坐的是法国海洋运输公司一艘巨型邮轮。当几艘拖船把邮轮拖出城区，牵往广袤的大海，玛格丽特相信自己看到了码头上有一辆阴暗的轿车，黑得像一具棺材，那是中国情人的轿车，他坐在车里，目送她离去。

回国之旅长路漫漫，中途多次沿岸停靠，那些停靠港的名字千奇百怪，像凭空捏造的一样，比如加尔各答、拉合尔、科伦坡，港口的岸边镶嵌着一座座王宫，比如威尔士王子酒店。邮轮载着年轻的玛格丽特，把她带往她的宿命。冥冥中似乎有人对她说，必须沿着她的命途，一直走到最后。作为中国情人的“小姑娘”，作为“孩子”，她将去往另一个世界，另一片土地，那是法国的土地。她还能与印度支那再会吗，她怎样才能让它的气味与声音复苏，让那片天地里的男男女女复活？她整日漂在大海上，那是一个无法被殖民的巨大空间，漂在一个运动的平面上，那是一个谁都无法定居并彰显其傲慢的地方。为了消磨时间，有人在邮轮上组织举办晚会，而每当邮轮中途停靠在名字奇奇怪怪的港口，她还能瞥见岸上白色的小木屋和茂密丛林的边缘。

晚餐时分，她有时会遇到一些与伊丽莎白·斯特里德特相像的人，一些与众不同的人，但引起她注意的，是低等舱和甲板上那些盲目赶时髦的人，那些可怜的、佝偻的土著民。白色的邮轮把大海劈开，有时候她会对大海心生畏惧，她趴在船舷上，看着一团团海水相互吞噬，不断泛起绒毛般的水花。大海撞击着船体，她害怕这个不知何处的地方，像母亲看着潮水涌向堤坝一样，吓坏了。她靠着船舷的栏杆，大海让她忘掉了一切，好像所有一切全都陷入了那千年不变的暗夜，化作亿万个不知名的、互不相关的微粒。在邮轮上，她惊恐地得知，一个青年男子越过船舷，跳进大海，他自杀了，融入了海洋中的万物，融入了它那总在躁动的、杂乱无序的混合物。

她心想，那具远去的、永远消失了的尸体，正是她的中国情人。她

「1」该船号系地名，贡比涅，系法国皮卡第大区（Picardie）瓦兹省（Oise）的一个小镇。

再也见不到他了。她盯着大海深处，想知道那儿到底有些什么，想知道它在泡沫后头藏了些什么。波涛之下，有一个秘密的故事，故事里既一无所有，又包罗万象，是跌宕的，也是喧嚣的。

她暂未洞晓一切，只知道她正朝着法国前进，据说那是她的祖国，那儿有她的种族和她的文化，可她不懂。她的心里只有一些别的知识，比如茉莉花和夹竹桃的香味，黏附在她身上的麻风病的怪味，她曾走过的泥泞的稻田，拍手时听起来像气球爆炸一样的孩子，以及她内心深处对中国情人的绝对欲望。

在这艘白色的轮船的航迹里，有一艘“黑夜号轮船”[1]，是那些深藏在她童年和人生里的画面——主要是爱情和死亡——所留下的黑影。该怎么描述这些画面呢？它们藏在陷阱里，藏在字里行间，她仿佛看到了它们，它们就在海浪构成的深渊里，在邮轮划出的那一道宽广的、吞噬着泡沫的缝隙里。她不知道这艘轮船将驶向何处，只知道它仍在“黑色的墨汁般的大海上”前进。她意识到，对于远方那些富有异域风情的土地，她闲置而多孔的内心有一种特殊的认识。她把她内心深处的那些画面放在“黑夜号轮船”的货舱里，随身带着它们，它们以及永隆的那个女乞丐从此都将偏转航向，穿越一片片陌生的领土，而她的书则将变成一个又一个中转站，为的是理解时光和她人生的脚步。

旅途中，她把中国情人的整个故事带在身边，好像她已经写完了《情人》。此书虽然直到1984年才在她的作品中占有一席之地，但一直处在她记忆的中心，犹如一场熄灭不了的熊熊大火。记忆将化作美得令人钦羡的书页，化作近乎神奇的散文，玛格丽特·杜拉斯将得到上帝的圣宠，写出那样的散文。海上，有天晚上，她来到头等舱的甲板上，听见酒吧里的钢琴师在弹奏肖邦的一首华尔兹舞曲。音符从大厅里逃逸出来，扑向大海，而她，则潸然泪下。她为谁而哭，为什么而哭，是为中国情人而哭吗？这值得我们怀疑。她所哭的，主要是她的过去，那是她

---

[1] 语出杜拉斯执导的电影《黑夜号轮船》。在本书中，作者多次用“黑夜号轮船”指代杜拉斯的内心世界。

的载体，她感觉到了它的强度，好像她注定要承受世间所有激情和感觉，将来某一天为世人把它们记录下来，写进书里。

1931年4月，抵达普拉提耶之后，玛格丽特再次闻到了法国大地的味道和气息。她闻着这些味道和气息，既带着一种愉悦，又保持着一定的距离，隐隐觉得自己无论在哪儿都是个异乡人，没有籍贯，除了她在孤独时臆想出来的那些想象中的大地。房产自1924年起就已荒废，此后几乎没有进行维护。花园里杂草丛生，屋子里家徒四壁，已不如往日那么舒适，甚至无法居住。于是，多纳迪厄一家求助于邻近的一户农家，也即布盖一家，在他们家借住。玛格丽特年方十七，她又见到了伊维特，但对她已体会不到往昔的友情。自两人上次相聚以来，很多事情已成过眼云烟，期间玛格丽特养成了一种略显高傲的优雅气质，以及一种有判断力的、令小镇杜拉斯的乡下人感到不适的眼神。她孤芳自赏，不知羞耻，性感，聪颖，在当地农民的眼中已判若两人。她又一次摆脱了别人，摆脱了她的“水乡祖国”，她深感孤独，但同时也感到内心被一种阴暗的、野蛮的力量所占据。

玛丽·勒格朗终于决定卖掉房产，这也是为了远离丈夫前妻的两个儿子。卖掉房产，是一种轻装出发、重新开始、寻找新的自由的方式。说实在的，她在那儿怎么可能待得住？那所房子是亨利为全家置办的，附近是他安眠的莱维纳克公墓，他一直安眠在前妻一家的影子里。房产的出售于1931年5月19日完成。没有人对此在意，因为每个人都有自己的命运，都有必须走的新的人生路。卖掉房产是玛丽·勒格朗一个奠基式的行为，也是一个决裂的行为，使她得以从此自行选择自己的人生。

6月初，一家人离开普拉提耶，途经波尔多，赶赴巴黎。杜拉斯记得这次火车之旅，在写《厚颜无耻的人》时讲述了她对这次旅行的大体印象：“从波尔多开出的火车经过于德朗下方之时，莫德和他的母亲勉强向他们的房子投去了最后一瞥。”火车上，一车厢人都已入睡，玛格丽特躺在整排座位上，旁边有一个男旅客，她感觉到那个男人的一只手碰到了她的身体，接着抚摸了她的脚和她的腿，并一路向上，伸进她的腿间。她什么也没说，任由那只手钻进她的胯下。男人开始抚慰她，她没有发出任何声音，屏住呼吸，像死了一样，却又异常清醒，还把下身的肉体挪近陌生人的手指。她把这段回忆收入了1987年出版的《物质生活》。谈到男人的手时，她写道："它抚摸我的全身，继而抚摸我的乳房、腹部和腰际，带着一种温柔的意味，这温柔有时会因重燃的欲望而加剧。它时而停下来。它摸到我的下体，颤抖着，准备要咬我似的，再次显得灼热。接着，它拿开了。它有了一种理性，变得知礼了，亲切地向我这个孩子告别。"的确，她说得不错：这正是童年的终结，也是成年的开始，是一场启蒙仪式，在她笔下有了一种近乎宗教般的格调。

玛格丽特和家人在万弗[1]定居了下来，巴黎市政府在那儿给他们安排了一间公寓。房子是装饰派艺术的风格，外墙闪闪发亮，显得非常明媚。地址并不特别出名，但听起来很舒服：维克多–雨果大街16号。《厚颜无耻的人》记录了关于那段日子的模糊记忆："他们住在'八层'，好像高得令人头晕目眩。那儿可以看见一道喧嚣而深邃的风景，一直延伸到塞弗尔丘陵的余脉。"

尽管米什莱中学离家不远，但是玛丽·勒格朗还是让女儿在西昂西亚中学——巴黎16区的一所私立学校——报了名。她将在这所学校备战中学毕业会考，至少要准备会考的第一部分。这家教育机构相对高贵，学生主要来自16区的上流社会。不知羞耻的玛格丽特所需要的，真是这样一所学校吗？她入学的日子是1931年10月1日，距全家抵达法国只有几个月，但期间发生了多少事啊！抵达普拉提耶，卖房产，离开普拉提耶，爱的悸动，最主要的，是她意识到某些新事物即将登场，把她变成另一个人，一个命运扑朔迷离的人。

在校期间，她坚持写日记。带着惊愕，她把同学们的不良习惯一一记下。屡禁不止的抄袭现象令她"恶心"，她写道。她学习勤奋，但

---

[1] 万弗（Vanves），法国法兰西岛大区（Ile-de-France）上塞纳省（Hauts-de-Seine）的一个镇，在巴黎西南部，与巴黎接壤。

也只是按部就班而已。她没有忘掉娱乐：去莫利托[1]溜冰，走访朋友——主要是男孩子，因为她不太喜欢和女性朋友相处，觉得那是件烦人的事——观看戏剧演出，热衷于马里沃和拉辛。难道她已知道这两人将在戏剧方面成为她的导师？她经常去电影院，为《蓝天使》的上映而雀跃，也为解闷的情感喜剧和间谍片而欣喜。她依然喜欢调情，非常大胆，但从不动真感情。

她的日记里流露出一种不为人知的痛苦和一些她无法医治的伤痕。母亲似乎对她视而不见，不爱她。对此，她体会到了一种折磨，并将其吐露在笔记本中：这种折磨会不会在她的痛苦之上平添一份悲怆？不过，有些语句读起来依稀可见一种不设防的坦诚："小日记[2]，今天晚上，妈妈觉得有必要，"她写道，"于是一只手亲热地握住了我的手——本能般地，像是一个自然的动作——但我很快就抽走了我的手。你对此有什么看法？……我从来没有拥抱过妈妈，虽然她不会把我当作一条烦人的小狗似的推开。"上帝也出现在这样的个人忏悔中，她的某些实话饱含有节制的情感，令人惊讶。内心的寻觅始终都在，从未离开她。在她的祈祷中，她看到一些闪光的字词，也看到了她与她视为朋友和亲信的日记之间的关系："是他，他是伟大的。你永远也不会知道，永远也不会知道所有那些你想要知道的东西，因为你只能凭着你可怜的理性和智慧去想象，别无其他方式。有些东西是你所不具备的，或将是你所不具备的。你太远，太低，所以不知道。未来，如果你愿意，如果他愿意，也许你将知道一些，那将是无上的幸福。歇歇吧，别再想了，别再费劲了。爱他吧，相信他吧，崇敬他吧，因为他是好人。他太伟大了，以至于无法不伟大。我的上帝，我知道的就这些了。"

她有时也去外省远途旅行，游览诺曼底海岸、特鲁维尔、多维尔，还有利雪，她去那儿主要是为了朝拜令她无比感动的圣女特蕾泽："这个小圣女得到了太多圣宠，"她写道，"年轻，可爱，小小年纪就被上

---

[1] 指莫利托公共泳池（Piscine Molitor），冬季可溜冰，现已改造为酒店。

[2] 此处为拟人手法，也即将日记当作倾述对象，并用第二人称"你"来称呼日记。

帝选中。大家无法取笑她，我很爱她，每当说起她，就会热泪盈眶。只不过，我从不向她祈求什么，因为我不配得到圣宠。”1932年4月4日，她庆祝了她的18岁生日，成了“到了烦恼期的忧郁的大姑娘”，她在日记里这样写道。然而，就在这个时期，她怀孕了，男方是一个名叫勒考克的人，她曾连续几次与他相会。男青年的母亲一手处理了此事，瞒着多纳迪厄夫人，让她堕了胎。玛格丽特把此事当成一个创伤，后来写道：“以为清理了一个胎儿，其实怀的已是一个孩子，而堕胎，就是杀了这个孩子。谎言又一次掌握了统治权，还有虚伪，这是女人们的绝望。”对于日后将签署“343名婊子的宣言”的她而言，宣布自己曾做过人流，这是一句恐怖的坦白……幸好，这出悲剧没有妨碍她通过中学毕业会考。

1932年夏末，很多事发生了反弹，相继到来。母亲休假行将期满，返回印度支那迫在眉睫。玛格丽特必须与母亲同行，因为母亲虽然希望妇女解放，但并不打算让女儿只身留在巴黎。再者，她得回那儿去准备中学毕业会考的第二部分。9月13日，他们登上“Bernadin de Saint-Pierre”号轮船[1]，返回殖民地。当局把玛丽·多纳迪厄安排在西贡男子高等小学，让她教一个班。抵达首都后，她在欧洲区买了一栋别墅，位于代斯塔尔街141号，离著名的夏斯鲁-洛巴商业街不远，同时还买了一辆轿车。

平日里，玛格丽特步行去附近的高中上学，继续读她的哲学课程。在学校里，她装成一个富家少女，穿着合身的轻质印染丝裙，蹬着高跟鞋或高帮鞋，喜欢化妆。闲暇时，她要么读书，要么打网球，有时还试着弹奏肖邦的练习曲或迪亚贝利著名的变奏曲，这些乐曲在她未来的作品中将扮演重要的角色。一年时光如梭，没发生丑闻，也没有特别的意外。玛格丽特是一个专心而勤奋的学生，学习成绩不错。她的品行脱胎换骨了吗？没有任何证据表明她有什么不端的言行举止，但所有人都说她非常神秘和冷漠。

「1」该船号为人名，贝纳丹·德·圣皮埃尔（1737—1814），法国作家。

1933年7月初，她通过了中学毕业会考，对此母亲倍感自豪。玛格丽特终于得到了母亲的许可，获准去巴黎继续学业。玛丽·多纳迪厄之所以答应，是因为总督已批准“多纳迪厄小姐，为赴巴黎继续学业，乘坐法国海洋运输公司1933年10月2日自西贡始发的一艘邮轮之头等舱，费用在南圻地方预算中列支”。

10月3日，她踏上了“Porthos”号[1]邮轮。70年后，马克斯·贝尔吉耶，同校的一名寄宿生，向《解放报》记者克莱尔·德瓦里厄讲述了当年的场景：“她母亲和保罗·多纳迪厄送她上船，由司机开车。谁都没有哭。保罗·多纳迪厄想必心有不舍，我发现他们兄妹俩很融洽，比母女之间还要融洽。”漫长的海上之旅期间，她遇到了一个朋友，罗杰·蒙拉于克。两人一起度过了美好的一天又一天，双双出入头等舱甲板、休息室和舞厅。玛格丽特没有表露出任何遗憾，而是诸般炫耀她的化妆品，甚至与她的朋友大胆地调情。她解放了，是的，她真的解放了。

从此，她再也不会回到那片土地。法属殖民地已离她而去。配有木制和锌制齿形花饰的白色宫殿已人去楼空，酒吧里弹奏的伤感音乐、如泣如诉的探戈舞曲已烟消云散。白种人的印度支那化为了废墟，废墟上将上演新的战争，新的血流成河、手足相残的战役，以及新的殖民政权，将使那片土地变得荒无人烟、夷为平地，而她将再也看不到那里青葱而美妙的丛林，看不到上等街区妓院里一夜之间悉数绽放的茉莉花。

虽有归途的短暂快乐，但留给她的，只剩下黑暗，降临于她的出生地、使她成为一个无籍贯的新生儿的黑暗，只剩下的她所想象的永隆和柬埔寨。留给她的，只剩下一些碎片，那是她每个日夜的素材，而令这些日夜突然明亮和升华的，是女乞丐的出现，是红棕色头发的伊丽莎白·斯特里德特静悄悄的路过，是孩子们的哭声及其母亲的哀怨。只剩下一个传奇般的故事，得益于滔天巨浪般的记忆，被千百次地重新构建、重新组织、重新收紧，被带到写作中，带到语言的模糊范畴里，带

「1」该船号有可能出自《三个火枪手》，其中一名火枪手名叫“波托斯”。

到杂乱无章的大地上——从西贡到加尔各答，从拉合尔到温哥华，这个传奇故事都没有区别，因为到哪儿都是同一个故事，到哪儿它都将重新开始，重新构想。

母亲处事不公，被记恨，被畏惧，也被尊敬；小哥哥的眼神跟安南人一样；大哥是个流氓，是个“走上邪路的人”；湄公河上，那一长串黑色的舢板船慢悠悠地，不知去往何方，也不知为了什么原因——这一切就像一个重担，压在她肩膀上，迟早会在文字的伟大而痛苦的分娩中被她公之于世。

不过，她的童年同时也是她的运气，使她的文字有幸诞生和存活，也正是得益于这个运气，她的文字才承载了人生说不清道不明的苦痛。1977年的一天晚上，奥赛剧院上演了《伊甸影院》。当晚，兴许是由于童年的所有魅影突然再次出现，她做了一个奇怪的梦。她在《绿眼睛》里详细讲述了那个梦。她说，她走进了一间有许多柱子的房子，房前有几处游廊，她听到了华尔兹和探戈的乐曲，还有卡洛斯·达勒西奥的音乐，那乐声与殖民时代无异，饱含着思乡之情，而母亲就在远处，“已被死神所攫取”，她说是她在弹奏。“‘这怎么可能？你已经死了。’她却对我说：‘我让你相信我死了，为的是让你能写出这一切。’”

母亲挥之不去，萦绕在她的梦和她黑暗的作品中。茫茫的大海，凉爽的夜，邮轮把黑暗劈开，此时的她就已知道，她的母亲，一个“敏感而脆弱的可怜人”，将是她的墨水，是她墨水的取之不尽的来源。

她靠着船舷，离开了那异国风情的土地，那别具一格的光芒，那举世无双的植被，还有那摩肩接踵、形形色色的陌生人群。在邮轮后头翻滚的海水里，在她这艘“黑夜号轮船”的颠簸中，她感觉到了“由各种呼唤构成的滔天巨浪”。她知道，自己既一无所知，又无所不知，好像她所知晓的一切都已提前上演，包括可见的，更包括不可见的，在她的意识里相互交织，缠绕在一起。“我想要的，就是写作。”

她就要回到法国了。母亲想必一定希望她回到法国北方，那是她自己的出生地，有大片盛产粮食的平原，抑或希望她好好学习，日后谋得一份稳定的工作。然而，玛丽·勒格朗——她是一个勤奋的奖学金获得者，也是弗兰德斯地区一个“倔强而疯狂”的小农妇——是在做梦，她不明白的是，在女儿玛格丽特那具“瘦削且近乎孱弱的身体里”，是什么令她激动和兴奋。她的身体虽然瘦小，但却无比火热，流淌着无尽的欲望、暴力和野性！

船下方涌动的泡沫，还有那一团团厚重的、黑漆漆的海水，都像是写作的隐喻，像是来自深渊的召唤，写作就应该如此，融入虚无之中，去那儿聆听模糊、喧嚣且野蛮的嘈杂声，像现在这样独自处于海上的黑夜中，既不面对任何人，同时又面对着所有一切，吸收着穿行的事物，以及“世界的尽头、自我的尽头”那些无法言表的、丢失了意义的混沌。

有一种东西她暂时还无法说出来或写出来，只能凭着直觉甚至生与死的本能感觉到，那就是自由。往日，茂密的丛林里有自由，在那里，她和小哥哥在一起；情人的怀抱里也有自由，在那里，她变成了堤岸区的娼妇，并因此遭到旁人的孤立和排斥。如今，在一望无际的大海上，天际处仍是大海和黑夜，她感到了“文学的自由”，她猜想那是一个在等待着她的神秘地带，在那里，不同的力量像风一样吹拂着，人生的意义以不同的方式得到理解，上帝、诸神和那些“发出召唤”的词语以另一种方式得到诠释，普通意义和可见的现实之外的东西也得到了解释。

邮轮的船体把海水劈开，坚持不懈地制造着一道深渊，那深渊在不断更新，同时载着邮轮前行。正是在这样的水流和深渊中，她懂得了写作这一行为的本质。

她感到头晕目眩，不是由于使甲板颠簸的巨浪，也不是由于运动着的天空，它像在逃跑，不让繁星成为固定的点，而是由于被海水的深渊掀开的黑暗、厚重、秘密和各种不可见的力量，是由于海水的粗暴，它掩盖一切，几乎同时又揭开一切，使人不得不去理解，去寻觅。

也许，她正是一个寻找意义的人，是一个寻求绝对的人，是的，她对此已有直觉。为此，她将接受所有危险，冒着生命危险去游戏，去消遣，以此获得意义的道路和迹象。她隐约知道这一点，觉得已为此做好了准备。

其实，从西贡那个跑着扑进中国情人私密的怀抱中的小姑娘，到一个酗酒的、悲怆的女人，再到一个破碎了、毁掉了、烧坏了的女人——甚至连嗓音都未能得以保全，因为一根该死的插管刺破了她的喉咙，破坏了她那来自远方的心灵之乐的音律，而那音律是无法模仿的——从邮轮上那个介于茫茫大海和满天繁星之间的少女，到勾着扬·安德烈亚（她唯一的爱，或许是最伟大、最广阔却也最纯真的爱）胳膊的那个驼背丐婆，之间真的过去了很多时间，真的相距了很多年，时间真的被消耗得太多吗?

从殖民地的邮轮所在的30年代初，到往日时光里的所有一切如疾风骤雨般重现的90年代，之间真的流逝了很多时间吗？60年的一河两岸，60年的人生、爱情、抗争与各种战斗，被抛弃，被接受，被追索，被仇恨，一次次乘着“黑夜号轮船”扬帆起航，乘着它去往她一直想去的地方。

她已知晓所有一切，是在黑漆漆的夜里得知所有一切，而且最先是在母亲生下他们几个孩子的那片荒蛮的大地上得知所有一切，在那里，大家在意的不是生活的艺术和考究，而是工作，艰苦的工作，以及“吃和睡”。她的力量，玛格丽特·多纳迪厄的力量，也许正是来自于那里，来自于她那位“绝望的母亲”。母亲使她对灾难有了直观的感受，她从此背上了对灾难的控诉，就像那个女乞丐弯着同样瘦骨嶙峋的脊背，背着麻风病的包袱和命悬一线的婴儿一样。

她将把她人生中这段刻骨铭心的时光记录在《情人》与《来自中国北方的情人》里，这两部作品完美地诠释了写作的核心是对往昔的记录。1991年，让-雅克·阿诺将《情人》搬上大银幕，而杜拉斯却对他的导演手法提出了异议，认为他混淆了传记和“翻译”，混淆了邮轮上真实发生的事与她所讲述的故事。她把整个人生和全部史实搬进写作中，这是文学的运作机制，是秘密的，是难懂的。

她的人生可以借助一些典型场景而得以理解：自杀的男青年，邮轮卷起的漩涡，闪烁的夜空，还有街上从酒吧大堂里逃逸出来的音乐，那是“眼下符合青年人口味的”音乐……“述说着初恋时不可思议的幸福，以及失恋后无法抚慰的无尽苦痛”。杜拉斯的人生好像集中在两块大地之间，那是一个没有根据的空间，是一个奇异的、被流放的地方。

表面上看，对于母亲时常说起的那个神话般的法国，她什么也不想得到，甚至包括父亲的房子，它位于洛特-加隆省杜拉斯镇附近，俯瞰马尔芒德河谷，也包括周边整个地区，那儿有很多小山谷，村庄星罗棋布，远离大型居民聚集区，是一个偏僻而粗鄙的国度，尽管那里的房舍和山坡不失优雅。

欧洲没有亚洲的粗暴，也没有它那粗鄙的感官，不像亚洲那样，各种香气、花香、松软泥土的刺鼻气味、从西贡小巷里飘出来的香料味混合在一起。欧洲盛行的，是一种垂死和恐怖的氛围，这也许已经能看得见和捕获得着。

母亲希望她学数学，日后参加教师资格考试。对于她的女儿，“最小的女孩”，没什么是不可能的，她应当追随父亲的脚步，去他曾扬名立万的地方，光耀他的姓氏。可是，玛格丽特不愿意，就好像她对学习不感兴趣，只想以其他方式去发现这个世界。她总得做点什么吧，母亲喊道，得做点“值得做的”、能算是工作的事，而不是跟开玩笑似的，从15岁半开始就一心想要写作，而写作或许将使她没法糊口，变得一无所有，被人瞧不起，被社会所抛弃。要知道，母亲梦想得到的，是社会的认可，是她尽管付出了太多辛劳甚至遭到了社会的“谋杀”却未能获得的那一切。

然而，玛丽·多纳迪厄这位“上帝夫人”——她的学生们这么称呼她[1]——知道自己是漂泊的浮萍，已无法掌握自己的命运，而只能听其摆布。在这世上，她已没了地位，她曾寄希望于印度支那那片殖民地，在那儿一直待到1949年才最终回到法国，但那时的她已不抱任何幻想。从此，她不再是为自己而活，她已经被摧毁，被摒弃——她好像从未存在过——但仍然凶狠地、坚决地挣钱寄给远在巴黎的孩子们，并一再申请延长工作年限，为的是她那个靠临时工、小工程、耍花招甚至吃

「1」学生们应该称她为“Mme Donnadieu”，即多纳迪厄夫人，但或许是出于戏谑而省略了“donna”这一音节，称她为“Mme Dieu”，其中“Dieu”的意思是“上帝”。

软饭过活的长子，对此杜拉斯在《情人》中有过暗示。

玛格丽特获得了一份奖学金，开始了她的大学学业，先是于1933至1936年在巴黎法学院学习并拿到学士学位，接着踏入了政治学院。她想学数学，但是由于在印度支那的土地上养成了太过叛逆的本性，她已无法适应那样一个高度限定的专业，也无意去谋求一个舒适而安定的未来。她坦言，她曾有过一些“非常……广泛的学习，但不包括数学”。“这不是由于（数学有）一种极为明确的倾向，而是由于（它有）一种机械性。”

在此期间，她仍然生活在大哥身边。他的存在是“有害的”，总是令她感到一种恐惧和一种抽象的害怕。他苟延残喘，与他形影不离的，是谎言、偷窃、冷漠和暴力，他有一种隐晦的、无法定义的东西，使他想要掌控和强迫别人，有一种阴郁而狂野的能量，有一些总是愤怒的企图。

关于这一时期，杜拉斯一直讳莫如深。这是一个过渡时期，是在一片放逐的土地上定居的时期，是一个不知生在何处的私生子和异乡人融入社会的时期。她声称，她想要把所有一切统统掩埋，不再回想她的童年、殖民地的骗局、黑豹、鳄鱼、舢板船，也不再回想她所想象出来的所有那些对比鲜明、散发着香气、亟待述说的东西。不过，这种身份的缺失和隐姓埋名的状态正中她下怀，增进了她的自由。她暂时还没有意识到她的童年、女乞丐永无停休的祈祷、难忘的湿热气候所具有的力量，以及躺在中国情人怀里时她那具有欲望的身体的力量。她暂时还不知道，她出生的那个国度日后将发起“复仇”——这是她的原话。湄公河、午休时分达到最高点的闷热、茂密丛林里的探索……所有一切都将重现，成为她写作的唯一素材，有待她挖掘和加工，她将连续多年陷入繁重的写作，接着又异常轻松地写出最后几本书。

此时的她似乎没有定居的欲望，也不想占有，不想融入社会，成为被人操控的玩具，其中的原因是否正是她曾亲身体验过的、直觉中的与想象出来的经历？

她心中一直留着这样一幅画面：海平线上，一艘艘船横着停泊在入海口附近，不一会儿就钻进一望无际的大海，逃得无影无踪，再也看不见。出发，无法返回，一个又一个中转站，为了再次出发而进行必要的舍弃，盲目地相信那些被时间不断侵扰和摧毁、每况愈下却顽强挺立的事物具有不朽性……这一切恰如人生的表象。

在巴黎，她是一个小“克里奥尔人”[1]，曾在亚洲殖民地生活，而按她自己的说法，她是一个“被引渡的人”。她不再有回忆，她得适应新的环境。她把一大片由各种景象构成的沃土藏在内心深处，她知道那些景象日后会发芽和生长，比如回国途中在科伦坡中转时远远望见的威尔士王子酒店，与夹竹桃的甜味混在一起、无处不在的麻风病的味道，还有母亲和大哥，还有作为受害者的小哥哥——她很清楚，小哥哥将死于“虐待”，死于母亲出于母性的偏好而给予大哥的那种不讲理的、残忍的爱。

在当时的照片中，她总是面带微笑，但那是一种谜一般的微笑，与它试图表达的快乐和幸福格格不入。她保留住了她那富有穿透力的眼神，那眼神里“依稀含有东方韵味，”克洛德·鲁瓦在《我们》中写道，“在不经意间令人着迷，仿佛正看着比她高大的来者”，同时也保留住了她的烦恼和一种耻辱的压力，也即“原则上不得不过日子”的耻辱。

她像是在用心地微笑，用心地模仿各种幸福、正常及家庭的处境。在花园里陪伴哥哥的时候，她的模样像是一个小商贩，一个卖衣服的小贩，穿着轻质棉裙，腰里紧紧地系着皮带，一只胳膊乖乖地挎着手提包。然而，这些不过是幻象罢了，正如克洛德·鲁瓦说的，“真实的生活在别处”，在对尘世不懈的拷问中，在世间万物的喧嚣中，那喧嚣令人眩晕甚至不适，而她将运用她的天赋将其记录下来。

在她看来，只有充斥着往日时光的文字，才有权讲述她的人生。她深信，把一件件事实罗列出来，以为能从中揭示某种连贯性，没什么比这种做法更错误，更多余，更流于表面。所有一切其实是发生在由留存下来的各种图像所构成的杂乱无序的巨浪之中，在浪涛的脆弱

---

[1] 克里奥尔人（créole），一般而言，指的是出生于殖民地、父母是欧洲人的白种人。

而断断续续的歌声之中，在接受遗忘的过程之中。要懂得，她的人生存在于那些被修复的事件的痕迹里，她的人生历程并不“像一条介于起点和终点两个界碑之间的道路”。显然，要让人生渐渐和盘托出，靠的不是搜集各种事实与日期，像校正一台机器的零件那样对它们进行调整，而是观察它们在人的内心深处、在她所说的“内在阴影”这一最为隐蔽的地带留下的痕迹，那里才是“自我的档案”（archives du soi）所在之处。

因此，未来的她将拒绝为日期所累。在她眼中，日期并非修复记忆的必由之路：“书里的东西比写书的作者更真实……”她说，“莎士比亚讲的故事比莎士比亚的人生更能见证莎士比亚。”她相信，她的故事和她的人生存在于作品中，存在于各种空洞和孔隙中，存在于阴暗的陷阱中，存在于文字中，存在于印度支那的那些藏着各种秘密、不断被大海冲洗、移动和淹没的稻田和浅滩中。

她很早就已知道，自己心中有一种孤独感，有一种永远不以物喜的怪癖，母亲对此深感伤悲，有一种永恒的不满足感，有一种想死的欲望，这欲望特别强烈，令她落泪，而她却不知到底是因为什么，还有一种忧郁，这忧郁不妨碍她开怀大笑，不影响她的讽刺和愉悦，也不妨碍她去爱，去崇拜，去学习，去喝酒和抽烟。

她唯一确信的，是她未来的书。在那些黑色的书页中，在那些深奥的文字里，在她痛苦的愉悦里，在她所说的“奇妙的灾难”中，一定可以慢慢找到她的真实人生，而可怕的是，那人生是易碎的，有待缝补，有待理解。

在印度支那，她读过的书只有历险记，一些贵重的书籍，以及所有读来令人感觉舒适的文学作品，作者主要包括皮埃尔·伯努瓦、皮埃尔·洛蒂、克洛德·法雷尔、罗兰·多热莱斯，那是殖民地图书馆独有的馆藏，此外还有《戏剧小画刊》里的“林荫道戏剧”[1]。“我每期

「1」林荫道戏剧（théâtre de boulevard），以娱乐为主的通俗喜剧。

都读，只有那玩意儿，”她后来对《早报》的戏剧评论员吉尔·科斯塔兹倾述道，“里头主要是林荫道戏剧。”此时，身在巴黎，她可以去看画展，去剧院，读小说，见识新的作者。

卡亚维[1]写的戏剧台词令少女时的她捧腹大笑，皮托埃夫家族[2]则让她看到了戏剧的真谛。作为马蒂兰剧院的常客，她没有错过与该剧院密切合作的皮托埃夫家族的任何一场演出。“那是我的第一所戏剧学校，”她告诉科斯塔兹，“剧院里有十五个人，我每场必到。长此以往，皮托埃夫一家认识了我，有时还向我问好。那时我18岁，看了《玩偶之家》《交换》和《海鸥》等戏剧。”

她的选择已经确定，一种自发的方式。她不喜欢法兰西喜剧院，“原因在于语调和诗体”，不喜欢因《安菲特律翁38》而广为人知的让·季洛杜，对马塞尔·阿夏尔、萨沙·吉特里和雅克·德瓦尔也不感兴趣。她觉得自己属于皮托埃夫家族，因为他们有着斯拉夫民族的浪漫心灵，也有将从俄罗斯民族、斯堪的纳维亚民族和盎格鲁撒克逊民族的伟大典籍中汲取而来的“音乐”（musica）。除了超现实主义的创新之作，她还阅读当时被视为经典的作品，包括安德烈·马尔罗、弗朗索瓦·莫里亚克、弗朗西斯·卡尔科、路易–费迪南·塞利纳。当海明威、福克纳、弗吉尼亚·伍尔芙、艾米莉·狄金森被译介到法国之后，她从他们的作品中找到了自己，因为他们也听到了来自内心的狂野话语、闷在宛如泥沼深处的腹中的吼叫，以及灵魂的呼唤，而这些都是难以察觉的。

30年代的巴黎是欢快的，也是阴沉的，既有浩劫的迹象，又拒绝相信它的来临，而是沉醉在喧嚣和创作中。殖民博览会的盛事行将落幕，有些人就已不怎么相信法国将有幸保住帝国的疆土。“疯狂年代”[3]

---

[1] 加斯东·阿尔芒·德·卡亚维（Gaston Arman de Caillavet，1869—1915），法国戏剧作家。

[2] 皮托埃夫家族（les Pitoëff），主要指的是乔治·皮托埃夫（Georges Pitoëff）、吕德米拉·皮托埃夫（Ludmilla Pitoëff），二人为夫妻，以及二人之子萨沙·皮托埃夫（Sacha Pitoëff）、之女斯维拉娜·皮托埃夫（Svetlana Pitoëff），均为法国戏剧演员。

[3] “疯狂年代”（Année folles），指20世纪20年代，期间法国经济保持强势增长。

已风光不再，新的年代显得令人忧虑不安，危机重重。杜拉斯容易受到人与世间所有大事的影响，捕捉到了这种质疑和不适。在她生活的那个城市里，罗杰·马丁·杜·加尔、路易·阿拉贡、儒勒·罗曼、让·季洛杜、保罗·尼赞、艾曼努尔·贝尔勒、安德烈·布勒东等人正在创作他们强有力的作品，赋予作家一个更为介入政治的新地位，尽管她并不赞同他们在写作方面的选择。那年头，积极分子的战斗精神正在诞生之中，已开始引起她交往和频繁出入的共产党和“法国大学生运动”组织的注意。

不过，她一直在忍受一种被抛弃的感觉，是母亲将她置于这种感觉之中，同时忍受着一种深深的孤独，这种孤独滋养着她对大哥的仇恨和嫉妒。她想理解母亲与大哥对彼此的依恋，搞清楚这种关系的底细，以及爱和溺爱在这种关系中所占的比例。那是她最大的肉中刺，是她最大的痛苦。她记得，离开印度支那之前，有一天晚上，在小木屋的游廊里，母亲对她说：“我的小丫头！”那绝对是母亲第一次这么称呼她，第一次真正地看着她。那一刻，爱四处漂浮，一直蔓延到对面的暹罗，蔓延到群山之间。

这种痛苦是如此的强烈，以至于她的前三本书全都以此为主题，她沉迷于心碎，一心想要理解这种强烈情感的机制和运作方式。对于大哥，她体会到了一种恐惧，这恐惧一直在侵袭她，聊天时，散步时，酒吧里，花园里，它是一种无法控制的、剧烈而致命的恐慌。她的私人影集里有一些她和大哥的合影：大哥的脸令人感到恐怖，头发抹了发膏，贴着头皮梳向后头，眼神冷漠而尖锐，穿着一件开叉西服，看起来像电影里的小白脸；她坐在大哥身旁，眼神显得紧绷绷的，使她看上去像是安南人，像是家庭里的一个错误，是一个早已经被抛弃了的人，无法补救。

尽管她声称她有力量同大哥做斗争——她过去曾拒绝屈服，向大哥发起挑战，而当母亲因为她结交中国情人而揍她的时候，大哥却站在门口煽动母亲的怒火，并为自己的举动暗自欣喜——尽管有一天大哥让她去卖淫，尽管两人都生活在洋溢着暴力与悲哀的地方，她知道，她与大哥之间的关系必将破裂和毁灭。

二战前的巴黎对她进行了知识培养，使她得以成长。与往日走遍堤岸区大街小巷一样，她“在一种缺失法律的状态中”，在对自我的挑战中，遇见了未来的“她的孩子的父亲”——迪尤尼斯·马斯科罗后来这么说道。她觉得自己完全自由，可以自由地去爱，去感受，去认识所有一切。

她将爱上一些男人，一些大学生，其中包括一个犹太青年。她记得，他曾为她朗读《圣经》和《旧约》，书里涌现出以色列国王、耶路撒冷国王等伟人。也许，正是多亏了他，她才记住了圣人，记住了《圣经》里那些难以理解的景象与“神圣的沼泽”里发现的辽阔疆土。也许，与1990年出版的《夏雨》里的欧内斯托一样，她也意识到了这种秘密的知识，那是任何大学、任何知识都无法教会她的。

她一直爱着男人，需要男人，对他们抱有欲望，即便是70年代在《巫婆》杂志和“妇女解放运动”组织的那些美好日子里，当围在她身边的似乎只有往往不爱男人的女性之时，她仍然对男人抱有欲望。她在他们身上寻找故事，那些故事是隐藏的，是神圣的，是他们从往昔和母亲那儿保留下来的，会使他们变得暴力而野蛮，也会使他们变得像用缸里的水为她冲澡的中国情人那样甜蜜而温柔。

在巴黎法学院度过的那几年里，她将邂逅罗贝尔·昂泰尔姆，他和她一样，也是大学生。他出生于科西嘉的萨尔泰纳，家里有一个比他小三岁的弟弟。他的童年漂泊不定，因为父亲先后在奥洛龙圣玛丽、伊泽尔省的维埃纳、巴约纳等地担任区长。后来，他在巴黎参加了中学毕业会考，主修法律。

他出身富家，受过基督教培训。他和杜拉斯组成了一对亲密搭档，一起开展精神层面上的思辨，但他们身处尘世，已预感到大规模运动的暗涌。

然而，与他那一代人一样，昂泰尔姆的青年时代也被战争的幽灵吞噬了。他于1937至1939年服兵役，紧接着于1939至1940年走上前线，直到不祥的1944年6月，他被盖世太保逮捕，并陷入一连串永生难忘的悲惨遭遇。

在欧洲继而巴黎被套上桎梏之前，杜拉斯在昂泰尔姆身旁度过了最后一段灿烂而幸福的时光。和他在一起，她找到了一种平静，一种他内心拥有的平衡，一种对性格的有力控制。很久以后，她躺在医院的病床上，扬·安德烈亚告诉她，罗贝尔给她打了电话，在电话里说拥抱她，说想"看到她平静下来，这是他的原话"。她答道："天哪！都三十年了，他时时刻刻都想看到我平静下来。这确实是他的风格。"

对于当时那个陷入险境、遭受仇恨和暴力的世界，她感觉到了一些先兆，看到了整个时代在抽搐，谎言的狂热在四处蔓延，对犹太人的迫害已初露端倪，言论也已遭到钳制。凭着本能，她感觉到了一个野蛮时代的到来。

她用毁灭、疯狂、死亡、分解等景象哺育了一个精神世界，在那个世界里对这个野蛮时代的到来作出了预言。她曾行走在殖民地那海绵般的泥泞土地上，身后跟着一帮随从，其中有灾难，有恐惧。早在18岁时，她就已发现一个定格的画面，"人与人之间无法补救的别离"，发现一件改变不了同时也忘记不了的事，那就是什么也无法改变那些"可憎的背景"。由此，她认为，她已结束了学习和成长，已像死去了一般，虽然只有18岁，但她的认知已毁掉了她的希望。就连她的脸，也使她显得如菩萨般凝重，显得衰老。是的，事实就是这样。应该有一张她18岁时的照片，照片里，她的小皮帽放在一旁，她面带微笑，那微笑是戏谑的，是心不在焉的，是被另一条路吞没了的。与此同时，正是由于这张年轻时就已被毁掉了的脸，她才决定书写和讲述大海的暴虐，它把一切掀翻，把堤坝摧毁，把大地淹没，走到哪儿就把哪儿的土地吞没。写下她所发现的一切，"除了自身，别无其他可写，那不存在"，她说。

1937年初，她向殖民部提出申请，想得到一份行政工作，此举不经意间沿袭了母亲昔日同样的行为。6月9日，她被招聘到殖民地信息与档案处。她是个举棋不定的人，既参与维护殖民体制，同时又发自肺腑地否认它，她了解它的所有机关，也了解它的所有狡诈！1938年9月1日，她还被任命到法国香蕉推广委员会。她的工作得到了赏识，因为在不到两年的时间内，她的工资涨了两次，一次是1938年11月，一次是1939年3月。

不过，这并不意味着她是支持殖民体制的游说团成员。在杜拉斯这儿，陷阱是幽深而阴暗的。在这一职业选择中，有挑战，有流放的痛苦，有对父母认可的呼唤，有她成为小说家之后将进行加工的模棱两可的素材。不管怎么说，从她在殖民部度过的1937年和1938年来看，她是忠于职守的，是爱岗敬业的，尽管她在1963年曾对此别有说法，写了一篇猛烈抨击乔治·芒代尔[1]及其治下的政府部门的文章——此文写得有点晚。杜拉斯就喜欢这样，凭经验重新塑造历史。作为一个叛逆而又保守的职员，她一边揭露她所在的“铁桶般的部委”，一边悄悄地实施她的计划，就像她写的那样，“等待着她的时刻”，以便尽早摆脱“部委的蜂箱”。在现实与她一生都在铸造的神话之间，我们看到的是玛格丽特（此时仍然姓多纳迪厄）的举棋不定。不过，不久后，接二连三的政治事件将使她得以高傲地自称为一个悲情英雄。她终将发现，这一身份更符合她的真实本质！

「1」乔治·芒代尔（Georges Mandel，1885—1944），法国政客，曾于1938至1940年担任殖民部长。

Chapitre 3 Les foyers de douleur

痛苦的家园[1]

她于1939年9月23日结婚，在巴黎15区政府办了民政手续，还办了宗教手续（根据新郎记录的隐情，但没找到任何教堂记录），嫁给了罗贝尔·昂泰尔姆。战争的威胁迫在眉睫，她好像想要以婚事来冲喜，通过两人的结合，勉强留住一些维系着他们俩的真诚而独特的生活方式，共同反对资产阶级式的婚姻，以及它的约束、困境和吝啬。到场的只有见证人，一切从简，因为昂泰尔姆只获准休四天假，四天后就得返回军营。和他在一起，她想要体验一种乌托邦式的婚姻，或许还想象着要守护她的孤独——她已经把孤独当作进入写作状态的唯一途径——防止欲望广泛而迅猛地流动并成为习惯与常态，回避她觉得可憎的基督教夫妻观念，包括忠贞、禁欲和无意识的背叛。她想要的，是试着延长“爱的时间”，防止它被侵蚀，这种侵蚀是必然的，是一种逐渐蔓延的、不光彩的破坏，她想要让自己变得比这一破坏力更强大。她又一次选择了最艰难

「1」引自《不可妥协》（*Les Inrockuptibles*），1990年第21期，第115页。——原注

《不可妥协》是法国的一份周刊，1986年创刊，初期以摇滚为主题，后来逐渐涉足文化、政治等领域，该周刊的名称是一个新造的单词，由“incorruptible”（不腐烂的、廉洁的）和“rock”（摇滚）两个单词合成。——译注

的道路，最恐怖的考验，对自己提出了残酷而审慎的要求。

这桩婚事妥当吗？它是不是一个长期秘而不宣的错误？她是否还爱着与她联袂创作《法兰西帝国》的菲利普·罗克？嫁给昂泰尔姆是不是为了对此做个了断？为了移情？永远不会有人知道真相，因为她的感情生活错综复杂，充满了由久远的记忆、长期掩盖着的真相、内心深处的坚信与直觉所构成的奥秘。不过，对于昂泰尔姆，她一直说他在她认识的所有男人中是最聪明的，或许是智慧的化身，是最快乐的，是她一生中最“重要”的人……

于是，1939年秋天，玛格丽特独自一人待在巴黎。昂泰尔姆身在东部前线，时时给她寄来一些照片，照片上，他和战友们在一起，一副信心十足的模样。巴黎的日子比以前拮据，所有人都准备过一个艰苦的冬天，但没人相信会战败。玛格丽特住在巴黎15区圣费丽西黛街一间小公寓里，整日忙于撰写一部关于殖民帝国的宣传作品，那是乔治·芒代尔交给她以及她的朋友兼情人菲利普·罗克的任务，期间菲利普·罗克成了殖民部主管联络媒体的负责人。

无论是内心里，还是肉体上，她应该都没有从童年的那片土地——印度支那——得到慰藉。否则，该怎么理解伽利玛出版社1940年5月3日出版的那本晦涩的书——书名是《法兰西帝国》，署名是玛格丽特·多纳迪厄与菲利普·罗克——一般不收入她的作品目录？它难道不是向“父亲”喊出的最后一声呼唤吗，难道不是对被她否定的姓氏的最后一次妥协吗？是啊，该怎么解释这首颂扬“祖国母亲”、“甜蜜的法国”、殖民的荣耀、“法国善良与智慧的宝库”的赞歌，该怎么解释她对乔治·芒代尔、托马·罗贝尔·比戈、夏尔·芒甘上校以及于贝尔·利奥泰、约瑟夫·若弗尔、约瑟夫·加列尼等诸位元帅的致敬，这难道不是在“父亲”被埋葬前对他的最终宽恕吗，不是欠“父亲”的最后一笔债吗，不是一种个人想要得到认可的欲望吗——这欲望无法磨灭，尽管她内心最深处觉得不齿？

在她主笔的关于印度支那的那一章里，除了对殖民运动的颂扬，她还任由自己的想象天马行空：有湄公河，它蜿蜒四千五百公里，从老挝北部到柬埔寨边境环绕着法属印度支那；有灯芯草和红树林；有港口城市西贡；有堤岸区，包括那儿的房舍、饭馆、丝绸和玉器店，是《情人》的发源地；更有河内的还剑湖和西湖，那儿有奢华的日落和沿岸伫立的宝塔。

这一时期，她仍未放弃家庭的遗产，一如九年前的1931年——那一年，殖民博览会在巴黎举行，母亲不知该说些什么以祝贺那个帝国，但不久后，她将不停地揭露针对原住民的不公和残忍。她是如此渴望得到认可，以至于竟敢承担这样一部在战火纷飞之际出版的宣传作品，伽利玛出版社也不例外，竟然于1940年5月在《画刊》里毫不犹豫地将此书标榜为“每个法国人的必读书目”。不过，她不可能不知道越南一小部分人发起的早期反殖民主义袭击，或共产主义者早就开始领导的、旨在揭露殖民地人民遭受不公与压迫的宣传活动。她没有理会这些争论，受命担负了这本发给所有争相前来参观“海外法国沙龙”的游客的书。这本书的文字意味深长，在履行宣传职责方面没有丝毫迟疑，书中写道：“若是认为我们的行动没有任何实际目的，而是为了培养个人，使其命运更美好，靠牺牲宗主国的利益为个人谋福祉，那么这种想法或许是错误的。法国在其殖民地取得的成就符合其利益。在法国的推动下，一部分新人类站了起来，以理性的方式开发他们国家的财富。法国第一个从中得利是正当的。”并补充道，在那个潜伏着敌对情绪的时期里，好像有一种危险：“套用一句著名的格言，只有一个帝国，只有一个，不可分割。”虽然嫁给了昂泰尔姆，但玛格丽特（此时仍然姓多纳迪厄）还是固执己见，不辞劳苦地写了一篇长文，发表在1940年5月11日的《画刊》上。文中，她歌颂了殖民化进程的光辉使命，包括农业、教育、卫生，赞扬了那些响应法国号召、与法国并肩抗敌的土著民，同时还为法国对于土著民的政治立场正名，解释说之所以没有赋予他们选举权，是因为“选举权的授予要求心灵与精神的正直廉洁，而这一点要有文化和智力才能行得通”。

事实上，她真正成为作家，必须等到她放弃父亲的姓氏，多纳迪厄，并交给他一份她的殖民作业，就像一个认真学习了公民教育课程（一般是在数学课之后教授）的好学生那样。只有当她改名杜拉斯之后，她才能成为真正的作家，才能揭露、复仇，并以另一种方式弘扬她出生地与流放地的秘密。

早在二战之初，她就已着手她内心的那部家庭小说，那是她的第一部小说，试着补救她的童年、紧张的家庭关系以及年少时的冲突。她开始写作，既是信守她早在印度支那时就已许下的诺言，同时也是由于烦恼，她承认。“烦恼是一切写作的基础。”这部小说，她称之为《塔内兰一家》[1]。

《法兰西帝国》出版后不久，二战急速发展，德国人发动的猛烈攻势令举国震惊，这仿佛是对她爱国之举（或真或假）的侮辱。政府一溃千里，各部委逃至卢瓦尔河以南，巴黎几日间便落入敌手，这一切引发了出乎人们想象的恐慌和逃难。6月10日[2]，戴高乐将军发表著名的坚持抗战的号召之后，玛格丽特被迫转移到殖民部的新址，甘杰城堡——殖民部已在该城堡驻扎下来。随后，她在布里夫拉盖亚尔德度过了夏天。在那里，她越来越专注于创作她那部小说，小说的题目仍为《塔内兰一家》。在树木繁茂的乡间，她又找到了住在杜拉斯镇时曾感觉到的那些印象。

她是否与菲利普·罗克一样，去过维希？这个问题一直迷影重重，而未来的杜拉斯对那个纷乱的时期也是三缄其口。只有一个传记作家，让·瓦里耶，曾于2006年在《副领事》的手稿中发现一份资料，或许能够证明她去过维希。在这份资料中，谈及主人公（亦为殖民部职员）经历的磨难时，她写道：“选择这家温泉疗养院对某些人有利，但我对它没有任何需求。比起在巴黎时，我更烦闷。这儿缺少本土生活。所有人都在利用温泉，除了政府，它是支持侵略者的。我常常大喊：哦，四

「1」《塔内兰一家》（*La Famille Taneran*），《厚颜无耻的人》的原名。

「2」原文如此，疑为6月18日。

季，哦，城堡，何处是我的林荫大道！”[1]

然而，战争的来临、德军的侵略和生活的艰难并没有使她与任何特定的政治活动搭上关系，尽管她是一个叛逆的人，就像迪尤尼斯·马斯科罗后来解释过的那样，她的心中有“一种不屈和抗争的精神”。

对于这种颠覆性的力量，杜拉斯无法掩饰。她整个人都显露出一种张力，一种智慧，一种粗鲁的、本能的力量，使她显得盛气凌人、危险重重。

1940年9月30日，由于没有得到维希政府的招募，她离开了殖民部。从此，她与印度支那的土地不再有别的关系，除了写作。写作在她心中酝酿着，很快将催生《抵挡太平洋的堤坝》，一首史诗般的抒情歌谣。

1940年8月，她回到巴黎，与昂泰尔姆劫后重逢，昂泰尔姆此时已经复员。两人在位于保罗-巴鲁埃尔街26号的一间小公寓里安了家，离他们以前住的地方不远。从此时到1942年8月她在“图书业联合会”找到新工作的两年里，玛格丽特与昂泰尔姆生活在一起，组成了一对富有激情的知识分子夫妇。她埋头于《塔内兰一家》的书稿，一完稿，便想立即出版。想起在伽利玛出版社的出版经历——虽说《法兰西帝国》是一本奉命而作的书——她给加斯东·伽利玛写了一封信，向他推荐了自己的书稿。从往来的信件中，可以看出她的不耐烦和不怕羞，她不断督促那位令人生畏的著名出版商，让他尽快予以答复，并对他一个半月的沉默感到惊讶。无情的判决书下来了：审稿委员会拒绝了她的书稿。不过，评语是建设性的：审稿报告详细陈述了文章在情节上的力量、其中包含的残酷感以及对情感的分析，但是在他们看来小说之所以不够成功，是由于总体上“非常强烈的”气氛，这种气氛令他们印象深刻，并联想到了英国女作家艾米莉·勃朗特。

对此，玛格丽特·昂泰尔姆-多纳迪厄一定感到高兴，但又不完全满足。委员会拒绝了她的书稿，这叫她恼羞成怒，自尊受到了伤害。她

---

[1] 维希在法国被誉为温泉疗养胜地，瓦里耶或据此判定杜拉斯去过维希。

只肯接受雷蒙·格诺的意见，他的意见非常有利，也即请她到他办公室去见一面。雷蒙·格诺告诉她，他欣赏这部小说的深度，从中觉察到了一种作者独有的氛围与一种特殊的语调，以及两种状态之间的自由切换，一是家庭里盛行的野蛮暴力，一是沉溺于凯尔西北部夏季的炎热、风与层叠的土地。

雷蒙·格诺学富五车，好奇心层出不穷，这使他对青年作家抱有极大的同情心，能够耐心倾听他们的心声。他是《新法兰西杂志》的合作者，该杂志堪称两次世界大战之间的文学的标杆，他是哲学家、语言学家、数学家和诗人，他是把玩文字和观念的杂耍演员，在这个领域有着难得一见的自由度，而在伽利玛出版社，他又是最关注青年文学的人，具有一种丰富的想象力，能够在一部手稿中看出未来的作家，发现新的表达方式。于是，玛格丽特看到了一个期许，为自己的希望找到了一个理由。

在这部交织着强烈情感、包含着她全部故事的小说里，雷蒙·格诺明显感觉到了她从弗朗索瓦·莫里亚克那儿继承来的东西。他们二人的世界是一样的，崎岖不平而又冲突四起，脚下的土地既富饶，又孤寂。凭着本能，他发现了两人的共同点，也即一个由各种被压抑的、相互矛盾的、粗暴的张力所构成的网络，而与此同时，他又欣赏她的独到之处：对时间的描绘，包括它的逃逸、它沉重而顺畅的流逝，对“孤立而熟悉的”声音的介绍，那声音萦绕在乡野之间，像是永远被固定住似的，由于一直存在而变得近乎寂静无声，就像“大海的喧嚣”那样，因为永不停歇而往往被人忘怀。

某种深层次抒情的东西徐徐展开，但这首抒情诗不受世纪初那些作家的抒情诗所拘束，而是奋力寻找自己的道路，唱出一首已带有个人色彩的歌谣，凭着那些挥之不去的音符，凭着那些振聋发聩的事物的存在。

在物资匮乏的巴黎，她住的居民区比往日更无拘无束。闲来无事时，她便散散步，在食品店门口排排队。她喜欢跟小人物打交道，混迹于群众之间，跟他们聊天。一切都是她的食粮。她的记忆力堪比普鲁斯特，能记住各种小事和别致的场景，这些将成为她作品的调味料，比如《平静的生活》《昂代斯玛先生的午后》《广场》《水与森林》……她从不在已被公然侵占的城区逗留，而是更喜欢居民区简单且总是欢快的生活，尽管面临着诸般考验。

1941年5月，罗贝尔·昂泰尔姆被任命为工业生产部“信息处专员”，皮埃尔·比歇时任该部部长。几周后，这位对昂泰尔姆信任有加的部长奉命调任内政部国务秘书。于是，他请昂泰尔姆担任他的秘书。鉴于德国人的关系，这个职位显然很敏感，但昂泰尔姆还是同意了。人们肯定会在心里嘀咕，昂泰尔姆有没有涉足维希政府，因为他经常陪比歇去维希。

他的妻子玛格丽特是怎样体验这种新生活的？她有没有掂量丈夫的危险和举棋不定——因为昂泰尔姆一直表现出一种发自内心的抵抗情绪，自视为一个反法西斯主义者，但与此同时，他也是一个反共产主义者？此刻，对于这种二分法，她还看不到它有什么障碍，因为她内心坚信，一切都应经历试验，所有知识，最高的，最具精神性的，最形而上的，都应亲身体验，然后才能成为谈资。她坚信，一切都发生在边缘处，风险一直都在，挥之不去，它是挑战的必由之路。她也坚信，自己的丈夫昂泰尔姆即便去过维希，也不应被视为一种背叛，尽管反犹太法已经开始实施。借用戴高乐将军的话，这个时期充满了太多的激情，以至于她从中得出了一些激进的结论。所有一切环环相扣，当比歇于1944年被人枪杀而且没有得到战胜者的宽宥时，无论是她，还是昂泰尔姆，都无法认为他是一个彻头彻尾的混蛋。

她觉得自己陷入了时间和各种事件的牢笼，这一境况把她置于一种悲剧的氛围，跟所有法国人一样。不过，1941年10月，当她得知自己身怀六甲之时，她仍然感到非常幸福。尽管她有一些从遥远的地方带回来的苦恼，但她仍然会为那些简单而自然的小事、那些目光闪亮的人、孩子、花园、玫瑰、多变的气候而感到欢欣。即将到来的这个孩子照亮了她所处的这个可怕的时期。远在西贡的母亲得知了这个喜讯，她还在那儿靠铁腕管理她的学校。玛格丽特担心母亲的健康，因为据说她还像以往那样一心扑在教学上，在那片土地上辛勤工作，直到筋疲力尽。

她与昂泰尔姆的关系日渐恶化。对于妻子反复的不忠，昂泰尔姆已心生厌烦，并且已经与一个同事保持了几个月的情人关系，两人几乎不再一起生活。玛格丽特虽然是在这样一种前途未卜的情境中养胎，但并没有真正受到不利影响。很久以来，她已熟悉了时间的流逝，熟悉了它的残酷，以及人类永恒的孤独。

在这个黑暗而不祥的时期里，一些重大事件——均为私事，但将具有普遍意义——将在她的人生和想象中播下种子。1942年，她在分娩时失去了她的第一个孩子，罪魁祸首是一个迟迟未至的医生。痛苦去而复返，她感觉到了空虚，觉得自己怀的是一个死胎，也许还想起了恰好十年前在巴黎经历的那次流产，那是一个模糊的、潜伏着的、空泛的记忆。她变回了沙湾拿吉的那个小乞丐，完成了一次中途停靠，生下一个死婴，接着重新起航，而这一痛苦将一直栖息在她心底。从此，这次遭遇一直被她视为“全都领教过痛苦”的女人们的遭遇，而女人也正是由于这个原因而有别于男人：男人可以把他们所受的折磨和人生的苦痛发泄到战争、暴行与规矩之中，而女人的痛苦却无处不在，在肚子里，在脑子里，在她们对世界的认知里——这认知是令人不快的，她们早在几千年前就已获得，而且仍在以生物学的方式不断延续下去，从母亲到女儿，她们“全都领教过”死亡这种疾病。

1942年5月的这一天，确切日期是16日，在普朗特大街的一家高级诊所里，光线是白色的，她看见外面有一排刺槐，正开着花，花朵攒成一顶顶遮阳伞，那伞也是白色的。她掂量着这场灾祸的轻重，念着她的死婴和那可怕的“空虚”。

她想看一眼，但所有人都不同意，包括昂泰尔姆，还有修女们。她想，至少得知道他，那具躯体，那具尸体，将会被如何处理，或是像人们说的，得知道他长得像谁。在她的坚持下，大家坦白告诉她，说她的孩子将被火化。她的肚子成了“一块损毁的碎布……一张裹尸的床单”。34年后，这母爱仍然留在她心中，牢不可破，至于当年那可怕的痛苦和空虚的感觉，她将在《巫婆》杂志中娓娓道来，但版本因回忆的时期而异。有时，修女咄咄逼人，说话直来直去，告诉她说孩子一生下来就已被火化；有时，修女满怀同情，虽然不让她抱一会儿她那夭折了的孩子，但却对她说："睡吧，您的小天使会守护着您。"不管怎么说，这道创伤是巨大的，它将与诸多被掩埋的记忆一起，停留在一口黑暗的井里，为她未来的作品提供给养。此时，在她那本灾祸影集里，已经有缺席的先父，有只会拼命叫喊却不爱她的母亲，有令她畏惧的大哥，有温柔但脆弱的小哥哥，还有任由潮汐侵袭的印度支那，有二战、被占领的法国、对犹太人的迫害，更有虽然身为伟人但却听不见她祈祷和呼喊的上帝。

她的经历总是让她骨肉疏离，令她放任自流，浮想联翩，而残酷的是，死亡一直陪在她身旁。这个5月是紊乱的，城市里，虽然德国人的存在令人倍感压抑，但活力仍然四处流动，打破了房间里的安静。时间的流逝冷漠无情，那道致命的伤口已被渐渐遗忘——"您的孩子死了"，人们对她说。另一些事件正在酝酿。只剩下一些痕迹可供回想。

再见到她，已是1942年7月。她开始在"图书业联合会"工作，负责的主要是行政事务，文学方面的工作相对较少。这份工作得益于罗贝尔·昂泰尔姆的周旋。达尔朗[1]政府及其部分部长（包括比歇）倒台后，昂泰尔姆当上了"信息与宣传国务秘书处新闻专员"。在这个岗位上，他一直干到了1943年底，才急于从他那些太有损名誉的关系中脱身。

杜拉斯接受这份新工作，既缓解了痛苦，同时也挑衅了贝当的政令——他命令女性放弃工作，投身家庭生活，扮演好母亲的角色。在"图书业联合会"这个立场模糊的机构里，她在一战后与德占期扮演的角色将继续成长。看着各大作家与出版商接踵而至，并由此初步见识了文学圈的艰辛，她对纳粹侵略者施行的侮辱性规定以及她在"文稿审批处"的工作岗位有了清醒的认识。

「1」指弗朗索瓦·达尔朗（François Darlan，1881—1942）。

事实上，贝当曾发布政令，成立“文稿管理委员会”，旨在对用于出版的文稿进行管理。自1942年起，出版社只能开展有限的出版发行活动，阻止所有真正的创作，并优先选择“宣传大队”选定的文稿——所有书稿先由“图书业联合会”筛选，再由“文稿管理委员会”筛选，然后全部呈交“宣传大队”选定。出版社获得的书稿数量大幅下降：从3.6万吨降到了240吨。数量确实很少，因为大部分书稿要么落入法奸作家或通敌作家之手，比如德里厄·拉罗歇尔和他在《新法兰西杂志》的朋友，要么落入纳粹作家之手。总的来看，专断占据了统治地位，在“宣传大队”办公室里遇到不惜名誉前来申请出版权的出版商，不是什么稀罕事。“1941年的法国文学界里，卑躬屈膝与背信弃义简直太多了！”让·扎伊这样喊道——他曾于1936至1939年在莱昂·布鲁姆手下担任教育部长，1940年被维希政府逮捕入狱，1944年遭法西斯分子刺杀。

也有些作者亲临“图书业联合会”相关部门，试着碰碰运气，想要改变命运，打动铁一般的法律。在《我们》一书中，克洛德·鲁瓦讲述了他的一部诗集出版的情形。由于出版商无法获得批文，他便亲自来到联合会驻地，为他的书作辩护，恳求联合会签发所需的批文。接待他的人正是玛格丽特。她问他书稿的内容，他告诉她是一些情诗。她回答他说，她会尽力而为，帮他争取。很快，克洛德·鲁瓦的要求就得到了满足，杜拉斯把他要的批文发给了他。正是在类似这样的轶事中，在这种一闪而过的慷慨中，在这种奇特的相识中，在这些总是存在着爱与幻想的传奇经历中，我们看到了杜拉斯的真面目。

此时，杜拉斯的双重人格已经完全定型，并在这个动乱时期的乱流中得到了公认。她仍然是一个私生女、混血儿、“克里奥尔人”，对凌驾于这座城市与这个世界之上的暴力感到痴迷。

她暂未完全置身事中，还没有像她后来说的那样，成为一个“政治”人物。在街上碰到佩戴黄色六角星的犹太人，她不会发怒，也不会像穿越于她未来的小说的那位驻拉合尔副领事一样，因惊恐、绝望和孤独而放声尖叫。“在德占期相当长的一段时间里，我们活在一种无意识、无知觉的状态中。”迪尤尼斯·马斯科罗承认道。是不是正是由于这个原因，她日后才一直大声疾呼这一苦痛，从大屠杀的真相大白天下，到她最后几次访谈，从未停止，像是招认自己有一种巨大的负罪感，无法驱除。

她太过理想主义，因此还没有奋起抵抗野蛮行径、小人物的不幸、敌人的粗暴，以及那些不分日夜、像狼一样在街头无法无天地开枪杀人的“猎手”。

糟糕的是，这个城市里发生的一切，以及它所遭遇的特殊处境，还有它的不正常状态，全都像磁铁一样吸引着她。比如，她在《八〇年夏》中说过，战争的声音宛如大海和风的声音，而队伍就像海浪一样，发出同样的埋怨。该如何躲过它们残忍的诱惑?

侵略者的无耻行径令她痴迷——她自认为还不是一个“犹太人”，用马斯科罗的话说，她享受这种“那些本质上没有受到威胁的人所享受的相对的安全感”。

更糟糕的是，她已经能够理解她日后在《广岛之恋》中所说的“灵魂的混乱无序”（désordres de l'âme），而这种混乱无序会使一个女人能够“除了爱情没有别的祖国”，连自己都“被剥夺了”，以至于像来自纳韦尔的女主人公那样，爱上敌人。

由于战争的烦恼及其在一段时间后造成的漠然情绪，她可能已经构想出了这种“奇特的”爱情，并且使人习惯于战争及其一贯的暴力，习惯于冲锋枪的扫射、炮弹的轰炸，以及它在夜间掉进遍地硝石的地窖。“在这种烦恼中，”她说，“女人们站在百叶窗后头，看着行走在广场上的敌兵。此时，冒险仅限于爱国，而另一种冒险「1」则应该被扼杀。看，没关系。对于视线，人们束手无策。”

这就是杜拉斯的厚颜无耻，存在于这种对模糊的视线的坦白中，存在于这种狡猾地溜走的欲望中，存在于爱国所必需的语句中，她关注着内心的反响，关注着其他逻辑的呼唤。

「1」法语原文为“aventure”，兼有“冒险”“艳遇”等意思。

1942年夏末，在这座被占领的城市里，她遇到了迪尤尼斯·马斯科罗。作为伽利玛出版社的一名审稿员，他的工作是为出版社计划出版的图书申请“图书业联合会”的“出版许可”——联合会是敌占期一个严格的机构，负责推行新的出版法规。因此，马斯科罗多次遇到杜拉斯，杜拉斯还交给他不少联合会的审稿工作。就这样，两人之间建立起了亲密的关系。

马斯科罗的心理类型偏冷淡，是个既好勇斗狠又冲动易怒的人，内心兼有暴力的一面与温柔的一面——这一点至死未变。在杜拉斯看来，他的性情跟昂泰尔姆很像。因此，她很快就疯狂地爱上了他。

后来，每当回想起她在他与昂泰尔姆之间建立的关系之时，马斯科罗总是带着他特有的腼腆和克制，以及一种畏缩。是不是因为她的小说里一直需要这种三角恋，她此时才将其付诸实践？她希望昂泰尔姆与马斯科罗之间产生一种友情，希望消除爱情与友谊之间那些荒谬的界限，将其融入她一手主导的爱情之中。昂泰尔姆爱着她，而她又爱上了马斯科罗，反过来说也一样。她爱着他们俩，而他们俩又彼此相爱。这一切，恰如迈克尔·理查德森爱着安娜-玛丽·斯特莱特，而副领事也爱上了她。她和昂泰尔姆想要躲避孤独，却终将陷入其中，所以她想缓解夫妻关系的压力，构建新的夫妻关系，使“爱情的时间这个奇妙的东西延绵不绝”。

正如马斯科罗所言，她致力实现的目标是让马斯科罗与昂泰尔姆之间结下“友谊的成果”。为此，她为他俩的相见提供便利，甚至抽身离去，好让他俩独处。无论是1946年杜拉斯与昂泰尔姆离婚，还是1957年她与马斯科罗分开，无论是昂泰尔姆的死，还是她与扬·安德烈亚闭门索居，他俩都没有受到影响，始终情投意合。

在这种奇特的关系中，杜拉斯带去的是她全部的女性特质，就好像她想实现一个幻觉，一个空想。对于这两个她深爱的男人，她一边赞颂他们身上具有女性特质的一面，一边消除他们心中的野蛮，也即所有男人心中都有的那种野蛮，以及在他们心中“沉睡的伞兵”（para qui sommeille）。

她使他们进入女性的领地，熟悉她们的举止和习惯，进入她们被男人用暴力逼进其中的森林，总之就是马斯科罗所说的“女性状态”（féminie），也即女性所独有的一种对事物和客观世界的理解。她接受了他们俩，让他们进入她的女性领域，那是一个所有男人一般都会被排斥出去的领域，是女人的知性，是她们心中“无处不在的、来自世界底层的”痛苦的歌谣。此时，她对女权主义的介入尚未公开，她的写作才华也尚未定论，仍然被一些明显的影响而左右，但她已知道，女人“比男人更容易违犯各种法则”，她们能够进入沉默、疯狂、孩童的无知以及任何男人都永远无法进入的天真无邪等状态。在建立这一三角恋的过程中，她把自己变成了编剧，引导着它的走向，赋予它新的推动力，为的是让另一种爱情观念得以流传，使另一种力量得以形成。

这种生活方式的活力来自于她的厚颜无耻，以及她发起的挑战。它带来了一些新知识，躲过了意识形态和理论教条，也催生了一些风险。在这种生活方式中，他们可能已经陷入一种强烈的虚无主义，因为他们自认为是“反对”派。杜拉斯想把她心中哼唱着的音乐传递给他们，正是这音乐使他们三人站到了诗的一边，成为了异端和边缘人。

为她的美学观提供给养的，始终是这种颠覆性的倾向。这一点看起来像是所有一切都必须去往某个“别处”，得抄近道，走一些不稳固的、危险的天桥，以使所有一切更好地呈现，并探索各种空隙和洞穴。

在这个知识分子的三角恋中，杜拉斯是源泉，是她在引导他们三人的故事，并确定其基调。对于他们的关系，马斯科罗一直充满敬意，并形成了和她一样的观念。通过模仿，他的语言借用了杜拉斯独有的音乐和神话特质，那音乐可以抓住新生事物，那神话里流动的是欲望、死亡、“盲目的明智”、女性的气质、童年的痴迷、自由的精神。

多亏了作家拉蒙·费尔南德兹和他的妻子——美丽的贝蒂，圣日耳曼德普雷区一名画廊经理，曾展出玛丽·洛朗桑等画家的作品——杜拉斯和昂泰尔姆在巴黎第6区租了一间公寓。公寓位于圣伯努瓦街5号，在第四层楼，恰好在费尔南德兹家的正下方，面积相当大，富有外省风情和小资情调。公寓所在的那栋楼楼层不多，附近挨着波拿巴大街、雅各布大街、圣日耳曼德普雷广场，都是些非常热闹且风景如画的地方。就这样，他们在这个以学术而著称的街区住了下来，挨着几所大学，也挨着塞纳河。黄昏时分，落日照着塞纳河的堤岸，赭石色的余晖在房屋的石墙上和铺着石瓦或锌瓦的屋顶上蔓延开来，是维米尔[1]式的，也是波德莱尔式的。

杜拉斯始终爱着这条街道，它“长四百米”，街边的商家主要来自鲁埃格[2]，他们都已决定留下来，定居在城里这个封闭的小生活圈里，生活在高大的教堂洒下的影子里。她喜欢跟他们聊天，比如亚美尼亚的理发师、3号楼里的旧货商、养老院里的老妪，等等。她欣赏他们的安定，欣赏他们那副在这儿住了很久的模样，那样子教人安心。她觉得这个街区是无法入侵的，像是一座抵御着侵略者、投机商和有钱人的堤坝。

可惜，她错了。60年代末，这条街开始发生变化。饭馆多了，饭馆里的特色菜换了，服装类商品丰富了，酒店已用它那高傲的发光招牌照亮了人行道。也许，只有扬·安德烈亚，每当黎明时分无法入睡同时想到杜拉斯在医院里仍处于深度昏迷的时候，还能窝在他的卧室里，听见圣日耳曼德普雷区尖细的钟声，听见鸽子飞过灰色的屋顶时扑棱翅膀的响声。其他时候，这条街是商贩们的，是游客们的，属于一群形形色色的人，属于一堆总是响个不停的汽车。

事物的消逝，灾难对城市的淹没，圣伯努瓦街上的百老汇，这一切很奇怪，她想。就像特鲁维尔的黑岩公寓，坐落在大海的右边，每当透过高处的窗户望向大海，看到的只有安提费尔新城区，只有它的石油管道，只见一缕缕浓烟侵入天幕，赶走大海的气息。

这是一种缓慢的消逝，是一种蚕食，但人们已然习以为常，像是沿

---

[1] 指约翰内斯·维米尔（Johannes Vermeer，1632—1675），荷兰画家。

[2] 原为法国南部的一个省。

袭了一种自古以来的习惯，看着所有一切远去和消失。不过，此时的她只觉得这条街具有不常见的优雅，像是一座小岛，不远处有一条河紧随其后，使整个城市显得宏伟而凄美。

在她的人生中，在她未来的作品中，一直存在着一种循环往复的现象，也即往日或近期的某一痛苦叠加到另一个痛苦之中，形成一张巨大的“灾难网”，构成了她文本中的一个厚厚的沉积层。

1942年末，她收到一封电报，得知了小哥哥的死讯，他已“被上帝召唤到身边”。他一直带着父亲的姓氏，多纳迪厄，那就像一个不祥的烙印，此时终于验证了它的预言[1]。

他死在西贡，死于急性支气管肺炎，死因是药品短缺，因为当时正值日军占领期。

当年分娩时的丧子之痛死灰复燃，融入了小哥哥的尸体，而那具尸体远在千里之外的印度支那，他又去了那里，一去不复返。疯狂，占据她内心的恐惧，整个人遭受的颠覆，她无法理解其广度与强度的赤裸裸的不幸：这一切又回来了，从一个非常遥远的地方。小哥哥死了，他的死是一片黑暗，却发出明亮的反射光，在这束反射光里，既有她自己孩子的夭折在忽闪忽现，也有上帝的耻辱，他夺走了小哥哥，否定了不朽。

杜拉斯正是用这些人生碎片来打造她未来的作品。小哥哥虽然本质上弱不禁风，但仍然不失强健，足以掌控他的人生，足以拥有工作和爱情，可他却升华了，只残留在她的思绪和记忆中。孩提时天真的游戏，游戏里她冒险闯进丛林的边缘，这一切将被她编成一个爱的故事，一直紧跟着她，直到她人生最后的时光，直到《来自中国北方的情人》，到那时，小哥哥将去而复返，成为一个天使般的传奇英雄，“一次显灵”，一个消失了的天堂的标志和证据。

她活在接连不断的混乱和希望中，活在对立事物的均衡中，活在一种有着神秘秩序的乱流中，在那里，白天与黑夜、白色的炫目与黑色的

「1」参见第一章“多纳迪厄”的脚注。

残忍交替出现，盲目叠加，像雪一样。

尽管他俩从无书信往来，但她觉得小哥哥定会长命百岁，就好像他留在那儿，是为了守护他们童年里的秘密。他虽然举止天真而谦卑，但却能做出各种奇怪的事，比如杀了一头熊，还活捉了一只山猫，并且在母亲的默许下，用衣柜的大抽屉给它做了一个窝，想要驯养它，难道不是吗？

母亲和他住在一起，她已重新开始她的生活，创办了一所学校，名叫“新法兰西学校”。往日的经验使她享有了某种权威。她还是那么粗暴和坚决，依旧省吃俭用，为的是远在法国的孩子们，想要守护长子的未来，却无视他的胡闹。

小哥哥的死一下子把杜拉斯送回到她的家庭。对于那个恐怖的家庭，她感觉自己既疏远，又亲近，既恨它，又爱它。

关于家庭，她将在《情人》里加以诉说，在访谈中也有提及，但强度和力度都不如《情人》，就好像时间将使痛苦变得成熟。书中，她试图故意暴露一些被埋藏的地带，羞耻心、词语、句子随之喷涌而出，一发不可收拾。引导着她的，是一些相互对立的事件，她让痛苦凭空出现，她向往着深渊，向往着迷失在黑暗之中。小哥哥的死启动了她心中某种被她忽视的东西，比她自己孩子的死更有力，使她觉得上帝好像许下了一个虚假的诺言，犯下了一桩卑鄙的丑闻，涉及的是他，是小哥哥那脆弱的身体，是他那温柔而平滑的皮肤，就像中国情人为她冲澡时所用的缸里的水，在她自己的皮肤上滑过。

她从未想象过，小哥哥的身体便是她自己的身体，他死了，她也将死去。她像是得了一种痨病，一边吟唱着死亡，一边迷失了自己。这世界仍可为继，而她却已香消玉殒，驾鹤西游，“他把我拉到他身旁，我死了”。

疯癫占据了她的内心，使她惊诧，使她畏惧，就好像小哥哥一死，她就朝疯癫张开了怀抱——她一直怀疑，疯癫是她的家庭里尤其是她母亲心中的一种自然倾向。曾经，小哥哥是一道城墙，抵御着疯癫、毁灭和死亡。他曾是保护着她的那个人。没了他，她才明白，这世上存在着许多风险与危机，虚无与空洞也近在眼前，她必须去适应。

此时，大哥和他的“统治”已是横行无阻，而战争也已全面爆发，席卷全球。往日，小哥哥虽然放逐在外，但仍暂时把她从大哥那个“流氓”的手下救了出来。此时，她觉得大哥四处游荡，无孔不入，意识里，屋子里，大街上，走廊里，书信里，母亲心里，觉得他在享受他肆无忌惮地施加在她和他们身上的权力。

她的痛苦中夹杂着各种画面，有始终挥之不去的童年画面，有哀悼和死亡的画面，还有大哥的阴影——这阴影沉重地压在她和小哥哥身上，母亲却似乎从未发觉，它播下了恐惧的种子，比逃进丛林去耍弄黑豹和激怒湍流中的小鳄鱼还要教人恐惧。

正是在这样的深渊里，她的人生才能得到诠释，她的作品才能很好地得到理解。重要的，不是一件件事实的本身，而是它们留下的痕迹，是那些追溯时间的乱流、有时出人意料的印记。对此，她所能说的，只有她的摸索和犹豫不决的寻觅，她的书也正是在这些脆弱的证据中写成。

几盏大功率探照灯突然照亮了舞台，打乱了临时的秩序，把她抛进杂乱无章的痛苦和绝望中，摧残着她。她得适应这一切，她的人生只有在过去了的、被遗忘并重新构想出来的事物的回声中才有意义。人生的残留物将陷入时光的黄泥，照片将变质、变灰和生锈，将像玻璃一样融化，有些她认为已埋藏的画面将形成一股旋涡，令人惊恐，比如恢宏而壮丽的湄公河，比如长着一张安南人的脸、安着一颗简单的心的小哥哥，比如吼叫的母亲，比如白得简直发黑的雪——那雪覆盖着集中营，它那惨白的光芒很快就会浮现。

《塔内兰一家》的书稿虽然被伽利玛出版社拒之门外，但并未宣告死亡。玛格丽特生性执拗，这一点被她列为自己的首要美德和品质之一，促使她寻找其他出版商。由于杜拉斯和昂泰尔姆与普隆出版社的两名审稿员（雅克–拿破仑·福尔–比盖与多米尼克·阿尔班）关系非常要好，昂泰尔姆决定把书稿交给他们。

在她的回忆录中，多米尼克·阿尔班生动地讲述了这件小事。不过，她把时间弄错了，以为与昂泰尔姆的会晤是在1941年的巴黎，其实那年她不在巴黎，那次相会实际上发生在1943年，但这无关紧要。可以想象一下，早上八点，昂泰尔姆突然出现在普隆出版社这位女审稿员的公寓，她一起床，他就跟她谈起了杜拉斯的书稿：

“我得提醒您……您要是不跟她说她是一个作家，她是会自杀的。”

面对多米尼克·阿尔班的惊讶，昂泰尔姆固执己见：

“我没什么别的话要说了。她是会自杀的。”

多米尼克·阿尔班读了小说。她跟随着故事的情节，时不时就会发现莫里亚克或海明威的影子。她肯定，自己正在读的作品出自一位作家之手。怀着热情，她把书稿推荐给了福尔-比盖，也推荐给了普隆出版社的主编莫里斯·布尔代尔。书被采纳了，将于1943年出版，书名为《厚颜无耻的人》。“玛格丽特·杜拉斯诞生了。”

“厚颜无耻的人”，其实她自己也是，因为她宣布不再姓多纳迪厄。那是先父的姓氏，她几乎不认识他，同时也是他凭自己的姓名留给子女们的一笔不由自主且命中注定的遗产。与此同时，他迫使她和小哥哥走上了流放之路，将他们二人置于母亲之手，而母亲却一心扑在长子身上，无视二人的存在，对他们迫切需要的爱示以拒绝。

从此，她名叫杜拉斯，玛格丽特·杜拉斯。对于这个姓名，她深信不疑，这种确信与母亲曾表露过的那种是一模一样的。当年，母亲每当预言未来，用可怕的长篇大论向孩子们宣布即将来临的大事或即将落到他们头上的灾难，同样也是深信不疑。

她深信，它将成为一个作家的名字，将因她而声名远扬。杜拉斯，说的是她童年时的家乡，是父亲的那座乡间屋舍，是洛特-加隆省的那个小镇，它栖居在一座山上，引以为骄傲的是一座破旧的城堡，四周尽是广袤的马尔芒德平原，一直延伸到比利牛斯山脉和大海。取名杜拉斯，为了是逃避她一直示以抗拒的上帝：尽管当她还是个小丫头的时候，笃信天主教的母亲就已强迫她和两个哥哥学习教理课程，但她只愿意吸纳亚洲大地的菁华、丰富而杂乱的异国习俗、四溢的香气与色彩，以及每时每刻的自由——从第一次逃进森林开始，她就一心谋求这种自由，也正是这种自由给了她一副狂野不羁的模样；尽管她也曾试图与上帝相识，不过却以绝望而告终，对此，她对她的日记吐露的真心话便是证明。

她将接受这个名字，为的是成为一个不法之徒，一个没有合法身份的人。她将独立负担这个名字，必要时略作修改，只在写作时才用到它，而她的写作就像暗夜里的历险，她将在历险途中摧毁自己，溶解自己，滑入世间的裂缝，摆脱公民身份，进入一些陌生的空间，在那里成为M. D.，没有任何参照，只是一个作家，别无其他，只有她的人生，作家们所独有的人生。“是的，M. D.，”她写道，“就是这样。就是这样，别无其他。”

她对写作的确信，无异于基督教里那些神秘人物的信仰，他们从最初就怀抱着一种令人畏惧的执着，下定决心献身上帝。她有没有意识到人生的艰辛，她此时有没有想象到她将一心扑在繁重的写作上？不久后，谈到安娜–玛丽·斯特莱特，她说，她自己也“因为这世上所不能容忍之事而在内心里饱受痛苦”。写作，就是把自己溶解到作品之中，熔化到书本的模型之中，就是用自己的痛苦对书进行耕耘，并且在心中放弃自己，把自己像来到世间那样拱手献出，既不关注自我，也不倾听内心里有时甚至相互矛盾的喧嚣，同时要让她，杜拉斯，看到的和反射出来的东西在她的记忆和遗忘中发出回声。“只有我一直不存在，它（书）才能切实存在。”她说。从此，日常生活里的小事，还有那些不如写作重要的行为，都已消除殆尽，重要的只有安静，它就像一口口黑暗而幽深的井，她必须把这安静延长，以便听见它的振动。弗朗兹·卡夫卡，安德烈·纪德[1]，司汤达，她阅读他们的作品，仿佛读的是时间，她被带进了阴暗的深渊，她想把这深渊照亮。

---

[1] 安德烈·纪德（André Paul Guillaume Gide，1869—1951），法国作家，主要作品有《地粮》《窄门》等。

1943年，《厚颜无耻的人》出版的那一年，杜拉斯、昂泰尔姆与马斯科罗纷纷投身于抵抗阵营。于是，两个杜拉斯同时并存：一个全身心扑在写作上，内心深处觉得自己已被写作缠住，几乎像命中注定一般；另一个投身于地下运动，凭着狂野的本能，被这本能推上了致命的角斗场。

她发现，这种无所顾虑、不知羞耻的本能，这种以优雅的方式挑战敌手的技艺，弗朗索瓦·密特朗也兼而有之。1942年，密特朗开始组织自己的抵抗组织，他找到逃亡人员，给他们提供修理工等工作，并把他们集中起来，整编为“战斗单位”，“为的是使他们参加各种形式的对敌斗争”。巴黎解放后，他发表了一本小书《政治面前的战犯》，在书中讲述了这件事。

很快，他的组织就发展壮大，抵抗阵营的各位领导人先后与他建立起了密切联系。1943年起，化名“莫尔朗”的密特朗传递了一些至关重要的情报，正如皮埃尔–吉兰·德·贝努维尔[1]所强调的，“得益于战犯，我们得知了一些关于国外最新情况的信息，那些信息有时具有决定意义”。

他的组织——“战犯与流放犯国民运动”——甚至打入了德军的军营，一些头等情报就这样从德军那儿来到了他的手中。

根据雅克·博梅尔1943年的描述，还有菲利普·德夏尔特的描述[2]，密特朗是一个“黑暗但有效率”，“极为浪漫”的人。他的品格注定会吸引杜拉斯，因为她所痴迷的，是那些超凡脱俗的人，是那些对命运满怀自信而且和她一样有野性、不妥协、凶狠的人。

成为小说家之后，她讲述过他们三人加入抵抗阵营的经过。1986年，她对共和国总统密特朗说起此事，她的描述方式既非现实主义，也不是正面描写，而是以一种迂回的方式，采用平行视角，几乎像电影一样。那日，密特朗来到圣伯努瓦街昂泰尔姆、马斯科罗与杜拉斯

---

[1] 法国政治人物、作家。

[2] 二人均为法国政治人物。

的住处，与他们会面。客厅里，壁炉前有一个炉子，“是用旧油桶做的那种，用来处理被揉成一团一团的日常废纸”。三个男人在一旁交谈。“突然，”密特朗开始抽烟，烟气在屋子里四处弥漫，而杜拉斯好像想起了一段已忘却多年的模糊记忆，她觉察到一种“英国香烟的气味”。“我喊道：‘您怎么抽的是一支英国香烟！’您说：‘哦！对不起……’说完，您拿起您的那盒烟，连同您抽的香烟，把它们全都扔进了火中。紧接着，你们三人就谈起了别的事。晚上，我问马斯科罗，事实是否真如我所想，是伦敦，他说他不知道。关于那支英国香烟的来源，我从未得到解释。不过，那天晚上，我明白我们已经加入抵抗阵营，木已成舟。”

故事像一部影片似的徐徐铺开，时隔43年之后在她的记忆中重新上演，找回了它的地点与味道，就像一件感性的印象派作品，使她回到了往日时光，见到了往日的细节和情境。

不过，冒险在德占期的1943年出版小说，她是否太心急了？虽然她的政治决心尚不完全坚定，但她已铁了心要写作，要成为一名作家。也许，正是由于这一点，她才差点走上与法西斯德国合作的道路，而且从不觉得那是一桩耻辱，当时很多作家和艺术家也是如此，从萨特到毕加索，从莫里亚克到加缪，甚至包括密特朗。不久后，她将亲眼见证敌人的残忍，昂泰尔姆将被捕入狱，由此催生无尽的痛苦，相形之下，此时的她还没有完全意识到耻辱，直到后来才从文学中得到启发。她同意《厚颜无耻的人》在被德军占领的巴黎出版，但她并不孤独，还有纪德、萨特和波伏瓦，乃至让·波朗、弗朗索瓦·莫里亚克、保罗·艾吕雅和路易·阿拉贡。对于刚发表一部真正的处女作的杜拉斯而言，她需要得到认可，对此有着强烈的愿望。她暂未钻进地窖、枯井或地下，过上暗无天日的地下生活，也暂未体验到杀敌和战胜德国人的那种将要占据她内心的怒火。她还没有经历这一切，只感觉到写作在她心中的震颤，以及从中逃逸出来的或明或暗的闪光。

她穿行于陌生地带，她发现，曾来她公寓看望她的亨利·米肖也是如此。当时，米肖已经写了很多著作，比如1927年发表的《我曾是谁》、1935年的《夜动》和德占期的《驱魔》。对于他的作品，她觉得非常熟悉，因为她从中觉察到了她自己对“别处”的寻觅，以及对游览“魔法国度”的喜好。她喜欢听他说话，或是打破他的沉默，因为她从他口中听到的，是来自于他说的“彼岸”的声音，那个地方离这个“被勒住的、如同冰冷的腹部”的世界很远。

杜拉斯、昂泰尔姆与马斯科罗这么晚才投身于抵抗阵营，看起来是不是似乎令人感到惊讶或遗憾？他们喜欢个人的历险，在这种喜好的推动下，他们过上了一种新的秘密生活，在他们眼中，这种新生活似乎使他们体验到了部分危险，使他们的计划有了某种意义，使他们接近其他人，就好像一种博爱的意识在他们心中觉醒了。他们进入抵抗阵营就像是一次升华，是对世界的一种新的、无法改变的理解。

杜拉斯的人生中遍布悖论与危险，她一直处于悖论和危险之中，虽然如此，她还是把他们在圣伯努瓦街的公寓变成了一个秘密场所，用于接待抵抗派人士，藏匿犹太人。在他们家的正上方，住着拉蒙·费尔南德兹，他已向法西斯低头，当上了法国人民党[1]的文化参赞，还住着雅克·多里奥，以及拉蒙的妻子贝蒂。作为通敌派的制高点，他那间公寓接待过在《新法兰西杂志》上发表他的文章的德里厄·拉罗歇尔，也接待过格哈德·海勒，此人系“宣传大队”的代表，在当时的法国文学界颇具实权。

虽说时值敌占期，而且政见相左，但杜拉斯仍然与费尔南德兹保持着来往，是他为她找的那间公寓，而他们之所以对彼此的活动视而不见，是因为一种心照不宣的沉默把他们联系在一起。有时，杜拉斯甚至登门拜访费尔南德兹一家，她还是喜欢置身于风险的边缘，置身于致命的斗争之中。在法西斯分子、通敌派人士以及致命的敌人当中，她身量瘦小、形单影只，但却狂野、有力，相信自己，也相信自己的威信。

---

[1] 法国人民党（Parti populaire français），1936年创立，1945年解散，主张与德国合作，属于“通敌派”，下文提到的雅克·多里奥（Jacques Doriot）是该党创始人与领导人。

对于这个奇怪的圈子，她是否体验到了一种真切的痴迷？和马斯科罗、昂泰尔姆、“自己人”以及“家里人”在一起，她体验到的是手足之情，是大家并肩作战的幸福；和其他人在一起，比如邻居，她感觉到的是痴迷，就好像一个小说家从中找到了素材，得以满足她巨大的好奇心，在人与人之间获得新的、不一般的理解，而若是换作别的时候，她或许永远也无法找到同样的素材，就好像这是一个天赐良机似的。

她所喜欢的，是这个垂死的、烦闷的世界，以及来自其中的强烈情感，对死亡和不公的蔑视，对背叛的偏爱，正如她不久后将寻找凶手、强奸犯、被开除的人、被诅咒的人，作为采访的对象。

她越是观察这个世界，就越是想要深入“散发着恐惧与仇恨的羊群”（好像是德里厄·拉罗歇尔说的），跟他们团结在一起，陪着他们，不让他们走向屠宰场。这个“羊群”由犹太人、共产党人、牺牲者、殉道者组成，对于这些人，德里厄和他的朋友们避之不及，将其拒之门外，同时居高自傲地品味着作为“快乐的少数人”的快乐。她越是分析他们的反应，就越是与德里厄的抉择背道而驰，走到群众当中，和他们一起，淹没在超越个人情感的大爱之中，那是一种广大的、无止境的爱，爱的是众生、无名无姓的人、不知名的被捕者、被圈禁的人、像孩子那样手无寸铁的人。

与此同时，她应当也感觉到了背叛者们面临的深渊。在他们身上，她觉察到了恐惧和巨大的疲惫，这与他们的活力以及暗地里的惬意截然相反，此外另有一种恐惧，不是对垂死或殉难的恐惧，而是活命的欲望所导致的恐惧。在圣伯夫[1]居住过的这栋小楼里，两个世界正在相互抵抗：一句话，战争集中到了两层楼中。杜拉斯的家里有人类的爱，有生命的力量，而其他人的家里却是“对自我的仇恨，以及由此导致的对人的仇恨”，用萨特的话说。

「1」夏尔-奥古斯丁·圣伯夫（Charles-Augustin Sainte-Beuve，1804—1869），法国文学评论家，是将传记方式引入文学批评的第一人。

她生性隐秘、狂野、不可意料，专注于被隐藏和隐瞒的事物，以及它们的沉默与混乱的喧嚣，而这种鼹鼠般的生活与地下组织正好契合了她的本性，从此她将在这样的环境下成长。她刚刚改名杜拉斯，此时的她可以钻进无人知晓的阴影，简化为一个小巧的、急匆匆的身影，光着脚在巴黎四处奔跑，那是一个没有汽车、满是自行车与行人的巴黎，是一个人人相互窥伺、相互怀疑、相互揭发的灰暗的巴黎。43年后，在与密特朗的谈话中，她用震撼人心的鲜活记忆，讲述了他们当年的生活，讲述了那些有待躲避的陷阱，有待留意的阴谋，“每日每夜担心被屠杀的恐惧”和惊慌。

“我觉得，”她说，“人们无法意识到我们的生活是怎样的。我们不能去朋友家，不能再那么做，而必须打电话，或是在外头那些不会引起猜疑的地方见面，为了谈个三言两语，需要几个小时。”

是不是由于她所经受的战争与危险，她于1942至1943年间写成（但直到1944年12月才出版）的小说《平静的生活》才比上一部作品更激烈，更暴力？书中有着同样的家庭结构，故事都发生在佩里戈那片大地上，房屋都是一样的破旧，相比莫里亚克小说里的心理压力，这部小说更容易让人联想到威廉·福克纳与约翰·斯坦贝克作品中的粗犷，启发它的主要是时间的旋律，是新生的存在主义，尤其是伽利玛出版社1942年推出的《局外人》。

这一次，书稿被伽利玛出版社接受了。在书稿里，一直信赖杜拉斯的雷蒙·格诺看到他的直觉得到了证实，他坚信，自己面对着的是一个女儿身的加缪，因为她这部小说确实开启了一种新的格调，就好像承载着她的是生存的急迫性，是荒谬的时间长河中偶尔突然出现的幸福。

这一次，她是《平静的生活》中的女主人公弗朗西娜吗？肯定是的，她已融入其中，背负起她的希望，拒绝忍受全家人遭受的宿命般的致命困境，认识到她的身体已得到解放，在一个封闭的家庭里感到窒息。还有大海，它又一次响应了号召。正是在与大海接触的过程中，她发现了生命的脆弱。海上，距海岸不远处有一道横杠，顶端泛着白沫，冒犯它是致命的。海水载着她，而她“就像一个饕餮”，品尝着“心跳的声音”。大海是生命，也是死亡，是快乐，也是危险，“人们面对着这个礼物”，有时它甚至夺去人们的性命。正是在循环往复的大海里，她发现了自己真实的本性，狂野、贪婪和被解放了的本性。巴黎已被占领，街上，她与德国人并肩而行，每个法国人都遭到了怀疑，无论是抵抗派，还是通敌派。她心里有一团炽热的东西在涌动，已提前点燃。与她笔下的女主人公一样，她也想说：“我经历了太多他们的等待，以至于是我最终想用指甲刮破这个装着梦想的皮囊。”也许，这就是为什么她加入了抵抗阵营，为什么她有极大的耐心，决定付诸行动。

“此时，”她在小说里写道，“时间已老去。”是啊，时间确是老了，必须找回青春，除去压在城市身上的桎梏，重温并享受阳光照在肌肤上的感觉，还有大海的气息，重新发现快乐与热情。和弗朗西娜一样，她也不想再吝惜她的人生。

从一本书到另一本书，在如此短的时间之内，她的语言竟然发生了演变。使她充满活力的，是一种更躁动不安的气息，是一种不再那么沉重的、想要快速地表达感觉的激情，以至于语言因简练而生机勃勃。

此时的她已成为这样一个人，拒绝事物和他人的一成不变、缺少活动性和含糊性，因为她相信，只有在人生永恒的运动中，只有在使人生变得无法捉摸、令人困惑的各种悖论中，真理才有可能浮出水面。她在出版界的工作，《厚颜无耻的人》面世后引起的最初的反响，人们对一个特殊的新声音已横空出世而且从此必须加以重视的坚信，还有她的人格魅力，这一切使她很快就变得“时髦”起来。从1943年开始，在特洛卡德罗周边上流街区的高级宴会上，在贵妇们（或曾为贵妇但此时仍举办沙龙的人）家中，人们都能看到她的身影，看到她和德里厄·拉罗歇尔与费尔南德兹夫妇在一起，聊巴尔扎克，聊马拉美，聊的总是文学。天气晴好时，大家便在露天平台上进午餐，屋里烟气太浓时便在露天平台上透透气，从那里可以看到灯火黯淡的巴黎，河水波光粼粼、呈微蓝色的塞纳河，看到昏黄的车头灯扫过空空如也的怪异街道。

空气里漂浮着的，已是犹如《印度之歌》里的某种气息。三角钢琴那儿，一定有一位宾客在弹奏一首曲子，舒缓的曲子，教人不禁想起放逐的岁月。下方的花园里，飘上来的是梓树的香气。女人们在桌椅间游走，像从未被忘却的伊丽莎白·斯特里德特一样，精致而灵巧。

是啊，对遗忘打个比喻，应该就是如此。一个仍然天真的地方，一个青春永葆、不受时光侵蚀的地方，一个“罪行大白天下”的地方。很快，白天将迅速来临，黑夜将猝然倒下。

在这些不是为她而设的地方，她同样感到惬意。她心中怀有暴力，她不知生在何处，她是个异乡人，与接待她的女人们一样，比如贝蒂·费尔南德兹，比如玛丽-克罗德·卡朋特。

后来，她后悔没能真正结识德里厄·拉罗歇尔。让·波朗辞职后，他接手了《新法兰西杂志》。他极力反犹，主张通敌，这两点使他变得越来越有慑服力。她喜欢在他身上追索，用她那无与伦比的嗅觉，凭着她所受的折磨和疯狂，定能在那些纷乱的地方抓住他。

那时，《新法兰西杂志》的氛围中散发着垂死的气息，一种自取灭亡的趋势在德里厄身边游荡，挥之不去。各种剧烈而致命的压力推着杂志向前迈进；伽利玛出版社与德方达成了协议，必须付钱才能继续出版旗下大部分作者的作品，从阿尔芒·萨拉克鲁到保罗·艾吕雅，从亨利·米肖到阿贝尔·加缪，从弗朗西斯·蓬热到保罗·克洛岱尔，从詹姆斯·乔伊斯到雷蒙·格诺，甚至包括已准备做出很多让步的路易·阿拉贡；犹太作家的作品被禁止出版；《新法兰西杂志》落入德里厄之手，成了一次交易——这一切构成了一个反常且不明朗的背景，不过倒没有引起杜拉斯的反感，她所感兴趣的，始终是那些对立的冲动与特殊的事物，它们使人们的黑夜更为浓郁，使人们的行为更为模棱两可。

就这样，德里厄成了一个卑鄙无耻的人，就像萨特恶意描绘的那样，成了一个“经常发点小脾气……神经陷入危机的人”，他的孤独和自傲使他显得高高在上。在费尔南德兹夫妇家中，杜拉斯就曾发现，“他不肯屈尊，所以话不多，语音跟配音一样，说的话像是翻译过来似的，听着费劲”。正如他在他的《日记》中坦言的那样，他看起来像是陷入了恐惧，他那修长的身体上插着一个“硕大的、凹凸不平的头颅”——这也是萨特说的——在各大沙龙上拖着脚步，活脱脱一个完蛋了的人，一个垮了的人，惹了一身致命的麻烦，心理上已无法承受。

时间到了1944年6月。先是小哥哥的死带来的痛苦需要忍受，继而一直害怕自己也会死去或被杀，但是在被占领的巴黎，她一直怀有抵抗的力量，怀有促使她继续去冒险的怒火，因为无论如何，她都在写作。她拿生命去冒险，将其置于热闹的角斗场，置于争斗中，正如与她住在同一个街区的朋友米歇尔·莱里斯所写的那样，在各种危险中“引入一只公牛角的影子”。巴黎是灰色的，也是黑色的，每到夜晚，盖世太保模糊的身影便四处出没，溜进楼房的院子，把门擂得山响，然后带着猎物离去。在这样一个巴黎，她要做的已不再是单纯的写作，对写作唯命是从。那么，该怎样对待写作呢？写作这一行为本身发生了转变，变成了一种团结之举，旨在对敌人耍花招，给他们布下看不见的陷阱，救出那些不知名的无辜者。在这个时期，杜拉斯的心中怀有一种不计报酬的慷慨，一种牵挂他人的自觉性，一颗使她想去冒险并把恐惧抛诸脑后的鲜活的心。可是，恐惧自古就有，始终都在，它隐藏着，不明显，是抽象的，不可能清晰地呈现出来，就像安提戈涅[1]背负的命运一样。

“不，我们做不了什么，”她说，只能去斗争，在这个由战败者和流放者组成的博爱的团体里无私忘我，向占领者发起挑战，变成鼹鼠，在地下对敌作战，学会新的斗争技巧，用热情的歌唱去抵抗夜间长筒靴所独有的嘈杂声，使人与人之间更为紧密团结，融为一体，重新相爱。

在被敌人占领的城市里，生活仍在继续，几乎没人在意酒店和部委的外墙上挂着德国的旗帜，挂着“画着‘卐’字、像演戏一样的大旗”，克洛德·鲁瓦如是说。

在圣日耳曼德普雷区四周，往日一派活跃的社区活动此时全都归拢

「1」希腊神话人物，俄狄浦斯之女，其故事曾被索福克勒斯改编为戏剧。

到了咖啡厅里，那是“唯一一个人们能够吃喝、会友和工作的地方”。“弗洛尔”和“德马戈”等咖啡厅人流不断，在那儿能碰到萨特、波伏瓦、阿瑟·阿达莫夫、阿尔及利亚乡愁歌手马塞尔·穆鲁吉，或是雅克·欧迪贝尔提。有的人已决定离开首都，比如萨特和波伏瓦，但他俩后来还是回来了，因为知识分子无论身在何处，危险总是形影不离。圣日耳曼德普雷区成了一个奇怪的村落，村里，通敌派与抵抗派比邻而居，一样忙忙碌碌；伽利玛出版社也不例外，当德里厄·拉罗歇尔的朋友们校正最新一期《新法兰西杂志》之时，让·波朗的小办公室里就像多米尼克·奥利说的那样，“总是人满为患，挤得跟鲱鱼一样”。艾吕雅，还有“全国作家委员会”的成员们，爬楼时都低着身子，担心在走廊里撞见德里厄。

抵抗派的地下活动更频繁了，他们在暗中交换文件、书稿与传单，与通敌派的高傲形成了鲜明反差。与这种鼹鼠般的生活交替进行的，是那些极富超现实主义的节庆日，就好像想要借助这种方式来挑衅侵略者，以舒缓内心的恐惧、愤怒与羞耻，平息四处流动的谋杀本能。莱里斯一家经常接待画家与作家，毕加索、加缪、萨特、让-路易·巴洛[1]、雅克·拉康、乔治·巴塔耶整夜整夜地在那里排演戏剧、喝酒，在狂乱中等待着，波伏瓦则在她的回忆录里详细描绘着宵禁结束后的拂晓时光。

从此，关于塔内兰一家人的故事，关于那几个“厚颜无耻的人”以及他们的家庭冲突，她再也不想知道什么。她已意识到自己身在战争之中，是战争让她认识到，自己曾埋藏起来的一些东西此时突然复现：对人们的爱，他们身不由己，被卷入战争这个巨大的旋涡之中，被摧毁、囚禁、谋杀；对暂时是胜利者的领导人的违抗与否定，他们耀武扬威，下流无耻。

至于写作，它还剩下些什么呢？它只能是微不足道的，它要做的是

---

[1] 让-路易·巴洛（Jean-Louis Barrault，1910—1994），法国演员、导演，法兰西剧院经理。

获取知识，是在生活的压力下自我维持。眼前的这一切同样也是写作，就好像战争与侵略赋予了写作真正的定义。

然而，当她得知不少抵抗分子和犹太人被圈禁在拘留点，继而被带往人们知之甚少的集中营，得知自己的丈夫罗贝尔·昂泰尔姆——住在他妹妹玛丽-露易丝家，位于杜班街，他妹妹几个月后死于拉文斯布吕克集中营——于1944年6月1日被捕，她的反应是一样的吗，她的痛苦与恐慌是一样的吗？

那是1944年6月的第一天。事情发生在杜班街5号，玛丽-露易丝·昂泰尔姆的家里，那是他们父母的公寓，父母已回到科西嘉的萨尔泰纳。杜班街很小，两头分别通往塞弗尔街与谢尔西米迪街。那间公寓坐落在一家邮局的正上方。1986年2月26日，密特朗在谈话中向杜拉斯讲述了昂泰尔姆被捕的情形："盖世太保进去时，屋里有让·穆尼尔、罗贝尔、玛丽-露易丝、保罗·菲利普和他的妻子，其他的我就不知道了……穆尼尔一反应过来，就冲进人群，突破守卫，沿着楼梯飞奔而下，一直跑到杜班街上，他自由了。"密特朗本来也要去杜班街赴约。像往常一样，他事先给玛丽-露易丝打了个电话，而玛丽-露易丝却告诉他说："先生，您就别坚持了，都跟您说了这是个错误。"他明白一定是盖世太保在公寓里，但他非常镇定，想起来要给杜拉斯打个电话。在电话里，他告诉她说"她所在之处起火了，火势蔓延得很快，她得在十分钟内离开"圣伯努瓦街。那时，警察还没有封锁街道，他得以走出邮局，接着走出杜班街，然后急忙赶到圣伯努瓦街，站在街道中央，远远地向杜拉斯挥手示意，告诉她应该走哪条路。正是在这样的地下活动中，当危险擦身而过时，杜拉斯真正的人生得到了给养，她带着一贯的无耻与胸中的怒火，穿过了角斗场。

同样是在1944年6月，盟军在诺曼底登陆，并一步步地把村庄、公路、乡镇和城市从侵略者手中夺回。这也许是一种希望吧，但是在圣伯努瓦街，没有别的消息，只有：昂泰尔姆到了弗莱纳，到了贡比涅，接着到了布亨瓦尔德。消失了，被遗忘了，落入了集中营，前途未卜，此时的他是否还记得自己几个月前写的那首题为《火车》的诗？诗刚刚发表在《文学》杂志上，像是一种预感，吟唱着流放的夜晚，以及日子与星期无尽的滚动：

> 火车的声响消磨着黑夜/途中的大地在轻轻呻吟/“痛苦的家园”/那声响把垂死之蓝抹上了脸。
>
> 这喧嚣/是风/在路上躲避教堂的影。
>
> 火车在黑夜中行进/夜间的整片麦田沉默无言。
>
> 我们是游客/在对面那些被碾碎的人的眼皮底下/在我们的博爱隆起的褶皱之中。
>
> 这喧嚣/是附近的吼叫/是被抹拭的名字发出的呼喊。
>
> 火车在吼叫中/为弃儿们祈祷/它怒火中的声响/守护着迷途羔羊/避开所有屋舍。

此时，只有寂静，黑暗，怀疑。“他没理由会回来。他可能会回来。”

在巴黎，千奇百怪的谣言四处流传，而塞纳河却无动于衷，继续运送它那阴暗的河水。街头，桥上，人们行色匆匆。据说，城市一个接一个地落入盟军之手。最近一批流放犯会怎样？如果野蛮的敌人在败军途中仍带着他们所有的猎物，那可怎么办？

为了减轻恐惧，缓解胸中一直在流窜的狂热，杜拉斯四处奔忙，想要得知实情。这个时期，她瘦削，苍白，“干瘪得像一块石头”，她说。一种疯狂的、绝望的精力驻守在她身上。不过，痛苦与活力循环交替，麻痹了一切，也使她几乎忘了一切，忘了危险，忘了爱。

一连数月，关于丈夫罗贝尔·昂泰尔姆，她一无所知，除了噩梦中的情景。那噩梦有时就像洞口，像沟壑，绊住她的脚步，把她带到被人遗忘的集中营，带到那个封闭的地方，那里的生与死在规定的时间相互重叠，那里就像另一种她似曾相识的致命的角斗场。

杜拉斯介入时事的积极性更强了，像是随着昂泰尔姆的消失而翻了一番，甚至像触了电一样。她在《自由报》报社成立了一个“寻人处”——该报是“战犯与流放犯国民运动”的喉舌，“战犯与流放犯国民运动”原名“战犯国民运动”，不久前刚更名。“寻人处”的宗旨是对集中营的动向进行曝光，发布越狱者的见闻，以期在有关家庭之间建立起沟通的纽带。1944年的这个秋天，“圣伯努瓦街小组”像沸腾了一样，嘈杂得跟蜂箱似的，非常活跃，得到的情报好像比各大部委还要多。

在此期间，激励杜拉斯的，是一种远古的、粗暴的狂怒。她怀着热情，一心扑在这项事业上，忘记了自己，推动她的是马斯科罗所说的“一项爱的奉献的工作”。

不管怎样，她只能一往无前，甚至无需思索，只需奋力地活下去，只需洞悉，彻底地洞悉她所怀疑的事，以及各种零乱的证词所证实的事：恐惧、人性的丧失。其实，她很久以前就已洞悉这一切。从童年时代开始，她就已认识来来往往的死神，活跃的、粗鲁的、原始的死神。

在写于1985年9月的《痛苦》中，她描述了这种痛苦，它就像黑夜一般，是野蛮的，一直盘旋在她的黑夜里。厨房里，她在煮土豆，那是黑夜的窟窿，是黑夜的核心，她感觉到了这一点，她呼喊着。当年的写作其实就是呼喊。这就是写作，是一瞬间撕裂的呼喊，它是唯一可能的语言。

这种持续不断的、令人悲痛的摇摆一直在她心中，使她感到痛苦，把她从一个地方摇晃到另一个地方，而她将从中寻找一种可怕的力量，把这力量藏在心里，靠着它继续前行。

她活在这个分裂时期，活在这个乱世里，她屈服于万物的演变，同时又不断奋起抗争，她冷漠无情却又激情满怀，温柔却又粗暴，而除了这样活着，她不知道还能做些什么。有时，她还会得知大哥的消息。自从小哥哥死后，她的脑海里就没了大哥。在她的生活中，在她的想象中，大哥像是被划掉了，被擦除了，但他还是会时不时地回来，就像战争那样旷日持久，会制造一件又一件祸事，“他或许揭发了别人，比如犹太人，什么都有可能”。巴黎被占领期间，他曾来找过她，像个流氓似的向她伸手要钱，而她则听之任之，因为暂时还没有足够的力量去“杀了他”。每当出门打听昂泰尔姆的消息，她就把他一个人留在圣伯努瓦街那间公寓里，她知道他会四处翻找，柜子里，抽屉里，看有没有什么可以偷的。她觉得自己往家里带了一个法奸，一个卑鄙无耻、满脑子坏水的搜查员。他找到什么就偷什么，比如食物、积蓄、首饰。她求助于她所在组织的领导人密特朗，请他在外出期间把维克多广场那间工作室借给大哥。“那儿只有一间房间，在一楼，布置得很漂亮，”密特朗说，“当我回去后，里头什么都没了，全都空了。”

可是，她甚至不想知道大哥在做什么，也不想知道他是不是通敌派，她宁愿保持沉默。对她而言，大哥已经死了。自从小哥哥死了之后，他就已经死了，只剩下一些散发着恶臭的残渣。她对他的仇恨已变成了冷漠。

怀着马斯科罗赠予她的“无忧无虑的慷慨”，身处索然无味的孤独，她没有别的办法，只能行动，就好像身为作家，她只能在行动中找到解决问题的方法。看着骨肉疏离，看着人们集体陷入无尽的孤独，整个世界水深火热，数百万死者在沟渠的烂泥中慢慢腐烂，她觉得其他任何行为、任何尝试或许都是次要的，是微不足道甚至是可悲的。“文学让我觉得羞耻。”她在《痛苦》中坦言。

每当陈述事实和述说见闻，她的方式总是灵活多变。电影、书籍、访谈、辩论、沉默、呼喊，除了痛苦和不幸，没有哪种方式或状态会成为制度而固定下来，或是会在必要时挑选最佳的表达方式。

她说服了逮捕昂泰尔姆的那个盖世太保——她叫他“拉比耶”——让他相信她“是个写书的，对其他任何事都不感兴趣”，但事实上她是个狂热的介入主义者。她活在一种紧急状态中，而在这种状态里，文学找不到任何立足之地。一时间，太多令人担忧的信号同时显现，从人的自由，到做人的责任，再到人的尊严。这个时期，文学的公理遭到了质疑，而她也早已对其产生怀疑。萨特、马尔罗、加缪曾认为文学必须服从于思想的“介入”，但此时所有一切均已不同往昔。作为抵抗派，她放弃了写作，因为她不知道昂泰尔姆身在何处，她想救他，并且分担他遇到的危险，同时运用计谋，发挥想象力，把仇恨、恐怖、“民兵”[1]和可耻的敌人一一击溃。

她对这个时期作了一些记载，1985年出版《痛苦》之后，她又把这些记载化为了写作中的吟唱。她的言语和她的经历中饱含痛苦，而她也轻易便可置身集中营，登上角斗场，处于危机的核心。和她在一起的是民兵拉比耶——他已被她驯服，而她则成了一个双重身份的介入主义者，一是负责获取情报的联络员，一是昂泰尔姆的妻子。她慢慢地靠近他，怀着一颗残忍的心，这残忍她很久以前就已养成，是在亚洲、在与一个处处艰辛的世界接触时发现并学会的。他迷上了一众艺术家与作家，而她则决心从他身上套取情报，同时搞懂他改变立场的动机，因为她所痴迷的，始终是各种反常行为，是那些占据某些人的内心、使其偏离爱的轨道的谋杀本能。

在敌占期的这个季节里，也即1944年6月初，她是一个悲情英雄，手无寸铁，却又非常顽强，处在拉比耶“自己的地盘”上，是个“死人”。她窥视着这个男人，观察着他，对他着迷，发现他是个懦夫，是个可怜虫，但他暂时还手握权力。为了得到一个细节，得到一个消息，她需要时间，也需要耐心。在与他接触的过程中，两人若即若离，形成了一种奇特的亲密关系。他们在酒吧见面，或是在“弗洛尔”咖啡厅相会，因为她住的地方离那儿很近。两人坐在桌边，像是一对奇怪的恋人，因为那是存在主义的领地，是一个时有论辩的地方。渐渐地，杜拉斯把他给控制住了，她倾听他说话，装作对他感兴趣，与他聊文学，有时甚至对他心生怜悯，但她心里坚信，她一定会粗暴地、像临死前那般无情地写下这段话：“A. D.（即Delval，拉比耶的真名）从未觉察到他令我联想到的恐怖。”她知道，他很快就会“落入我的手心”，而她很快就会“判处他死刑”，当轮到他成为战败者之时，她一定会揭发他。

「1」民兵（Malice），维希政府创立的一个组织，职责包括打击抵抗分子、参与围捕犹太人，等等。

她心中充满这样的力量，正是这力量给了她所有的勇气。她交往的是德国人的一个同伙，是“野蛮人、狼、罪犯，特别是罪恶的神经病”中的一员，她知道他对他们俯首帖耳，唯命是从，她也知道自己只要稍有不慎，不小心说漏一个字，就会被他揭发，遭到逮捕，但她仍然冷冷地且极为清醒地导演着这一出戏，矢志不移，战斗在像命运一样躲不过的铁臂之下。

在这场殊死斗争中，她暂时还不知道谁是刽子手，谁是被害者，但她没有懈怠，一直窥视着拉比耶。

夜里，在圣日耳曼德普雷区那间公寓里，她心生惧意，直打哆嗦，感觉到一种巨大的孤独，不是她自己的孤独，而是全人类的孤独，是人类的境遇与荒诞，跟《恶心》里罗冈丹的经历一样。有时候，她也能懂得西西弗的欢乐，那是一种像大海一样漫天的欢乐，是一阵阵幸福的气息，是凌空而起的热情，就像巴黎解放后整个城市的欢乐，尽管昂泰尔姆不在身旁，但她依然可以感受到：钟声的轰鸣从教堂里升起，像是敲响了一个新的时代，替城市洗去所有黑暗，洗去民兵的阴影，洗去街上横行的党卫军的汽车，洗净为了防空而抹成深蓝色的窗玻璃。

她总是经历着这样的极端处境，寻找着人们走投无路、落入某些神秘力量之手的极限时刻。她恨拉比耶，鄙视他，同时又想知道他是怎样工作的，想知道“民兵”这种极品卖国贼是怎样运作的。对于拉比耶，她不作判定，而是探索他的灵魂与他的行为，试图看透推动他的所有动力，而每当此时，她便觉得自己是个最名副其实的作家。日后，她将把拉比耶的故事写下来，但她知道，她不能局限于陈述事实。在他身上，有一些黑暗之处有待理解，有一些秘密的关键点有待把握。1944至1945年冬，她将走上法庭，对他的行为作出一些澄清——他曾救过两名犹太女子，并安排她们去了自由区——而遇到的却是检察长的敌意，因为她把一件表面上清楚明了的案子弄复杂了，由此激怒了法庭。她就这样活在永无休止的辩证中，活在爱与恨中，活在正义的最尖锐的意义中，活在对另一个叛国者——她称他为“民兵泰尔”——的诱惑中，活在她的残忍中并用它把泰尔送进了监狱，活在对人类的最朴实的同情中。

1944年8月，解放前夕的巴黎遍布着一种火热的骚动，同时也陷入了各种谣言和危机。在《我在占领期的日记》一书中，让·加尔捷-布瓦西埃讲述了当时城市里的欢欣、困惑、“骚乱的湍流，以及市集日般的嬉闹”。

炮弹与连发子弹射入公共建筑的外墙，大皇宫起了火，德军在一阵阵喝倒彩声中组织撤退，城里竖起了很多路障，民兵们从屋顶上开枪射击。德里厄·拉罗歇尔第一次尝试自杀，差点儿一命呜呼。菲利普·勒克莱尔元帅的坦克从圣雅克大街上驶过。8月25日，天很热，市民们兴高采烈，涌上街头，把怀里目瞪口呆的孩子高高举起。参议院还在党卫军手中。那一幕无法描绘，一切都未定论，战争与和平、臆测中的战胜者与战败者之间不过一步之遥。

墙上、树干上贴着传单，随处可见，向法国妇女和巴黎女性发出号召。传单上写道：

> 妇女们，你们的勇气是卓绝的。在13区，一群妇女袭击了德国的一辆卡车；在14区，“法兰西妇女联盟”的一位女战士用手枪击毙了一个德国佬，而另一位却在张贴“国民阵线”的传单时不幸被杀。
>
> 一起来吧，杀掉德国佬，继续帮着建造街垒。
>
> 法兰西妇女联盟 宣

在这样一个极端的时代里，在千奇百怪的野蛮暴行中，杜拉斯依然爱着巴黎。那里，圣母院的钟声在空中飘扬，与民兵连发的子弹声遥相呼应；夜间，在警报的嘶鸣中，防空部队的信号弹穿过天宇。正是在这个极限时刻，当所有一切熊熊燃烧，好像只有经历这些烈火、狂怒与灾难才能获得新生，她感觉到自己似乎“被召唤了”。

杜拉斯与马斯科罗也曾麻木不仁，也曾默许并默默忍受黄色的大卫之星、侵略者的大搜捕以及他们那副战胜者的嘴脸，也曾满腔空想与浪漫并因此拘泥于自我的孤独，难以前进一步，也难以进一步“介入”。此时，他们已发生转变，不再麻木，不再容忍，远离了空想，远离了浪漫，这种转变的动因与昂泰尔姆的离去不无关系。正是在这个时候，杜拉斯报名参加了共产党，那是“战争结束前”的事，也即1944年秋，马斯科罗强调说。以往，“党”这一概念几乎一直与她无缘。她精神上太过独立，也太爱责难，骨子里过于桀骜不驯，她身上的一切都与集体、学说、教条格格不入。不过，此时参加共产党突然具有了另一种意义，就好像是为了找回昂泰尔姆，为了离他近一些，追寻他的踪迹，投身战斗以救他出苦海。参加共产党，也像是另一种形式的救赎，是改正她那狂野而反叛的天性。“共产主义”（communisme）这个词所包含的，是一种生存方式，也即与众人一起，为他们而斗争，为人类而斗争。她正是活在这样一种急迫的状态下，活在一种动力中，这动力使她能够感觉到那些她无法概念化的事物，她整个人都与她所谓的“物质生活”紧紧联系在一起，她活在其中，在那里呼喊、哭泣并完成人生的轮回。

加入党组织，就像一场她自己的欢喜，一切突然有了某种意义，孤独一去不返，她所面对的，只剩下巨大的恐惧与谋杀。

加入法国共产党成了一个谜，似乎她只有这一条路可走。因为，用埃德加·莫兰的话说，“接受德国的霸权，不仅是‘接受现实’，也是支持纳粹主义”。

在党组织里，杜拉斯觉得自己好像被一种必然性推着向前走，那是一种阻挠野蛮行径的方式，是一种“与人类心意相通，共同经受生与死的考验”的方式。她所喜欢的，是极端的境况，是悲剧的冲突，是那些历史集中上演兼具疾风骤雨的地方，而这种喜好又加剧了她的暴力，使她对暴力习以为常。受“全球性的更迭”所迫，她那一代知识分子全都投身于共产主义道路。

加入法国共产党，就是与人类一起斗争，找回人类的家园，体验手足情谊的幸福；就是像当时人们所说的那样，“与那些被扔进火车头锅炉的人站在一起”，置身于风险和危难之中，赋予人生以某种意义，为自由的到来做出自己的贡献，把梦想化为明确的现实；就是冒着被迫害的危险，为了“全世界大革命这一旧观念”，为了最广泛的博爱这一国际主义的神话，甘愿遭受迫害；就是经历俄国著名小说中的主人翁所体验的那种战栗，利用这一良好时机，充分体验“介入”这一概念。

她是否真的知道集中营之大？对于系统地消灭犹太种族，对于杀戮与清除一个民族时的智慧，她是否心知肚明？她有没有想象过火车开往拉文斯布吕克、达豪、特雷布林卡等地的旅途，想象过那些无动于衷地把火车从欧洲各大车站输送到煤气室的铁轨？

从此，肉体的痛苦拉开了序幕。从此，杜拉斯变成了一个犹太人。所谓犹太人，说的是她也遭到了排斥；所谓犹太人，说的是她也被牵涉其中。其实，当她还是个小姑娘，在西贡，在中国情人的怀抱里，在茂密的丛林里，她就已经是一个犹太人，而她之所以是犹太人，是因为她像沙湾拿吉那个小乞丐一样，从一开始就在逃亡，在流浪。

从此，一部令人眩晕的作品拉开了序幕。《厚颜无耻的人》像是莫里亚克笔下的世界，《平静的生活》中仍留有它的痕迹，而随着她崭露头角，那些痕迹或许将消失不见。从此，她置身于危险和不安之中，过上了游牧般的生活。她成了犹太人。

正是在这个历史时刻，她突然发生了转变，退到了边缘地带，踏上了历险之路。

昂泰尔姆仍未归来。他还会回来吗？政治活动使她没有倒下，迫使她活下去。一种夹杂着复仇与愤怒的情感推动着她，使她不断前进，一直寻找着昂泰尔姆的踪迹。

在这个时期，她穿着战争时期的短裙，一直在巴黎第6区从事政治活动。她的反抗为时不久，腹中与心中驻扎着一种冷冷的欣喜。去了地下组织，她就像安提戈涅，兴奋，狂热，急于发言，敢于呼喊，也像伊迪丝·琵雅芙[1]，走遍整个城市，唱着她的痛苦，虽然个头矮小，毫不起眼，但眼神却光芒四射，非常灵活，以至于她看上去像是在躲避着别人的目光。她的双眼在述说真相，是危险的，也是可疑的，就像黄色的大卫之星，背叛了她，使她难以说谎。

她走进了悲剧，但暂时还不明就里。身为女性，这一身份给了她一种光芒，一种加剧了的暴力，一种似乎永不平息的精力。正因为是女性，她才敢于持之以恒地去挑战，去冒险。每一天，她都活在一种不安全的状态下。她满腔浪漫，这个词所包含的，既有安提戈涅的厚颜无耻，也有敢于说不的愤怒的力量。她开始学习。给了她这种力量的，既是昂泰尔姆——尽管他不在她身旁——也是住在她内心最深处的母亲，是母亲的遗传，是她的坚忍不拔和始终伴随着她的疯癫。她入了党，而党组织也是一道堤坝，抵挡着另一种麻风病，另一种鼠疫。

由马斯科罗所说的“女性状态”（féminie）所构成的围墙，由杜拉斯、昂泰尔姆与马斯科罗构成的三角恋，此时只剩下心碎了无痕。写作也是以这样的方式作用于前途未卜的旅途，一边发出沉闷的声音。借用她的话，“痛苦的家园”起了火，继而藏了起来，以便永远不再熄灭。永远。昂泰尔姆，就是她所背负的痛苦，被活生生地钉在她心中，就是他令她日日背负的痛苦，一直背负到1990年，背负到那年11月，万圣节后不久，当孤魂野鬼还在四处游荡，他在荣军医院溘然长逝。她总是为他而哭泣，为他的归来、他经历过那些疾病与命悬一线的日子而哭泣，为她遗失的那份文稿而哭泣：“我把它放在诺夫勒堡的衣柜里，交给格扎维埃尔·戈蒂埃[2]，供《巫婆》采用，是我写了它……是我写的，为的是见证我们那个时代莫大的恐怖”，为的也是对昂泰尔姆的爱。

「1」伊迪丝·琵雅芙（Édith Piaf，1915—1963），法国著名歌星。

「2」格扎维埃尔·戈蒂埃（Xavière Gauthier，1942— ），法国作家，《巫婆》杂志的创办人。

杜拉斯的“人生”正是在这“痛苦的家园”里，在她那艘“黑夜号轮船”混乱的航迹中构建起来，也只有在那里，我们才有办法找到她，理解她的人生，赋予其各种意义，像她说的那样，理解藏在“隐藏着的”东西里的一切。

标记被烧毁了，只剩下一些炭火、可怖的痛苦、交织的苦难，发出红色与黑色相间的光芒，就像兰波的诗歌里所描绘的那样。她的脚步也像兰波，迷醉，自由，充满幻想。

可是，昂泰尔姆始终杳无音讯。盟军抵达并占领了一个又一个德国城市，号称“黑色帝国”的德军土崩瓦解，而昂泰尔姆仍然杳无音讯。多亏了在《自由报》设立的“寻人处”，她才得以去了解，去想象，去发现战争的广袤和恐怖。一些逃出来的人开始了他们的讲述，她则从中建立起一些假设，勾勒出从圣伯努瓦街失踪的那个人的行程，想象着昂泰尔姆沿着败兵的路途，在火车里一路颠簸，先是到了比特菲尔德，接着是捷克斯洛伐克、达豪，最后兴许是到了布亨瓦尔德。夜里，在没有尽头的路途上，在脏兮兮的火车里，他孑然一身，只有当天空、星斗、凉风依稀可辨之时，他才觉得可以心怀希望，相信自己还活着，相信自己仍有呼吸和饥饿感，特别是“撒尿”的欲望——他在《人类》一书中多次提及——这欲望已成为生命体的首要机能，是它让他仍然活着，证明他那具毁掉了的、冻得发紫的身体仍然能够运作。集中营下雪了，雪像毡子一样盖住了一切，抹去了党卫军、囚犯组长与囚犯们的脚印，模糊了各种噪音和说话声，还有车间里传来的镐头和各种工具砸碎石子的声音。昂泰尔姆无法把他看到的写下来，那里没有可供写作的地方。在回忆录里，他写道：“（集中营里）谁都没有前景。”

不过，在巴黎，人们已开始得知真相。杜拉斯也了解到了一些情况。真相太恐怖了，她几乎难以相信。只有照片、证据和亲历者讲述的事实，才能让人死心，才能说明真相。她开始做噩梦。她坚持住，凭着在党组织里的狂热活动，凭着抵抗阵营的地下活动，以及她心中的怒火。至于昂泰尔姆，他等待着黑夜的降临，以便坠入死沉的睡眠。有时，探照灯的光芒从瞭望台上喷射而出，穿过集中营的窗口，在雪地里洒下时断时续的光。警犬与德国士兵的脚步声变得低沉，厚重。

杜拉斯心中正萌生一种别样的东西："我好像整整睡了30年，"她在1986年说道，"30年后，我醒了，人们在屠杀犹太人，我的人生就此开始。"

她变得无比顽强，对于战争的黑夜，她想要知道所有一切，彻底地发现所有一切。她想要找到昂泰尔姆，不让他消失，把他带回来，和自己在一起，和她同样爱着的马斯科罗在一起。她要给昂泰尔姆新生。

1945年4月。她记得。那是个奇特的春天，欧洲在最终敲定了的胜局中飘摇，沉浸在痛苦而艰涩的欢乐中。

关于从集中营里逃出来的人，每天都会有一些新的消息。在那些悲怆的逃犯中，会不会有昂泰尔姆？4月4日，继而12日，她得知了一些有关他的下落的消息，然后又没了线索。弗朗索瓦·密特朗，也即当年抵抗组织里的"莫尔朗"，如今成了新任副国务秘书，主管难民、囚犯与流放犯事务，他答应帮助杜拉斯与马斯科罗完成这项难以成功的寻人工作。"黑夜号轮船"在巨浪滔天的大海上继续前进，没有船长。有时，马斯科罗会去弹一弹钢琴，就像是为了打破漫长的等待与痛苦。他一直如此，每当想要与俗世重新和谐相处，与它以及那些最隐秘、最遥远的力量达成妥协，他就会把钢琴奏响。圣日耳曼德普雷的公寓里传出了奏鸣曲的声音，还有巴赫、勃拉姆斯的流畅的变奏曲，乐声如泣如诉，宛如洋流一般。

1945年4月是一个可怕的月份，集中营里的所有恐怖事件大白天下，人类所有的野蛮行径传播到了奥赛火车站的月台，但昂泰尔姆的下落仍然无人知晓。人人都忙得不可开交，就像一场痛苦的溃败，与戴高乐呼喊的光荣岁月相去甚远。杜拉斯活在这种恐慌的状态中，这种状态给了她活下去的力量，使她狂怒，使她残忍地想要知道真相，一探究竟。此时的她游离于疯狂与仇恨之间，显得"可怕、善良，令人感到安慰"。有人告诉她，说你应该对自己好一点，应该保护自己，但她无法沉默。在《情人》出版后不久的一次访谈中，她回忆道："我从未关心过自己。"

4月份的痛苦再次给了她写作的力量。不过，不是为了出版，而是为了留下见证，把见证记在她那些秘密的蓝色笔记本里。那些笔记本后来被她丢弃了，连同一些文档遗落在诺夫勒堡那所房子里，任由潮湿和雨水侵蚀，经受着时光的消磨。

在那些笔记本里，她写下了当时的恐慌，写下了自己撕心裂肺、千疮百孔乃至被毁掉了的人生。这部《战争笔记》在很长一段时间里被束之高阁，是一部至关重要的作品，有助于深入理解她当年的动力，她那近乎自虐的疯狂、野蛮的暴力、粗鲁，以及她心中不灭的希望。它是一部神圣的作品——她在《痛苦》中这样说道，而《痛苦》其实是《战争笔记》的翻版，出版于《情人》大获成功之后——是一部宗教性质的作品，跟她怀着激情不断重读的《旧约圣经》一样。她在痛苦的间隙奋笔疾书，文字里夹杂着不断响起的电话铃声，而她也是一心牵挂着电话——说不定是昂泰尔姆回来了呢，他应该会回来，应该会出现在一列列归来的流放犯之中，他们像她说的那样"凝固了"，吓破了胆，一个紧挨着一个，就好像还不愿与人们接触，不想从人们的目光中感觉到同情与好奇。杜拉斯的文字从未如此大声疾呼，她好像找到了自己的语调。她的语言是一种大音希声的叫喊，是张开嘴把痛苦叫喊到极限。她信仰的是仇恨，而不是允许战胜者与战败者之间实现平衡的上帝。她跪下来，向仇恨发出祈求，发出呼唤，她疯了。她知道自己疯了，也知道自己早在很久以前就有了一种能力，能够进入疯狂之中，钻进深处，在那里感觉到一切摇摆不定，是这种能力把永隆那个一边叫喊一边追赶她（那时她还是个小姑娘）的女人的语言变成了她自己最真实的语言。

她的狂热日甚一日，只有科利德兰[1]，很多科利德兰，才能让她坚持下去。给她大量开这种药的，是热农-加塔洛，他是个好大夫，是

[1] 科利德兰（corydrane），一种兴奋剂，主要成分是阿司匹林和安非他明。

她的一个忠实的朋友，也是小区里人人爱戴的医生。不过，她已不再是杜拉斯，她的心已经到了昂泰尔姆那儿，而昂泰尔姆此时或许已经死在一个无人知晓的集中营，被丢进万人坑，尸体正在腐烂。其他比他更强健的人路过他那可怜的尸体，一定把他给踩烂了，他的尸体里流出恶臭而肮脏的棕色液体，而身在圣伯努瓦街那间公寓里的她也不例外，同样流出了暗绿色的肮脏液体，还有呕吐物和腹泻物，就像西贡的孩子死于麻风病之后，腹中流出的不知名的液体。

她刚满三十岁，却早已变成南圻那个流浪的女乞丐，被遗弃了，浑身脏兮兮的，迷了路，没人认识，连自己都不认识自己。她骨子里有一种在苦难中以及在写作中一条道走到黑的性格，一往无前，不加节制，顽固不化。

她在火车站四周游荡，一如沙湾拿吉那个小乞丐在白人街区的厨房四周游荡。昂泰尔姆没理由不在那里，他一定会出现在那些流放犯之间，出现在那一长串望不到尽头的幸存者之中，在那些看起来像鬼实际上是人的队伍里。每当重要团组抵达，人们便奏乐欢迎。她赶过去，靠着墙，却一次次伤心而归。不再有节日，不再有欢庆的乐声，全都没了，只剩下苦痛和自我放任，她对自己感到陌生，几乎认不出自己，她只有一个欲望，那就是去找到他，她溜进人群，挤出人墙，对公职人员撒谎，一再恳求他们，只为通过关卡，去找到他。

他反对戴高乐："他是个活跃的军官，"她在《痛苦》中写道，"三个月后，在我周围，人们控诉他，排斥他，永无休止。我们女人们还仇恨他。"

流泪的日子尚未过去，还在继续。相反，正是在这个时候，她开始了哀怨的歌唱，像远古时期那样无尽地哀悼她所怀疑并追问之事：一堆堆犹太人的骨灰被弃之于奥斯维辛、拉文斯布吕克、达豪，与泥土混在一起。她发出的正是这种哀怨。没有别的出路，只能去哭泣，去体会这种恐怖，去辨认无数"鲜活的"假牙、头发、首饰与金牙——所有这一切将被放进箱子，就像货架上的水果。只有这些才能让她苏醒，在恐惧中苏醒。

此时，她所听见的音乐，是女人们持续不断的哭诉，她们正寻找着自己的儿子、兄弟和丈夫。可是，即便如此，她却被排斥在外。她已不可能理解他人或融入他人，只能独自沉浸在痛苦之中，与昂泰尔姆长相别离。

他身在别处，走在另一条路上，但已太过虚弱，以至于无法再动弹，无法再前进，只能默默流泪。

他到了达豪。他的眼睛令他饱受折磨，因为已过度适应黑暗与车厢里的黑夜。然而，他清楚地看见，不远处有几个妇女，正弯着腰，“在割草，几个紫色的人影悬浮在一片绿色之上”，她们的笑容依稀可辨，也许是因为心中又有了希望。

达豪是公路的尽头，也是前途未卜的流浪与旅途的终点。德军溃败的迹象虽已显露，但是仍然没有什么好期望的，就好像人生已被打碎。在内心深处的某个地方，昂泰尔姆只剩下对往昔的深信不疑，包括杜拉斯以及挚友马斯科罗。回去，一定要回去。该怎么处置这些生物？他们已无生气，但仍然是人，是与党卫军一样的人。党卫军永远也无法把他们的猎物转化为低级人类，将其变为突变体，变成另一种遗传物种的代表，但仍是人类，与他们一样。是啊，该怎么处置他们？他们度日如年，仍能感觉到尿液的温热与粪便的气味，他们惊叹于这些流体的奇迹——肮脏，但却温热如牛奶——并由此而知道自己是人，永远是。

时光仍在飞逝，无法在人们的哀叹与狂热中止步不前。1945年5月，弗朗索瓦·密特朗受命赴达豪公干。他走遍了各个集中营，真切地意识到了集中营的恐怖，对眩晕与深渊的含义有了更深入的理解，但还得进一步深入这种恐怖和地狱。在里盖神父与让·穆尼尔[1]的陪同下，密特朗走进了一间安置死者与垂死者的棚子。棚子里弥漫着尸体腐烂的气味，停尸间里有几个人还在呼吸，就在那儿，罗贝尔·昂泰尔姆

「1」据杜拉斯说，他此时化名为“罗丹”（Rodin）。——原注

根据密特朗裂开的门牙认出了他，于是便断断续续地喊道：“弗朗索瓦，弗朗索瓦……”是啊，真不可思议，像奇迹一样，简直是不可能的。马上，大家用一张床单把他裹起来，让他靠着墙，跟最后几个幸存者待在一起。集中营里，无影无踪的伤寒正在蔓延。刚咽气的死者，已经快腐烂的尸体，气若游丝、骨头清晰可见甚至刺穿了皮肤的垂死者，全已被弃之不顾，而在他们上方，天空始终是明净而蔚蓝的，离他们不远处，冷漠而残忍的生活始终是真切的。昂泰尔姆在《人类》中描写道，在附近的村子里，农民们在田间埋头劳作，弯着腰，故作迷惑不解、一无所知。达豪四周森林密布，捂住了各种噪音和人们临死前的呻吟与叫喊，也捂住了冲锋枪子弹连发的声音、一具具蹒跚的躯体挨打的声音以及他们在路上砸碎石子的声音。

杜拉斯对森林的惧怕正是由此而来。她所惧怕的，是那种阴暗的森林，森林里，警犬和士兵四处游荡，冰霜“使野兽狂怒”，“池塘被占据了，一直到底”。她所惧怕的，是她后来于1970年在《阿巴恩，萨巴娜，大卫》中描写的那种森林，就好像她永远也无法忘记那片挡住犹太人的呻吟的幽深密林。她所惧怕的森林与她童年时的丛林截然不同。当年的丛林是一个藤与根的世界，坐落在象山山脉，既是仙境，也是幻境。丛林里，“藤本植物经过几千年的堆积，形成了诸多洼地，悬挂在树木之间”，而就在这种由植物构成的洼地里，鱼儿在鸟儿之间游来游去。童年时的丛林并不可怕，甚至堪称守护者，庇护着像她那样无畏而野性的孩童。老虎、猴子、豹子从来不曾袭击孩子们，因为他们的出现是一件再自然不过的事……

得救两天后，昂泰尔姆给杜拉斯寄了一封信。这封信如今被存放在“当代记忆研究所”。信中，他写道：“亲爱的，每天晚上，我都在回想我的岁月。这八天里，我应该老了一百岁。一切都已过去，只剩下无上的幸福。玛格丽特，我与你同在。”

玛格丽特的回信同样激情洋溢：“你还活着。你还活着吗？我都不知道我是怎么清醒过来的。我在地狱里待了多久？……天晴了。和平到来了。你还活着。罗贝尔，这一天多么美好啊！你是我的生命。我所骄傲的是，我想我会因为你的死而死去。也许你永远不会懂，永远。”

虽说处在心潮澎湃的状态，她仍然站在舞台上，各种爱情的主题在她心中巧妙地交织在一起：为他的死而死，与罗贝尔所说的幸福相呼应的地狱，他们爱情的无法理解的奥秘——这些主题值得她所钟情的法国女诗人露易丝·拉贝去吟咏。

密特朗为昂泰尔姆的归途提供了方便，他让人给马斯科罗及其朋友博尚办理了通行证。两人结伴而行，跨过一道道路障，把车开得飞快，开车的只有博尚一人。他们的旅途就像一次历险，为的是拯救昂泰尔姆，不但要救活他的性命，更要带他脱离苦海，把他定格在崭新而蔚蓝的日子里。到了达豪，他们看到的是一排排尸体、死者与病患，所有人冷漠而迷茫，不知道自己是怎样幸免于难的，也不了解自己处在什么状态之下，像傻了一样。沿着墙，除了人还是人，裹在床单里，像码得整整齐齐的柴火一样，还有奇特的死亡气息，那是麻风病的味道，是灾难的味道，杜拉斯以前曾对他们讲述过。突然，好像有一声呻吟，一声难以觉察的呼吸，不像是一句话或一句口吃，而像是一阵微风，像一只昆虫飞了过去，那是一声呜咽般的呼唤。马斯科罗为人持重，总是遗忘很多，具有一种明智的谦逊，他在《关于一次回忆的尝试》中讲述了这个时刻。他几乎什么也没说，而这正是他的力量。他用了一些简短的词语，一些非常简单的词语，用它们去述说，使情感在其中流淌，让意识在其中得到巩固。他们逃了，像逃犯一样离开了集中营，尽管他们持有通行证。昂泰尔姆处在获救的惊恐之中，他将永远记得这个已铭记在脑海里的时刻，但回去后他几乎从未说起，而是把它埋藏了起来，很久后才写进了《人类》一书。

不过，此时，昂泰尔姆的话语像是醉了一样。他述说着，倾述着他所看到的和遭受的，他的记忆就像一根丝线，延绵不绝。马斯科罗“不需要问他”，他的话语也会自己出来，就像源头处的水流一样奔涌而出，打破周遭的宁静。死神也许还在后头游荡，他对死亡的意识仍未消散，他的呼吸仍不平稳，但却不知从哪儿找回了说话的力量。汽车行驶着，行驶着，穿过一个又一个德国城市，穿过斯图加特，穿过维桑堡，朝着国界飞驰而去。在汽车的喘息声中，他正创造着杜拉斯后来所说的“流动式”语言。是的，就在此处，昂泰尔姆造就了杜拉斯，如今的杜拉斯，使她的语言布满孔洞与重复，使她的灵魂发生神秘的震颤，使她歌唱的乐曲绵延不绝。夜间的公路上，时不时有其他车辆的大灯射出昏黄的光束，使人联想到集中营的探照灯，在这时断时续的光束中，他的话语滔滔不绝，那些“无法想象的事”随之浮出水面。

某种神圣的东西撕碎了自己的面纱，露出了真面目，给人以强烈的感受。这是一个奇特的时刻，它似乎处在时间的尽头和人类最后的边界，既是某种事物的终点，又是某种即将诞生的陌生事物的起点，因为经受痛苦的洗礼之后，打上谋杀犹太人的印记之后，一切都将不同于以往，而白天仍在流逝，黑夜仍将替代白天，但人们永远不会遗忘那道光芒，那道折射出集中营里无法描述的苦难的光芒。

因为那不仅仅是遗忘，也不仅仅是相信自己一旦脱身便获得了自由的生活。那种无法表达的恐怖，那段极端的人生经历，那道永远不会愈合的伤口，或许将留在人们内心深处。拉文斯布吕克集中营解放后，英勇的玛丽-露易丝·昂泰尔姆——罗贝尔·昂泰尔姆的妹妹，他称她为“小丫头”——获得了自由，被飞机送到丹麦，在那里接受救治。当时，她“处在一种油尽灯枯的状态（在集中营，她常常把食物让给别人），不久便死在了那儿”，罗贝尔·昂泰尔姆未来的妻子莫妮克·昂泰尔姆这么说道。曾被玛丽-露易丝藏在她父母的公寓里的多米尼克·阿尔班深情地回忆道：“大眼睛，稚嫩的大脸蛋，虽然苍白，但却清新可人……这个布娃娃生来就注定要经受一场重大的悲剧……是什么折磨夺走了她的纯真，她这个玩具娃娃陷入过怎样的地狱？”

在这个悲剧的世界里，正是在这些炭炉里（里头有火热的生命，不断被死亡塑造着），杜拉斯造就了她的写作。

摆在她面前的，是呼喊。它就像一束电波，遍布于杜拉斯的人生。它是作品中的呼喊，是最后一声求助，是最后一句野蛮的话语，是由于生存的痛苦，也是由于对俗世的迷惑不解。它是无助的母亲看到堤坝被冲垮时发出的呼喊，也是此时的她发出的呼喊，她一边猜想着罗贝尔·昂泰尔姆——是她的丈夫，也是一个陌生人，一件“垃圾”——的境况，一边在房间里踱着沉重的脚步，太多的苦难与太多的同情令她几乎“局促不安”。于是，只剩下呼喊，只有它才能消除战争的怒火与集中营里的野蛮，才能达到安静，它是一种持续的振动，宛如大钟的嗡嗡声，使一切失去知觉，使她不愿直视的时间停下脚步。至于昂泰尔姆，他对事物有了新的认识：盘子里放着一些樱桃，果肉丰满，他想尝一尝，就像返程途中想吃鳟鱼一样。他所渴望的，其实是鳟鱼的敏捷，是它们在水流中游动、跳跃和溜走时的机灵，是那些被阳光穿透、在阳光下显得鲜红欲滴的樱桃。

杜拉斯的身体成了痛苦的身体、愤怒的身体、远古的身体，站在灾难的顶端，因“触不可及的”宿命的压力而沉重！此时，她必须重新学习如何生活，因为昂泰尔姆已洗脱冤屈，获得新生，因为她确信，她未来的作品就是她一直承载着的语言，就是尘封于痛苦的符号，就是野蛮而从未停歇的回声。

22年后，友人马斯科罗回忆起了往事，他试着努力地回想当年，虽然只透露了很少细节，但正因为他言之无物，所以这种沉默的空白中却激情四溢，而这种沉默的空白中仍停留着当年的恐怖，语言在其中无法站住脚跟，只能弃权，战栗着，仿佛悬在空中。有些画面将久久不散，比如“在最偏僻的房间里……埋藏在黑暗中、埋藏在层层衣物下的”杜拉斯，她巨大无比，十分显眼，永远也抹不掉，看上去就像现代雕塑《瞧啊这人》，就像“被简化到无法简化的本质的人”，也即阿贝尔托·贾科梅蒂[1]创作的一件栩栩如生的雕像。这也正是昂泰尔姆所呈现的，他呈现的是构成人体的最隐秘的纤维，是人类苦难的奥秘，是人的素材的神秘配置，是由无助的语言所命名的灵魂，它是坚韧的，有着

---

[1] 阿贝尔托·贾科梅蒂（Alberto Giacometti，1901—1966），瑞士雕塑家、画家。

无法解释的、奇迹般的运作机制。

对于杜拉斯及其亲友而言，他们的“犹太情结”正是始于这一时期。早在1968年的口号“我们都是德国的犹太人”之前，他们就已认同犹太人的身份，在他们眼中，这一身份认同已变得无法避开。是啊，杜拉斯的确是一个犹太人，一个与所有死于大屠杀计划的犹太人无异的犹太人，一个类似于她未来的主人公奥蕾莉娅·斯坦纳（Aurélia Steiner）的犹太人，一个类似于所有“煤气中毒者”——“有些词真是难以说出口”——的犹太人。犹太人，说的是犹太人民遭遇的有预谋、有计划的清除，更进一步，说的是排斥，是总是被否定的他者，说的是穷人、被流放的人、被剥削的人、疯子、作家、被诅咒的人。

在法属印度支那，当她还是个小姑娘的时候，她就有了这样的经历。作为一个不为人知的安南人，她觉得自己是全家人当中的“犹太人”，仿佛这个词以一种诗意与隐喻的方式具有了一种普遍的意义，使注定要遭受远古的苦痛的犹太人民得到了无限的繁殖，直到黑暗的今天。

1976年，《巫婆》杂志以“食物”为主题出了一期专刊。其中，杜拉斯又一次习惯性地描写了把布料织了又毁、毁了又织的珀涅罗珀[1]，并由此回到自己的故事，回到自己的关键岁月，也即与小哥哥一起在“高大的芒果树”之间度过的那些狂野的时光，她甚至写道：“我们的母亲是怎样的？黄皮肤的她那么瘦削，阳光无视她的存在，她，我们，犹太人，这怎么可能？”

对她而言，犹太人就是混血儿，是反抗家庭的人，是不屈不挠的人。她的犹太人特质与她所背负的这道咒语由来已久，并且无数次地复现，把她变成了一桩旷日持久的丑闻，同时以一种别样的方式恢复了她

「1」珀涅罗珀（Pénélope），古希腊神话人物。在丈夫外出征战期间，她为了摆脱求婚者的纠缠，对外宣称为公公织完做寿衣的布料后再改嫁，然后她白天织布，晚上将其付之一炬，就这样一直等到丈夫归来。

的作家身份，再次赋予了她如《圣经》般神圣的职责。

需要有多少个日子与多少个星期，才能让昂泰尔姆重新回到光明之中？需要有多少耐心与多少爱，才能接受并体验时间的缓慢？在这段时间里，热农-加塔洛医生开了药方，想让昂泰尔姆长胖些——按她的比喻，他已经瘦得就像“一根刺”，他的心脏“在一个空荡荡的地方跳动”，随时会碎裂。

不过，她仍在写作，在练习本中写下她的痛苦。这痛苦与昔日在奥赛火车站等待时的痛苦是一样的，此时转移到了这里。大屠杀的幽灵一直在她面前，因为昂泰尔姆变成了宽泛和普遍意义上的犹太人，变成了犹太人遭受苦难的例证，变成了他们被诅咒的活标志。他的身体里流出暗绿色的水，就像湄公河泥泞的河水似的，无法控制，臭气熏天，就像“臭狗屎”一样——她直言不讳地写道——而且颇具腐蚀性，流到哪儿就吞噬到哪儿，犹如往日南中国海的海水把堤坝冲垮。

不经意间，杜拉斯的手变成了“流动式”的，她的文风在痛苦的作用下，仿照着她的呼吸，找到了不规则的往返之道，并由于她的斗争以及死亡的突现而混乱无序。

突然间，她找到了一种预言式的语气，她的内心发生了一些变化，使她有权去断言，能够坚定有力地发言，并善于运用省略，这一切使她变成了一个先知。在她的笔下，在她的谈话中，经常会出现一句神秘主义者的口头禅：“我看到……”她一说“我看到”，她那些几乎像咒语一样但又简单明了的句子就会随之滔滔不绝。此时，奥斯维辛正召唤着她，并通过她的丈夫给予她智慧和真正的知识。“我看到了，”她说，“我听到了……我看到有人在屠杀犹太人，是犹太人在被人屠杀，我发现我不明所以，但却始终身临其境。”她拷问尘世，拷问自己，拷问不公，拷问身体上的伤痕，拷问灵魂，正是在这样的拷问中，她不断发现新的惊诧。

《痛苦》是她暗中写成的一部作品，它就像一部波涛汹涌、充满仇恨的日记，像一份野蛮粗鲁的日报。她在书中揭露了真相，公开宣示了自己作为作家的义务，其中饱含的狂热与野蛮无论是萨特还是马尔罗都无法拥有。作为戴高乐的反对者，她揭露了戴高乐将军贵族式的设想以及他对集中营的沉默，揭露了法国儿女被派往死亡之地的时候祖国的上层理念，也揭露了决定为罗斯福举行国葬却没有或忘了为犹太人默哀。于是，她的心中燃起了一种狂热，一种冷冷的、粗暴的怒火，使她再一次变得与众不同，一种谋杀与暴力的冲动占据了她的内心。

在巴黎，秋后算账的时候到了。此时，就像在古典悲剧里那样，又到了付出代价的时候了。她就像一个清洁派教徒，怀着对自己的信仰，怀着对自己的逻辑与纯洁的信仰，怀着习惯性的固执，开始了属于她自己的战争。在圣伯努瓦街，集中营的幽灵仍在四处游荡，国仇家恨有待报复，人们痛打通敌派，揭穿他们的懦弱以及出卖犹太人与千千万万个罗贝尔·昂泰尔姆的罪行，而她则从内心深处朝人们发出一声强有力的呼喊："这还不够！"一种可怕的东西在她心中启动了，她想让那些通敌分子们开口招供，他们必须开口，承认自己的耻辱与错误。在被遗弃在诺夫勒堡的那两本笔记本里——后来分别成了《痛苦》与《战争笔记》——她已成为一个与自己、与自己的自我相割裂的人，不再以"我"自称，而是称自己为"她"。从此，她成了国家正义的化身："她还小，无欲无求，她很冷静，却感觉到心中有一股冷静的怒火……"

"她是正义，而150年来，这片土地上已无正义。"

战争之后，仍是战争。拳头与棍棒如雨点般落下，咖啡厅、市立学校、小区单元里血流成河，她也参与了这场全民复仇，她的心中有一股无言的力量，指挥她继续战斗。外头，在圣日耳曼德普雷区，有人想要改变这一局面。夜总会、"塔布"舞厅、"圣日耳曼"俱乐部里出现了新的时尚，一首首歌曲虽然郁郁寡欢但却渐渐恢复了生活的气息，鲍里斯·维昂[1]在爵士小号声中气喘吁吁，朱丽叶·格雷科（人称"枣

---

[1] 鲍里斯·维昂（Boris Vian，1920—1959），法国作家、歌唱家。

子”）[1]一副阴郁而颓废的模样，像美人鱼，也像赌气的公主，唱着雷蒙·格诺的诗句，在“德马戈”咖啡厅的人造革舞台上矫揉造作，傻傻的，像是一个堕落的小姑娘。

在圣日耳曼德普雷，庆祝胜利的活动夜以继日，整个街区仿佛得了欣快症[2]，就像波伏瓦说的那样，处在一种“友爱泛滥”的状态中。咖啡厅里始终人流不断，比如“皇家圣日耳曼”“弗洛尔”，比如“蒙达纳”，《现代》杂志那帮通敌派经常来此工作，再比如“桥上皇家”，那是萨特的领地，他被迫离开“弗洛尔”，把领地建在这儿，因为他声名远扬，每次出现都会引起围观，还有更具贵族风范的“利浦”，那是玛格丽特的地盘，有传言说那也是通敌派的聚会地……

正如克洛德·鲁瓦所言，圣日耳曼德普雷已不再是“40年代的村庄，一座方正的钟楼掩映下的小镇，巷弄里回荡着手艺人的工具声，小市民们操着各种零散职业”，不再是杜拉斯深爱的那副模样，而是变成了各种杂乱无章乃至虚无缥缈的活动的舞台，容纳着林林总总的派系、俱乐部、相互对立的乱党、友爱团体，形成了一种狂热的浪漫主义氛围，其中既有青年，也有前辈——比如安托南·阿尔托、安德烈·布勒东、雷蒙·格诺、马丁·杜·加尔——一股创作的热情充斥于咖啡厅、工作室、出版社与杂志社，包括《现代》杂志、《精神》杂志、瑟伊出版社、伽利玛出版社，等等。

此时的杜拉斯怎么样了？相比“德马戈”咖啡厅，她更喜欢光顾“波拿巴特”咖啡厅，因为那里的气氛更自由，更宽松，不那么时尚，因而也不那么趋同。她也去“小圣伯努瓦”，一家主营家常菜的特色餐厅，周围所有艺术家与创作者全都聚在那儿，形成了一种友爱的亲密氛围，这种氛围更适合她。

「1」朱丽叶·格雷科（Juliette Gréco，1927— ），法国歌唱家、演员。“朱丽叶”与“枣子”的第一个音节均为“ju-”，故人称“枣子”。

「2」精神疾病的一种症状，主要表现为异常高兴，心情极其愉快，感情病态地高涨，等等。

不过，她忙于一些更为残忍、更具复仇意味的事，身不由己。

在解放后的巴黎，“年方二十或二十五，”波伏瓦写道，“意味着更广阔的机遇，所有道路都是开放的。”整个城市里充斥着一股热情，杜拉斯与她的朋友们也参与其中，大家决心“为无辜者报仇”，保罗·艾吕雅在《法国文学》杂志上这样呼吁道。清洗政策并未将所有知识分子招至麾下，其中最狂热的支持者当数“全国作家委员会”的成员，以及阿贝尔·加缪领导的《战斗报》。他们要做的，是为受害者报仇雪恨，而不是像波朗或莫里亚克等人那样，倾向于“宽恕与忘却”。

杜拉斯桀骜不驯，坚韧不拔，决心追查阴沉的日子里那些卑鄙无耻的事实和胆怯的行径，将其公之于众。

她对自己的判断力确信无疑，为自己的所作所为定下宿命般的目标，她必须这么做，这也是她对自己的要求。她觉得自己是恐怖与痛苦的责任人，是复仇的负责人。她的心中既有仇恨，又有无情的残忍，既有与敌人一样的武器，也有痛苦、爱、盈眶的泪水以及四溢的不幸，她听不见罗贝尔·昂泰尔姆发出的讯息，来自他心中的讯息：“德国人与我们之间并无不同，都是人类。”每当昂泰尔姆向人们讲述他的流放，他总是坚定地说道：无论发生什么，无论被人变成什么，痴呆也好，人渣也好，垃圾也好，他们都不可能“变成野兽或树木”，因为“人类只有一种”。刽子手可以“杀害一个人，却无法将其变成别的物种”。

她呼吁人们停止严刑拷打，要求人们别再殴打民兵，为此而筋疲力尽，伤心落泪，每当此时，她便想起昂泰尔姆的话。该怎样调和她心中的爱与恨呢？正如她心中一直在与母亲冲突，爱她，同时又恨他，她怎么会不知道，她只能活在一种疯狂的状态中，活在情感的迸发中，活在各种怨恨、激情以及对爱的追索中？“肮脏”，她觉得自己肮脏得教人作呕——有一个反对她的妇女曾这么对她说，此人并非通敌派——肮脏，这就是她的样子。可是，怎样才能不肮脏呢？在她那里，她的行为总是模棱两可，这将决定她的人生之旅，决定她穿越世纪的脚步。

作为一个伸张正义的人，她残忍，无情，她的缺陷日渐暴露。在别人看来，她表里如一，但事实上她是多么的自由任性啊！令人不解的是，她既是一个共产主义战士，粗鲁，服从，同时又表露出一些使她变得既可疑又危险的缺陷。她既可以告诉“刽子手”，让他们再接再厉，又可以在面对“受害者”的时候找回高贵与优雅，感到比自己的政治盟友更亲近这些受害者，觉得与他们之间“像有一层亲缘性”。

和她的猎物“民兵泰尔”在一起时，她捕捉着他的生活品味。他和她一样，也耽于声色，似乎仍然稚气未脱。他对生存的欲望，对赌博、女色、汽车的喜好，无一不令她着迷。她是个混合体，既是刽子手，又爱着她的猎物，她所爱的，是一切彰显生命的力量的东西：差异、暴力、征服、青春。是否造成混淆不重要，重要的是正是在“黑夜号轮船”永恒的运动中，在它盲目、黑暗、不规则、前途未卜的路线中，在它中转与转向的过程中，她才成为了一个完整的人。这种眩晕类似于她在大哥那个粗鲁而愤世嫉俗的“流氓”身上体验过的眩晕，她想要把他从自己的童年中驱逐出去，他却成了她想象的素材。她把“民兵泰尔”交给了法兰西妇女联盟，但她对他仍有欲望。

当她在笔记本里（很久以后才公之于众）讲述这些事情的时候，她是讲给她一个人听的，读者、目击证人都无法进入其中。数十年间，那两本笔记本一直被遗弃在诺夫勒堡，就像一堆一直酝酿着的炭火。到最后，她甚至由于忙于其他事务而忘了它们，但那些故事迷失在蓝色柜子深处，就像守灵人一样。她告诉读者：“请学会阅读：这些是神圣的文字。”在这句话中，她确认了她从此赋予文学的角色：启蒙者，未解之谜的载体，黑夜中的发光体。两本笔记本里，一种具有宗教性质的东西徐徐展开，但它不遵守某种基督教教理，而是带有神秘主义色彩，具有心理与情感的双重特征，要用最细腻的文字才能将它描述得一清二楚。

她的这一面完全游离于“与共产党的恶心的亲近”（她在1985年这么说道）之外。虽然仍在党内，但她正在不知不觉中挥手告别。写作与教条格格不入，在语言的有限领域里，她甚至没有发觉自己正在逃离共产党，就好像她只能活在需要埋藏的秘密之间，活在容纳着欲望、不幸与痛苦的幽暗的柜子里。

她怎能承认她对“民兵泰尔”的欲望？怎能大声赞美她对复仇的欲望？在城市之外，在狭小而阴暗的写作空间里，她悄悄地跨过禁区，跨过集体的语言以及简化的教条。

从此，写作成了一种僭越，承载着模糊的欲望、不当的言行举止以及一切可能之事，不遵守任何法则，不遵守万物之法。她的心中守护着一种无法言表的东西，对于成员的招募、精心筹备的言说与各种思想流派，她时刻保持着警惕。她已经感觉到，她想要在暴风骤雨中，在大海无法预料、时而平静时而大浪滔天的运动中，在灵魂被迫前进的那种颠簸中，对她的书进行构思。

她将永远无法从罗贝尔·昂泰尔姆的经历中恢复过来。她未来的精力，她在工作与应对挑战上的巨大付出，或许正是因为罗贝尔·昂泰尔姆。她作品中的那些沉默，那些张开的洞口，那些文字有时突然无法逾越、致使摊开的页面变得令人眩晕的悬崖峭壁，还有那些深坑与沟壑，或许也是因为罗贝尔·昂泰尔姆。因为集中营，因为集中营的沉静，因为集中营周围森林里的寒夜；因为他妹妹玛丽-露易丝·昂泰尔姆双脚冻僵，死于德国；因为昂泰尔姆，因为他遭受虐待的记忆——他将永远记得那些虐待，即便是多年后，当他非常低调地在伽利玛出版社工作，翻译或改编别人写的文章，对昔日的地狱三缄其口，同时努力去抚慰和劝解杜拉斯，平息她那狂野的暴力，他也仍然记得那些虐待。

她与他之间的爱情像是打了一个结，什么也无法解开。只要谈到昂泰尔姆，就总是意味着回顾痛苦，回顾他被迫的经历，回顾那份从未被掩埋的恐惧。这一切她一直记得，即便到了1990年11月，当她从迪尤尼斯·马斯科罗口中得知他在荣军医院与世长辞，她也仍然记得。自始至终，昂泰尔姆一直是痛苦的折射，是磨难的回声，或许甚至还是她的作品的光芒，暗淡的、带有悲剧色彩的光芒。

昂泰尔姆死了，又一次逃出了集中营，死亡的集中营，被埋葬在蒙帕尔纳斯公墓的地下，而她呢，她真的不再爱他了吗？

毋庸置疑，昂泰尔姆的为人是令人敬仰的。克洛德·鲁瓦认为，这个男人是个另类，是“非凡的”，而所有接触过并爱过他的人也都会为他着迷，都会感觉到他的“神圣性”——或许可以这么形容。从集中营归来后，他沉默不语，一直是个见证者，是个模特，就像陀思妥耶夫斯基的《白痴》里的主人公，是其他人的镜鉴，使每个人不得不“站到墙角”，无路可退。

他的一生是一节漫长的关于“战斗精神”[1]的课程。在集中营里，战斗，就是“理性地与死亡做斗争”；战斗，就是“像一条狗似的在烂菜叶与碎果皮里”仔细翻找，但这无关卑贱，也无损纯洁。战斗，同时也是成为共产主义者，相信党（他于1947年5月与马斯科罗一同入党）的宗旨是与人剥削人的现象做斗争，即便遭到了开除，也要像鲁瓦说的那样，相信“马克思的理念，也即遗产应当落入最贫苦的人之手”。战斗，就是身为共产主义者，并以一种最神圣、最具有预言性质的方式来理解这一称号。

总而言之，战斗，就是证明他仍在行动，尽管他保持着沉默，但这种沉默已变成最滔滔不绝、至关重要的讯息。

至于杜拉斯，她知道如何将自己的欲望进行到底：她想要与马斯科罗双宿双飞，为他生儿育女。当她向昂泰尔姆宣布这一决定之时，当她选择放弃他之时，她有没有隐隐约约地体会到一种负罪感？虽然此举可能会对他的心理造成危险，但是她依然向他申明了自己的意愿。昂泰尔姆虽有异议，但却把痛苦掩埋起来，问她有没有可能“某一天我们再走到一起”。她说不可能，说她已做出最后的决定。她的人生就是这样，不妥协，不让步，追求狂放的自由，苛刻，残忍，没有怜悯之心。

「1」战斗精神（militantisme），特指政党、工会等组织里的“战士”、积极分子、激进分子对各类“战斗”与积极活动的热情。

1945年8月。她陪着昂泰尔姆，住在萨瓦省一家流放犯休养院里。昂泰尔姆仍未复原。他沉默寡言，心不在焉，似乎永远也不可能完成治疗，以至于难以与人相处，难以开口说话，仿佛突然被隔断在与人交谈之外，他的眼神突然变得迷离，摇曳不定，去了很远的地方。

此时，广岛的天空中腾起一朵厚重而惨白的蘑菇云。大屠杀，第二次。

这起恐怖事件以各种文字的形式登上了各大报刊的头版大标题。据说共有20万日本人死亡。她说："那天，我哭了。那是一起个人事件。没有什么与它一样暴力，一样恐怖。刹那间，人们以一种集体的方式感觉到了某种极点。"痛苦又一次沉淀了下来，沉淀在无声的记忆里，就像马桶里的水渍。在遗忘中，在日与夜的重复中，在欲望的新旧更替中，在爱的忧伤长河中，这种痛苦大部分将溶化掉，蒸发掉。

要想成为作家，要想在作家之路上前进，就需要有类似这样的伤口与这样的哭泣。昂泰尔姆不再说起德国的夜，因为那意味着讲述夜晚的寒冷，讲述侵蚀着赤裸的手脚的狡诈的冬天，讲述饥饿、肮脏、破烂的囚衣、孤独、忘却。他写了一本书，也即《人类》，这本书或许是在集中营对文学的启发下唯一一部真正的著作。书中，文字奔涌而出，凭着一种神圣的力量，回顾了无微不至的细节，比如白天里最无聊的时刻、受限制的空虚生活、投向天际的一瞥、落在手中的尿液的温热、人类的残忍。那是所有人的残忍，包括党卫军、囚犯组长以及囚犯们，所有人全都集中在封闭的院内：那里就像角斗场，也像悲剧里的密室，登台表演的只有生与死，它们为了获胜而激烈地争斗，生是无欲无求的生，死是无欲无求的死；那里恰如莫里斯·布朗肖所言，只有"没有自我的自私"；那里，对生存的执着只是一种"虚无而平淡的需求"。这是一部可怕的书稿，他把它交给了杜拉斯与马斯科罗，由他们刚刚创办的一家小出版社出版——这家出版社名为"宇宙城"，社长是杜拉斯和昂泰尔姆。创办这家出版社之前，他们没有大规模募集资金，因为杜拉斯得到了一家小印刷厂老板的资助，而这个老板本人也是一家出版社的社长，也即尼塞阿出版社，曾在二战期间出版杜拉斯用另一个笔名写的一些

“火车站小说”[1]。宇宙城出版社的组织结构极为简单，杜拉斯、昂泰尔姆和马斯科罗同时承担了秘书处与编辑部的工作任务。

杜拉斯、马斯科罗以及昂泰尔姆非常清醒，他们知道，出版《人类》，就是出版并揭露昔日痛苦的节奏、格律与气息。昂泰尔姆笔下的语句震撼人心，不介入心理层面，也不刻意引人入胜，而是在场景上力求精确，因此最终变得哀婉动人：在集中营那个静止不动的地方，既有时间的缄默——虽有流放、路途与阴沉的旅程，但时间还是退化成了同样的动作——也有人生的缄默，而这人生裹在了一个被铁丝网围住、被大功率探照灯扫射、被刽子手主宰的地方，已无前途可言。

「1」指供旅客在长途旅行中消磨时光的快餐式小说，因常见于火车站等旅客集中的地方而得名。

Chapitre 4 Militante de l'antimilitantisme

反“战斗精神”的女战士[1]

杜拉斯的朋友们以及马斯科罗、昂泰尔姆等人继续在圣伯努瓦街那间公寓里相会，那里已成为一个谈天说地、尽情发言的地方，处于一种近乎浪漫主义的热忱之中。用马斯科罗的话说，那个地方已“犹太化，共产主义化”。他们心中有一种失而复得的自由，有一种耐心与知识分子的兴奋，这一切使他们离正统的共产主义越来越远，但他们仍然隶属其中，这种偏离暂时还不明朗。就像马斯科罗所说的，他们已“走在革命的前头”。杜拉斯本性粗野而反叛，心中悄然萌生了神圣的作家观念，这更像莫扎特或兰波的经历，而不太像纯粹而坚强的共产主义战士。

圣伯努瓦街的公寓已变成一座行宫，在那里，一些与斯大林的思想渐行渐远的人物也参与到那些非正式的聚会之中，比如埃德加·莫兰，他当时年方二十四，思想上特立独行，性格热情，就像19世纪30年代的浪漫主义者，再比如莫里斯·布朗肖，他已悄悄地走进写作的黑暗迷宫。

「1」引自杜拉斯与阿兰·维贡德莱的谈话录，收入《玛格丽特·杜拉斯》，塞杰尔出版社，1972年。——原注

关于“战斗精神”，详见第127页脚注。——译注

那里刮着一阵阵强劲的逆风，传来一句句质疑莫斯科的话语。在那里，“黑夜号轮船”在乱流区前进，无法闯出一条航线，也没有任何一张地图标出航线。

在解放后兴起的所有聚会地中，或者说在那些从地下转为地上的聚会地中，圣伯努瓦街的这一个必定是最富有想象力、观点最多、最自由的地方之一。那里流淌着一种任性而宽松的生活气息，大家相处得像兄弟姐妹一样，比如克拉拉・马尔罗、莫里斯・梅洛-庞蒂、弗朗西斯・蓬热、安德烈・于尔曼。在咖啡的浓香中，争辩的精神占据了主导地位，参加聚会的所有人都“不愿‘走到人民中间’，只想与之同在”。正是在这种思想的碰撞中，在身在党内与心怀自由的欲望之间，他们在这个翻开新一页的世纪相互交往。

克洛德・鲁瓦也频繁出入此间，他像以往一样，兼具凶猛与温柔、懒散与突然发作的暴力。据他描述，此时的杜拉斯像修女一样激情满怀，像伊迪丝・琵雅芙一样粗鄙、紧张而脆弱，像黑钻石一样坚硬。有时，她会突然长出“疯狂的羽翼”，带着“山羊那般的粗暴”走上战场。

她心中有一些混杂的、相冲突的力量，这些力量揭开了她内心深处的矿藏。她日后将从中掘取鲜活的小说素材。

大家的聊天总是围绕着同样的质疑：怎样继续身为共产主义者，同时又接受党的妥协，并以一种默许的方式认可党的偏移？怎样继续忠于党的新生理想，相信只有党才能保护受压迫的人，相信世界将在党的保护下发生改变？

怎样不去怀疑党曾许诺的、所有人也都天真地信以为真的新人类？

对此，从恐怖中归来的昂泰尔姆用他那既粗糙又好笑的农民般的智商无所谓地说道：“对，党创造了一个新型傻帽。”

此时，既有激情，也有某种凝重。在所有往昔的日子里，这是一个沉重的时代，是一个不可思议的时代，就像古典悲剧的时代一样。1946年，埃德加・莫兰在宇宙城出版社出版了《德意志零年》，马斯科罗则出版了《圣茹斯特〈作品全集〉导读》。至于杜拉斯，由于纳粹屠杀犹太人以及广岛的大屠杀，她变得强大而沉闷，她睁开双眼，开始了一种新的生活，从此将一直带着昂泰尔姆盲目而无言的痛苦的记号。

不过，我们不应该把这个时期的杜拉斯仅仅想象成一个悲剧里的女主人公。她是个多面人，也能呈现出一个欢快而幸福的形象，她那悲怆的人生有时允许她这样示人。她无时无刻不灵活多变，她对世界、对自己有着残酷而清醒的认识，她有着一种知识分子的欢欣，她深信自己令别人痴迷：只有根据这些状态，我们才能准确无误地定义她。凭着一个特征或一个眼神，她就能把握一个形势或一个人，她极为聪慧，能够洞悉一切，谈笑风生。

她也在重新学习战后的生活。作为一个感性的人，她需要重新体味大自然的气息，重新潜入凶残的大海，心无畏惧，任由海水附着她的肌肤。她撩起裙子，感觉身体上的海浪，感觉马格拉河口[1]的风从脖子上温柔地拂过。在她心中，两种力量合二为一：斗争与凝视，对未来的激情与对假日的冷漠。

1946年，按照她的最终决定，她与昂泰尔姆离了婚。她想给马斯科罗生个孩子，一年后，她有了这个孩子，是个男孩，名叫让·马斯科罗。昂泰尔姆仍然在他们身边，就好像他仍然需要她（她也需要他），需要柔情，需要私密，需要往日的爱仍然呈现在眼前，哪怕于事无补。1947年，继莫兰与马斯科罗的著作出版后，《人类》也终于面世了。这本书给人留下了强烈的印象，承载它的像是一股劲风与一种狂乱，而这狂乱是有节制的，就像文字里的一颗小石子。书中，昂泰尔姆变成了悲剧里的领唱，正如杜拉斯所言，他那命悬一线的漂泊“占据了文学的绝大部分”。然而，那确是昂泰尔姆的真实人生，是人生之上的人生，是人生的另一个侧面，宏伟壮观，无法想象，把他带到了制高点，带到了灵魂的最高层。怎样才能在《人类》之后再创作一部作品？怎样才能再次达到同样的思想高度？怎样才能做到哪怕最简单的笔触也能“令文学蒙羞”？

「1」马格拉河口（Bocca di Magra），意大利海滨小城。

1949年6月，经过与莫里斯·布朗肖的《以火之名》一番角逐，由罗贝尔·马兰修订的《人类》获得了“爱情海岸”文学奖。评委会由九位女士构成，其中包括加拉·巴尔比赞（未来的梅迪西文学奖[1]的创立者）、奥黛特·茹瓦耶、多米尼克·罗兰、克罗德–埃德蒙德·马尼、阿奈特·维扬、尼科尔·维德莱斯。渐渐地，这本书完全得到了认可，但仍处于一种沉默无言和遥不可及的状态中，而所有那些包含着可怕的真理的神圣书籍都是这样。

关于生活，杜拉斯想要认识并经历其中的一切。她心怀好奇，总是打破常规，对认知与破解秘密的渴求达到了最高的程度。生孩子不仅仅是爱情的证明，也是她人生的一部分得到了圆满，是一种高级别的认知，是她想要填补的一个空缺，她觉得所有女人都应该有这样的经历。她虽然加入了法国共产党，但她的绝对自由主义精神扫除了一切成见。她对现状心怀不满，相比共产主义意识形态，她更亲近虚无主义。她敌视所有机制，但却想要孕育生命，实现这一奇迹，在她看来，这对女性而言是至关重要的。带着女性的这种遗传，她想要从内部重新看一看生命的神秘演变，以及来自于她同时又来自于别处的无声的喧嚣。

她未来的作品将从她经历过的认知中汲取养料，随处可见她宣布事件的欲望，这种欲望从一本书传递到另一本书，从未间断。她将讲述人生中的所有内在活动与陌生的路途——在这样的路途上，人生将发生偏移，却不明所以，接着又继续盲目地前行，用她的话说，那是为了“处在的‘圣灵显现’状态下”。

这种探索的欲望，这种走到自我的深处、一直走到沉默与空白处的欲望，使她很快就明白：共产党永远也无法为她实现这些欲望提供一个契机。她天生没有耐心，而是兼有狂躁与马斯科罗所说的“灵活”（mobilité），所以她坚持要把圣伯努瓦街的公寓变成一个流淌着“精

[1] 法国最重要的文学奖之一。

神”（esprit）的地方，一个思想沸腾的地方，要把话语权交还给知识分子，让他们扮演挑衅者，扮演思想的跳板，以怀疑为荣。

萨特住的小公寓位于波拿巴特街的拐角，离圣伯努瓦街很近，他在那儿接待他的朋友，一起度过了许多难忘的夜晚——波伏瓦在回忆录中对此有过描述——其中哲学或政治方面的讨论常常层出不穷。相比之下，杜拉斯那儿完全是另一种风格。不久，她便怀疑萨特的革命动机和自己的不一样，觉得他正如马斯科罗所言，是个“浪费机会的人”。萨特扮演着“媒介”（médium）的角色，他这么做并非不怀好意，但杜拉斯对此提出了反驳，认为他缺乏一种真诚。虽然经常签署同样的请愿书，但他们二人的“介入”却不尽相同：杜拉斯的“介入”更为坚决，更具暴力，不那么“令人安心”，而萨特的态度并非如此。正是由于这个原因，两人并不属于“同一个帮派”，聚会的地点也不一样。她对萨特的怀疑旷日持久——1984年，在一档名为“质问”的电视节目中，她依然拒绝承认他是个作家。正是在这一点上，二人最终分道扬镳，杜拉斯认为文学是神圣的，萨特却对此予以否认。萨特在思想上不够细润，无法理解杜拉斯那种极为灵活而任性的情感。在他这个哲学家的著作中，并没有欲望在流动，而她却已感觉到语言在她心中四处移动，飘忽不定，像海浪般起起落落，同样的现象日后还将出现在她激情的暴力及其无法预料的攻击上。

她邀请的人大部分都投身于共产主义事业，但这却促使圣伯努瓦街的聚会更具有一种学术的风格。根据克洛德·鲁瓦的见闻，公寓的气氛就像“‘知识界’时代[1]的俄国小说中”占主导地位的氛围一样，“每时每刻，进进出出的有三个观点，五位友人，二十份报纸，三种愤慨，两句笑谈，十本书籍，一个开水壶”。其中，灵魂人物非杜拉斯莫属，她有着“奇险的精神”，有着“巴洛克风格且往往离奇不经的猛烈，一种取之不尽的愤怒、欲望、热情与惊奇之源”。

「1」“知识界”时代（temps de l'intelligentsia），一般指19世纪下半叶20世纪初的沙俄，当时前卫的知识分子纷纷为政治与社会变革而斗争。

那些夜晚经常持续到很晚，宾客们甚至可以睡在那里，参与会面的除了马斯科罗、昂泰尔姆和杜拉斯，还有埃德加·莫兰、让-图森·德桑蒂、若尔热·桑普兰、莫里斯·梅洛-庞蒂、克拉拉·马尔罗、弗朗西斯·蓬热、西蒙·诺拉、让·迪维尼奥，巴塔耶与布朗肖也时有现身。在杜拉斯本人的鼓动下，一种破坏性的、激烈的、狂热的活动使她的公寓变成了一个可疑的和“分裂的”地方；一种言论的自由四处流动，它与党支部会议上的发言截然不同，尽管他们几乎全都会去参会。战后，他们一方面隶属于共产主义，这种隶属是全身心的，几乎是神秘的，另一方面又在思想上显露出卑劣、小气、言不由衷、谨言慎行——路易·阿拉贡的思想即为一例，他变成了他们的众矢之的——因此很快就四分五裂。正如埃德加·莫兰所言，他们“一方面隶属于共产党，另一方面隶属于左派知识分子”，他们一开始认为这种“双重隶属”是一种力量，但这种力量事实上已变成一项罪过。他们原以为在“改变文化政策”，此时却进入了怀疑的时代：“所有一切都是在离我们很高且很远的地方决定，不在洛朗·卡萨诺瓦那儿，也不在莫里斯·多列士那儿，而是在那边，在辽阔的北方。因此，文化政策也变成了一种必须承受的宿命。”

如果说她的人生与她的作品中有一个常数，那便是真正具有革命性、颠覆性、反叛性的话语。她始终挥之不去的，是一种慌乱的恐惧，害怕僵化，害怕变得循规蹈矩。她隐约觉得，自己更靠近的是米歇尔·莱里斯、埃里奥·维托里尼、雷蒙·格诺，而非路易·阿拉贡、让·卡纳帕、洛朗·卡萨诺瓦等党的领导人。同样的，1947年春入党的马斯科罗与昂泰尔姆也有这种“志不同道不合”的感觉，战后刚刚五年，他们就将与杜拉斯一样，脱离党组织。杜拉斯的言辞常常与马斯科罗和昂泰尔姆如出一辙，她所推崇的那种言论自由不太符合党组织那套刻板的论辩，她所树立的知识分子形象也与当时政界盛行的那种优秀的斯大林主义者那副恭顺的模样相去甚远。圣伯努瓦街那间公寓成了知识分子的“修道院”（借用马斯科罗的说法），得到了发展壮大，而随着

“马克思主义研究小组”的创立，一道裂痕也日渐明晰。该小组以马斯科罗、莫兰与维托里尼等人为核心，他们不愿对党组织评头论足，而是威胁说要成为“分裂派”。对于这种颠覆，杜拉斯的人格魅力也起到了促进作用。她是每次聚会的灵魂，是一个难能可贵的革命者，善于发起辩论，喜欢推介当时知识分子中最前卫的人，把他们召集起来，请到家里。

她虽然仍为共产主义者，但却已失去后继，对她而言，寻求和解已无可能。使她留在党组织这个“家庭”中的，是一种忠诚：忠于战争，忠于包括自由主义者与抵抗派人士在内的所有人并肩参与的战斗，忠于共产党当时宣扬的某些理想，比如与资本主义剥削、自私、不公正做斗争。她已经成为维斯康蒂街党支部的小秘书，怀着某种浪漫主义与天真，对很多类似的抽象字眼仍然深信不疑。然而，她无法忽视的，是令人难以接受的计划经济，是被钳制的公共话语，是老套的官方言论，不久后她就将深受其害。她看到，警察躲开人们的视线和舆论，阴险地四下乱窜。

她天性狂野，骨子里反抗任何形式的律法，所以对警察始终有一种本能的憎恶，觉得他们承载着所有邪恶与所有背叛。盖世太保粗鲁的形象似乎已永远挥之不去。警察、警犬、带刺的铁丝网、集中营的围墙、像同谋一样的森林，这些都是她笔下那个悲剧世界的标志，带有丧葬与不祥的特质。

她之所以怀着博爱的精神加入共产党，其中的原因应该还包括对昂泰尔姆的一种忠诚，因为她想到了集中营，想到了苏联在对德作战中的参与。然而，怎样才能抑制住自己由于痛恨约束与谎言而产生的愤怒以及不为人知的暴力？怎样才能长期管住自己不切实际的纯洁与过分的天真？与党的决裂已渐渐显露。她偏爱破坏，偏爱激进的道路，正是这种偏爱要求她离开共产党。她对党的指责主要是“把智力均等化，恐怖地把人移到他的尸体上”。在维斯康蒂街党支部的会议上，她读到了党中央的报告，从中看到的是拉帮结派、世俗的教条、病态且致命的神圣性，与她在揭露德国纳粹与天主教徒时的所见并无不同。在批评的实践中，在对教条的质疑中，在思想的不断运动中，她觉得自己再一次青春焕发，一直从智力中汲取给养。

她的个人主义迫使她发起一种孤独的挑战，一种不注重意识形态的对抗，一种对自己的不断煽动。正是从这个意义上看，她深信自己是个作家。共产主义者是次要身份，在更长的时间里，她是个积极分子。她心生疑虑，觉得写作的源泉不可能是那种遮遮掩掩的语言，人们向她推荐的那些沉重的模型，那些刻板而粗暴的框架。

不，作家不可能是共产主义者——这与爱尔莎·特里奥莱和洛朗·卡萨诺瓦所声称的截然相反，他们斩钉截铁地断言，一个“反共产主义的”作家不可能身负才华。“相反，”埃德加·莫兰说，“最高雅的才华鉴别了一切斯大林主义作品的真假。天赋已开始根据政治局的批准而衡量。”

在安德烈·日丹诺夫——苏共政治局成员，负责监督落实正统的斯大林主义——的推动下，共产主义知识分子受到了严格的监视。在莫斯科眼中，世上只有两个阵营，一个是美国，一个是所有人都反对的苏联，而斗争应当也覆盖到文化领域。所有那些稍有异议的人都被党组织弃之不顾，当作异端分子对待，例如埃里奥·维托里尼，他与中央政治局拉开了一定距离，同时喜欢上了福克纳、海明威、乔伊斯，在米兰创办了《理工科》杂志。

正是出于同样的缘由，杜拉斯喜欢上了埃里奥·维托里尼这个来自锡拉库扎[1]的西西里人，这个思想的贵族，这个“王子与名流以与之相像为自豪的农民之一”——克洛德·鲁瓦这样定义他。

关于文化的自由，他与杜拉斯一样，也是个不肯妥协的人，认为政治无权干涉文化，因为他认定政治讲究的是必要性，从而充斥着阴谋诡计与无法避免的谎言。

事实上，马斯科罗入党后，法国共产党早就开始怀疑他，还由此怀疑上了杜拉斯。维托里尼的立场明确之后，卡萨诺瓦就把马斯科罗与杜

「1」锡拉库扎（Syracuse），意大利城市，位于西西里岛东南沿海。

拉斯当成“维托里尼派”对待。对于维托里尼，马斯科罗与莫兰曾伸出善意的援手，采访过他，访谈录发表在1947年6月27日的《法国文学》杂志上——距他入党还不到一个月。在那篇长文中，维托里尼发表了一种全新的、充满革命性的言论，随即被党中央视为异端。他说：“我认为所有哲学都应当得到补充完善。它永远无法表达某一时期的全部真相。表达一个时期的全部真相的，是由理性的力量与诗歌的力量生产出来的全部作品。”化名“让·格拉提安”的马斯科罗把维托里尼的思维引向了一个党组织所无法接受的方向，他说：“由此可见，作家、诗人才是真理的主要代言人？”“正如艾吕雅所言，作家是在‘展示’（donne à voir）。”维托里尼反驳道。

最后，文章把共产主义放在了一条始终开放的、更为自由的革命之路上：“只有在革命行动中，道德才开始切切实实地存在，”他宣称，“共产主义者不是要构建一个集体的灵魂，而是要实现一个假的差异被清除殆尽的社会。假的差异被清除殆尽之后，再把它们的所有机会让给真正的差异……走向共产主义，靠的是人与人之间的绝对自由的爱，以及对打造完整的人的典范的欲望。”

卡萨诺瓦怒不可遏，带着几分排外主义的酸臭气，宣称：“我们没必要聆听一个意大利人的教导。”

在马斯科罗的推动下，维托里尼也发表了宣言：

“无论如何，‘为达目的便可不择手段’都不可能是共产主义的原则之一！”

“无论如何都不可能。”

这一宣言为马斯科罗及其朋友——莫兰、杜拉斯、昂泰尔姆——与党中央之间的信任敲响了丧钟。他们随即被指认为“工人阶级中不适宜的知识分子”，成了怀疑的对象，说他们制造纷乱并煽动人们偏离党的路线。

1948年9月，在发表于《共产主义手册》的一份报告中，卡萨诺瓦旧事重提。此时，相关人等终于明白，他们的存在是不招人待见的。确实，卡萨诺瓦的报告虽然言辞谨慎，但却充满威胁，其结语便可见一斑：“帮助共产主义知识分子回归工人阶级的意识形态与政治立场，帮助他们全心全意地与无产阶级站在一起，这一任务并没有超出党组织当前的能力范围。党组织将耐心地尽力而为，因为党组织非常需要他们。”

这份报告虽然以虚伪的好意作结，但开篇的方式却颇具争议：“党的总书记发现，一部分共产主义知识分子尚未完全融入工人阶级的意识形态与政治立场。这一发现具有一种非常严肃的警示意义，而党的总书记同时也指出，应当继续与犯错误的同志进行讨论。”

报告围绕四条内容展开（面对群众文化的共产主义知识分子、共产主义知识分子与革命运动的方向、政治与意识形态的关系、知识分子的习惯与偏见持久存在而产生的危险），再次教导大家要对党忠诚与顺从。卡萨诺瓦害怕这些知识分子变成敌对派，酿成一场道德败坏的危机，因此在详细阐述其中的理由之时，同时采用了三种手段：一是讽刺（“知识分子来到无产阶级当中，这需要他们对之前得到认可的价值观进行批判，这项工作对他们而言有时是繁重的”），二是虚伪的怜悯（“在一段时间内，这可能会在个人立场上造成一些非常切实的不适”），三是正面的攻击（“某些人已开始寻求妥协，在意识形态与政治上创造出相近的东西，认为这有助于进行过渡”）。

马斯科罗与杜拉斯没有直接参与论战，却从此遭到当众指责，他们虽然暂未变成被排斥的人或患了鼠疫的人——这是他们三年后的状态——但至少已变成被边缘化的、被监视的、与众不同的积极分子。

在巴黎，所有“异端分子”很快就被记录在案，被跟踪，被推到了绝望的境地。莫兰所说的“第二次冰川时期的斯大林主义”已准备就绪，紧随其后的是50年代初期完成的隔离：“知识分子的小天地再一次自行关上了大门，只有一座通往莫斯科的神秘桥梁为其提供补给。”

某些人，比如罗杰·加洛蒂、画家安德烈·弗热隆、路易·阿拉贡，被迫就范并接受了一切：布达佩斯、布拉格、对斯大林的致敬、对人民群众的礼赞、对大团结的咒语般的颂扬。此时，杜拉斯知道自己已成孤家寡人，面对太多的失望与悲伤，她的心中泛起了一阵阵恶心。

她清醒地意识到，法国共产党正在打压作家，把作家变得像阿拉贡那样，成为“垃圾桶式的英雄”（héros de poubelle）。她已经发现，只有在煽动读者的过程中，在欲望与激情、沉默与呼喊的辩证关系中，在作品的多种对比中，作家才有可能存在。作家诞生于轮船不断的颠簸中，那艘船一直在大海上，是一艘航行在“新的天空”之下的迷醉的船。

与杜拉斯离婚后，昂泰尔姆直到1948年才离开圣伯努瓦街，他离开之日也是马斯科罗正式入住之日，这样一来，法国共产党津津乐道的说他们生活不检点的谣言便随之不攻自破。同年，昂泰尔姆邂逅了莫妮克，一个1943年入党的青年党员，他与她频繁交往，并于1953年娶她为妻。

此时，他在“流放者、拘禁者、抵抗分子与爱国者联盟”工作，工作地点是勒鲁街10号，那里是党的一处据点，和他在一起工作的包括埃德加·莫兰以及其他几位同志。

然而，关于集中营的记忆仍然镌刻在他的个人经历之中，试举一例：1949年，他为《教会青年》杂志——由天主教徒中的进步人士主编，1942年创刊，1949年停刊——写了一篇很长的分析文章，并将其题为《穷苦人、无产者、流放犯》。在这篇研究性质的文章中，他在《人类》中表述过的所有辩证思想得到了展开与确立，他把流放的考验拓展到了战后每天都在继续的政治斗争的考验。他断言：“人剥削人的‘常规’制度与集中营的制度之间没有区别……集中营的形象很简单，就是一个多多少少有所遮掩、里头很多人还活着的地狱……在那儿，人们无法获得任何道德或价值观，除非它们已切实地普遍化，也就是说，除非我们首先认定人剥削人的情况应当消失。”

昂泰尔姆、马斯科罗与杜拉斯执意追求一种自由的话语，却无法从党的必读书目所规定的那种话语中得到满足。杜拉斯太过明智，太过独立，对谎言与背弃的力量太过警觉，她无法保持沉默，也无法改变自己的看法，这使得她于1950年1月决定退出法国共产党。同年3月8日，根据巴黎第6区第722分区党委的系列报告，特别是雅克·马蒂内与科莱特·马蒂内一再坚持的意见，法国共产党最终决定开除杜拉斯。同时被开除的，还有昂泰尔姆、马斯科罗……

最先寄出退党信的是马斯科罗，他于1950年1月11日致信党支部书记吕西安娜·萨瓦兰。他的信想要避开一切争议，表面上态度中立，但是用党组织的话说，却显得更令人愤慨，更为“傲慢无礼”。

亲爱的吕西安娜：

我在此向你确认一事：我不能再持有我的党员证了。此事两周前我曾告诉过你，这完全是出于个人原因，我希望这些原因是暂时的，但不幸的是，它们是迫切的。

我必须告诉你，并请你转告诸位同志，我完全赞同党的政治路线。我知道，有些人反其道而行之，那是错误的……

重申一遍，我的理由均出于个人原因，但此时完全无法克服。

请转告同志们，在离开他们的同时，我仍然断定我对党的忠诚没有变，身为共产主义者的理由与我入党时是一样的。真正了解我的人一定知道，我的理由是认真的。

致礼，

迪尤尼斯·马斯科罗

马斯科罗提出退党后不到一周，杜拉斯便趁热打铁。相反，她的信充满了敌意与争议。单单这一封信中，她那挑衅的脾气，她的暴力，当她觉得遭到背叛时那种无情的仇恨，她那尖酸刻薄且独具一格的讽刺，全都跃然纸上。信中的某些表述甚至宣告了她未来的戏剧中的幽默感，比如《萨加语》和《是的，也许》。

亲爱的同志们：

我向你们确认，我不再持有我的党员证了。12月27日，吕西安娜把我的税票带来交给我的时候，我已将此事告诉过她。

我之所以没有参加上周三的会议，是因为我已不再把自己当作党的成员。我若是去了，那可能是以前党员的身份，目的是让周四会议的有关真相得到尊重。然而，坦白地说，一想到又得迎战那帮可怜的跳梁小丑使出的既可耻又可笑的阴谋诡计，我就体会到一种恶心而且应该说是荒谬的感觉，我未能克服这种感觉。那帮人或许也可称作“马蒂内派系”，既然“派系”这个字眼已被滥用。

我退党的理由不同于迪尤尼斯·马斯科罗。我没有受到任何人的影响。我是自己做出这一决定的，且早在马斯科罗之前。我仍是共产主义者，发自内心的，全身心的。此时距我入党已有六年，我知道，除了共产主义者，我将永远无法扮演别的角色。关于我退党的理由，假如我不知道某些同志决心不择手段地歪曲最基本的真相，那么我或许会主动把它们说出来。放心吧，这些理由，既然无法在你们面前说出来，我便不会告诉世上其他任何人。

我对党仍然信心十足。我甚至确信，在时间的帮助下，党组织终将把马蒂内派系远远抛开。我指的是这样一些人，他们通过一种所谓的警惕——实际上是邪恶的——仅仅满足他们的尖刻与个人仇恨，并从中谋利。我觉得，马蒂内派系其实入错了行。他们本该参加的，并非共产党，而是消防队（除了制服的魅力，他们还有机会接受有益健康的淋浴），或是神父（可以尽情享受忏悔室的乐趣）。不过，党组织知道如何让他们回到正道，我对此深信不疑。你们看，我的信心是多么的坚定，我的乐观主义是多么的高涨！

致礼，

玛格丽特·杜拉斯

又及：我没有把共产党与马蒂内派系混为一谈。

至于昂泰尔姆和他的女伴莫妮克，两人在一次支部会议上也遭到了分区党委的检举。那是一次令人难忘的会议，会议宣布把昂泰尔姆开除出党，并要求莫妮克不再与昂泰尔姆见面——如果她还希望留在党内的话。莫妮克当然没有同意，于是她也被开除了。为了表示慷慨大方，党组织同时还责令莫妮克的前夫贝尔纳也即她第一个孩子的父亲做出选择，而他也随之遭到了驱逐。

经调查与广泛讨论，党组织于1950年3月8日将同一份复函下达给杜拉斯与马斯科罗：

圣日耳曼德普雷党支部现告知您：

1. 经审查您总体上的政治态度——您的政治态度，特别是对文学与艺术以及科斯托夫与拉伊克[1]两起诉讼的态度，与党的政治路线之间存在深层次的分歧；

2. 经周三与周一会议期间党支部内部的长时间讨论——您拒绝参会并作出解释；

3. 经阅读并广泛讨论您的退党信——此信对党以及经民主选举的领导机关傲慢无礼，且无任何政治依据；

与会党员中的大多数（19人中的11人）决定，立即将您开除出党的队伍。尽管您已断然拒绝，但仍有七位同志在严厉谴责您退党信中的言辞的同时，希望听取您的陈述之后再作表态。

上述决议理由如次：

1. 试图通过离间党支部，对党组织进行破坏，同时采用侮辱与诽谤等手段，不断对分区党委进行攻击，并以各种借口掩盖与党的政治路线之间的深层次分歧。

2. 与大卫·鲁塞等托洛茨基分子以及工人阶级与苏联的其他敌人保持交往（特别是原南斯拉夫使馆一名随员，现为《斗争报》主编）。

3. 频繁出入圣日耳曼德普雷区各家夜总会，其间充斥着政治腐败、学术腐败与道德腐败，多为劳动人民与当地正派知识分子义正词严地谴责。

上述开除决议已于1950年2月16日经分区党委一致通过。

根据党章第35条，在总部党委对党支部与分区党委的决议作出

[1] 特拉伊乔·科斯托夫（Traïcho Kostov，1897—1949），保加利亚共产党员。拉斯洛·拉伊克（László Rajk，1909—1949），匈牙利共产党员。

表态前，您的党员身份暂时吊销。

根据上述条款，您有权对上述决议提出上诉。

党支部书记：A.万维尔

四人中，仅昂泰尔姆和他的女伴提出了上诉。一年后，支部书记通知他们重回党组织，但他们拒绝了。

从此，杜拉斯以一种抒情诗和宣示神谕的方式，不停地揭露法国共产党的盲目与黑暗，包括他们的屠杀，他们的集中营，他们的谎言，他们的征战，他们对悠悠之口的钳制。这成了她的访谈以及部分作品的主题，她所吟唱的是她的伤口，是因为被蒙骗而产生的愤怒，她的言语是不经权衡的，是野蛮且可怖的，因为她的激情总是处在突然迸发的状态。“跟那些人在一起，所有我们能体验到的，是一堆狗屎，完全是一堆狗屎，只能这么说。”她在1990年这样说道。“那些人”，按照她一贯的说法，是一些与世隔绝的人，是一些死了的人，被固定在“封闭的沉默”之中。相反，她想要选择自己的人生，迎着海浪前进，错了便退一步，接着再前进，前进得更远，发怒且哭泣，喝酒且一直醉到极限，放手去爱且一直钻到爱情的最隐秘之处。可以是在海上前进，但也可以是在沙漠中前进，因为二者全都无边无际，千变万化，在强劲的逆风中闪闪发光。

她，还有昂泰尔姆和马斯科罗，三人有点像从皇家港修道院[1]中被开除出来的人。怀着一种冉森派风格的世俗贵族气质，他们没有被共产主义小布尔乔亚式的形式主义所击垮，也没有在党组织的逼迫下屈膝就范。

得知自己被开除出党，像埃德加·莫兰所说的那样，被圣日耳曼德普雷区党支部拿去“献祭”，她并没有感到任何苦涩或失望。最多只有

---

[1] 皇家港修道院（abbaye de Port-Royal），位于巴黎近郊，冉森教派（Jansénisme）曾在此创办其第一所学校，一般被视为冉森教派的发源地与中心。

愤怒与仇恨，这仇恨将滋长、分泌并催生一种洪亮的反共产主义的呼喊，为她的论辩提供给养，一直到最后。当然，与几个月后同样被开除了的埃德加·莫兰一样，她一时间也体会到了迷茫的感觉。她曾满怀希望地加入共产主义者的行列，成为一个大家庭的成员，并天真地以为这个家庭此后将永远是自己的家，不料却被剥夺了共产主义者的身份，她怎样才能为此而感到高兴？这像是一种流浪，使她与其他人远隔万里，他们全都“处在热火上，处在火炉中，处在会议中”，怎样才能接受这种流浪？怎样才能装作什么都听不见，听不见性别歧视的辱骂——若尔热·桑普兰曾说过这样一句闲话：“杜拉斯是个荡妇。”——也听不见四处传播的谎话与背信弃义的言论？

她刚刚失去了信仰，却也清楚地看到了往日那种博爱的局限。日子一天天流逝，凭着顽强的生命力与致命的精力，她又回到了自由之中，但就像埃德加·莫兰所呼喊的那样，还是个“共产主义者，一直是，永远是，但却是自由的，终于成了自己，成了自己的负责人”。

写作也教会了她如何战胜痛苦，因为她想写的，是人生中的陷阱，是人的灵魂的脆弱性，是世间万物无法言表的秘密，是试图理解这些秘密的人默默无闻的故事。如果说她的慌乱不过昙花一现，那么昂泰尔姆与马斯科罗却不一样，特别是昂泰尔姆，他的创伤是无限的，是无法修复的。发表《人类》之后，被开除出党之后，他又一次进入到“还俗的、无国籍的、四海为家的、被排斥的”状态之中。

他拒不妥协——堪比与冉森教徒绝交的帕斯卡尔——不签署投降书，也不开展自我批评，这使得他被钉在十字架上，成了殉道者。周围的人全都疯了似的，容不得他的反叛，使他成了一个无论在哪种集权制度中，人们都加以驱逐的那种巫师。他逝世后，皮埃尔·戴在1990年10月30日的《费加罗报》上撰文向他致敬，回忆了这段悲惨的日子：“我永远也不会忘记，”他写道，“昂泰尔姆前来告诉我他所在的支部把他开除出党的那天他那张震惊的脸。我朝他伸出一只手，意思是这不会在我们之间造成任何改变。犹豫片刻之后，他握住我的手。‘那又怎样，已经结束了……’那一刻，相比我们所面临的事，任何话语都不合时宜。他冲进电梯，背更驼了，人也显得更笨拙了。”

从这天起，他沉默不语，埋头写作。经历了集中营，经历了开除出党的侮辱，他像布朗肖一样归于沉默，进入“白描式写作”（écriture blanche）的秘境，那是一个一切均已造就的空间，既哑口无言，又充斥着来自别处的喧嚣，并在沉默中得到保护。

相反，杜拉斯是一个人为两个人说话。她以叫骂进行攻击，她的疯癫就像她的母亲，在写作中像她那样朝党组织叫喊，而党组织则声称，她已被意识形态上的敌人收买，是敌方智库的成员。

在访谈与文章中，她常常回忆起这一时期，同时又认为自己已经从这一时期中脱身而出，这表明，她的失败显然是一道鲜活的伤痕，甚至也许是她的一桩痛苦。

她说过，法国共产党把被开除出党的人丢进颜面无存的境地：“你在小区里认识六百多个人，而一夜之间，大家都得到了命令，不再来看你，也不再和你握手。”

她将记在心里的，正是这种损失与暂时无可奈何的愤慨，日后她将把它们化作文字，化作具有破坏力的反共产主义思想，同时带着明目张胆的喜悦，庆贺法国共产党的瓦解及其历史上的失利。于是，党变成了杜拉斯仇恨的对象与载体，维系着她的社会言论，哺育着她的复仇之心——这种复仇支撑着她的话语，解释着历史的进程，促使她未来对“人生的无法构想的命运”进行思考。

多年后，到了1980年，在《绿眼睛》这部文集中，她的仇恨仍未死去，她的怒火永远也无法平息；每当提及，她就会找到咒语般的节奏、急遽的暴力以及预言式的话语：“我希望它们死去。”她说。于是，她就像堂吉诃德一样，不停地向她称之为“对人民的背叛”这一重大罪行发起冲击。米什莱[1]说过一个传说：过去，若是有女人同树木和动物说话，与大自然之间保持着一种神秘的关系，那么男人就会当她是巫婆，对她加以迫害——杜拉斯借用了这则寓言，用它来影射共产主义

「1」儒勒·米什莱（Jules Michelet，1798—1874），法国历史学家，被誉为“法国史学之父”。

者，因为他们也在围捕那些不听话的人、不守纪律的人与崇尚自由主义的人。对她而言，谴责共产主义者，就是不断地恢复自由的言论与写作。在她眼中，作家变成了作恶的人，在荒无人烟之处揭露丑恶，同时凭着本质中固有的一种双重性的、可疑的女性特质，想要“打破普遍法则以及心理健康的法则的纯粹性”。

在貌似博爱的团体中，在机制化的同志关系中，在表面上的平等中，在漫无边际的谎言中，她已不知道自己是谁，除非凭着写作这一行动。写作是一个孤独的行动，是唯一一条求知之路，无法折返，漫无边界，它不愿不惜一切代价去见证事物与世界的秘密，或是痛苦，或是水流的奥秘，或是充满了水、无法进入的地方，或是空间里广袤而灼热的沉静。

写作变成了最具反共产主义特征的行动，因为它是孤独的，因为它摆脱了机制的诉求，而接受写作的挑战的人既为自己找到了“疯狂的目标”，又没有因此而变成疯子。这是一项如激情般火热的事业，是飘忽不定的，是个人的，是崇高的，也是致命的。

Chapitre 5 L'entrée dans « le malheur merveilleux » d'écrire

进入写作的“美妙灾难”

哀悼童年，哀悼小哥哥，哀悼那个稻田如沙漠中的沙丘般铺开的国度，哀悼倾注在母亲身上的那份失落的爱——这些哀悼该是怎样的威力无比，才使得她在1949至1950年间倾力写成了《抵挡太平洋的堤坝》！

书中自然有美国作家也即“迷失的一代”的影响，有他们对艰辛而残酷的传奇故事的偏爱，他们在小说中展开的那种宏大的描写，以及那种史诗般的节奏——斯坦贝克、海明威与帕索斯的作品中就有这种节奏，她特别喜欢。可是，这还不够，还有另一种有待她深入挖掘的东西，不是文学中的东西，而是一种在她内心审视着她的东西。在前两部小说《厚颜无耻的人》与《平静的生活》中，她曾诠释过家庭中的紧张局面，并为此在很大程度上借鉴了莫里亚克，借鉴了人际关系中的粗暴与冷酷，而这个主题此时又一次跃然纸上。不过，在这里，在《抵挡太平洋的堤坝》这部其实更像史诗的小说中，她的记忆一一浮现，印度支那“铁灰色”的朝阳冉冉升起，水牛硕大的侧影在稻田里一动不动。

接着，还得满足自己的报复心，并把她那遭受“殖民地的欺诈”、背叛、否定与蔑视的母亲提升到神话的高度，同时努力让读者感觉到那个垂死的、有毒的、把她给毁了的社会所散发出来的腐烂味。

书中还有小哥哥的故事——她把这部小说题献给了他，她过家家的玩伴。午休时分，她与他一同去森林里猎杀猴子（他有好几支枪，多纳迪厄夫人的一名寄宿生马克斯·贝尔吉耶说，我记得有一支点22式步枪和一支温彻斯特步枪），听小鸟被老虎吞食时发出的叽叽喳喳的叫声。小哥哥一边说："听，有老虎。"一边用目光追寻着咬碎和吞噬动物时发出的咔嚓声。

写《抵挡太平洋的堤坝》之时，她的内心保持着沉默，倾听着童年的声音，感受着当年的气味、喧嚣、湄公河凝重的水流，以及稻田里泥泞的水——农民在田里艰难地走动，而她只看见他们弯着腰，戴着硕大的尖顶草帽，整个人都被遮住了。

她写了一部奠基之作。这本书，她将不断地重写，就好像她实际上只写一本书，然后就像得了强迫症似的，一次又一次地对同一主题进行加工，深入，再深入，挖出地下的矿藏，只为更好地理解写作这一需求，这一不懈的分娩。她写的这本书将不断地回到她未来的作品中，不断地呼唤、叫喊，就像她那艘"黑夜号轮船"，在记忆的黑夜里拉响汽笛，昭告她的游荡。

她的文字变得像抒情诗一样，把她的仇恨与激情一一展开。创作这部小说时，二战刚刚结束，她还能听见战争的余声，但昂泰尔姆正慢慢复苏，噩梦连连却又不愿述说。相比以前，此时的她对恐惧的认识又进了一步，在街上，在她的公寓里，在她从事的地下活动中，她都能体验到。书写成了，文字便开始发挥它的魔力。湄公河的河口、整个亚洲及其居民全都涌上了白色的书页，她使这一切秩序井然，并对往日的时光进行了布置，因为伽利玛出版社的人告诉她，小说必须要有这样的步调、时间性与明晰性。

在她心中，一种更加蠢蠢欲动的东西需要得到讲述，但是她暂时还不够自信，无法任由文字处于散乱而碎裂的状态，就像她的经历一样，表面上毫无秩序。为此，虽然《抵挡太平洋的堤坝》已注定是一部伟大的传统小说，但令人困惑的是，它同时也是一部取之不尽用之不竭的小说，是其他小说的总纲，是她将撕裂并毁掉的主线，是容纳着她的整个生命与最基本的呼吸的熔炉。也是一部像源头一样的小说，与她极为贴近，她从中体会到了一种“柔情”。然而，也正是由于这个原因，从文学层面上看，她对自身经历、童年神话、母亲与死亡的再次诠释暂时还不够全面，但足以成为她未来的源泉，就像湄公河或南中国海一样，永远也不会枯竭，会不断地被找回，被吟唱，一直到《夏雨》（“孩子们，他们所知道的……是他们城市的下方有高速公路，还有火车。除了火车，还有大江。火车沿着大江行驶，高速公路沿着铁路绵延。就这样，假如有过一场洪水，那么高速公路或许已变成另一条大江。”），一直到《来自中国北方的情人》。

在伽利玛出版社，她偏爱的对话者雷蒙·格诺——他住在塞巴斯提安-波丹路的一间小阁楼里，里头堆满了书籍与手稿——读了《抵挡太平洋的堤坝》之后，立刻就表现出一种莫大的欣喜。要想真正理解这意味着什么，我们也许就得了解格诺，了解他的热情与要求。从《厚颜无耻的人》开始，他就曾直言不讳地告诉杜拉斯，断定“您是个作家”，而此时，他看到自己的确信得到了证实。在《抵挡太平洋的堤坝》中，杜拉斯发挥了她那丰富而强大的想象力，这想象力预示着她的未来、她灵感的广泛以及她变成作家的奥秘。她将探寻灵魂的奥秘，在她的黑夜里，在别处。

1950年9月，新书上市的第一个星期形势喜人：一共售出了五千册。面对成功，人们又加印了一批。评论界交口称赞，特别是对作者史诗般的“阳刚”气息与叙事的华丽惊诧不已，认为看到了一个“法国的海明威”，同时明显感觉到了一种“由人性哺育的艺术”，一种轻车熟路的叙述手法。

这部小说一出版就被列入了龚古尔文学奖的候选名单，但是没能跨过最后一次选举的门槛，最终胜出的是伽利玛出版社推出的保尔·科兰的《野性的游戏》。杜拉斯的命运是奇特的，直到三十多年后，暮年的她才获得了这份殊荣！

杜拉斯已经接受过激主义者与革命者这一身份，而落败龚古尔文学奖又进一步巩固了她的这一身份。她坚信，她之所以被淘汰，是因为她是一名女性，何况还是共产主义者当中的一名异端分子，为了这两条僭越，盛行大男子主义的龚古尔学院对她进行了惩罚。对此，她一直耿耿于怀，这一怨愤促使她向警察、审查员、强奸犯与“男人”（mec）之流发起一种无言的反抗。“是某些一看到女人就想杀人的小说家与批评家，懂吗，”1990年9月《夏雨》出版之际她对《法兰西晚报》一名记者说道，“是一些男人，他们无法战胜过去的世纪积累下来的沉重，以至于变成了女人们的‘老板’。他们与那些殴打女人的男人完全一样。”

对于话语的粗暴，她将永远不会与之分道扬镳。她的心中有一种东西，堪比伟大的伦理学家在勾勒人物形象方面的精确性，总能捕获最残酷的特征，然后带着她惯有的那种冷冷的怒火，将其描绘出来。

不管怎么说，她已成为传奇人物，既是一个成熟的作家，有着神话般的奇特记忆，深谙叙事与构思之道，也是一个名副其实的女小说家，令人害怕，但也受人尊敬，被人爱戴。总之，错失这个“男人的奖项”——她是这么说的——有助于她培育她的暴力，同时继续阔步前行。

面对成功，她非常冷漠，同时也非常虚荣。怀着自信，她很少重视负面的评论，一边带着鄙视继续赶路，一边克制着由于人们对她的看法并非她之所愿而造成的短暂的痛苦。她是一个复杂而模糊的合成体，像她笔下的主人公一样，既无耻，又脆弱，既粗暴，又沉默寡言。内心深处，她也渴望荣耀，会得意扬扬地接受赞扬，但与此同时，一种深深的绝望在损害着她，一日甚于一日，仿佛文学圈里的一切喜剧都与她无关。

从此，她再也没有放弃写作，永无停歇。她将按照一年一本书的节奏，去追逐藏着她的秘密的那个黑暗的核心，那是一种很简单但又无法深入的东西，是一种认知，是一种寻觅，将她置于形而上的境界，置于黑夜，只为更好地理解白天。她的“黑夜号轮船”陷入了暴风雨，四处一片黑暗，经常看不见繁星，天空犹如泰山压顶一样。她的道路充满神秘，无法被那些兜售观念的人或讲故事的人所理解。她是苛刻的，也是粗暴的。她是否和《直布罗陀水手》（她于1952年出版的新作）的主人公一样，也曾在佛罗伦萨、在弗拉·安吉利科[1]退隐的那家修道院，对这位画家的《天神报喜》（*L'Annonciation*）赞美不已？

对于揭开秘密，揭开她所知道的美妙之事，使人与物的真相得到升华，她始终怀着激情。她知道自己能够揭开奥秘——尽管这是得益于她是女性——能够享有这份生命的馈赠，总有一天也将有资格迎接“天神报喜”。

她的目光常常落在日常生活之上。和普鲁斯特一样，她对所有一切甚至最为细微的细节都感到好奇，并随之将它们融入她的小说，用它们来填充小说的模子。

50年代初，她与埃里奥·维托里尼及其爱人吉内塔·维托里尼一起，在利古里亚海沿海的利沃纳与拉斯佩齐亚之间度了一段时间的假。她喜欢那片介于大海与高山之间、处在烈日之下的海滩，喜欢柠檬的果汁在齿间流淌，喜欢潜入大海，尽管那海水并不能使她凉爽下来。她也喜欢热闹的小饭馆和老百姓的舞会，喜欢烤肉的气味中掺着夹竹桃的甜香。她又一次学会了生活，感到自由自在，经常去倾听人们述说他们的激情，最好是小人物，比如工人、农民、司机。她拥有这种倾听的本能。是不是由于这个原因，所以在1969年发表于《时尚》杂志的一篇谈论黛芬·赛瑞格的文章中，她开玩笑说，她想“在一条车水马龙的国道上开一家加油站”？她能够深入各个社会阶层，与人彻夜长谈，聊天的对象既有当时最著名的知识分子，也可以是一个越狱的罪犯、一个家庭主妇或一个商务代表，这种能力是她最典型的特征。

她在各个港口四周游荡，她喜欢那些私密的情境，喜欢在那种情境中结成的特殊关系和谋划出来的艳遇。她把在意大利的经历以及那种四处横行、笼罩着海滩的酷暑写进了1952年出版的《直布罗陀水手》，而

---

[1] 弗拉·安吉利科（Fra Angelico，约1400—1455），意大利画家。

那灼热的阳光还将再次出现在1953年的《塔尔奎尼亚的小马》中。她对主人公施加的压力使他们变成了悲剧人物，背负着命运的重担，仿佛在角斗场上忍受着无情的炎热。那种炎热使避暑的人感到麻木，觉得像要窒息一般。

海岸上随处可见的水手具有丰富的象征意义，这揭示了她对边缘人物的偏爱，也即那些敢于冒险且不遵循世间的法则、社会习俗与惯例的人。水手们心中怀着喜悦，这说明他们是自由的。他们目无法纪，总是把事物的界线推得越来越远。他们爱大海，因为大海千变万化，永不臣服。“这是世上何等的荣耀啊！”《直布罗陀水手》里的女主人安娜感叹道。

随着《直布罗陀水手》，杜拉斯在小说手法上开辟了新的道路。她大胆借鉴探险小说中的最新作品，并在作品中融入自己的阅读心得，从雷蒙·鲁塞尔到米歇尔·莱里斯，从安德烈·纪德到维克多·谢阁兰再到约瑟夫·康拉德。小说沿着海岸，从摩洛哥的丹吉尔到贝宁的波多诺伏，从法国的塞特到加勒比，为寻找人生而四处游荡，没有边界，也没有局限，堪称美国作家赫尔曼·梅尔维尔的《白鲸》的姊妹篇。可是，时间仍然在场，且充满威胁，它的分量永远也不会被轻视。我们必须注意这一斗争，这种清醒认识，才能读懂杜拉斯的作品，才能理解她。然而，批评家们拒绝理解她，其恶毒令人惊讶，大部分批评家纠缠于文体上的错误，却没有发现恰恰是这种错误构成了杜拉斯的个人风格。于是，《抵挡太平洋的堤坝》引来的积极评价崩塌了。“一种对美国作品的误译，”1952年11月31日的《十字架报》直言不讳地断定，并补充道，“如果说文学批评能够发挥一些作用的话，那么我们想最后一次教一教玛格丽特·杜拉斯女士：短语‘après que’引出的分句要用直陈式，而非虚拟式[1]。”

「1」法语中有四种语式：直陈式、虚拟式、命令式、条件式，其中直陈式表示切实发生的动作或情况，虚拟式表示希望或假设。短语“après que”的意思是“在……之后”（指时间）。

和安娜一样，她也爱喝酒。她在《情人》中说过，她心里有“这玩意儿的位置”。喝酒，酗酒，首先是因为她喜欢酒，其次是因为酒能切断她与人们之间的桥梁，是因为酒能打开一些陌生的空间。酒扮演着上帝的角色，废除审查，使她变得更为自由。她爱酒，爱各种酒：威士忌、苦金巴利、红酒乃至最低劣的酒。说起酒，她的话里便带着挑衅和煽动，带着粗鲁。

与所有生物一样，她的心中有一种痛苦，她称之为“在你的痛苦所在之处，（行星们的）无言的冷漠”。酒所折射出来的，是无限世界的孤独，是繁星的盲目喧闹，是宇宙（我们进不去同时也不理解它的运动与意义）微微作响的宁静，是人类境况中的荒谬的空虚，是人无法绕开的人生。她感到孤独，感到一种缠绕着她、无法赶走的悲痛，而酒能够帮助她忘掉这一切。

人到中年，她开始喝酒，喝得越来越多，喝到几乎能够抓住死神。她总是与死亡挨得很近，几乎因此毁了自己，但她愿意接受这一赌注。在酒的激发下，死亡与爱离忽明忽暗的黑夜越来越近，那里有欲望在游荡，有快乐在铺陈。

她所钟爱的房子全都经历过这种酒中的孤独。从1958年起，她在诺夫勒堡有了一处房产，每当独自一人，只有酒相伴左右之时，她便不再需要别的东西，而是用酒填补空洞，填补虚无，代替缺席的上帝。她甚至不再踏足花园，也不去大池塘附近，只喜欢屋里的宁静，喜欢酒在身体里头与四周颤动。有三次，她走到了边缘，前面就是死亡，是肝脏爆裂、瘫痪、昏厥、脑栓塞、疯癫。可是，她没有戒酒，仍旧喝了多年，味美斯、苹果白兰地、红酒、威士忌。她胖了，浮肿了，但还是继续喝，甚至连早上空腹时也不例外，喝到吐，吐了再喝。身旁的人忧心忡忡，眼看她的皮肤变成浅灰色，变得发黑，她的身体垮掉了，她的身材干瘪了，但什么都没有用。由于巴黎美国医院的缘故——她在那儿住过——诺伊此时在她眼中成了死亡之地。正是在那儿，在那个有着外省风貌的小城，她对人生的流逝有了切身的体验。

不过，她的写作从未停止。睡着的时候，她仍然是一个作家，从黑夜中抓取它的回响、痕迹、流逝与闪光，而喝酒的时候，在那种因酒精而昏昏欲睡的状态中，她也仍然是一个作家。对于1982年那次恐怖的治疗经历，她一直印象深刻，并将其化作书和文章，同时也使别人有了将其述诸笔端的欲望，比如米歇尔·芒索与扬·安德烈亚。她是第一位敢于坦言自己酗酒成瘾的女作家。她之所以敢于述说喝酒这一疯狂之举，是因为这是她痛苦的一部分，也是她身为女性的不幸与缺陷的一部分，而除了酗酒与写作，她不知该如何填补这种缺陷。写作的时候，她并不喝酒，但写作之后，风险就来了。她把这种状态称为“危险的状态”，在那些脆弱的时刻里，所有一切都可能一次次地倾倒与坠落，只要一口朗姆酒或是一滴红酒，欲望便会死灰复燃。

酒使她得以进入一种神志清醒的状态，就像《琴声如诉》里的安娜·戴巴莱斯特，喜欢肆无忌惮，敢于挑战各种蠢事和傻事，有勇气同陌生人聊天，有力量制造丑闻并在丑闻中进步。

她也和她钟情的男子对饮，似乎酒能够使他们接近那个她不断追逐着的黑暗的核心，把他们带向别处，直到忘掉彼此的姓名，直到名字被摧毁，使他们身轻如燕却又重负压肩，那身体是多孔的、湿透了的，犹如一块海绵，而她的“黑夜号轮船”则在厚重而黑暗的天空下偏离航向，朝她一直说的“绝对性”（absolu）飞驰着，飞驰着。

她曾有过一段可怕的日子，在那些日子里，她极度兴奋，被疯狂所占据，她说她看到一些小动物在她床下攒动，使她心神不宁。日子就像在悲剧中那样匆匆而逝，谈起这些日子，她越来越驾轻就熟，特别是在80年代——那时，她已与死亡亲密接触，在鬼门关转了一圈又全身而退，令所有人都惊讶不已。她先是由于喝酒而极度兴奋，接受治疗后，那种极度兴奋的状态却去而复还，就好像她发生了一些无法治愈的病变，永远地改变了她的思维。米歇尔·芒索有一部作品叫《简讯》，书中，她描述了杜拉斯的游荡以及她陪着她一起散步的情形，记录了她那摇曳不定、超脱现实且令人惊悚的言语：“有一条穿过法兰西岛[1]的

「1」法国的一个大区，以巴黎为中心。

赤道。”她喝着波多[1]，又说道：“这是二手的波多。”

和扬·安德烈亚在一起时，她晚上喝，白天喝，两人在悲剧的角斗场上离群索居。在空空荡荡的黑岩旅馆里，他们孤独无依，每当夜幕降临，沿路的车辆变得稀松，大海变得愈发喧嚣与翻腾，他们便待在厨房里，在那儿喝酒。从1980年夏初疗养季开始，到疗养季结束，再到1982年秋初，到10月份那次最艰难的治疗（她差点儿没挺过去），两人一直保持着这样的状态。是酒巩固了她与扬·安德烈亚的爱情，巩固了他们之间的那种默契，到后来，他继续呵护着她，她也照料着他，两人彼此侵占，以至于只有在这种相互的、狂热的、不渝的对峙中，写作才能被构思出来。

酒摧毁着她，她把激情转化为文字，变成了作品，而酒则使从《八〇年夏》到《夏雨》一直四处飘扬的歌声变得更加崇高，更加洪亮，把她推向了音乐的秘密。

她的故事是离奇的，它演奏的是同样的和弦，也即从童年开始的疯狂和痛苦，它迷失于犹如群岛的记忆，迷失于内心世界，它一直在深深地挖掘那些无法忘却的东西，它们就像海里的漂流物，被退潮的海水留在泥泞而黏滞的沙子上。

1953年，紧随《直布罗陀水手》之后，她发表了《塔尔奎尼亚的小马》。还是意大利，夏日，炎热——那炎热几欲令人窒息，引起火灾，把空气变得无法呼吸，使小村庄显得像牢房一样。

在这部新作中，杜拉斯奠定了她的美学，从此未再改变。随处可见的，是一种杜拉斯风格的氛围，无法避开，是一种静止不动的时间所构成的小乐曲，那时间犹如江河的流水或沙漠的沙粒，静静地流逝着，不为外物所动，那时间也是有毒的，一边荒唐地流逝，一边揭露着无法忍受人类境况。

她一直游荡于生活的这个侧面，处在等待的状态中，而人、事物与

---

[1] 波多（Badoit），法国的一个矿泉水品牌。

爱情却在这等待的过程中消耗殆尽。她想要深入探究死神的破坏活动及其暗中的举动，并试着加以理解。

她写过的、正在写的以及将要写的书说的都是同一个失败的发现：人生是一间密室，就像萨缪埃尔·贝凯特的戏剧，戏剧里的主人公在冷漠的时间中等待着，却不知在等谁，等什么。密室中，爱情最无抵抗力，承受着时间的缓慢侵蚀，改变着夫妻的欲望，使它的持续时间变得不稳定。密室外，大火吞噬了四周的森林，海滨浴场被层层围住，陷入了险境；此外还有大海，还有它的呼吸，它那柔软与温热的毛发——那是“世界的背面”——它那灌木丛般的海藻和一群群小鱼。可是，大海同样也危险重重，因为过了近海的海底，便是空洞，是沉默，无论是海藻，还是鱼群，都不敢贸然涉足，让人联想到“赤裸而空洞的深渊”，那深渊也是危险的，甚至是死亡的暗喻。可见，死亡无处不在，存在于尚未掩埋、在阳光下慢慢腐烂并分解的尸体中，存在于被毁掉的松林中，存在于堕落的情人中。深渊这一形象在杜拉斯的想象力中经久不散，遍布于她的文字，而她的身体也是深渊，堕入其中的，是中国情人的性具，它就像酒精，把她带进不见星辰的黑夜。

因此，小说的力量在于收缩，要把情节聚拢起来，给人以窒息和单调的印象，表现出人生的苦痛与幸福的遥不可及。

从《抵挡太平洋的堤坝》开始，随着一部又一部作品的问世，她这位女作家的知名度不断增长。然而，她的才华却没有得到一致的认可。从一开始，她就招徕了强烈的反响，有人迷上她，有人否定她，就好像她所说的令人无法忍受，或是太过真实，以至于读者要么必须承受她文字中绝对的真实性，要么必须通过一种令人无法理解且无法解释的反抗，对她加以否定。1953年11月，整个新闻界对《塔尔奎尼亚的小马》展开了一场大讨论。

在《周六晚报》上，让-路易·波利一上来就对她的作品示以赞许：“现实变成了另一种东西的符号，它也是有含义的。”在这方面，他理解了她写作中的现实的一面，以及其中浮现出的一种内心的、孤独的声音。《法兰西观察家》[1]宣称：这部作品是“年度最佳小说之一”。《快报》觉得杜拉斯对文体有所忽视，并对此持批评态度，但仍将她列入当代文学中的一流作家：她“认为必须让她的主人公说一口蹩脚的法语，脑子傻乎乎的。这是件遗憾的事，更何况她也在试图恢复现代社会成员之间业已形成的那种话语格调，这样的作家为数不多，她是其中之一。因此，她的书虽然搞砸了，但仍值得一读”。

然而，有的媒体却不遗余力地打击她，否定她的写作意图，并装作读不懂她的作品，从此她将深受其害。某些细心的批评家误解了她的意图，例如吕克·埃斯坦、克莱贝尔·哈登斯——前者在《十字架报》上宣称：“在四部小说之后，我们必须接受一个事实，杜拉斯女士只愿意把法语写成美式英语。”后者则在《巴黎通讯》上建言：“出于友好，我们得告诉她，她错了，她有才华，有生命力，有色彩，她尽可能地让她的主人公懦弱且忽隐忽现，而我们一点儿也没有接触这种人物的欲望。”《费加罗报》依照它的传统，始终没有垂青过她，且语带嘲讽地写道：“这是一部有待12月底躺在结冰的浴缸里阅读的小说。”

至于《鸭鸣报》，除了其特有的讽刺性批评之外，还揭露了杜拉斯的“男性特质”（virilité）——很多记者日后将再次提到这一点。在某些人看来，她小说中的残酷性，她的主人公的厚颜无耻，对世俗法则的挑战，这一切都只属于男性特质。因此，杜拉斯经常令人尴尬：她的写作不遵循所谓的女性准则，这教人感到困惑和不安。“这位女士行事强硬，言辞简练。好家伙！十足的男性特质！这只是表面，因为在闲谈中，玛格丽特·杜拉斯的女性特质将尽数恢复。像喜鹊一样叽叽喳喳！啰里啰嗦！夸夸其谈！呢呢喃喃！唠唠叨叨！没完没了！有人说过，这是一个作家的语言。在对话上，玛格丽特·杜拉斯的语言是最不加修饰的！”这种对女性的厌恶情绪令人不胜其烦。在《洛桑公报》一名记者的笔下，我们又见到了这种厌恶情绪：“玛格丽特·杜拉斯的才华主要表现为男性特质。令人难以理解的是，一个女人竟能以一种既玩世不恭

「1」周刊，后更名为《新观察家》（*Le Nouvel Observateur*）至今。

又不容置辩的形式进行构思和谋篇布局。”

不管怎么说，从它引起的反响，我们就已看到，《塔尔奎尼亚的小马》是一部不容忽视的作品。随着一部又一部小说，杜拉斯打造了一种我们从此必须予以关注的语调，因为她以单调的旋律为语调，述说的是人的痛苦，是人的矛盾，是人为了活着而受到的折磨。

至于马斯科罗，同样也是在1953年，他在伽利玛出版社发表了《共产主义》，一部五百多页的大部头，副标题为“革命与交流，或价值与需求的辩证关系”。

这是一项审慎的工作，旨在使马克思主义的要求与知识分子的独立自主达成和解，同时解决一个连杜拉斯也未能解答的根本矛盾：“不存在共产主义的知识分子，也不可能存在非共产主义的知识分子。”对于这个曾多次成为讨论的对象、在党的队伍中制造纷争的人，党的新闻部门再次大发雷霆。为了杜绝风险，防止一种颠覆的思想再次渗入，法国共产党的头面人物对这部作品以及“马斯科罗派”进行了批判。

让·卡纳帕在1954年2月23日的《人道报》上撰文，题为“一种适用于知识分子的新修正主义”，文章写道：“有些论著，比如马斯科罗的作品，企图诋毁共产主义知识分子的信誉，断定知识分子的品质与共产主义者的品质互相矛盾。假如这种诽谤真的说服了某些忠诚的知识分子，使他们共同与共产主义者做斗争，那么谁不知道应当反对这种诽谤，视其为一种邪恶的离间？……我们有责任消除这种诽谤，同时必须始终保持警惕。”

马斯科罗的作品得到了广泛的关注，也引起了许多讨论与争论。在这个“世纪之子”（一名瑞士记者这样定义马斯科罗）提出的问题的推动下，莫里斯·纳多、萨特也参加到论战之中。马斯科罗的作品所导致的主要结果，是一项旷日持久的澄清工作，圣伯努瓦街那帮朋友纷纷投身其中，而与此同时，他们动摇了自己的信念，不断质疑自己，改变自己，不由自主地变成了搞颠覆和破坏的人。

在他们所处的环境里，有一种学术的骚动，总是把他们置于变动的、全新的经历之中。基于她所采用的新的小说技法，杜拉斯是否已经开始猜疑数年后她在当代舞台上将要扮演的角色？她把小说情节的部分缩减得越来越小，赋予对话以一种优先地位，把描写删减得所剩无几，这样一来，她为写作开启了新的前景，使其具有了诗歌、戏剧、小说等各种基调。正在这一时期，她完成了转折。此后，她将一劳永逸，任由她已开辟的这条道路自行延伸，同时倾听着时光的流逝，从中捕获它的回声，捕获人类无言的悲痛以及他们在残酷而冷漠的时光中的穿行。

她对遇难情有独钟，喜欢那些已看不见海岸、深入黑夜之中的沉醉而疯狂的船只。她偏爱这样的危险，因为它们所揭示的，是被埋藏的、无法述说的、在安居于陆地上的人看来是夸张的那些事物。

从此，写作成了她的“苦役”（labeur）。写作之时，她觉得自己是一个僧侣，日日如此，就像别人“去上班”一样。然而，她的工作并不墨守成规，而是不断地勘探，启动多个工程，一心扑在土方作业上。她带着强迫症患者所特有的那种狂热投身其中，从此以后，她知道自己是为写作而生，知道自己看到与瞥见的一切都是工作的素材，更知道自己不可辜负她的人生赠予她的这个故事。

不过，要等到1958年，等到《琴声如诉》，她才能在此前的创作中找到真正的道路，找到世间秘密的真实踪迹。从那时起，随着劳儿·瓦·斯坦[1]系列作品的问世，她将到达她一直在寻找的井的底部，在那儿欣喜地获得奇妙的发现。

对于最初几部作品，她并不全盘否定，但与它们相对应的，是她截至1958年的一个人生阶段，是一段上流社会的生活：鸡尾酒会，与富豪们和巴黎一帮狐朋狗友的晚间聚会——这帮人习惯于围在新兴作家的身边。她说，她拥有“那种庸俗”，也即与她小说里那些无所事事、四处游荡的主人公一样，虚度光阴，任时光流逝而置之不理。那段日子里，她开怀畅饮，随波逐流，在时尚中写作，活脱脱又是一个弗朗索瓦

「1」杜拉斯的小说《劳儿之劫》的女主人公。

丝·萨冈，而她笔下的主人公在阳光与酒精的作用下，由于危机意识稍纵即逝而且偏爱逃离，所以看上去已经与外界相隔离，但即便如此，她的书中仍然存在着太多心理描写与小说惯有的场景。的确，在《话多的女人》[1]中，她说她“写了那些书，写得很容易，容易得教人恶心”，她说她也许能在两个星期之内再写一本类似的，就像昔日在学校里写短篇小说那样，速度之快令人不解，想象力和创造力令人惊诧。不过，她知道她不能原地踏步，她的主人公也在呼唤她走向别处，走向一种更真实、更确切的“虔诚”（sincérité）。她等待着，准备挣脱过去，跟随“黑夜号轮船”去往未知的地方。

在暗中指引她整个人的，是她对写作的需求，炽热、绝对而疯狂的需求。她不是为别人而写作，而是为了在一本接一本的书里追随自己寻觅的踪迹，追随奠定其作品基础的最初那份情结的不断深入的标记，那里既有童年的创伤，也有故乡的大地，以及死亡在爱情与时光上的投影。

《塔尔奎尼亚的小马》教会她的，是省略，是情节的高度集中，是越来越自信地摒弃描写与心理分析。在《成天上树的日子》中，她回到了她的童年，在那里四处游荡，同时阐明了那段昔日生活的某些方面，试着去理解它们。此书于1954年出版，由四篇短篇小说构成，为她摘得了“让·科克托[2]文学奖”。

1950年，她的母亲回到了法国，这一次是落叶归根。她曾数次返回印度支那，就好像她只能在那个国度生活，同时投身于一些雄心勃勃的事业，比如她创办的那所女子学校，那股顽强的力量无异于她为阻挡南中国海的去路而付出的精力。她之所以返回印度支那，之所以心甘情愿地被放逐他乡，并渐渐离不开这种放逐，主要是因为她想留在“小哥

「1」杜拉斯与格扎维埃尔·戈蒂埃的谈话录，法国午夜出版社，1974年。

「2」让·科克托（Jean Cocteau，1889—1963），法国诗人、小说家、剧作家、电影人，代表作品是小说《可怕的孩子们》和电影《诗人之血》。

哥”的墓旁，同时也是由于她一直给他寄钱的“大哥”。后来，受战争的影响，她对一切均已心灰意冷，这才决定回到故土，想要找一个新的地方安身立命。她用办学中省下来的钱，在卢瓦尔-谢尔省的翁赞买了一处房产，一座建于20世纪初的破旧城堡，杜拉斯讥笑地称之为“冒牌的路易十五城堡”，说买下这样一座城堡是一个无人愿意为之的“疯狂”之举。

她像是被一种魔法绑在了印度支那，就像那些已无法离开那片土地的殖民者一样，毕生带着异乡人与魔术师的印记。

第二次侨居印度支那期间，她变了，就好像她已沉浸于那儿的文化，同时渐渐地扎根于它的生活方式、风俗习惯与风土人情。出现在她身边的，主要是原住民，鲜有殖民者，可见她与那片土地的亲近。她不像城里那些富起来的殖民者、大地主或是那些享有特权与良田的人，她像那些行走于荆棘丛生之地的人，那些在茂密的丛林里探险的人，那些接触神话传说以及安南人民，并渐渐被他们的习俗与智慧所熏陶的传教士。

在最后一次侨居的岁月里，也即从1932年到1949年，她虽然一直怀着对殖民主义价值观的信仰与先进的公民意识，但是也渐渐被亚洲所渗透，而亚洲虽是异乡，其异乡性却亚于她已不愿定居的古老欧洲。她的语言中植入了安南人的一些表达方式，她能说一口地道的混合语，能亲切地徜徉于那片大地上的思想以及它的宗教、它对超自然力的崇拜，这一切使她得以摆脱殖民的激进主义与资产阶级化（这些思想已被推广到波澜壮阔、洪流滚滚的湄公河河畔），得到休息。据马克斯·贝尔吉耶说，“她对越南人和我们不加区分……她随便就能让出自己的卧室，睡在客厅里，只为多收两个寄宿生……她亲自去菜市场，并对伙食进行监督。她那儿有一个厨师和两个仆人，她跟他们说越南话。”

因此，她的风采使她变成了印度支那一个与众不同的法国人，游离于规范与原则之外。她更像一个探险家，富有诗意，略懂巫术，并因抵抗过南中国海的潮水以及各种针对她的劫掠而显得强大。她把“小多”

（Dô）带回了法国，“小多”是一个小姑娘，是一个“土著人”，当时大家都这么说。她独自住在那所宽敞的宅子里，忍受着恐惧，时而疯狂发作，时而充满精力，以至于什么都敢做，什么都敢想。在《情人》里，杜拉斯讲述过母亲最后的一些奇思妙想：她买了几个电动孵化器，打算养六百只鸡，但却心有余而力不足，把它们全给饿死了。她把小鸡养在大客厅里，在小鸡叽叽喳喳的叫声中，继而在尸体腐烂的气味中，那间大客厅一派超现实主义的氛围。

对于母亲心中的这种疯狂和特殊的生命力，杜拉斯根本无法得其门而入，但她心中预感到自己拥有同样的天分，也会去做一些出人意料的、非理性的事。

母亲的流浪，她对大哥的专宠——尽管他胡作非为，尽管他毁了她、搜刮她，尽管他为了赌博在一夜之间卖掉了她在昂布瓦斯的林子——她的各种怪癖，这一切在杜拉斯看来都既熟悉又陌生。不过，对她而言，自从小哥哥死后，母亲便也不复存在，像大哥一样，也已死去。

1950年，母亲刚从印度支那回来，杜拉斯就和她见了一面。她让她看了看自己的儿子让，但是她们两人之间已毫无瓜葛。母亲心中应该只有她溺爱的长子，只有那种排他的、独一无二的、把杜拉斯排斥在外的爱。杜拉斯鲜有自传性质的文章，在其中一篇里，她讲述了她与母亲之间是如何变得沉默无言的。那篇文章题为《母亲》，发表于以她为主题的《电影文丛》第二卷。文章写道：“我曾经试着告诉她，一方面，对某一个孩子偏爱能够通过一些几乎难以察觉的、微乎其微的细节而表现出来；另一方面，即便母亲毫无意识，但对于那些得到母爱较少的孩子而言，这种母爱上的差别却是一种不幸。”误解就此降临，业已形成，无法补救。

不过，被遗忘了的、被否定了的、死去了的母亲依然在那儿。她回到了《成天上树的日子》的第一篇短篇小说中，就好像杜拉斯已经接受了这个女人的痴迷以及她对长子的那份令人无法忍受的爱，就好像她在《抵挡太平洋的堤坝》中让母亲死了一回仍不足以隔断所有关于她的记忆，焚毁所有那些把她与她又爱又恨的母亲之间绑在一起的细腻而隐秘的关系。“婊子，我的母亲，我的爱”，她在《情人》中再次说道。

在《成天上树的日子》的第一篇小说里，杜拉斯再次采用了她的家庭纷争的故事，并再次对其进行了修饰，但表述方式更为自由，人物间紧张关系的情感色彩淡了一些。文中，身为小偷的儿子不仅仅是一个她所谴责的误入歧途的人，同时也是一个反叛的人，一个她始终表示赞赏的、敢于否定且生性狂野的人。他摆脱了母亲的束缚，由此成了一个自由的人。

小说里，母亲不再仅仅是一个在情感上对子女有强烈的占有欲的人，而是一个不称职的母亲，她就像一个生活放纵的人，丑闻不断，眼光短浅。小说中的两个主人公变得令人心生好感，而杜拉斯则用一种温柔的、愉悦的、时而嘲讽的眼光审视着他们。她想知道，是什么把那个懦弱的哥哥与他的母亲分开；她寻找着一些情节，想要减轻他的所作所为与他干的坏事的罪过；她同情他，并敬重他对自由的追求。

她喜欢捕捉和发掘的，正是人的复杂性。也正是由于这个原因，巴黎解放后，她提供了一些相反的信息，使拉比耶的审判变得复杂，以此证明没有任何事情是简单明了的，所有一切都是模棱两可的，是隐晦的。

她所追求的，是揭开母亲与大哥最原始的形象，使之跃然纸上，在她未来的书里重复出现，勾勒出它的各个侧面，把它抹掉，继而又把它补充完整，然后把它放到舞台上，融入演员的表演，使它变得无穷无尽。

1966年，她把《成天上树的日子》改编成了戏剧。戏剧排演之际，她在《时尚》杂志上谈到了《成天上树的日子》中的母亲的扮演者玛德莱娜·雷诺，讲述了她的才华。据她所说，这位女演员完全控制了这个角色，并用她的洞察力将其推到更远之处，同时阐明了母亲的某些侧面——这些侧面杜拉斯未曾探索过，只隐约浮现在她的字里行间与别人的传言中。母亲的故事影响了她大约五十年，而促使她后来创作《萨瓦纳湾》与《伊甸影院》的，还是这个原始的故事。

故事非常简单，同时又非常复杂，无法用语言说清楚。当玛德莱娜·雷诺向她询问细节时，她寡言少语。故事只有寥寥几句，她们之间也只有沉默，浓厚且充满谣传，而正是这些谣传成就了她那些信息更为丰富的作品。

“她老了，变得苦涩，她想要忽略她曾培养众多为祖国的自由而奋战的军官，她再也不想回忆，只想彻底地绝望。”

“还有别的吗？”

“她身材消瘦。”

“还有别的吗？”

“她曾有三个孩子，其中她最喜欢长子，一个非凡的、脆弱的、走上了邪路的人。”

“哦，是嘛，我懂了。她一直最喜欢他吗？”

“一直。”

她把这种偏爱变成了她作品的载体，其中不断上演着罪过与牺牲。例如，在《成天上树的日子》里的第二篇小说《巨蟒》中，她讲述了自己与女同学在西贡的植物园里散步的故事。26年后，她的想法仍然与当年那个少女一致。看着蟒蛇吞食活鸡——每天下午四点，像是成了惯例一般——她感觉到一种激烈的、肉欲的快感，像是与大自然及其暴力和野蛮达成了某种协议。她接受了生与死、善与恶的永恒轮回，一直相信自己应当生活在相互彼此邻近的文明与野蛮之中。

被法国共产党开除之后，她那种至高无上的怒火变得更加强烈，但她却没有失去信仰，仍然坚信马列主义能够成为解决社会问题的一种方法。她所反感的只是斯大林式的共产主义，以及它的强迫性和它的失职。

截至1950年，她一直是一名积极分子，为党组织攻击法国在印度支那的“肮脏的战争”做出了贡献。当时，党组织开展了广泛的活动，反对远征军犯下的各种“暴行”，包括屠杀平民、报复行动、强奸、抢劫、酷刑等。对于活动期间散布开来的共产主义的言论，杜拉斯无一不示以支持，更何况她觉得自己与被压迫的越南人民有着太多共同的根系，似乎自己的一部分与他们绑在了一起，所以那场战争令她尤为感触良多。不过，在党内的最后几个月里，她太忧心于那些使她与党组织日渐分道扬镳的分歧，所以她最为活跃的战斗精神仍然体现在写作上。在创作《抵挡太平洋的堤坝》的同时，她用她的方式揭示了腐败、机制化的盗窃与殖民的暴力，其效果显然远胜党组织为揭露“绥靖的方法”而依靠的雷霆之怒。

因此，在她眼中，只有文学才能更好地凸显争端，切实将其公之于众，而与其他任何语言相比，文学有着最佳的揭露与攻击的力量。毋庸置疑，仅《抵挡太平洋的堤坝》这一本书，就比得上党组织1949年底开展所有媒体宣传活动，也比得上所有联名上书活动。

就这样，她证实了写作的真理：写作是进入政治的现实、意识的觉醒、真正的“介入”的方式。

从1950年到1954年奠边府那场灾难[1]，她几乎不再介入战争。被开除出党后，她落入了一种在政治上隐姓埋名的状态，不属于任何具体的组织，从而以一种奇特的方式退出了政治上的论战。马斯科罗说过，他们两人的沉默只能被解释为“一种谦逊，更是一种无能”。无论是杜拉斯，还是马斯科罗，两人都失去了听众，陷入了某种孤独与知识分子所独有的隔绝状态，每当以个人名义发表言论时，他们都难以介入到政治事件之中，只能被迫作壁上观。

直到1955年，随着阿尔及利亚战争，他们才找到了行动、介入以及更引人注目地发起挑战的理由，进入一种具有英雄气概的浪漫主义状态，接近德占期投身抵抗运动时的那种状态。

此外，印度支那战争应该在杜拉斯的脑子里掀起了一些杂乱的情感：从童年起，她就在自己殖民者的身份与使她越来越亲近原住民的那种不自觉的冲动之间左右为难，由于各种无意识的、混杂的情感而陷入冲突状态，既反对殖民精神，又不得不在这种精神中被母亲抚养成人，骨子里有着强烈的斗争欲望，既叛逆，又处处受限，从而无法全身心地

「1」指奠边府战役中法国被击败，此战在印度支那战争中具有决定意义。

投入到一种极为明智且极端的政治分析之中。她无法确立自己的原则立场，只能怀念着童年的大地，而这种乡愁就像一种痛苦，驻扎在她心中，无法“清除”。

虽说圣伯努瓦街的聚会更具文学气息，政治氛围不那么浓厚，在那里会面的人物也多为作家，鲜有政客，比如乔治·巴塔耶、克洛德·鲁瓦、莫里斯·布朗肖、米歇尔·莱里斯等，但杜拉斯的思想却总是偏向那些最卑微的人、最贫困的人、被忽视的人以及被排斥的人，总而言之，也即所有那些越过了某个界限、多多少少无视法纪的人，同时还坦言她对凶手与妓女倍感痴迷。

在《成天上树的日子》的第三篇小说《道丹太太》里，她展现了她对一位门房太太与环卫工人乔治的怜爱与同情，其中那位门房太太无疑是在圣伯努瓦街工作，甚至可能就是她那栋楼里的门房。在此，她描写的是消费社会引起的另一种异变，是两个生灵的苦难，他们身份卑微，恰如他们的职业要求他们收集的那些垃圾，既是孤独的，也是得不到认可的。针对这一不公平现象，小说试图寻找一种解决方案、一种补救措施，但既不接受共产主义“天主教式的”出路，也不接受有待策划的革命，而是提倡虚无主义。一种巨大而急迫的危险遍布于整篇小说，尽管小说的文字滑稽可笑，而作为伸张正义的人，杜拉斯赞成那种暗中的暴力，她已经选择了她的立场。

多年后，1987年，在法国电视一台为她摄制的一部影片中，她想要展现巴黎的黎明：那时候，成群结队的黑人清扫着大街与宽阔的林荫道，用扫把将塑料瓶、玻璃瓶、铁制瓶、废纸与烟头集中在一起，那嘈杂声却备显宁静，而灰尘就像薄雾一样，黎明的微光永远也无法将其洗净。她找到了她的视角，记录了那些被社会排斥的人的舞蹈，捕捉了他们的孤独和一种方言的呼喊，表现了一个社会的耻辱，唱响了一首关于不幸与屈辱的歌谣。她的摄影机发出了一些低沉而单调的重音，就像一首大提琴的奏鸣曲，不断重复，久久不散。

就这样，通过这样一些没有对白、哑然而孤独的黑白画面，通过一种富有诗意的语言，她审判了一个背叛无产阶级的社会，同时含蓄地谴责了那些本该捍卫无产阶级利益的人。

当然，只有经过最初几部小说的摸索——《直布罗陀水手》中滥情的流浪之旅，《抵挡太平洋的堤坝》中家庭的传奇故事——“杜拉斯美学”的主要原则才能得以确立。之后，她将不断对这一美学进行探索，围着这个燃烧的火炉打转，她知道这个火炉里藏着秘密与征兆。

《成天上树的日子》里的最后一篇短篇小说，也即《工地》，或许是她在这个年代里创作的最重要的一部作品。她从未如此深入地探索爱的交融这一无言的活动，或是时间在事件的割裂中缓慢而耐心的流逝，或是激情的等待与它的浮现，也从未如此收缩情节，把两个陌生人的相逢表达得淋漓尽致。

在这部小说里，她追索的是一种秘密的、隐晦的、令人着迷的演变，这种演变使未来的恋人经过一系列犹如惯例且悄无声息的经历之后，最终遇见彼此，期间有很多陌生的、奇怪的且从未被破解的规则发挥作用。有了这部小说，杜拉斯在文学领域里为小说开辟了一片新的天地。她喜欢观察“工地”上的男人如何“变得阴暗不明”，如何“慢慢地日渐深入红色的森林般的幻觉”，如何“只能在事物中看到一些符号”。她发现了时间的一个新的方面：它不再受制于事件的牵制、语言的界限或是意外的事物，而是蔓延成了“一种宛如海洋的绵延”，变得更为宽阔，无边无际。

从此，杜拉斯的小说将借用这些认知途径，悄悄地对爱情进行探索。期间，身体将发挥主要作用，并恢复灵魂的原貌，而所有一切都只能在符号无声的历程中与欲望的流动中得到解释。她的小说将以这样的方式建立一种关于爱情的真正的形而上学。

让沉默以及在黑暗中游荡的欲望发挥它们的作用，拒绝对话以助益内心分析，强调事物不可预料的演变，这一切正风靡一时。人们当时所说的“新小说派”那批小说家同样也断定，必须摒弃传统文学，不再以继承于19世纪的描写为习惯性工具，不再滥用心理分析。在瑟伊出版社与午夜出版社的实验室里，人们构想出了一种更大胆同时也更晦涩难懂的新方法。可是，杜拉斯生性警惕，似乎不愿与之为伍，确信其中存在着流于乏味、背叛自己特立独行的语言风格的风险。

她谨慎地与“新小说派”作家保持着距离，还说他们是一些“商务人士”。显然，这表明她很在意真正意义上的创新。她敌视所有强行的拉拢，也敌视所有流派，对于与某些原则或群体化的手法有关的东西，她似乎有一种发自肺腑的反感。

不过，“新小说派”中所有那些“做实验的人”都是在午夜出版社也即巴黎最具学术性的出版社发表作品，这一事实致使杜拉斯结识了他们。毫无疑问，她与阿兰·罗伯-格里耶和米歇尔·布托建立了联系——相比“资产阶级”文学，他们更贴近她的叙事观念——但她始终退居一旁，就好像无论是在哪种环境下，比如政治环境、社会环境、情感环境、家庭环境、学术环境等，她都要确保自己享有一种绝对的独立。在此情况下，她显示出了一种可信的预见力，能预料到未来之事，而未来之事又将证明她当初避开呈现在她面前的陷阱的做法是对的。就这样，早在“新小说派”作家之前，她就已对重复、乏味与僵化表示了担忧。在那拨人当中，她第一个与大家保持了一定距离，阿兰·罗伯-格里耶、娜塔莉·萨洛特、菲利普·索莱尔斯将步她后尘，但那是很久以后的事了，他们直到80年代才返回到小说的某种传统形式上来，而杜拉斯的态度却始终如一：她一直在思想史与人类史中汲取她人生的元气。与此同时，她也利用“新小说”的某些新发现，比如事物与客观世界的偶然性，从而得以揭开一些被语言所忽视的陷阱，但她仍然小心翼翼地停留在所有大事件的外围，哪怕其本身只是一个外围事件。

她一直确信，她已把握住世间奥秘的一部分，而且她更贴近的，是艺术领域中的流放者，而非那些举世公认的、大学与学术界里的作家，是帕斯卡尔、兰波和巴塔耶，而非阿兰·罗伯-格里耶和米歇尔·布托；她与文学之间结成了一种极为虔诚、至关重要且特别感性的关系：这一确信和这一关系使她从一开始就注定觉得自己与“新小说派”之间没有瓜葛。也许，得到她青睐的只有娜塔莉·萨洛特，不是因为女性之间的团结一致，而是因为萨洛特是一个具有最基本的反应与最细微的向性[1]的小说家，不断追寻着“几乎不可见的事物”与“无足轻重的事物”。她一直高度关注萨洛特的作品，对她怀有一种特别的温情，会去看她的戏剧，读她的书——要知道，她很少阅读同时代人的作品。

杜拉斯的文学历程受制于一些言行举止上的大幅偏差，受制于某些极不负责任的态度（也即兰波与超现实主义者所说的引起公愤的权力），受制于始料未及的事，受制于一种写作的神秘性（新的文学流派的拥护者对这种神秘性予以断然否认），进而在她自己的原则中得到认可。某种属于直觉、直观与激情的东西使她不由自主地远离正途，尽管有些时候她能够在“目光派”[2]及其观察事物的方式中找到另一条可能的写作之道。每当她写作的时候，冲动、血肉与本能便在她的字里行间穿行。她的作品诞生于从她心中喷涌而出的呼喊，诞生于所有在她脑海中久久萦绕的呼喊声的回音，从《抵挡太平洋的堤坝》中母亲的咒骂，到女乞丐哼唱的那些单调的歌谣，从婴儿呱呱坠地时的初啼，到她在看到奄奄一息的罗贝尔·昂泰尔姆时发出的叫喊，她从未那般大声叫喊，那是当时吓得躲在一个壁橱里的她唯一可能说出的话语。正是在这样一种喧嚣但又黑暗的空间里，在一种几乎未知的、富有神秘性的创作过程中，在一种令人无法察觉的黑夜里，她的作品才得以奠基和建设。那么，在阿兰·罗伯-格里耶确立的规则中，在他对建立一种预先设定的写作手法的关切中，她怎样才能保证自己的独特性？凭着直觉，杜拉斯看穿了眼前的一切事物。在50年代的那些年里，她关注着那些正在发生的动荡，知道这样一个历程中蕴含着各种危险：作品变得乏味，事物与人物的丰富性急遽缩减，语言变得样板化，一种冷漠与她那叛逆而火热的性格背道而驰，美学、理论甚至形而上学方面的关切变得矫揉造作，文学的神圣性被丢失——她虽是无神论者，却一直在追求文学的神圣性，确信能够从中找到钥匙，揭开文学的奥秘。

---

[1] 向性（tropisme），生物学概念，指植物的定向运动反应，比如向光性、向水性、向地性等。

[2] “目光派”（école du regard），新小说派的别称。

她知道，她所崇拜的那些人，包括狄德罗、卢梭、普鲁斯特、俄国伟人、塞万提斯、巴赫与维米尔，并不在意创作手法，也不试着去创立某种与他们所从事的艺术相关的理论，而是深入到呈现在他们面前的那片浓厚的黑夜之中，从中捕获白天的一些痕迹。她由衷地认为，这才是自己的脚步，这才是自己的道路。唯一需要关注的，是“黑夜号轮船”不断劈开又不断被覆盖的航迹，是它所揭开的那些只显露片刻的深渊，是它看透未知事物的尝试。她清楚地感觉到，除此之外，剩下的便只有徒劳的思辨和抽象的言语，与她的追求毫不相干。

她一直在固执地追求简单。比如，当她还是个小姑娘的时候，她就凭着她那极为自然的本能，写了一些“关于日常生活”的诗歌。此后，她将一直怀着这种本能，并将它传递给她的读者。1955年出版的《广场》也是如此。继之前的小说获得成功后，她此时正致力于这部小说，它将开启杜拉斯的一个新时期，因为她的每一部作品都是对前一部的摧毁，或至少是一种意外，是另一种观察与述说的方式。

早在娜塔莉·萨洛特写出她那部著名的文论《怀疑的时代》之前，杜拉斯就在文本中、在鲜活的写作素材中、在语言的肉体及其最深且最难进入的层面中，体验了语言表意的奥秘，体验了记忆的最深处，体验了对话的深深的根基，体验了语言被淹没了的、阴暗而秘密的美感，体验了词句之间的空间——表面上安安静静，而她却听到它的低语、喷涌与叫喊。她想要凭着自己粗暴而狂野的本能，抓住言外之意的一切喧嚣。

也许，是昂泰尔姆的恐怖经历为她开辟了一条新的道路。继《人类》出版之后，在他变得沉默无语之后，幸免于难的流放犯的队伍、垂死的人发出的嘶哑的喘息声、在集中营上方盘旋的鸟儿的叫声、四面透风的木棚里传来的沉重的排泄声仍然经久不散。她曾亲眼目睹恐怖，目睹在奥赛火车站下车的犯人们缓慢地行进，以及广岛的死难者那种白色的沉寂。得益于这一切，她发现了话语的空洞，发现了语言与对白的无用，发现了作品的虚荣及其持久的喧闹，同时也发现了自己的雄心，以及一种更真、更新从而更接近新生与源头的东西。

她信仰人类语言及行为的史前史，信仰那些无法言说而只能从背后去理解的事物，正是这种固执的信仰使她不断前进，一边述说，一边揭开它们的阴影。

1982年，在巴黎美国医院的病房里，她大声叫喊，想把身旁床头柜上的所有东西全都摔碎。她滚到地上，撕破自己的衣服，然后就这样睡去，度过她的黑夜。她时而狂躁不安，时而在迷迷糊糊中突然暴怒，但即便这样，她仍然知道有一些难以理解的事物等着她去追寻。她害怕，她恐惧，她知道自己可能会死去，肯定会接近寒冷的黑夜与意识的消散，也知道那将是一种痛苦，是一种巨大的疲惫。她确信诺伊是死亡之地，但她仍然走进了这个陌生的地方，走进了召唤着她的那片黑暗。

她所跨越的，正是事物的极限，是一条"新小说派"那些说的比唱的还好听的人从不涉足的隧道。在那种深渊般的地方，她带回了沉默、各种短句、叫喊和窃窃私语，带回了一些身份不明、姓名不详、遭到流放的东西——它们富有厚度，已经被切开、被探测、被刺伤，痛苦不已，它们一个接一个地串联起来，织成了她作品的经纬。

在《广场》中，杜拉斯力图去倾听一个全职女佣和一个流动小贩，倾听他们的忧虑与不幸，倾听占据他们内心的那种无尽的孤独，倾听"所有被压迫的人所共有的沉默"。她在之前的小说中描写过的那种等待与拖延的状态回到了这部小说里，赤裸裸的，不知抗争，只是惊恐地发现"我们是被抛弃的人"。关于那个小女佣，"她埋头干活，什么也不说"；关于那个流动小贩，他"每天早晨一边唱歌一边刮胡子……你们还想要什么"。

没有暴力，没有计划，没有遗憾，只有生活，它被消磨着，流逝着，普遍不被别人或宇宙所关注。尽管杜拉斯堪与萨缪埃尔·贝凯特的想象力比肩，和他一样，把一些渴望对话、默默等待的人物搬上舞台，但她有一种特殊的独创性，我们将一直称之为"杜拉斯式的小音乐"

（petite musique durassienne），它是所有装饰音中最散乱的，它使她与某种奏鸣曲的节奏结下不解之缘，那种奏鸣曲是赤裸而清澈的，宛如巴赫、贝多芬或迪亚贝利的作品。

是她的女性特质赋予了她这种极为特殊的倾听能力吗？这种倾听是慷慨的，这种倾听能力是不倦的，比如，她将于1955至1958年集中拜访一些凶手、囚犯、电影明星和小商贩，冷静地倾听他们的心声。

在那些访谈中，她说她相信女性的倾听富有特殊性，不会把言语逼近女权主义和激进主义的死胡同。在“普遍的事物”之中，也即在世界的振动与宇宙最隐蔽的奥秘之中，女人所能听见并理解的东西是绝对的，是完整的：对于女人所能看到、感知到并接收到的东西，男人只能付出空话、大话、征服与噪音。在创作《广场》之时，她开始了另一种写作方式，这种写作方式来自于前几部小说，既依赖它们，同时又发生了拓展，具有了生命的所有力量，专注于倾听客观世界，倾听孤独的呼喊，倾听那些最卑微的人的绝望。她进行了一种极为细微的概括，并由此变成了社会上那些被压迫的人的保护者，专心倾听他们的苦难以及他们陷入的那些沉默的深渊，并表达出那些被掩埋的、被禁言的欲望。

于是，她把话语权交给他们，让话语涓涓流淌，占据整个叙事空间，因为它是弥补苦痛、暂时限制绝望的折磨的唯一方式。他们说着话，别的什么也不做，只是说话，仅此而已，话语在整本书的时间里奔跑着，甚至无意倾听他人，只顾自我展示，因为“这令人觉得舒服”。

她是否知道，随着这部短篇小说，她正在为她的作品打开戏剧的大门？写作的无限性——她很快就将把这一概念作为她的叙事原则——以及从一种体裁到电影甚至诗歌等其他所有体裁的爆炸，从此将随着《广场》这条话语的河流拉开序幕。在这部小说里，对话大声地述说着不幸，以一种最佳的方式记录着时间痛苦的流逝，以及它那不确定的、无法理解的、荒唐的流程。

从此，小说可以被搬到戏剧舞台上，呈现在银幕上，有时甚至能够变成音乐，变成一串音符，一首不断重复、不断重写的歌谣。

不久后，她将把这一切变成一种方法，就好像文字一旦被重组，就变成了理解客观世界的最可靠的方式。她重新拿起自己的初级作品，对它进行再创造，为它打开新的窗户，而若是没有这些窗户，作品便是盲人，是哑巴，无法表述人的延伸、词句的回响、语言的振动。

一定要“走出”体裁的范畴，试着让它们行走于其他有待开辟的空间，移动到不同的地带，要围绕着一些经常难以觉察的阴暗的极点与火热的核心，让作品变成创作者、淘金者和大胆的洞穴学者，要尝试俄耳甫斯的孤独之旅，毫不犹豫地走下去，使作品重新开始，并沿着普鲁斯特已经开辟的那条自由的道路，把作品延伸到它要去的地方。于是，继《音乐》之后，将有《音乐之二》；继《印度之歌》之后，将有影片《印度之歌》；继《阿巴恩，萨巴娜，大卫》之后，将有《黄色的，太阳》；继《情人》之后，将有《来自中国北方的情人》……如是种种，一直到触及“黑夜号轮船”穿越的那些陌生的海域的底部。

1956年9月17日，改编为戏剧的《广场》在香榭丽舍剧院首演，导演是克罗德·马丁，由凯蒂·阿尔贝迪尼与R. J. 肖法尔主演。然而，与小说一样，她的这部戏剧同样引来了一些激烈的批评。杜拉斯始终是一桩爆炸的丑闻，或令人喜出望外，或令人火冒三丈。9月19日，媒体开始向《广场》这部戏剧发起攻击。《巴黎通讯》的马克斯·法瓦勒里将其视为“心理的脱衣舞”。《费加罗报》的让-雅克·戈蒂埃忧心忡忡，恶毒地写道：“在《新法兰西杂志》看来，这是头脑简单的人的灵魂”，是“穷人的梅特林克”[1]，是“等待多多”[2]！《世界报》讽刺道：“对于加快戏剧的危机，使其在死前最后抽搐几下，这部戏剧是一条可靠的途径……两位英勇的演员把剧本熟记于心，那剧本像流体

[1] 或指莫里斯·梅特林克（Maurice Maeterlinck，1862—1949），比利时作家，1911年诺贝尔文学奖得主。

[2] 这应该是一个文字游戏：一方面，“等待多多”（en attendant dodo）谐音“等待戈多”（En attendat Godot），即萨缪埃尔·贝凯特的戏剧代表作；另一方面，“多多”（dodo）在法语中是一个儿语词，含义是“睡觉觉”，或指杜拉斯的这部戏剧令人昏昏欲睡。

一样，被精心地抽掉了脊椎，属于一种日常风格。啊，它是多么的日常啊！在我那位杰出的同行莫里斯·布朗肖看来，这部戏剧是抽象的，是无人称的，更是令人感动的。因为，《广场》或许终究是一部杰作，一部所谓的杰作，具有虚假的简单性与模糊的哲学性。”《游击队员》的居伊·维尔多提出了他的怀疑，觉得让-保罗·萨特可能“冲进了导播间”。

不过，同时传来的也有一些不同的声音，其宗派主义色彩不那么浓厚，而是更为关注杜拉斯那种单调的音乐。例如，《费加罗文学》的雅克·勒马尔尚在最初的几天里是崇拜者，他称赞“作者有一种超凡的艺术，也即让她的人物像某一次敢于说话时那样去说话”，并对对白的纯洁性表示赞赏，称之为“一首合唱歌曲，一首力求和谐的二重唱”。《震旦报》的居斯塔夫·若利在这部戏剧中觉察到了一种“稍纵即逝的苦涩”，并认为它使人联想到了让·热内的《女仆》。该剧1958年在博什新剧院重演时，《法国文学》杂志的克劳德·奥利维尔宣称“这样一部剧作同样也是戏剧”。

可见，巴黎的民众正在发现一个新的剧作者。她是新颖而独特的，她不愿做出任何让步，她只倾听人的各种沉默与能够像她说的那样“相互对话”的“平凡的不幸”。

此外，1960年在马蒂兰剧院重演及1965年在达尼埃尔-索拉诺剧院重演后，这部戏剧将得到大众的认可，这证明杜拉斯确实具有预言的能力，总是走在时代与历史的前头。进一步说，《广场》将变成一部经典，由于达到平衡而显得优雅，而稳固这种平衡的，是对话的透明性与戏剧的统一性。

她仍然记得，早在中国情人的那个时代，也即30年代，在她回国时乘坐的轮船上，有一个男青年在深夜里跳海自杀了。为此，那艘全白色的邮轮，那艘丈量大海的船，那艘远洋轮船，在黑夜里停了下来，一动不动，想要找到男青年的尸体，但却一无所获，只好在黎明时分重新启程。她就像那个男青年，由于写作而陷入了自杀的深渊，谁也无法把她打捞上岸，她留在了海底，留在了最黑暗的恐怖之中，留在了浩瀚的海底所具有的那种孤独之中，留在了“那个纯粹而无法觉察的深处，或许是生命的证明，却也是死亡的景象”。

这是因为，她的文本不像学院派所追求的那样静止不动，而是活动的，“斜着走”，扭动着，同时把语言唤出来相互交流。她把这一切称为“挖掘出文本的力量”，为它们注入新的生命与强大的能量，使其越来越深入，变得像秘密一样。

“逼迫”文本，打破它那些最有害且最牢固的界限，这种方式使她繁重的写作变成了一种不断累积的、既哑然又现实的痛苦。正是得益于一次次筛选，不断重新熔铸，注入并激发新的生命力，她才避开了“新小说”的陷阱。她所惧怕的理论、学术性的思辨、分析性或理论性的语言……这一切统统与她无关。她更愿意同人做斗争，同他们的生与死做斗争，凭着充斥于她内心的那种无法忍受的好奇心（激励普鲁斯特的也是这样一种好奇心），把他们从神秘中拽出来，从黑夜里拉出来。

莫里斯·布朗肖的《文学空间》与《广场》同年出版：这是一个征兆吗？他将在《新法兰西杂志》上发表一篇文章，揭露说他与杜拉斯之间有一种学术上的默契，并对她的作品倍感亲切，而这两层关系将使他成为圣伯努瓦街的老熟人之一：这又是一个征兆吗？

翻开《文学空间》，我们就能感觉到，似乎杜拉斯的作品已经从中汲取营养，似乎布朗肖闪耀的灵光已经追上杜拉斯的步伐和她已开始的漫长流浪。布朗肖想起了里尔克的著名诗句：“我们，冒着无尽危险的我们”，并把它用在作家身上，形容他们就像“得不到日常保护”，“在自身之外、在故乡之外”的流放者，从事着繁重的劳作。杜拉斯正慢慢走向一个“幽暗的底部”和“最基础的底部”，而布朗肖的整篇论述也把我们带到了同样的地方，并已开始勾勒它的痕迹与轻微的声音——不久后，这些痕迹与声音将在劳儿·瓦·斯坦系列作品中全面展开。

他们置身于对抗运动的浪潮，一端是“在黑暗上闪耀”的作品之光，一端是在辽阔而幽暗的深渊边缘被“绝对黑暗”与俄耳甫斯的寻觅所吞噬，他们一直在二者之间来来回回，但某种相同的观念使他们走到了一起。

杜拉斯把这本书视为一部具有根本性、启发性与必备性的作品。它向她展示了她正行走的那条道路的全貌，同时对她凭着直觉，凭着对事物与尘世的预感，在隐晦的小说中，在字里行间所表述的东西作出了解释。她早就具有预知事物与尘世的能力，也正是这一能力使拉康在不久后指出，《劳儿之劫》使人对“异化的纷乱”（troubles de l'aliénation）有了全新的认识，相比所有精神病学报告，这部小说更好地描述了“一种在临床上确诊的妄想症”。

和布朗肖一样，她也笃信作家的工作，它就像午夜时分掷骰子，笃信从中浮现出来的文字，笃信那种无法避开的黑夜，笃信充满喧嚣与意外、危险与未知的“地洞”（terrier），它“使一个黑夜接着另一个黑夜”，使作家变成无名人士，“进入模糊不清的状态”。

外面，与阴暗的书房相距万里之处，在充满怒火的“outside”（外面），殖民帝国已是四面楚歌，分崩离析。在奠边府，法国士兵像老鼠一样死在泥泞的沼泽里。这种惨象激励了保护国的民族解放运动。法国在印度支那战争中落败后仅仅六个月，阿尔及利亚就掀起了解放战争。那些一直被迫沉默、身陷灾难、遭受非人待遇的人组成了一支食不果腹、手无寸铁的军队，奋起抗争，同样也走上了一条艰险的道路。很快，杜拉斯就对大家所说的“费拉加”[1]产生了怜悯之情，那些人每到夜里就躲进地沟与山洞，听着黑夜里的声音，注意着布朗肖所说的“宁静的沙漠的流逝”。对她而言，参与这场战争，与写作具有同样的本质，都是“危险的本质”。卡比利亚[2]的丛林与她在写作中涉足的丛林相距不远，二者都不安全，都与死亡挨得很近。

「1」费拉加（fellagha或fellaga），特指法国殖民统治时期阿尔及利亚或突尼斯为争取民族独立而战斗的穆斯林游击队战士。

「2」卡比利亚（Kabylie），阿尔及利亚北部的一个地区。

与迪尤尼斯·马斯科罗、罗贝尔·昂泰尔姆和其他一些朋友一起，她又一次参与到地下活动之中。她将向反叛者伸出援手，因为她从中看到的，是践行博爱精神的一个理由，是另一种在角斗场上冒险的方式。

Chapitre 6 Le Jeu de Minuit

午夜的游戏

渐渐地，她的声音越来越想参与到战争与人类斗争之中，就好像她觉得她也背负着他们的斗争动机，想要与他们分担。从阿尔及利亚爆发起义一年后到获得独立，“圣伯努瓦街小组”非常激进，致使她与她的朋友们走到了极左的边缘，陷入了一种以极端言论为特征的独特的无政府主义，被视为强大的恐怖主义者与危险的破坏分子。确实，他们为阿尔及利亚的抵抗运动提供了帮助，变成了“耻辱的法国公民”和所谓的“行李搬运工”[1]。战争仿佛发生在他们自己的土地上，使他们的论辩越发尖锐，使他们得以生存下去，同时也使“不屈”“背叛”“颠覆”等概念具有了新的意义——对于这些字眼，杜拉斯熟稔于心，因为她始终处在反叛与犯忌的境地，而按照布朗肖的说法，那种境地介于白昼与黑夜之间，是一个以死亡为终结的狭窄地带，其中上演的是“午夜的游戏”（jeu de minuit）。

1990年6月接受《文学杂志》采访时，马斯科罗阐明了“圣伯努瓦

「1」“行李搬运工”（porteur de valises），本意是在火车站为旅客搬运行李的人。阿尔及利亚战争期间，法国一些反战分子通过协助转移资金、提供伪造证件等方式支援“民族解放阵线”，这些人被喻为“行李搬运工”。

街小组”参与斗争的原因：“是为了彰显一种权利，一种尚未得到承认的权利：不屈服于一个逼迫人们变成压迫者的国家。”在杜拉斯眼中，传到巴黎的有关阿尔及利亚的见闻、知识分子开始就虐待现象而提出的疑问、罗贝尔·昂泰尔姆曾遭受虐待的后遗症，这一切变成了一个新的痛苦，令她无法忍受。终其一生，杜拉斯将一直背负着这些零零散散的痛苦，承受着它们突然发作时的重负，被它们像暴风雨一样卷走，还将不断经历各种空虚的时刻与无法忍受的恐怖时刻，并由此而产生一个印象，觉得自己总是突然被凶恶且粗暴的大海吞入腹中。

1955年秋，在罗贝尔·昂泰尔姆、迪尤尼斯·马斯科罗、路易-勒内·德·福雷、埃德加·莫兰、安德烈·芒杜兹等人的推动下，“圣伯努瓦街小组”创立了“反对继续阿尔及利亚战争的知识分子委员会”。

“那个时期，国内似乎正掀起一片滔天巨浪，”埃德加·莫兰在他的《自我批评》中写道，“我们都想奋起反对以殖民战争为纲领，拥护以人民的权利为纲领。”尽管委员会是在之前被法国共产党开除的人的倡议下而成立，但是很多左派知识分子也加入其中。更有甚者，一些“对共产党在战略上的懦弱感到失望”的共产主义者也参加了该委员会，此外还有弗朗索瓦·莫里亚克、安德烈·布勒东、让-保罗·萨特、让·科克托、让-路易·巴洛、皮埃尔神父[1]、让·卡索、罗杰·马丁·杜·加尔、乔治·巴塔耶、克洛德·列维-斯特劳斯，以及一些知名大学教师。11月5日上午，所有人齐聚巴黎园丁大厅，呼吁“停止镇压”，禁止“海外及宗主国国内一切种族歧视”，同时“打开谈判的大门”。

该委员会的成立所产生的影响堪比一颗炸弹，而且就像让·卡索在成立仪式上作介绍时所说的那样，富有一种“奇特的新颖性”。11月7日的《快报》指出，委员会具有一种“两厢情愿的特征”，致使委员会第一次声名大噪，盖过了“自1935年以来的各个反法西斯性质的委员会”。

由于宣言中包含着伦理道德方面的内容，所以签署人千差万别，这

「1」原名亨利·格鲁埃（Henri Grouès）。

一情形持续了一年多，直到共产主义者与保守派知识分子中开始出现缄默，直到萨特及其同党的激进主义把人给唬住。1956年1月27日，萨特不是宣称过吗，“殖民主义是我们的耻辱，它讽刺或歪曲了我们的法律，它所包含的种族主义毒害了我们……我们的职责是帮助它死去……我们所能做的并且应当尝试去做的唯一一件事……是（与阿尔及利亚人民）并肩战斗，从殖民的暴政中救出阿尔及利亚人民，同时也救出法国人民。”在委员会创立的过程中，杜拉斯没有出现在第一线，而是在地下开展活动，不知不觉地成了一个无意识的煽动者，一个发出心声的人。委员会最主要的创立者是她人生中最重要的人，他们三人几乎是在一起生活，曾经住在同一片屋檐下，经历过同样的苦恼，拥护过同样的斗争。克洛德·鲁瓦在《我们》中描述得很清楚，她“就像一个迷失在先遣部队或侧翼部队里的小兵”，拥有“无尽的怒火……与勇气”，这样的她怎会缺席？那简直无法想象。

日渐一日，她挺身而出，与国家、权力和各大机关对抗。二战结束后，在由于看到集中营的幸存者回到故土而产生的痛苦中，她形成了“犹太人”的概念，这一概念此时再次找到了存在的理由。在这场斗争中，她是“犹太人”，那些起义的人也是犹太人，只是方式有别而已。所谓犹太人，指的是那些在他们自己的土地上遭到驱逐、追捕与流放的人，他们要做的，是打破那些人类遭受酷刑以致“人”这一字眼被降级的地窖。至于她，她既是犹太人，也是阿拉伯人或“费拉加”，说的完全是一回事。

凭着直觉，她与阿尔及利亚人民团结在一起，这种团结使她发现了一些其他时期她可能发现不了的情况。同时，她所从事的斗争使她变得更为敏锐，能够从别人的眼神里觉察到种族主义，并使它现出原形。从这个时期开始，她接到一些报刊的邀请，为其撰写文章或专栏。其中，《法兰西观察家》定期向她约稿，并且很快就觉察到她身上有一种天赋，能够抓住事件的独特性，在各类事实中发现隐藏其中的伟大意义，能够凭着她的怜悯之心，用寥寥数语勾勒出人物的形象，无论是公主，还是凶手，她都能尽显自然，得心应手。在新闻报道中，她开启了另一种风格，并将不断提炼，使其具有一种极为特殊的语调，能够细致地聆听时间的流逝。她走出家门，看见一个阿尔及利亚青年拉着小车朝雅各布大街与波拿巴大街的交叉口走去，一边偷偷摸摸地卖花。接下来的一幕随即落入她的眼帘：几个便衣把小车推倒在地，“十字路口撒满了初春的花朵”。与多斯·帕索斯、海明威等人一样，她也能凌空抓住（帕索斯说他是“在路边”抓住）一些姿态、话语与沉默：“一个妇女对便衣们表示赞许：‘先生们，干得好！要是每次都这么干，我们很快就能清除这种人渣。’”另外几个妇女却默默地拾起鲜花，并把钱付给了阿尔及利亚青年。她把这种对外部世界的全新感知献给读者，同时对新闻报道进行了重新定义，把自己的道德观注入其中，用一幅幅速写描绘出事件的真相以及街头与人群中被忽视之处，用她那简练的目光瞬间盯住某个场景，挖掘它，占有它，并用她那“流动式”的、残酷的文字去述说它，她为爱森斯坦[1]未能像她这样用闪耀、赤裸而狂野的眼睛去捕获景象而感到惋惜。

她将不停述说的，正是类似这样的话语，就好像与它遥相呼应的，是小说家的写作，一边写作，一边在黑夜中航行，一边揭露白昼中悲惨而不公的黑暗。

1961年，还是在《法兰西观察家》上，她把华沙犹太人区一个幸存者的话语与巴黎两个阿尔及利亚工人的话语放在一起，形成对照。她让他们述说恐惧，述说他们的孤独以及周遭的仇恨，从他们口中得到了一份使她觉得愧为法国人的供词：“我不再戴围巾，也不再打领带。这样一来，我就不觉得窒息了。出门时，应该不打领带，不戴手表，也不戴戒指。现在，我们所有人都这么做。”

在采访中，她不求悲怆感人，而是努力去挖掘最自然的、最本真的话语。她提出的问题毫无亲切的语气，也毫无煽动性，而是干巴巴的，

「1」爱森斯坦（Sergueï Eisenstein，1898—1948），苏联导演、电影理论家，代表作有《战舰波将金号》《十月》等。

甚至平淡无奇，直接触及问题的核心。

每当她提问的时候，人们就觉得她像是在朗诵，既温柔，又碎裂，既直接，又委婉。

她总是在别人那里搜集恐惧、孤独、危险和各种极端的情境，以及简单的、被人追求的、无法企及却又必须为之斗争的幸福，这一切其实她心中也有。

她不停地游走于内部与外部、她所说的outside（外面）与inside（里面）相对立的地带，追寻着沉默的边界、欲望的区域，以及一切皆有可能的极端地带。与此同时，尤其是在创作劳儿·瓦·斯坦系列作品前的那几年，她非常关注国际上、大街上与群众中的运动，关注城市里的喧嚣，包括监狱、修道院、戏剧院、体育场、商业区以及巴黎的老城区，比如中央市场、玛莱、圣日耳曼德普雷，关注各种不寻常的悲剧。她活在一种交替的状态中，时而在外，团结而慷慨，时而在内，处在像炭火一样的灵魂的核心所发出的光芒之中。

正是在搜集所有气息的过程中，在懵懵懂懂地参与身边事物的过程中，在形形色色的、经想象力过滤后的、像是被吸收并重新处理过的空间与时间中，她构想着她的人生。她使各种声音与行为重新焕发活力，对它们给予高度的关注，赋予它们深远的意义，并由此造就她的人生，从中汲取动力，得以坦言："你们人生的史实，我人生的史实，其实并不存在……我的人生，我们的人生，只有虚构的故事，而没有史实。"

纵观所有一切，仿佛写作已将她吞噬，并为她解答了人生的疑问，提供了唯一可能的答案，仿佛她所说的"普遍性"（général）的意义正是存在并隐藏在文字的背后，处在字里行间，处在文字奇迹般的联结中，处在文字之外，而不再有任何文学与语法方面的记忆。

也正是由于这个原因，她喜欢巴塔耶，她将与他频繁交往，还将把他作为写作的对象，因为他写的东西毫无章法或标记可循，像是被抛进了未知的黑夜，任何评论都无法加以阐释。在巴塔耶身上，她发现了一种语言的力量，这种语言切断了与传统的关系，既是日常语言，但又"从它那些糟糕的常见用法中解放出来，得到了痊愈"，并且发生了偏移，进入了“它所特有的黑暗之中”。在她看来，巴塔耶是一位典型的现代作家，因为他抛弃了智力，转而对感官加以详细描述，并在感官之上平添了“躯体的品性”以及“它所不知道的事物”和“它的伤口”。未来，出于同样的原因，她不承认萨特是一个真正的作家，认为他更应该是一个理论家，是一个抛出观念的人，从而始终是一个观念学家，所以他甚至无法理解躯体发出的歌声与回声、它所揭示的事物以及它的流放之地。

写巴塔耶，就是写她自己。凭着直觉，她对他的追求熟稔于心，因为她走的是同样的沙漠，抄的是同样的近道。她对别人的评价无一不反射出她自己的人生选择和她在写作上的选择，因为她非常自恋，能够在所有事物中汲取她的故事所需的养分。

她笃信自己的直觉与内心的认知，它们是经过长时间的积累而形成的，已变成一种绝对的自信。她知道自己对别人富有诱惑力，也知道自己的“音乐性”（musica）散发着魅力，并对此加以利用。她那强大的自我摧毁了别人，而她对客观世界的好奇心则成了她从事创作所需的万能工具：她简直像个吸血鬼一样，在别人身上吸收着，抽取着，然后把他们的元气注入她的作品，注入她谱写的那首无法模仿的人生之歌。

吸引她的，正是这种躯体的语言，她试图进入它的深处，捕获它的呼喊、故障与愉悦。她既耽于声色，又严于律己，既拒人千里，又能突然把人抓住，这种混合状态无人能及，使她无缘“新小说”那片冰封的大地。60年代前夕的这段时期，她不断改进访谈技巧，因为访谈使她的寻觅更加深入，这一点将从1964年开始随着《劳儿之劫》而集中展现。对于对话者，也即她为各大报刊采访的那些人，她与他们建立起了真诚的关系，因为她在直觉上对他们的孤独与绝望感同身受。1957年，应《法兰西观察家》所请，她采访了一个曾因触犯普通法而被监禁的人。访谈中，她又一次表现出她痴迷于那些“不知悔改的流氓”，那些口无遮拦、敢做敢当的法外之徒，而她只需一个问题，就能让他们的孤独与不幸表露在外，激起他们的抗争，使他们的悲痛涌现出来。她喜欢这种人，这种不寻常的人，这种来自社会底层或抵抗派的英雄，喜欢揭露他们心中的困惑和多面性。例如，对于刚刚提到的那个“流氓”，她所揭露的，既有他对他收养的一只猫的温柔，也有他对社会的暴力，那暴力始终不渝、不可侵犯，非几年铁窗生涯所能平息。

此时，阿尔及利亚战争日渐扩大，法国国内的抵抗运动也愈演愈烈。兴起于奥雷斯山区最深处的“费拉加”的叛乱一开始被人们视为法国殖民史上曾经历的零零星星的起义之一，此时却已发展成一场真正的战争，而法国既面临着在陆上神出鬼没的敌人，但又迟早得与他们谈判。一边是殖民主义最后的辉煌，一边是想要在鲜血中平定叛乱的欲望，一边是看着儿女们走上前线、走进无情的战火的痛苦，面对这一切，法国举棋不定，分歧丛生。战争蔓延到了宗主国，几欲掀起一场内战。在这种历史的断裂期，杜拉斯如鱼得水，就好像只有在这种充满激情与压力的时代里，当人类在危机与风险中看清自己的真面目同时被迫做出选择并置身事中之时，她的整个存在才能找到实实在在的意义。她喜欢这样的极端形势，在这种形势下，悲剧又一次登上世界的大舞台，而她则全身心地“介入”其中，像是通过痉挛而再次变成了女英雄安提戈涅，其形象堪比圣女贞德——她对圣女贞德非常痴迷，认为她是“高尚的”（sublime），她在《话多的女人》中这么说。

在这样的时刻，她从不畏惧，仿佛在挑战中得到了鼓舞，敢于打着被遗忘的价值观与道德的旗帜，与国家乃至整个政治机器相抗衡。

她收留“民族解放阵线”的成员，为他们提供藏身之处，同时尽其所能，在集会上，在采访中，对专制、迫害以及殖民的不义之举加以揭露。她的言辞既极端，又粗暴，而且态度强硬。

鲜有女作家在这场战争中发出自己的声音，敢于挑战和背叛既有的政权，并与敌人私下勾结，她是其中之一，此外还有波伏瓦，但波伏瓦的行事方式更具颠覆性和煽动性。她的“黑夜号轮船”熄灭了所有灯火，在浓厚而动荡的黑夜中航行着。

她知道，人们禁止女人发表言论，囚禁她们，虐待她们，那些女人和她一样，不想继续扮演顺从的女性；她知道，那些女人被称作“巫婆”，因为她们敢于反抗既有的秩序，不愿沉默不语。于是，她与捍卫那些女人的人——例如吉赛尔·哈里米[1]女士——站在一起，积极地开展斗争。

她用米什莱的小说《巫婆》来宽泛地比喻女性的境遇。小说里有一个颇具代表性传说：丈夫们离家参加圣战后，女人们独自留守，她们在森林里与鸟儿、树木以及所有动物说话，发明出不同的话语，与大自然建立起不同的关系，从而破坏了秩序，造成了纷乱。

1957年，根据她的倡议，“圣伯努瓦街小组”创立的“知识分子委员会”宣告解散。由于某些共产主义积极分子犹豫不决，像马斯科罗所强调的那样，迟迟不“表明他们对‘人民有权做自己的主人’这一原则的态度”，再加上苏联入侵布达佩斯，所以委员会宁可自行了断。随着时代的前进，“圣伯努瓦街小组”的创立者们言论越来越激进，委员会内部的分歧迅速尖锐化，煽动的思想四处吹拂。据埃德加·莫兰透露，“共产主义者与进步主义者是实用主义者与战术家。他们厌恶激进的语言，总是觉得那种语言过于注重伦理，过于理想主义”。一些内部争端甚至使创立者之间的信任出现了罅隙。例如，在梅萨里·哈吉的案子上，莫兰就遭到了昂泰尔姆与马斯科罗的指责。梅萨里·哈吉是“阿尔及利亚民族运动”的领袖，他反对“民族解放运动”，但没有获得成功。莫兰主张为梅萨里·哈吉辩护，而萨特的追随者以及昂泰尔姆与马斯科罗则不赞成这么做，为此而相继召开的多场“歇斯底里”的会议损害了委员会的信誉，使其分崩离析，离真正的斗争越来越远。由于处处发生动摇，“委员会陷入了泥潭，很快就不再是一个敢于违犯政治禁忌的知识分子委员会。在莫兰看来，它已丧失了它的道义。它沦于平庸，提出的议案和形势报告平淡无奇”。

---

[1] 吉赛尔·哈里米（Gisèle Halimi，1927— ），法国政治家，律师，女权主义斗士。

至于杜拉斯，她又一次避开了暴风雨。她始终拥有这样一种能力，能够既参与其中，同时又置身事外，能够既融入一个小组，同时又懂得保护自己的自由和个性意识，能够与他人一同呼喊，同时又处在孤独之中，觉得自己在孤独中应该更有效率。

因此，她介入时事的深度，她对那些令人无法忍受的事物进行干涉的尝试，曾经并且仍然得到人们不同程度的赞赏。某些心有疑虑的旁观者认为，她所采取的立场有助于她造就自己的形象，并以某种方式利用大事件更好地服务她的作品，这是最佳情况，而最不济也有助于她孤芳自赏。另一些人则认为，她只是世间女子之一，遭受着世间的残酷，既与世间格格不入，却又始终存在其中，提醒世人注意他们的义务。当然，无论如何，她最主要的“介入”靠的是写作的成果。她投身于写作之中，那是一种残酷而痛苦的“战斗精神”，一个无法躲过的野蛮使命。

还是在这个时期，1957年，她与迪尤尼斯·马斯科罗一拍两散。不过，这次分离并不彻底，因为她需要她曾深爱过的男人——和昂泰尔姆一样，马斯科罗此后一直未曾远离她的事业，仍与她保持着奇特的合作关系。于是，圣伯努瓦街的那间公寓仍然是马斯科罗的公寓。这个地方不受城市的影响，却又坐落在城市之中，经历过很多聚会、讨论与激情，而马斯科罗仍然住在里头，一直到1964年。

马斯科罗一直关心知识分子在现实世界中扮演的角色，以及他们介入其中的方式。为此，1957年12月，在和其他几个知识分子一道走访波兰之后，他在午夜出版社出版了一本一百来页的小书，书名为《波兰的信札：关于法国知识分子的苦难》。

他的论述言辞激烈，这一点与杜拉斯很像，因为他们二人在这一时期的观念是一致的。虽然这本书的开头有点像新闻报道——游览奥斯维辛也即“普遍性痛苦之都”，走访华沙的犹太人区，采访几个波兰人——但它的核心内容却是评价“侨居国外的”法国知识分子。

接受《毒芹》（一份青年人办的报纸）的采访时，马斯科罗更明确地表述了他所宣扬的态度，因为他在访谈中的话语更为细腻。以波兰的经历为出发点，他说道，波兰人遭受了“斯大林主义，而在斯大林主义的内部，又出现了一些社会主义者”。在《波兰的信札》中，他写道：“革命运动在定义上得到了更新，并在实践中变得更为年轻。”

可见，《波兰的信札》旨在对新的实践进行曝光，在他看来，这种新的实践定义了知识分子。自始至终，他所呼吁的是一种理想化的革命道义，“服从于那些具有必要性的事物，落实那些**如今仍然**具有必要性的事物，以实现革命的目的，而革命的目的在于平等”。由此，他勾勒出了一种具有共产主义特征的自由主义：“得益于匈牙利和波兰的经历，我们可以设想从资本主义社会直接过渡到自由的共产主义社会。”

最重要的，是永远也不要脱离“承载着革命的人类，其实也就是工人阶级。应当不惜一切地与人民保持联系，不管怎样，人民的天赋胜于所有天赋之和”。

这一辩证思想同时也是杜拉斯当时的思想：如何身在法国共产党之外却仍是共产主义者与马列主义者，如何使这种自由主义的共产主义与斯大林主义者的积习握手言和？可见，杜拉斯与马斯科罗的思想是近似的，他们的理想是一样的，追求也是一样的，这一切使他们与碌碌无为和背叛的法国知识分子分道扬镳——他们“什么也不做，什么也不想，毫不认真，这是可悲的”，马斯科罗在《波兰的信札》中这样写道。

阿尔及利亚战争、法兰西第四共和国的罪行——例如戴高乐将军的“1958年军事政变”——以及1968年“五月风暴”那场革命将使他们有条件实践自己的信条。然而，她心中有两个杜拉斯在值守。她是一尊雅努斯神像[1]，能够极为灵活地从一副面孔转换到另一副面孔。马斯科罗专注于理论和纯粹而艰辛的分析，其观点为她所赞同，而她则躲进小说与文学之歌，那儿涌现出一些不同的欲望，更为自由，更富有激情，有时甚至使政治道路偏离正确的方向，变得难以相容。和《广岛之恋》

[1] 雅努斯（Janus），也译作“杰纳斯”，是罗马神话中的天门神，负责早晨打开天门，让阳光普照人间，晚上关上天门，使黑暗降临大地。他的头部前后各有一张脸，一张看着过去，另一张看着未来，因此也被称为两面神或时间之神。

中那位曾经被剃成光头的女主人公一样，她也踏入了一些禁区，禁区中一些莫名的欲望扰乱了革命的意识乃至抗争的意识，把她带到了一个无法预测的地方，使她走上了背叛之路。

她曾与米歇尔·莱里斯、乔治·巴塔耶、让·迪维尼奥、埃德加·莫兰等人一道，试图把业已解散的委员会重新组建起来，并改名为“革命知识分子委员会”，但这次尝试只是昙花一现，几个月后便宣告流产。是不是从这个时候开始，杜拉斯（而非马斯科罗或莫兰，尽管二人更为积极）身边形成了一种公开的暴力与仇恨？也许，在此之前，舆论并未真正注意到她的颠覆能力、她呈现出来的危险以及她的话语所导致的风险。对于她的读者，她并不谨慎对待。在策略上，她不如波伏瓦，而是更直接，更狂野，贵族气派稍逊一筹，她令人害怕，令人不安，从此将一直与怒火绑在一起，而人们也将始终怀疑她背叛祖国，背叛祖国的道义、习惯以及祖辈的法则。

在未来的访谈中，例如《话多的女人》，她的话说的非常直白，令人震惊。她不是说过吗，她不属于任何国家，与哪里的土地都没有关系，除了她记忆中那片异乡的大地，她是一个外国的、自由的犹太人。

她把戴高乐的掌权视为一场政变，怀疑他从解放开始就无视或藐视人民，为一己私利而鼓励个人崇拜，断定他对险被灭种的犹太人民几乎不曾有丝毫怜悯。因此，她站在马斯科罗与让·休斯特[1]一边，加入了反对戴高乐的抵抗阵营，并参加了这个小组创办的杂志社，杂志将于1958年创刊，名为《7月14日》。

得益于一些朋友的捐赠，特别是献出了自己作品的阿贝尔托·贾科梅蒂与超现实主义画家罗贝尔托·马塔，这份杂志才得以刊行。这是一份宣称抵制戴高乐的刊物，汇聚了一批杰出的合作者，包括罗贝尔·昂泰尔姆、安德烈·布勒东、让·迪维尼奥、路易-勒内·德·福雷、埃

「1」让·休斯特（Jean Schuster，1929—1995），法国作家、诗人、记者，二战后超现实主义运动的重要成员，《巨臂》主编。

德加·莫兰、莫里斯·纳多、布里斯·帕兰、本雅明·佩雷、让-弗朗索瓦·勒维尔、埃里奥·维托里尼，等等。

主编们在其社论中宣布："我们不是要力图知道此人（指戴高乐）如何看待共和、自由、平等和博爱……对于我们而言，是要辨别出这届奇特且为期应当不久的政府是降临在思想之上的黑夜，是自由之死的丧钟。"

所有为创刊号撰文的人都以一种近乎祷告与预言的方式喊出了他们的愤慨与反抗，发誓要为莫里亚克所说的阿尔及利亚的"穷人大屠杀"报仇雪恨，同时揭露了正在上演的专制独裁，把自己的身份归入地下分子、"犹太人"、"费拉加"，以及自愿被"说谎和屠杀"的法国社会排斥的人。罗贝尔·昂泰尔姆在他的文章《经受考验的原则》中，准确地表达了一种夹杂着无奈与抗争的情感，他写道："阿尔及尔的党派令人感到恐怖。共产党令人感到恐怖。简直可以说是深不可测的沼泽。这两者放在一起，便导致了一种惊悚的感觉。这种感觉极为特别，使人得以衡量危险的幅度。围绕着我们的不是一些弱小或单纯的力量。它们无比繁多，无比明智，无比凶猛，乃至不乏存在的理由！"

在这份杂志所揭露的那种惶恐不安的背景下，在马斯科罗三十年后称为"直觉的自发性"的那种状态下，杜拉斯不是最后一个发表意见的人。她的话语是极端的，是激进而粗鲁的。这是她的另一个侧面，始终听命于她那种恐怖分子与杀人凶手的本能。她又一次变成了解放时期的那个杜拉斯，变成了小说《首府的阿尔贝》里那个执拗的泰蕾丝——这篇小说后来被她收入《痛苦》中。她的语言是说教式的，时而像史诗一般，而她那奔放的抒情就像圣茹斯特笔下熊熊如火的抨击——"圣伯努瓦街小组"对圣茹斯特无比仰慕。

苏联军队1956年对布达佩斯的入侵在杜拉斯心中激起了一种无法平息的仇恨。为此，她为《7月14日》写了一篇文章，题为《布达佩斯的凶手》，富有煽动性和诅咒性，属于感叹和雄辩的风格。文章运用了革命檄文所特有的各种修辞手法，包括排比、诅咒、省略、感叹，充斥着比喻和论战的笔调，充分体现了她的愤慨。她总是把自己等同于遭受压迫的人民，就好像她由于维护匈牙利的权益而变成了匈牙利人，变成了一个奋起反抗的女战士，在地窖里被堵住嘴，遭受到凶手们的严刑拷打；就好像她曾是华沙犹太人区里的一个犹太女子，饥肠辘辘，继而惨遭枪杀；就好像她是一个“费拉加”，在卡比利亚的丛林里被一群法国人埋在碎石堆中，因为无论是纳韦尔的地窖，是华沙警局的地下室，还是阿尔及尔的白色别墅，到处都重演着同样的故事，为征服他人而犯下同样的暴行。

她赤手空拳，对世上所有虐待他人的行刑者吼出了她的抗争。她写道：“我们早就从我们的骨灰中复活了。你们别再抱任何希望。你们只不过是你们自己的历史的代言人，而你们的历史是短暂的，从此将弥漫着死亡气息。你们的道路并非牢不可破。你们的历史正在终结。相互看看你们自己吧，你们装作还活着，其实你们临终的日子已经开始。”

她几乎从不落后于历史，她总是确信自己处在真理之中，她对所有那些思想与自己不同的人发出了凶恶的诅咒。通过一种细腻的艺术，借助一种优雅的文字，她在自己的书里成功地探明了人类处境的一千零一层地层，同时她还精通爱情及其最深奥的奥秘，并拥有一种直率的政治语言。她将永不放弃这种革命的、极端的、激进的暴力，而这种暴力使她在历史学家眼中变得不再可信，同时也揭露出她具有一种赤裸裸的，因为粗暴而引人注目的人格。1958年9月21日，《7月14日》上刊登了《关于一场人民的审判的计划》与《有待执行的首要措施》，这两篇文章署名迪尤尼斯·马斯科罗与让·休斯特并得到了杜拉斯的完全赞同，明显表现出他们的“介入”具有起义的性质——针对戴高乐的所谓的暴力行动，他们加以谴责，并以一项暴力程度有过之而无不及的革命暴力行动作为反抗。文章的署名人断然谴责了阿尔及利亚的法国军队，说他们带回来了“一百万道德债务”，同时也谴责了政府，列举了他们在审判中提出的期待，并得出了一个最终结论：“我们呼吁所有自由意识团结起来，旨在把‘不爱国精神’落到实处，坚决拒绝服兵役，把不屈不挠的精神推广到各个社会阶层，通过各种方式并利用各种力量抵抗一个只知道为法西斯主义在法国逐渐兴起而进行筹备的政权。”

尽管她的文字如洪水般泛滥，尽管怒火与她的身体紧密相连，尽管她始终把不屈不挠的状态奉为圭臬，作为她身为人类的终极证明，杜拉斯仍然追逐着更为甜蜜的幸福，追逐着心平气和的时刻，而这一切只有一所房屋才能给予。同样是在1958年，她在乡下也即诺夫勒堡买了一所真正的房屋，花的钱大部分是她的版税。她需要把“黑夜号轮船”的锚抛下，使它免遭他人侵袭，为它找一个平静的停靠港，把它藏在高墙之中，藏在她的房屋四周的那一排排房屋之中。

当然，反对她的人早已注意到，她是在安逸的状态下发出滔滔不绝的革命言论，是在巴黎第五区那间公寓里作出熊熊如火的抨击，一边怀着激进的信仰从事着她的职业，一边多次购置房产。也许，他们并不知道，她喜欢在圣日耳曼德普雷区买下一些小的工作室，然后租给大学生——这是一个永恒的矛盾，她将从中为她的辩证思想与写作汲取素材。

她经常出没于她选择的地方。圣伯努瓦街当然是这样——即便她人到暮年，人们仍然能在圣伯努瓦街遇到在扬·安德烈亚搀扶下的她，只见她身子瘦弱，精疲力竭，驼着背，与平民区那些老妇人无异，一头纤细而略显卷曲的头发，毫不在意自己的姿态是否优雅——特鲁维尔或者说原为宫殿的黑岩旅馆也是这样，那是一个极其神秘的地方，像是出自于她的影片。

在诺夫勒堡，房屋一间挨着一间，沿着道路形成一堵长长的城墙，“公园”旁边有一个池塘。那些房屋是用磨石粗砂岩砌成——此地率属于历史上的塞纳-瓦兹省，附近的房屋都是这种构造——窗户不大，装着方格玻璃。在布置房间时，她不在乎是否尽善尽美，或是否留有昔日的残迹，屋里散发着淡淡的气味，颜色也是淡淡的，用了棉花、丝绸和不到百年的刺绣，摆着几束褪色的绣球花，家具是20世纪初的风格，几张用果树的木材制造的餐具桌和桌子，一些藤制的家具，就好像她仍然记得永隆的露天平台，记得母亲坐在摇椅上，一边晃悠，一边凝视着苍穹、山峦、湄公河……

几间大房间里，床仍然放在那儿，一些织物和几条宽大的开司米披巾随意地扔在上头。在阁楼的房间里，床罩用的是产自茹伊[1]的布料，呈暗淡的玫瑰色，地毯已被磨破，应当来自于东方。小木凳上放着绿色的植物，蔫蔫的，从未特别鲜活过，漆木制成的托脚小桌上放着枯萎的花束，家具、餐桌与壁橱上放着一些奇特的装饰品，比如散步途中捡回来的一些东西、几个干果、葫芦、碎石子，靠着一堵石墙立着一根路易十四时期的螺旋状木雕柱子，看起来奇形怪状，却又显得几乎必不可少。

她述说房子的方式和谁都不一样。她喜欢讲述深藏在里头的记忆，那些已经在神秘的黑暗中沉积了几个世纪的记忆。

这所房子无一处不是她的。她熟悉它的所有细节，所有来龙去脉。她能够捕捉到它的寂静，并从中剥离出曾在里头住过人的声音与故事，特别是女人，她们充斥在她的想象之中。

这是一个属于女人的地方，一个埋藏着欲望的地方，一个充实的地方，被墙壁隔绝，却又听得见模糊而陌生的嘈杂声。

她允许女人们了解她们的屋子，了解得比谁都透彻。是她们把各种隐藏的、被禁止的、被限制的欲望放在屋子里，而房屋将在墙壁与石头的沉默中、在花园表面上的安静中、在草皮不懈的轮回中、在“公园”旁边那个池塘的凝重的安详中述说这一切。是的，它们述说着女人们以及被否定与被击垮的人的压抑，述说着她们的孤独与所有她们最亲近的事物，述说着爱与死亡，以及无人愿意或敢于述说的一切热情似火、激情四射的事物——女人与屋子之间有一种鲜活的默契，比如，未来她将独自住在诺夫勒堡，酗酒日甚一日，连周末也是形单影只，在那些孤独的日子里，她一边写作，在酒精的帮助下一直写到深夜，一边聆听着花

[1] 茹伊（Jouy），位于法国法兰西岛大区伊夫林省（Yvelines），巴黎西北部，以纺织印染技术而闻名。

园、树木以及巡回的星斗发出的音乐。

将近四点，她会听到孩子们放学归来的脚步声，否则便一无所有，没有声响，也没有躁动，整个村子像死了一样，只有供应香烟的酒吧略有生气，里头有台球，有点唱机，有发光的霓虹灯，三两个穷人、闲人与退休的人在柜台上喝着酒。其他人则关在自己家中，杜拉斯也一样，待在她的屋子里，而那所房屋空旷而虚幻，一派殖民地那种垂死的模样，里头的家具、物品和饰物显得弱不禁风，仿佛一间旧货铺，把蜘蛛网变成了装饰品，带着些许萎靡不振的优雅，屋里花束很多，是用野花做的，摆放在20世纪初的灯具发出的微弱的光芒中。

在这个脆弱的地方——与这种脆弱形成反差的，是裸露在外的石头——某种东西占据着统治地位，它折射出杜拉斯的本质，凭着它那象征性的平衡与浸透一切的时间意象而始终代表着作家的绝对性，不容置疑，同时反射着她的质疑的核心。

她与诺夫勒堡密切联系在一起，而当她于1982年住进医院时，诺夫勒堡也随之受到了威胁。那时，她已濒临死亡，沉浸于人生的苦痛，肌肤上、身体中布满了酒精造成的损伤。“黑夜号轮船”遇到了险情，流浪在不见星辰的黑夜中，而她的朋友们则在家里忧心忡忡。米歇尔・芒索守候在诺夫勒堡，她在那儿也有一所房屋。杜拉斯不会死去。每当路过杜拉斯那间窗户紧闭的屋子，米歇尔・芒索的脑子里就会有音乐声穿过，或是《蓝月亮》——杜拉斯几天前刚唱过这首歌，一边唱，一边用戴着几枚戒指的手指捏着一小杯红酒，那酒一直是满的——抑或是《印度之歌》里的乐曲。

诺夫勒堡呼吸着流放与孤独的气息。有几次，她也曾离开她的乡间。于是，关着的窗户就会被攀爬的藤所吞噬，而“公园”则被流浪猫所占领。她曾对米歇尔・芒索说过：“我被穿透了。某种东西穿过了我……我知道，在我的最深处，在最特殊的地方，我找到了最普遍的东西。所有人都是这样。每个人心中都有这种最普遍的东西。可是，大家听不见，他们不敢。”

在这间屋子里，她达到了她所说的“普遍性”，以及世间秘密的核心，仿佛所有一切全都窝藏在这里，等着被人述说。

诺夫勒堡是人生之旅的站点之一。故事在这里继续，接着去往别处，又回到这里。四季更替，“公园”里林立的大树落叶归根，灌木丛中的叶子与玫瑰春风吹又生。这又是一个证据，见证着她为了“观看”而走遍黑夜所留下的踪迹。在《物质生活》中，她讲述了一个颇具寓言意味的小故事：由于房子深入大地，楼梯的第一级台阶变得很高，建筑工人挖了很久很久，想要找到岩石层，“但却一直往下，势不可挡，要去往何处呢？下面是什么呢？房子是建在什么上面呢？”

这就像她在写作中的寻觅。都说书籍是以语言为基础，其实不对，它的根基是洞穴，是深坑，是“黑夜号轮船”可能会沉没的广袤的马尾藻海[1]。真正的书无一不是诞生于海难之中。

从在殖民地度过的童年中，从她那位非常有远见、非常粗野的母亲那里，她是不是得到了这样一种欲望，也即想要拥有房屋，成为房屋的守护者，让自己觉得离家很近？

她组织着，规划着，为的是不让房子陷入混乱，沦为废墟。她这是以她自己的方式重新开始兴建一座堤坝。还是在《物质生活》中，她透露了她制订定一份清单——她把这份清单别在壁橱里，目的是使所有物品，从细盐到绝缘胶布，什么也不缺，她说她这是在追求“人生这艘轮船及其旅途的自给自足，为了我爱的人，为了我的孩子”。

根据她在《情人》中的描述，她的人生“没有道路，没有主线”。在这样的人生中，《琴声如诉》的诞生是具有代表性的，此书发表于1958年，也即她在诺夫勒堡购置房产的那一年。她好像说过，她母亲去世也是在那年前后，很可能是在1957年。她不愿回忆确切的日期，也不愿回忆她被埋在何处——在接受电视栏目“质问”采访时，她声称自己并不知

「1」马尾藻海（mer des Sargasse），也译作萨加索海，位于北大西洋西部，海上生长着大量马尾藻（一种漂浮的植物），会把过往船只缠住而造成事故。相传哥伦布曾误入这片海域，被困近一个月后才逃生。

情；在《情人》中，她虽然多处提到母亲，却也什么都没说。她好像想要把日期淹没在时间的潮水中，使其更加变幻莫测，更加起伏不定，屈服于记忆的浪涛，时而搁浅于海滩，时而深陷于遗忘，无影无踪。

不过，在《物质生活》中，她交代了一些线索，但却助长了传说。

她就像《局外人》里的默尔索：今天，“妈妈死了”。收到电报时，她在圣特罗佩。她和一个男人在一起——对于此人，她体验到了一种特别强烈的激情，但只是性欲方面的激情，她在《话多的女人》中这样声称——白天开了一段时间的车，晚上则整夜都在开车。和默尔索一样，她也做爱了，是在奥里亚克的一个旅馆里，距母亲人生谢幕的地方已经不太远。母亲死在卢瓦尔-谢尔省那座小城堡里，“小多”和大哥陪在她身边。

她在《物质生活》中讲述了这一切，与加缪的小说一样，只有寥寥几句，甚至恬不知耻，但却带着一种隐蔽的情感和某种莫可名状的东西，它们来自很远的地方，来自欲望的最深处，未被记录在案，来自一个充满暴力、令人害怕并将她淹没的地方，一个她心有疑虑且正在跨越的地方。她和那个男人对饮，和他做爱，这像是一种自杀，一种谋杀，一种想要死去并失去一切的欲望。

她被带到母亲的遗体身旁。母亲躺在二楼的卧室里——按她的说法，“每到冰冻期，母亲就把羊赶到那儿，让它们睡在……她的床边”。屋里弥漫着一种抛弃和终结的气氛。确实，一段历史刚刚落幕。对此，她并不感到难过。在母亲去世的同时，她对世界有了一种新的理解。一场转变悄然发生，将使她写出新的作品。不过，母亲之死与她对那个男人的激情这两件事之间毫无关系，就好像一种“真诚”刚刚诞生，它将把她带回写作的早年时期。

她陷入了社会的丛林，饱受下流手段与小偷之害，虽已成为知名作家，却完全被写作的奥秘及其惯例所牵制。自从母亲去世，她变得更加积极，似乎母亲的死把她从那段艰难的历史和那个“石头般的家庭”中解救了出来。她同意放弃继承权，接受了母亲那份过于偏向长子的遗嘱，把好处拱手让给大哥那个流氓。她按要求签署了所有文件，只求结束自己的亲缘关系，把它清理掉。从此，大哥也即“家中的流氓……不带武器的杀手”的所作所为便无关紧要。后来，她得知，他在外省四处游荡，能睡在哪儿就睡在哪儿，并一件件地变卖了母亲的遗物，包括玉器、铜器与家具。在《情人》里，她描述了他的没落与逆来顺受，字里行间透出一种残酷而艳丽的冷漠，而这种冷漠中又依稀藏着泪光与爱意。述说这一切的时候，她用的是一些非常简短的词语，一些“奔跑着”的词语，它们按照她的意愿急匆匆地展开，留下依稀可辨的踪迹，致使小说在不知不觉中变成了一首诗，一首抒情的歌谣。多年后，1978年4月，她得知了他的死讯，他独自一人，尸体是在一间出租屋里被人发现的。她还说过，母亲希望这个儿子葬在她身旁，根据这一愿望，两人被安葬在卢瓦尔河畔的纳泽尔公墓——她将忘记这一切，连这个地名也不例外。“那画面有一种令人难以忍受的光芒。”她在《情人》里这样总结大哥与母亲的故事。文字变成了坟墓，她无法在她的海上旅途中、在反反复复的时间历程中走得更远，她把母亲与大哥尘封在坟墓中，尘封在僵硬而逼仄的泥土中，尘封在一张张阴森森的、注定遭受时间与遗忘之灾的照片中。

杜拉斯说过，在创作《琴声如诉》的过程中，她完成了“一次深层次的断裂”。渐渐地，她的内心与世隔绝，被一种更广袤的孤独所占据。此后，她的每一部作品都像是一出拉辛的悲剧，像是在幽暗的迷宫里又跨出了一步，饱含着凌驾于一切之上的命运的力量。她未来的作品的语言将一次又一次重复，成为想象出来的跳板，触及事物的终极奥秘，同时甩掉风景、肖像与描写，直接奔向核心与要害。她喜欢帕斯卡尔、拉辛、巴赫与舒伯特，所有这些艺术家的书或乐谱里都有一种神秘的张力，他们就像一只裹得严严实实的弹簧，一松开，就会使人进入一个不为普通人所知的地方，脱离众所周知的身份，并“迷失在（与这一身份）同时存在的事物之中”，“或在别处，或在附近，或迷失，或死亡”。

她让她笔下的主人公和她一样，像坠入深渊一样坠入击垮他们的陌生事物之中，把他们推向难以忍受的极限，进入令人无法呼吸的玉兰花香，进入饱和的酒精气味，进入超越一般欲望的欲望，这种欲望只有在死亡中才能焕发生气。“我希望你死掉。”肖万说。“已如你所愿。”安娜·戴巴莱斯特答道。

在《琴声如诉》的一开头，女主人公着迷于一桩谋杀案。这与杜拉斯对社会新闻的痴迷如出一辙，比如法庭上的审判、搅扰日常生活的扑朔迷离的谋杀案，它们是一个别样而黑暗的世界，她无法看破其中的逻辑。

《琴声如诉》问世后不久，杜拉斯在《法兰西观察家》上发表了一篇文章，题为“发生在舒瓦齐勒鲁瓦的恐怖事件”，讲述了当时一桩闹得沸沸扬扬的情杀案。对于西蒙娜·德尚谋杀她的情人（埃弗努医生）的妻子，如果说不是一件神秘的事或一个“奇怪的”行为，那么又该如何解释？杜拉斯的分析撞上了她所说的“黑暗中的真理”——她没有对案子下定论，同时承认，“他们（舒瓦齐勒鲁瓦的罪犯）来自于黑暗之中，我们无法在光天化日之下认识他们的真面目”，因此她“放弃了对这种黑暗加以阐释”。她想要研究的，正是这种一无所知的情形，这种无法下结论并作出最终的、不容置辩的判断的情形，以及灵魂与躯体的奥秘所具有的复杂性。在那几年中，她与乔治·巴塔耶交往频繁，与他的观念相去不远——他深信，激情只能奔向死亡，那才是它的起源，它只存在于付出的状态中，并在死亡中得到满足。

她当时正经历的爱的激情，一场爱情而非宽泛意义上的爱情（后来她在美国版《琴声如诉》的序言中明确指出了这一点），她的情人对她的诱惑力（她把小说题献给了他），她从中获得的认识——这一切使她相信，只有在欲望耗尽之时，她才能最大限度地接近自己高度关注的陌生事物，才能更好地理解安娜-玛丽·斯特莱特，包括她在殖民地的湿热中那种慵懒的寻觅，以及想要沉入湄公河或恒河，回到黑暗中、回到大海的深渊中的欲望。

在同一篇文章的一则注解中，她讲了一个很有意思的小故事：一个残忍的犯人在一封信里详细叙述他杀人的经过，就在他描绘惨剧的那一刻，信中突然出现了“一种非同寻常的、通俗易懂的、像声音一样却又确实是手写的语言”，以至于“我们有了一种印象，仿佛进入了黑暗中的真理”。

从此，阅读杜拉斯的作品，就得采用这种方式。一旦她的话语陷入沉默与空白，发生断裂与偏移，令很多人难以理解，那就意味着它进入了“黑暗中的真理”，在一颗神秘的星星的指引下盲目却又执着地航行，同时也意味着它无法得到解释，不可能由作家加以阐释，而我们也只能和作家一起，陷入她自己也不认识的地方。

对于所有那些从一开始就承认杜拉斯的才华并追随她到最后的读者来说，《琴声如诉》是一部真正的杰作。在这部作品中，古典悲剧的法则得到了保留，比如语调、地点、情节的统一性，此外还有一种深度创新的东西，试着用最少的、简洁得几乎令人望而生畏的语言，阐明激情的神秘机制、欲望的反复侵袭以及神秘的心灵共鸣，同时竭尽全力地洞悉一切，而书一旦完成，留下来的首先是火的痕迹与孤独和冷漠的余光。

正是从《琴声如诉》问世开始，杜拉斯一方面成了崇拜的对象，那是一种奇特的、无条件的崇拜，始终围绕在她身旁，另一方面也成了某些批评家的偏见所攻击的对象。在某些人心中，她唤醒了一种憎恶女性的过激情绪和一种仇恨，这些情感一直追随在她身后，以至于经常使她灰心丧气，逼得她陷入孤独，变得更为粗暴。莫里斯·纳多、克洛德·鲁瓦、加埃坦·皮孔等人认为，她写出了“贝拉·巴托克重写的《包法利夫人》”[1]，代表着法国小说复兴的机遇；一致反抗现代性的《法国文学》《里瓦罗尔》《震旦报》等报刊则认为，这部小说只是一个试验品，干巴巴的，令人烦闷不堪，是一枚“中空的坚果”，一个

「1」 克洛德·鲁瓦曾在1958年3月1日的《解放报》上发表一篇题为《贝拉·巴托克重写的〈包法利夫人〉》的文章，对《琴声如诉》表示肯定。贝拉·巴托克（Béla Bartók，1881—1945），匈牙利作曲家。

肤浅的世界。对此，娜塔莉·萨洛特叹息道：“傻子才这么说……”还有人讥笑杜拉斯，给她取了个绰号，叫“Durasoir”[1]。她变得不被人理解，成了嘲笑的对象，像她说的那样，“出于一些糟糕的原因而闻名于世”。

然而，这部小说仍然获得了“五月文学奖”，而她也并不在意别人的嘲讽，而是继续埋头苦干。她曾把写作视为一项工作，此时它的性质却发生了变化。从此以后，她全身心地投入到小说中，开始渐渐认识到这种题材的核心，发现它灵活多变、转瞬即逝且很不稳定，像极了神秘的大海——既像大海的表层，“总在重新开始”（保罗·瓦雷里语），又像大海的底层，不断地被清扫。

《琴声如诉》在午夜出版社出版，这是不是一个偶然？这家出版社将与瑟伊出版社一起，为普通民众当中的颠覆活动推波助澜，同时向大众揭露阿尔及利亚战争的真相。1957年，午夜出版社的社长热罗姆·林顿推出乔治·阿尔诺与雅克·韦尔热的《力挺贾米拉·布依莱德》——贾米拉·布依莱德是阿尔及利亚“民族解放阵线”的一名女青年积极分子，负责安装炸弹，被捕后被判处死刑，雅克·韦尔热是她的辩护律师——从而在全国范围内引发了一场关于虐囚的大讨论，右派与左派的宣传部门全都参与其中。《震旦报》《法兰西晚报》《世界报》《快报》与左派报刊纷纷表态，要求揭露虐囚的真相。

还是在1957年，就在贾米拉·布依莱德得益于上述大讨论而幸免于难后不到几个月，热罗姆·林顿再作冯妇，校对并出版了亨利·阿莱格的《问题》。这部作品以一种朴实无华且无可辩驳的方式，证实了法国一名共产主义者因被控通敌而锒铛入狱并遭到虐待的真相。

[1] 该绰号可能有以下几层含义：一是通过“名词+oir”的构词法表示“与杜拉斯有关的”；二是“du rasoir”，字面意思是“像剃刀一样”，指的是杜拉斯的语言富有跳跃性，显得支离破碎；三是“dure-soir”，字面意思是“持续一整夜”，指杜拉斯的作品枯燥乏味，需要读很长时间。

此书掀起了轩然大波，并在卖出六万多册之后被查禁。为此，一些知识分子多次发起请愿活动，马尔罗、莫里亚克、萨特、罗杰·马丁·杜·加尔等人还联名给法国总统写了一封义正词严的信，希望他收回查禁此书的决定。“敦促政府以《人权宣言》的名义对使用虐待手段予以明确的谴责”这一要求使作家们之间产生了分歧，并扰乱了他们的信仰。

正是在这样的背景下，午夜出版社的领导层做出战略选择，决定同时出版杜拉斯的作品。《琴声如诉》是另一种形式也即文学形式的颠覆，是对施加在人的欲望与自由之上的暴力的另一种揭露，是另一种言说的方式。

她站在了当时各种斗争的风口浪尖之上，出现在各种尖锐而恐怖的否定与谩骂的时刻。阿莱格的叙述朴实无华，充斥着悲剧色彩，用细腻的笔触描绘出虐待的真相；《琴声如诉》同样朴实无华，同样见证着人的抗争，并富有现代性。一方面，她和刚刚于前一年也即1957年凭借《变化》获得雷诺多文学奖的米歇尔·布托一样，在同一家出版社发表作品；另一方面，她和所有那些熟知各种不公平现象与一场盲目的战争的见证者一样，将揭露发生在阿尔及利亚的虐待（例如贾马尔·阿姆拉尼的作品）和发生在法国的虐待（例如《坏疽》），揭露叛逃（例如诺埃尔·法弗尔里埃尔的《黎明时的沙漠》）与告密（例如皮埃尔·勒里埃特的《圣米迦勒与龙》）——基于此，她证实自己是一个边缘的、反抗的、违逆的、不屈不挠的作家，处在战斗与灾难的中央，一直在背叛世俗的成见与国家的法则。

正是在这样一种充满暴力的氛围中，《7月14日》杂志总第二期按既定的时间于9月份出版发行。目录的最上头是莫里斯·布朗肖的一篇题为《拒绝》的文章，堪为所有知识分子的决策参考。这是一篇觉醒的文章，也是一篇见证性质的文章，它呼吁知识分子重新自我定义，恢复“对他们的身份的尊重，这将使他们不能继续妥协，也不能继续冷漠”。文章的表达手法几乎与杜拉斯无异，像咒语一般，热情奔放，狂野无羁，间或有一些语句被打上“拒绝”的标记，每页不下二十处。这种“拒绝”为的是用“一个断然的‘不’字”触动“那些无法发言的人”，同时触动那些呼吁“拒绝”并建立荷尔德林所说的“朋友之间在生活与思想上的共产主义”的人。

这是因为，《7月14日》所要做的，正是彰显这种话语中的怒火，使马斯科罗所说的“情感上的激昂”表露在外，因为一旦压制这种狂热与怒火，人们对真理的激情就会变味，并渐渐地导致“暗示性语言，接着是窃窃私语，接着是恭顺的耳语，最后是沉默无语”。

杜拉斯沉浸在这样一些犯上不尊的、具有革命性质的运动中，沉浸在那些煽动性的、史诗般的攻击中，从中汲取养料。1958年这一年中，她一直在参与组建“阿尔及利亚党”，组建“唯一一个能够有效地与当前体制相抗衡的政治力量，只有它才能真正伤及当前体制，打击那些致力于维持当前体制的小气鬼”。

《抵挡太平洋的堤坝》的改编权被卖给导演勒内·克莱芒后，同名影片于1958年春在法国上映。影片力图再现小说所拥有的视觉表现力、扣人心弦的剧情，以及对白中的真实性，其片头字幕星光熠熠，“令人眼花缭乱”：肖瓦娜·曼加诺、安东尼·博金斯、理查德·康特、乔·凡·弗利特、阿莉达·瓦莉……一时间，杜拉斯的新闻热度经久不衰，变成了当时最负盛名的作家之一。

虽然该片获得了国际投资，但是勒内·克莱芒未能重现《抵挡太平洋的堤坝》的整个故事。事实上，除了小说中的史诗场面、辽阔的风景、湿润的稻田，他没有注意到另一个故事，一个封闭的、悲惨的故事。影片成了一个败笔，就好像这部小说无法凭借丰厚的投资而被拍成电影，只能通过另一种方式，一种与勒内·克莱芒背道而驰的方式，需要一种更私密、更“疯狂”的倾听。

她于1960年发表《广岛之恋》，此书的创作两年前就已完成。这项工作的源起已模糊不清，因为阿伦·雷乃的说法与杜拉斯不相一致。根据杜拉斯的说法，《广岛之恋》的创作比《琴声如诉》早一年，但这一断言与《话多的女人》中的另一个说法自相矛盾："我是在同一年写了《琴声如诉》。这两个东西我写于同一年。"至于雷乃，他有一次接受采访时断定，他是在读了《琴声如诉》之后才试探着请杜拉斯"写一个爱情故事"。"我脑子里想的是一种类似于《琴声如诉》的东西，但原子弹引起的恐慌不能少。"不管怎样，阿尔戈电影公司是在1958年一季度末向杜拉斯发出了邀请。在此之前，这家小公司已推出多部短片，涉及安托万·华托、15世纪的彩色插画、戈雅、《蒙娜丽莎》、北京，这些影片都很优秀，足以凭着它们申请政府的津贴。例如，雷乃的《夜与雾》就曾享受过退伍军人部和二战研究委员会提供的大笔资助。让·凯罗尔的剧本和汉斯·艾斯勒的配乐为雷乃的作品做出了极大的贡献，使影片一炮走红。

于是，1958年初，阿尔戈公司提出与雷乃再度合作，以广岛遭原子弹轰炸为主题，拍一部长片。雷乃要写一部带有纪录片风格的剧本，但却无法找到贴切的语调，也无法在剧本中注入主题本身所包含的那种情感。彷徨了三个月之后，他提出了一个建议，打算采用女性的视角。有人想到了萨冈，并约好与她见面详谈，可她却两次爽约；接着有人想到了波伏瓦，可她的书生气却令人不快。最后，雷乃建议找杜拉斯，他不久前读了《琴声如诉》，并为之兴奋不已。制片方同意了这个主意，认为杜拉斯的写作或许"更有女性特质"。

从此，杜拉斯埋头创作，并与雷乃密切协作，而雷乃的个人追求与"新小说"不谋而合：声画错位、线性叙事中的断裂、对沉默的偏爱……

根据雷乃的说法，他与杜拉斯这一时期"每天都见面"，旨在使他托付给她的那个"纯粹是抽象的东西"日渐丰富，使一些细节不断明确，比如地窖里冷不冷，有没有猫，等等。

得益于杜拉斯在写作上那种奇迹般的迅速，剧本很快便圆满完工，就好像"一写出来就是成品"，靠的是一种"脱离她掌控的本领"。日本的发行商兼制片人永田雅一接受了这部剧本，尽管他一直习惯于投资一些更商业化的项目。

她之所以同意就这一主题进行创作，一开始主要是出于生计原因。这一时期，杜拉斯的生活相当拮据，因为暂时还不能像后来那样靠作品大批量发行来保障生活需求。她与多家报刊合作，也是为了满足同一需求。不过，她很快就对《广岛之恋》这一主题产生了兴趣，被它迷住了，并满怀热情地投入到创作中。出资方最希望得到的，是一部经过一个刚开始出名的女作家以别出心裁的方式加工而成的纪录片，但她提交的工作成果却与原计划毫不相干，显得特别“奇怪”，布局也特别不可思议，其中包含着某种令人着迷的东西。虽然电影圈里既没有免费的午餐，也没有让步，虽然当时明星机制正大行其道，发行方正只手遮天，虽然“新浪潮”的第一批作品诸如《情人们》《精疲力尽》《漂亮的塞尔日》尚未问世，但是她却成功地改变了最初的计划，使之服从于她新创的主题，服从于她在之前的几部小说中着手叙述的那个隐秘的故事。

在那些漫长而又始终喑哑的宣叙调[1]中，她全面地展现了时间的作用，譬如它能够掩埋记忆，否定记忆，能够把遗忘作为当前存在的事物所具有的唯一一种实际的表现形式，乃至对这样的遗忘大加赞扬。因此，她拒绝恋旧，否定往昔，并断定自己置身于生活之中。

在杜拉斯的笔下，爱情、死亡等主题相互交织，构成一种极为特殊的格律，故事与故事之间盘根错节，一个个鲜明的对比连续不断，犹如巴赫的层层叠加的赋格曲，犹如一次又一次覆盖沙滩的浪涛。这样一来，她便赋予了语言一些新的表达方式，而无论是布托，还是罗伯-格里耶，乃至凯罗尔，他们都未能切实改变语言的本质。在他们笔下，时间既不灵活多变，也没有惊艳的纹路，而这样的属性既令人生畏，又使人的孤独具有了更丰富且更明显的意义。

扰乱叙事的正常步调，用一些导致方向发生偏移的次要情节和一系列偶然事件使叙事时不时地中断，这种她不但擅长而且从此将为她所特有的方式将促使未来的小说专注于倾听时间。在对时间的倾听上，普鲁

---

［1］宣叙调：歌剧的一种曲调，与咏叹调相对立。简言之，宣叙调是叙述，用于对白或陈述剧情，咏叹调是抒情，用于抒发人物情感。

斯特无疑是一个承上启下的人，而杜拉斯、贝凯特、巴塔耶也将对此予以重视。

在纳韦尔，在艾玛纽埃尔·里瓦[1]藏身的地窖，在广岛，在其他地方，情况都是一样的。遗忘吞噬了一切。冷漠无情的时间无法被抓住，它在逃脱，一直在消逝，谁也无法抓住它。所以，语言的存在仅仅是为了收集那些不可避免地发现变化的事物所留下的一些痕迹，收集那些曾经存在的事物的残余的印记，而那些事物的全貌永远也无法像照片那样恢复，只能恢复为一些断断续续的图像，一些模糊不清的、难以理解的、毫无明显含义的、组织架构已碎裂的碎片。

杜拉斯的作品带有自传的性质，无一能够避开时间的破坏力。作品中的一切都被河水与海水冲洗殆尽。无论是纳韦尔，还是广岛，无论是永隆，还是特鲁维尔，只要是她留下过记号的地方，水以及定期涨落的潮汐都会把所有想要拔地而起的事物一扫而空。遗忘的力量告诉她所有一切从未真正存在，她对它束手无策，只能朝它大喊大叫。她总是与新生的河流或注入大海的河流的“绿色的河口”近在咫尺，这甚至已成为她的人生的隐喻。

遗忘是一只手套，拂过她的脸庞，却没有擦掉脸上的皱纹，而是留给她一张毁了的脸，就像她在《情人》中说过的那样。可是，毁掉她脸庞的，是谁，是什么，是哪一个永远无法再现，只能述之于传说和其他想象的真实故事？

计划获批后，雷乃的影片拍得很快。预算很少，只有1200万日元，这笔钱阿尔戈公司要在一年半之后偿还。17天在日本，12天在法国，雷乃就结束了影片的拍摄。

对杜拉斯来说，所有一切都是这样发生的，她在一种狂热的状态中急匆匆地完成创作，害怕语言会溜走，或是跟不上她的步伐。她的剧本

「1」影片《广岛之恋》中饰演女主人公的演员。

要求她急匆匆地创作，就好像若是换一种方式，它就不能把其中展开的那个隐秘的故事和盘托出。影片《印度之歌》也是这样，它的拍摄期创下了纪录；小说《情人》也是这样，只需短短几个星期，便足以挖出她的往日岁月的遗迹，挖出昔日的一个中转站留给她的深刻印象和记忆。

可见，她与雷乃之间有一种十足的默契，她把剧本的稿子交给他，同意进行一些修改，并把雷乃需要的改定稿寄到拍摄地。这是她的第一次从影经历，而对于电影，她尚未准备妥当。

雷乃拍摄的这部剧本是全新的，是一篇没有人见过的赞美诗，它像一首歌谣似的贯穿于整部影片，同时随着它的韵律而折射出一些被遗忘了的却又令人难以忘怀的内心图景。

她能够接受某些新的笔调，同时使它们服从于她自己的欲望与想象，也能够以某种方式大胆地打破体裁的枷锁，这种能力从属于她那暴烈而狂野的决心。在她自己的从影经历中，或是1980年夏试着为《解放报》撰写新闻专栏期间，她也是这么做的，一边对文体进行革新，一边对它们进行再创造。

某种神奇的东西主宰着《广岛之恋》的命运。本该是雷乃的电影，却变成了剧作者的电影。连女演员艾玛纽埃尔·里瓦似乎都成了杜拉斯笔下那个世界和那个看不见的宇宙中的一分子，她的表演描摹出了杜拉斯的咒语，从中捕捉到最细微的战栗，深入到纳韦尔的黑夜与欲望的黑夜之中，懂得如何触犯所有的法则。在杜拉斯的语言之下，里瓦揭露出了爱情的本质，同时再现了记忆的黑夜中那些无法觉察的呻吟，那种呻吟甚至使人忘记了遗忘。

由于这部影片计划参加1959年的戛纳电影节，因此拍摄过程非常仓促。然而，该片没有得到评委会的支持，相比之下，他们更喜欢《四百击》与《黑人奥菲尔》，尽管马尔罗曾提出异议——据说，他认为《广岛之恋》是一部出色的电影。于是，一些反对意见此起彼伏，有人据此推测，或是说美国对该片的主题作出了谴责而戴高乐则予以反击，或是说该片的虚无主义色彩导致了太多不利影响，或是说该片的票房将遭遇惨败。虽然弱小的阿尔戈公司做出了极大的努力，但影片还是退出了竞赛单元，游离于电影节之外。

不过，影片的成功仍然是可观的。这其中的功劳主要是杜拉斯的吗？雷乃的镜头的灵活性以及他的新式句法得到了媒体的一致称赞，有人甚至喊道，他的影片是一首诗，是一种魔魔法。保罗·达维在《美术》上写道："何必把诗拆开，无论是兰波的诗，还是雷乃的诗？"贝特朗在《灯笼》上断言："阿伦·雷乃依托语言与影像之间的细微干涉，谱写出了一首惊人的电影诗歌。"雅克琳娜·米歇尔在《巴黎人报》上撰文指出："只需几个镜头，雷乃就能吼出最暴力的反战控诉。"大家一致承认，他发明了一种"只有爱森斯坦一人曾确立其原则的电影语言"。这些交汇在一起的赞誉稍稍湮没了杜拉斯的剧本，即便是那些最虔诚的信徒，其中也没有一个人发现这部剧本极为学术且"富有文学性"，而那些蓄意诽谤的人——这种人是最多的——却从中看到了矫揉造作，看到了一种复杂的语言，认为只有雷乃的控制力才能克制住它。里瓦凭着这部影片一炮走红，成了一个巨星，显得像是一个"令人惊诧的""通灵者"。

然而，势不可挡的是，在这些褒贬不一的评论中，仍然会有一些魔法般的、富有魅力的言论，而杜拉斯随后将使这类言论的力度达到最大，也只有她能做到这一点。不久后，时间做出了它的选择。报纸《大都会》的评论员说的很对："未来，当我们把一切全都忘掉的时候，似乎整部作品中的诗歌语调仍将保留下来。"注入这种语调的正是杜拉斯，她把它注入"巫婆"一般的对白中，使得那些对白把观众一口咬住，令他们难以呼吸，并把他们带到了一些陌生而模糊的地方。

为了对影片进行商业开发，一系列声势浩大的宣传相继开展，致使各种激烈的反对与狂热的崇拜持续不断。49天内，看过这部影片的观众达到了256,900人次，而当时观影人次的纪录是好莱坞史诗巨片《十诫》创下的，为526,000人次。这是一个轰动一时的成就，一个引人议论的成就，一个令人好奇的成就，同时也是一个过分的成就——如果我们相信，某些观众被海报和广告欺骗，以至于中途离场，义愤填膺。确实，人们在广告牌上看到的不正是这么一句话吗："《广岛之恋》，一段充满甜蜜、温柔与欲望的爱情！”还有，法国北方电影公司的广告词写道：“《广岛之恋》，一部关于爱情的电影，令人震惊的爱情，离经叛道且无视时空界限的爱情，无上的爱情。”“《广岛之恋》，一部关于爱情的影片，一段疯狂并咆哮的爱情，一段呐喊的爱情。”

这部既被赞扬又被羞辱的电影在杜拉斯的命运中留下了记号，她将永远随身背负着一种耻辱的气息，激起人们的仇恨与爱戴。影片曾六次获奖，颁奖机构包括电影与电视作家协会、电影媒体国际联合会、电影批评联盟、电影俱乐部社会主义联合会、法国电影与电视批评家协会，以及联合颁发“1959年度胜利奖”的《费加罗报》《电影世界》和《法国电影》等报刊。

由此可见，《广岛之恋》原计划是一部试验作品，最后却成了一部大师之作。会不会正是由于这一原因，杜拉斯才会在每次回忆这次经历之时，总是激动不已？1960年，她声明说，她才是这部作品唯一的作者，此举在某种程度上掩盖了阿伦·雷乃的功劳，她在最终版本的序言中似乎也对此表示了歉意：“我尝试过尽可能忠实地叙述我在《广岛之恋》中为阿伦·雷乃做的工作。在这部作品中，我实际上完全没有描写阿伦·雷乃的影像，希望大家不要对此感到惊讶。”

事实上，这部电影代表着她在为人处世方面的一次失败。她认为自己被骗了，在毫不知情的情况下签了一份使她损失一笔稿费的合同。她估计，由此造成的损失高达数万法郎。在《话多的女人》中，她说：“那个时候，我们没法去度假，我们的钱太少了……没有一个人——连雷乃也不例外，我得说——没有一个人告诉我说：‘别忘了索要一笔稿费。’”

这个骗局使她回想起殖民地时代的敲诈勒索，回想起母亲曾遭受的弄虚作假，使她意识到自己的女性身份——因为是女性，所以才会被骗——同时也使她对金钱有了一种更真切的认识。

人到暮年，她将欣喜而又哭笑不得地发现，她的名字竟然与《广岛之恋》牢牢地联系在了一起。通过她惯用的藤蔓作用，她把影片转变成了书籍，从而使这部影片变成了她的著作之一，再也无法绕开，以至于连雷乃的名字也退避三舍。正如她所说的，文本“逃走了”，去了它的星座，进入了她的作品的档案，在那里，心灵与身体凝固在永恒而静止的时间中，断断续续地跳动着。

1960年，她发表了《塞纳–瓦兹的高架桥》，仍旧是一个花边新闻式的故事：一对退休的平凡夫妻犯了一桩谋杀罪，残忍地杀害了他们先天残疾的德国表妹。她对世间万象倍感好奇，喜欢探听各种新闻，像普鲁斯特一样，渴望揭开人的机制以及他们那些不为人知的、出人意料的行为，然后再将这一切转变为形而上的人文知识——是不是这些原因导致她从别人那里并在人类的丛林中借用各种最富有戏剧性和小说性的场景？

她又一次痴迷的，是“无从解释的事物”，是那对貌似无可怀疑的夫妇的犯罪逻辑，是包藏在他们心中的暴力与野蛮，是突然发作并使他们不由自主的疯狂。她对人物对白有一种天生的感觉，并以此服务于她的寻觅。于是，《塞纳–瓦兹的高架桥》展现了她所特有的文体，以及她从此赋予她的戏剧的那种语调：简单明了的对话（就像一些毫无心理动机与情感色彩的信息），依稀可辨的诙谐，以及几乎无处不在的命运，它四处飘荡，使故事里的主人公变得无能为力，同时坚定不移地审判他们，隔离他们，击垮他们。

在《广岛之恋》与《琴声如诉》的大力推动下，杜拉斯的小说在图书市场上获得了巨大成功，她成了60年代复兴大潮中的一个独特的声音。从1960年起，她当选梅迪西文学奖评委会成员。她乐意接受这一殊荣，继1950年落败龚古尔文学奖之后，她认为梅迪西文学奖是“法国最重要的奖项”——在《物质生活》中，谈及荣获该奖的热拉尔·雅尔洛之时，她这么说道。

事实上，梅迪西文学奖的声誉是凭着它的评选方式而树立的。与龚古尔文学奖相比，它的评选更具有学术性，商业性要淡一些，同时更专注于对叙事形式的研究与创新，更青睐那些怀疑式的作品。它希望发展成为当时已有的文学奖中最严肃、最严谨、对参选作品的文学质量要求最严格的一种。此外，杜拉斯身边的其他评委貌似更贴近于她的文学大家庭，而非龚古尔的文学圈。这一时期，聚集在梅迪西文学奖的创始人加拉·巴尔比赞——她是该奖的资助人，一个铁杆象棋迷，经常坐在蒙马特高地的葡萄架的树荫里，坐在她的床上，用圆珠笔画肖像画——与让-皮埃尔·季洛杜身边的，有德尼丝·布尔代、费利西安·马尔索、弗朗西娜·马莱、娜塔莉·萨洛特、阿兰·罗伯-格里耶、勒内·马里耶·阿尔贝莱，还有克洛德·鲁瓦，他刚刚当选并接替多米尼克·奥利的席位。杜拉斯接替的是皮埃尔·加斯卡尔，评委会在她身上看出了一些非凡的文学素养，断定她的到来是有利的。

她暂时还不知道，她将无法在这个机构中“久留”。不久后，她将认为它是社会的“复制品”，“微小却又像铁一样坚硬”。随着时间的推移，她将发现它有一些部件沾上了污垢，同时还存在着幕后操作的现象。接受任命之时，她认为梅迪西文学奖是所有奖项中最不差劲的，觉得自己能够改善它的体制，同时使业已建立的秩序发生一些变化。那时，她是否已经猜测到权势集团的影响力，同时凭着她一贯的作风、具有颠覆性的暴力以及发自肺腑的叛逆，决心使之发生混乱和内讧？不管怎么说，她终究在这个机构里待了七年之久。七年后，她步克洛德·鲁瓦的后尘，与娜塔莉·萨洛特同时辞去了评委之职，因为她俩都反对阿兰·罗伯-格里耶，认为梅迪西文学奖在时间与习俗的作用下变成了“一个把奖项的利益置于书籍的利益之上的机构”。不过，她引以为荣的是，她曾帮助克劳德·奥利耶与莫尼克·维蒂希荣获这一奖项。她的离去是1968年社会巨变的前兆，就好像她想趁早远离当时那个“已重新开始的社会”，拒绝对它示以赞同——这是她1967年在超现实主义杂志《巨臂》上对让·休斯特吐露的隐情。

她逃出了她眼中的那个文学的名利场，逃离了那个名流的舞台。从此，她知道她的写作只能在远离俗世的地方找到源泉，找到一些情节与有影响力的斗争。她梦想着有这么一种评委会，它“致力于对评委进行评判”，“不颁发任何奖励，只提出指责，但针对的不是书籍，而是它们的评委，是评论界与其他评委会”，并以此“剥夺当权者的权力，把它重新分配给大众，分配给读者”。

这种对否定的颂扬真切地反映出杜拉斯那种幻觉般的辩证思维。她否定了自己的身份，这一否定意义重大，不可或缺，使她的精力永不枯竭并且拥有了不屈不挠的力量，使她走在了历史的前头，走在了历史的断裂期及其街头斗争的前头，而那些街头斗争很快就将席卷青年一代。

《广岛之恋》上映一年后，杜拉斯的名字再次闪耀于戛纳的十字大道。彼得·布鲁克执导的影片《琴声如诉》在那里与观众见面，并获得了巨大的成功，因为让娜·莫罗凭借该片荣获戛纳电影节官方评委会颁发的最佳女主角奖。1960年这一年对电影而言是一片沃土。英格玛·伯格曼[1]的《处女泉》与路易斯·布努埃尔[2]的《少女》令人难以取舍，竟双双与金棕榈失之交臂。摘得这顶桂冠是一匹黑马，也即费德里科·费里尼[3]的《甜蜜的生活》。同时，米开朗基罗·安东尼奥尼[4]也凭借其《奇遇》崭露头角。正是在这片遍布电影天才的天空中，杜拉斯的名字穿行其间，但她内心深处早已明白，谁也无法再现她心中那个严密而独特的世界。她认为彼得·布鲁克的影片是“流水般的”，觉得他“把主题搞错了”。只有她自己才知道如何表述她文字中的秘密，以及它们所讲述的令人无法理解的故事。

---

[1] 英格玛·伯格曼（Ernst Ingmar Bergman，1918—2007），瑞典电影导演，世界近代电影最有影响力的导演之一。代表作有《第七封印》《野草莓》等。

[2] 路易斯·布努埃尔（Luis Buñuel，1900—1983），西班牙电影导演，20世纪最伟大的电影大师之一。代表作有《一条安达鲁狗》《黄金时代》等。

[3] 费里尼（Federico Fellini，1920—1993），意大利著名电影导演，20世纪影响最广泛的导演之一。代表作有《大路》《八部半》等。

[4] 安东尼奥尼（Michelangelo Antonioni，1912—2007），意大利新现实主义电影导演，也是公认在电影美学上最有影响力的导演之一。代表作有《红色沙漠》、《放大》、《中国》（纪录片）、《云上的日子》等。

她述说着爱情的本质，她笔下的爱情每一次都要重新开始，因为“时间会拆散所有爱情”，她说。它是一种莫名而又强大的能量，把人牢牢困住，在一对对恋人之间钻来钻去，把那些拥有它的人打入空洞、虚无与人生的无谓，同时令那些接收到它的人头晕目眩。她知道谁都无法抗拒它，不得不忍受某种悲剧性的、陌生的、无法抵抗的东西。她歌颂着爱情的力量，这力量来来去去，时而逃脱，时而委身于人，没有任何人能控制它——“没有任何人，没有任何人。”她让《夏夜十点半钟》里的玛利亚这样说道。这部小说发表于1960年，被评论界一致视为她的最佳作品之一。小说中，她又一次以角斗场为主题，她知道现实生活中的自己也处在角斗场上，既软弱无能，同时又在不断抗争。

小说的主人公当然有玛利亚，还有她的丈夫皮埃尔和他们的女儿朱迪特，以及克莱尔，夫妇二人的一个女性朋友。在去马德里的路上，由于不堪酷热，他们停了下来，准备在一家住满了游客的旅馆里过夜。小城里一片骚动，警察们正在追捕一个凶犯，此人刚刚杀了他的妻子及其情夫。那天晚上，玛利亚无法入眠。她来到阳台上，想要呼吸一些散发着茉莉花香的凉风。昏暗中，她看到了凶手的身影，同时也看到了在另一个阳台上拥吻的皮埃尔和克莱尔。她决定帮助凶手脱身，并趁着巡逻人员不在的时候，把他送到了几十公里以外的乡下，准备第二天中午再去接他，好让他能够偷渡出境。可是，当大家回到那里时，却发现男人已畏罪自杀，朝自己的头部开了一枪。前往马德里的旅途再次启程，但由于炎热，他们又一次停下了脚步。克莱尔借口说想要睡个午觉，在一家小旅店里要了一间房。皮埃尔前去找她，和她做爱，这是他们第一次做爱，却重新感受到了爱情的晕眩。

终于到了马德里，皮埃尔和玛利亚发生了一次争吵。玛利亚心中既无嫉妒，也无怨恨。她明白，他们的爱情已山穷水尽，像是在共同生活的七年中被倒空了。她知道，这是无法避免的。

杜拉斯的所有想象再一次跃然纸上：有炎热；有强烈的激情；有警察、暴雨和死亡的威胁，它在路上，在田间，到处奔走；有烈酒，它为的是在生活的地狱里坚持下去；有清凉的曼萨尼亚，西班牙的一种葡萄酒，它使人念念不忘爱情的苦痛，同时承受住它的暴力和它那无情的法则。还有总也少不了的时间，它流逝着，流逝着，消磨着人的心灵与意志，损坏着人的脸庞，使它日渐老去。她接受了这一切，接受了时间的流逝及其必然性：只要双手拂过她那毫无掩饰的脸颊，她就知道，她已接受了自己已经永远被毁掉了的事实。

被毁掉了的，是她自己的脸，是杜拉斯的那张脸，脸上的“材料已被毁坏”，“已被摧毁”。

是“杜拉斯的小音乐”（petite musique de Duras），是它述说着时间沉重的脚步，述说着时间对植物与动物的侵蚀。就是这种无法抹拭的旋律一边沉溺于歌唱，一边重新勾勒出时间的未知路线，它那隐蔽而阴险的进程，词语和句子、白天和黑夜以及季节的缓慢重复，还有生存的勇气。在这个“新小说”疾病缠身的时期，她对采访她的玛德莱娜·夏普萨尔[1]说道：“是的，这一次，我已敢于抒情。”

上世纪60年代，她继续担任专栏作家，记录着各种琐事、社会八卦，以及日常生活中的传奇故事，这种故事淹没在喧闹无比的现实生活与整个城市中，谁也看不见。她比其他任何时候都更加关注那些没有社会地位的人、犯了小罪的人、患性格障碍症的人、被逼上梁山的“无辜”罪犯，也即那些令社会蒙羞的人——那是一个具有正统观念的社会，它“对自己的权利坚信不疑”，并以这种坚信为基础而建立起来。在《琴声如诉》里的那场著名的晚宴中，她曾对这种“像殖民地白人中的败类那般荒淫无耻的”社会进行揭露，而在1991年发表的《来自中国北方的情人》中，她仍然拒绝接受这样的社会。

在她主持的电视访谈节目中，在她为《法兰西观察家》《时尚》等报刊撰写的采访报道中，她力求理解边缘人的逃避与拒绝，在他们身上发现人类境况的迹象。她大部分时间都在倾听，不蛊惑人心，不夸大其

「1」玛德莱娜·夏普萨尔（Madeleine Chapsal，1925— ），法国作家、记者，曾采访多位作家并著有访谈录《作家十五人》（本书第七章将提及）。

词，也不刻意逢迎。她曾为《法兰西观察家》采访一个加尔默罗会修女，在采访中，她捕捉着修女的神秘性，想要破解她的秘密，但却遇到了莫名的障碍，没能圆满地达到目的。

那次采访给她留下了深刻的印象，因为她联想到了乔治·巴塔耶的一次采访，也联想到了她的采访对象的经历，他们被情欲所诱惑，陷入了胶水般的沉默，陷入了树脂般凝重而无情的时间。这都是一些极端的人生经历，而只有在这样的人生经历中，兰波所说的“星斗的摇摆”与“彗星的轰鸣”才可能被人听见。

无疑，她最著名的一篇采访录是《奥朗日的纳蒂娜》，发表在1961年的《法兰西观察家》上。在奥朗日，一个名叫纳蒂娜·普朗塔日奈的小姑娘遭到了绑架，绑架她的是一个头脑简单甚至痴呆的男人，名叫安德烈·贝尔托。后来，小姑娘被成功营救，安然无恙，而绑架她的人却把他的小刀插进自己的胸口，死在了警局。于是，杜拉斯开始跟踪这桩神秘案件，想要看看是怎样一种爱的力量把此案的两个主人公联系在一起。为此，她多次骚扰安德烈·贝尔托的妻子，直到她打开家门并吐露心声。她们的谈话简单明了，冷漠无情，蒙着一层悲剧的色彩。在杜拉斯的步步紧逼下，贝尔托的妻子向她揭露了把上述两人绑在一起的一种绝对的爱。她运用日常用语，解释了欲望的升华，解释了丈夫的暴力如何转化并升级为一种未知的东西。说到他，“他经常在树林里为她摘花，给她讲故事，讲一些很小的孩子听的故事，他喜欢那些故事。”至于她，“她抱着他，像抱着自己的父亲一样。挂在他的脖子上，我告诉您，整天挂着。”

这就是她在访谈中收集到的。是一些简单而又意味深长的语言，“正常人”往往听不见，也说不出；是一些什么也没说的语言，只说了自身所包含的东西，只有某些人才敢喊出来。

她偏爱对白，喜欢把人们心中的秘密立体地呈现出来。渐渐地，这种喜好将使她爱上戏剧的写作。此时，她还没有经常想到戏剧，她不是对热纳维耶芙·塞罗说过吗，她“对戏剧根本不感兴趣”？然而，戏剧已开始令她着迷。她知道——这也正是她最独具一格的地方——拘泥于某一种既定的体裁，例如小说，将使她的寻觅故步自封，无法描绘出欲望的冲动与爆发；相反，体裁的多样化，它们之间的相互作用，各种体裁之间的转化，或许才是破解那些她所描写的秘密的必由之路。今天的戏剧，明天的电影，以及不久后她在造型艺术方面的尝试也即把一些怪异的非主流艺术品镶上金箔，这一切都能够用于表达，能够在语言与沉默的融汇中、在她所处的写作的虚幻世界中相得益彰，相互交流。

我们能不能说这是知识分子的生活？相比之下，这更是一种强烈的情感活动，一种高端的精力消耗，完全受制于并得益于一种绝对的自恋情结，一边走向她所追求的完美，一边服从于“自我的所有冲动”，它的不幸与失望，它的风险与惊奇，只要那些无法言说的东西能够被表达出来，哪怕只是一丁点。

只有这样，我们才能理解她的复活，她从别处、从貌似漫漫长夜般的昏迷中的脱身，她的一次次堕落，她呼吸的停顿，她的窒息，她身体的惊厥——她那具躯体好几次差点儿熄火，但随即重新启动，走上另一条道路，为了同样的寻觅。兰波的经历也是如此，她说，“身为人同时身为作家的兰波不偏爱任何一种探索方式……我发现，在兰波那里，自我的冲动使他具有了一种热情似火、不顾一切的性格。”

可见，从小说到戏剧，从戏剧到电影，之间没有“迷路”，它们都是寻觅，只不过地点发生了“迁移”。寻觅的是什么呢，是谁呢？1983年，有一次接受《巴黎早报》采访时，杜拉斯对此作出了回答：表演，写作，拍电影，是“触犯上帝的作品，盗用他的角色……置身于危险之中，因为我们可能会因此而丧命……”她认为电影是“一种在交给观众之前已被检查并修改过的产品”，所以她将遵照一种发自内心的指示，创作一些讲述对死亡的“恐惧”的影片。

她的寻觅是开放式的，旨在伺机捕获一切蛛丝马迹，一是通过倾听自我，倾听事物对自我的影响，倾听尘世的声音极其触及她的方式，二是通过迷恋他人，迷恋使人的躯体得到解放的奥秘，以及欲望的多重本质。与文字中的秘密并驾齐驱的，是爱的力量，她愿意为这种力量冒任何风险。她若是爱上一个人，不一定是由于他之所是，或他的身份，而是由于他能够激活她心中的某些东西，比如来自某个地方的回音，或是某些诱惑力，或是这样的激情可能导致的某些危险。1988年，她告诉一个记者："我必须走向新的情人，新的男人……我说不清，也不可能说清。这是危险的，这种对男人的需求。它是在身体中发生的。"同样的，在《来自中国北方的情人》中，她坦言："被占据的是整个身体……我们想到的只有它。"

她从未犹豫，总是义无反顾地陷入某个新的欲望的眩晕之中，陷入控制住她的那种紧急的状态之中。她的情人与她的书一样，都"救了她的命"，她爱爱情，"她爱爱上别人"。

从此，在这种疯狂的寻觅中，人的姓名甚至都逃逸了。她在《物质生活》中提到的"撒谎的人"其实就是热拉尔·雅尔洛，60年代一个"非常机灵、非常有趣、非常非常有魅力"的小说家，曾于1963年凭借《一只吠叫的猫》获得梅迪西文学奖——不知道揭露这个真相有没有意义？

其实，令人感兴趣的，是他俘获她的方式。从一开始，她就觉得自己不由自主地被他的一种独特的能力所吸引：他能够在任何事情上撒谎。同时，吸引她的，是他"连女人的美貌与嗓音都没有认清就已经记住她们并爱上她们"的技艺，是"他那既节制又狂野、既可怕又有礼的粗暴"。

她爱这个男人，热拉尔·雅尔洛，因为他使她产生了一种巨大的、有破坏力的欲望，因为这场激情令她难以抗拒，因为"在我经历一场新的爱情并或许会因此而死去的过程中"，有一种无法抵挡的力量在吸引她，剥削她，使她感到疼痛。然而，她爱他，却又像一个吸血鬼似的在他身上汲取养料，哺育并丰富她的写作，同时把她不断追寻的秘密的界限推到稍远处。

她对此无能为力。"写作与爱"是她为了达到她所追求的目的而汲取的两大源泉。

爱，写作，其实是同样的经历，也即她所说的“回归野蛮状态”和“起飞”的经历。世间吸引她的一切事物，她记住并知晓的一切事物，全都溶化在“内在阴影”（她提出的一个神秘兮兮的称呼）的巨大的沉默中。

因此，只有保持沉默，才能洞悉自我的经历，才能像多米尼克·奥利在评论《琴声如诉》时所说的那样，“在沉默不语的同时说出一切”，才能穿透“内在阴影”的厚厚的外壳。此时，她心中产生了一种自信：“我对此确信无疑”。所谓“对此”，指的是自我、文字、别人的身体禁锢在欲望之中，指的是深入到黑暗之中，深入到记忆的长满青苔的森林之中，指的是等待，是悬置，旨在使白天与黑夜以及时光悄悄留下的痕迹显露出来。

是不是由于与热拉尔·雅尔洛交往，她才突然有了写戏剧的爱好？他是专业编剧，1961年她和他一起创作了《长别离》，这得益于他在她创作《广岛之恋》时提供的建议，同时她还听取了他的一些“既苛刻，又明智，又丰富的批评”，她在剧本出版时的前言中这样说道。

是不是由于上文提到的那种新的确信，她才认识到，要想找到文字作品的真正的秘密，除了依靠写作形式的多样化，还可以凭借动作，凭借语言在人与人之间、演员与演员之间的传递，凭借戏剧表演所呈现的画面，以及所有它此时可以借用的捷径？

是不是由于迫不得已，她才被带进了戏剧的天地——这是一种越来越精炼的表达方式，它有着极为微妙的省略，剔除了外在风景、人物相貌、心理活动，它的对白在时空上相对集中，已经具有表演的特性？例如，1955年发表的《广场》形式上是一部小说，其实已经是一部戏剧，难道不是吗？

所有这些因素像一个个征兆似的降临在杜拉斯身上，正是得益于它们，她才投身于戏剧的探险之旅。不管怎么说，她应该预感到了这一点，因为她知道，已经发表的那些作品事实上已担负起一种戏剧的职责。读过它们的人都能感觉到，它们具有一种强烈的口语性，一如她那令人难以忘却的嗓音，在一次次衰弱和康复的同时，说出一些秘密，似乎生来就是为了说话的。

她的嗓音将由于疾病而变质，发出嘶嘶的杂音，像碎裂了一样，令她痛苦不已。到了90年代，她的嗓子里将插入一根金属管子，但不管怎样，它仍然能够痛苦地进行表达。那根管子像是一个新的挑战，但她甚至感谢它，因为它使她能够时而听见沉默的声音，能够缄口不言，并最终进入到“所有被压迫的人所共有的那种沉默”。

对于她而言，60年代是极为丰富多彩的，也是极具奠基意义的。在这十年中，圣伯努瓦街这个地方始终吹拂着各种思想，大家在暗中出谋划策，建立起各种情报机构，奋起抗争。她的公寓里人满为患，大家集思广益，用心聆听着世间的各种声音。埃德加·莫兰、乔治·巴塔耶、米歇尔·莱里斯、莫里斯·布朗肖都在那里住过，或是以朋友、邻居等身份造访过。阿尔及利亚战争仍在蔓延。斗争此时已深入巴黎，“民族解放阵线”和“秘密军组织”的机构正在暗中战斗。法西斯的恐怖去而复返。曾在黑暗的敌占期四处游荡的鬼影又回来了，或者说又现身了。她认得他们，认得很清楚，从来都不曾忘记，无论是身穿黑色雨衣、头戴毡帽的拉比耶之流，还是像鼹鼠一样在地窖里工作的极右派青年。

与此同时，论战越来越激烈。人们的思想变得很极端，语言的暴力传播到了所有日渐顽强的阵营。在圣伯努瓦街，按埃德加·莫兰的说法，大家视戴高乐为一个“暴君，一个圣茹斯特”，认为内战似乎已无法避免。正是在这样一种悲剧性的背景下，“121人宣言”于1960年秋发表，像投下了一枚炸弹，先是发表在《现在时》《新评论》等国外报刊上，接着又发表在《真理与自由》上，致使该杂志被查封。马斯科罗、让·休斯特是发起人，很快就紧随其后的是其他知识分子、共产党的左翼党员、左派的极端主义者，以及没有明确政治立场的绝对自由主义者。

9月6日，《世界报》在无法刊登宣言全文的情况下，跟审查机构要了个花招，在一篇新闻中写道：“121位作家、高校工作者与艺术家签署了一份请愿书，内容是在阿尔及利亚战争中不屈不挠的权力。”与此同时，《世界报》还披露了宣言中具有重要意义的一段：

> 对于拒绝向阿尔及利亚人民举起武器，我们表示尊重，并认为这是正义之举。
>
> 某些法国人向因法国人民的名义而遭受压迫的阿尔及利亚人提供帮助和保护，认为这是他们的义务。对于这种行为，我们表示尊重，并认为这是正义之举。
>
> 阿尔及利亚人民以一种具有决定意义的方式促进了殖民体制的垮台，他们的目标同时也是所有自由人类的目标。

日渐一日，《世界报》虽然一直被禁止发表宣言全文，却坚持向读者透露签署人的名单，那是一份开放的名单，仍在不断拉长。面对这一现象的广泛影响，右派也集结了起来，其中不仅有政治上的右派（以米歇尔·德布雷为首脑的政府做出了诸般努力，想要缓和公愤），也有学术界中的右派。与“121人宣言”相互对抗的，是一份“法国知识分子宣言”，它汇集了艺术界、文学界与高等教育界三百多位知名人士，其中包括：雅克·厄尔贡、皮埃尔·肖尼、亨利·波尔多、罗兰·多热莱斯、蒂埃里·莫勒尼、路易士·鲍维尔、米歇尔·德·圣皮埃尔、罗杰·尼米尔、米歇尔·戴昂、安托万·布隆丹、儒勒·罗曼、亨利·德·蒙弗雷、加布里埃尔·马塞尔、雅克·洛朗、安德烈·弗朗索瓦–彭塞、皮埃尔·加克索特，等等。所有人一致谴责“121人”意图反叛和颠覆，指责他们在暗中支持敌人，只为摧毁“我们的国家……与西方”。

“121人”在阿尔及利亚战争中看到的，是一批法国的“盖世太保”施加在受压迫的人民群众身上的暴力，而“法国知识分子宣言”的签署人对此却断然宣称：“发生在阿尔及利亚的战争是一小撮狂热的、奉行恐怖主义与种族主义的叛乱者强加给法国的一次斗争。”“121人”被定性为“毒害国民觉悟的人”，想要使法国领土被“截肢”并由此致使其不可避免地衰落下去的“凶手”。

作为一篇爱国主义文章，“121人宣言”使它的很多签署人得以轻而易举地找回了某种国民的贞洁性。它代表着一个大好时机，可以使人重新成为一种全新的声音，把重音落在爱国主义上。杜拉斯一直站在被压迫的人与革命者一边，此时也成了嫌疑犯——有人说她犯了最严重的叛国罪，指责说她以及与她共同签署宣言的人是一种毁灭的因素，因为约瑟夫·豪斯说过，“如果说国家首先在于指挥的权力，那么质疑它的这一权力，同时面对面地向其发起反抗，就意味着毁灭它。”

“毁灭”（détruire）……这个字眼已经被她捕获，并在她身上得到了证实。很快，她就将把它变成她的语言体系的关键词，变成她的行动目标。

在阿尔及尔，发动军事政变的将领们夺取了政权。紧急时刻到了。

不过，她仍在继续写作。她的写作活动范围宽广，正在像人生一样徐徐展开。这是她必须体验且被迫体验的唯一真正的人生。她献身写作，大量生产，同时开始悄无声息地接近秘密的核心。

杜拉斯的人生似乎与这种人生的必然性——一种最关键的必然性——以及这种突然性混在了一起。

她的身边似乎响起了一片嘈杂声，其中交织着仇恨、蔑视、争议，以及最热烈的崇拜。她对写作有着一种不太常见的狂热，她带着这种狂热投身于“苦役”（labeur），同时满意地看着自己的小说被成功地改编。然而，她也知道，她的作品暂时还不具备被所有人理解的条件，尽管它们所讲述的内容在她看来是简单明了的，所描绘的无非一些普遍的情感与一些日常琐事。在写作的过程中，她完全信任自己，信任自己的话语：未来，她将自称为“世界性”作家，而早在1960年，她就已经对自己有了这种印象。从此，她永远也不会对时尚潮流另眼相看，而是固执地继续走自己的路途，不顾评论界的保留态度、剧院经理的犹豫不决、读者或观众的朝三暮四、演艺界人士的冷嘲热讽，也不顾部分作品的发行量仍然少得可怜。

1960年1月5日，由热纳维耶芙·塞罗改编、让–玛丽·塞罗导演的

《抵挡太平洋的堤坝》在香榭丽舍剧院首演。这部戏剧没能大获成功，收支情况非常惨淡，亏损额达203.35万法郎（当时的币值[1]），主要原因是观众受阿尔及利亚事件的影响而对戏剧兴趣索然。评论界虽然褒贬不一，观点大同小异，比如“当前的一种干巴巴的文笔”、无法被剧中那个溃散的世界所感动，但总体上还是倾向于看好这部戏剧。《世界报》的贝特朗·波罗–德尔贝什不是提到了“卓绝的时刻”吗，雅克·勒马尔尚不是提到了洋溢于整部戏剧的宽容与智慧吗？

从此，杜拉斯的写作与一种魔咒、一种华丽的孤立紧密联系在了一起，而她一直在克服它们，像《抵挡太平洋的堤坝》里啃噬红木桩的螃蟹一样固执，同时怀着像母亲一样的精力，怀着已溶入她的血管的殖民暴力，她甚至觉得，这是一场与人生做斗争的战役。写作就是这样，每一次都不例外，都是拓宽界限，保持挺立，保持觉醒。

「1」1960年1月1日，法国实行货币改革，发行新法郎，1个新法郎等于100个旧法郎。

Chapitre 7 Le labeur d'écrivain

作家的苦役[1]

整个60年代，她以一种疯狂的节奏不断发表作品，累计近二十部，包括小说、戏剧与电影剧本，就好像时间加快了脚步，以至于她必须尽快把所有一切和盘托出，必须对她渐渐发现的、凭着预见力已经知晓且应当述说的事物的急迫性做出应对。“一本书，”她说，“就好像我们走进了黑夜。”她走了进去，虽然不知道该去哪儿，也不知道该怎么走，但她还是走了进去。正是这一勇气使她变得独具一格，与众不同，变得让人觉得可疑。她之所以走进黑夜，是因为她没什么可失去，无论是物质，还是名声，她的寻觅将是无穷无尽的。

她越来越清楚地看到，她的文字能够变成戏剧，从书里过渡到舞台上，由多个不同的声音来演绎。她知道，像她说的那样“把书搬到外面”的同时，她便能更深入地了解她所挖掘并多次涉及的那些未知的素材。曾经，《广场》几乎一字未动，就被搬上了戏剧舞台。仅仅几处修改，女佣和小贩在舞台上的形象就丰满了。1957年，克罗德·马丁在香榭丽舍剧院导演了这部戏剧；1959年，热纳维耶芙·塞罗把《抵挡太

「1」引自《玛格丽特·杜拉斯在蒙特利尔》，螺旋出版社/索兰出版社，蒙特利尔，1981年。——原注

平洋的堤坝》改编成了戏剧；勒内·克莱芒根据这部小说拍摄了同名影片——这一切确凿地表明，杜拉斯的作品意味深长，富有口语特色与想象力，任何表演艺术都能对其加以利用，使其再度焕发新的生命。从此以后，她将致力于这种循环往复的游戏。

在写给玛丽-皮埃尔·费尔南德（著有《与杜拉斯共事》，记录了1985年7月《音乐之二》被搬上戏剧舞台的始末）的一封信中，她说："真正的作家根本没有生活可言。""他们所经历的生活，他们无法把它表达出来。"只有到后来，等见识并体验过各种事物之后，他们的生活才能在"地狱般的记忆"中恢复原貌，先是被写进书中，继而被书重新呈现，像是被折射出来一样。

她暂未看清她自己的人生，只是在书的带领下跟随着它的脚步。正是由于这个原因，她的书比她"更为真实"。

她之所以欣喜地沉浸在写作中，是不是因为时光加快了脚步，因为国家陷入了混乱？她的心中存在着某种东西，使她乐于探索各种可能性，制造"爱情的事故"，目的是追求变化，避免形成习惯，创造并更新自己的人生，在其他陌生的地方向它发起挑战。她不遗余力地质疑她的人生、她的爱情，特别是她的书。正如马斯科罗所言，她"试图把它们榨干，就好像她要求它们达到一种不可能实现的完美"，以此纪念那些她至死不忘的、遥远的最初记忆。

现在，她可以在她的书中原地转圈了。她已经创作了太多彼此影响的主题，营造了太多的回音，她不再需要做别的事情，只要像命运女神那样对作品进行编排和重写，把它们变成戏剧，为它们设想别的可能性与变化方式。从一本书到另一本书，从一个戏剧舞台到另一个戏剧舞台，她从作品中得出了一首关于放逐的歌谣，并杂乱无章地吟唱着它，使歌声四处飘扬。她的歌谣里将有母亲、爱情与海滨，更有呼喊、等待与痛苦。

她在戏剧中看到的，是同样的脚步——也即"黑夜号轮船"的阴郁的脚步，那艘船就像一个黑匣子，里头传来记忆中的呼喊声——同样的孤独，同样近在眼前、触手可及、有关肉欲的恐惧，同样的危险。1985

年，她对萨米·弗雷[1]和缪缪说："戏剧是人类的一种展览。"戏剧中无处不在的，是同样悲惨的恐怖，正如她说过的，她曾在黎明的晨曦中去过维莱特屠宰场，看见两万升鲜血洒在地上，肉白花花的，堆在一起，一次次被卖掉。

无论是戏剧，还是书，其实始终都是一回事。被追寻的，是某种没有尽头、"没有根基"的东西。它是无限的，可以不断重复，从一本书到另一本书，从一部影片到另一部影片，从一段对白到另一段对白，从昏迷到发狂，永远也不会结束。它就像"三角洲的温热的水流"之间的那个乞丐丫头，处处都有她的身影，无论是在南圻，在印度，在巴黎，还是在塞纳河或恒河的河畔，她永远也结束不了她的流浪。

她暂未迈出关键的一步，把自己的戏剧搬上舞台，但这个想法也许早在60年代初就已萌生。对于勒内·克莱芒把《抵挡太平洋的堤坝》改编为电影，偏重情感、心理活动与异域风情，她一点儿也不满意。直到1991年，她仍然说："故事讲得很好，所有事件都是准时出现的，但文笔却消失了。"

她知道，在她的书中，有一些痕迹是摄影机或戏剧的普通手段（她称之为"粗俗"的手段）所无法觉察的，但这样的痕迹又必须在舞台上表露出来。贯穿于文字中的震颤，由此产生的眩晕，被钳制却又突然爆发以至于变成沉默的呼喊，这一切都有待呈现。她猜想，只有她才能做到这一点，通过戏剧把这种奥秘巧妙地公之于众。

1958至1963年，由于被热拉尔·雅尔洛所吸引，她与他的合作越来越密切。她将和这个比她小九岁的小说家、《法兰西周日》周刊的改写员并肩工作，创作多部剧本和改编作品。两人把各自的知识放在一起：他主要负责构思剧本，她则发挥她在对白方面的天分，一种与生俱来的、魔法般的天分。就这样，他不仅帮她构思了《广岛之恋》——

[1] 萨米·弗雷（Sami Frey，1937— ），法国演员，原籍波兰，后移民法国。父母在二战中被纳粹关在集中营迫害致死。

雷乃曾坚持在片头字幕里把他列为文学顾问——还参与改编了《琴声如诉》，改编后的电影剧本由彼得·布鲁克执导，于1960年上映。此外，他们还联袂创作了《长别离》，此书于1961年由伽利玛出版社出版，热拉尔·雅尔洛的作品也是在这家出版社出版；创作了《平凡无奇》，一部电视剧的剧本，讲的是一个说谎成癖的男人的故事，该剧只在1964年4月14日播映过一次；把威廉·吉布森的电影剧本《奇迹的缔造者》[1]改编为戏剧，故事取材于海伦·凯勒的生平，特别是她学说话的痛苦经历。

不管雅尔洛在《长别离》中付出了多少，引人注目的是，杜拉斯能够把大家或一部分人在写作上的尝试纳入她的内心世界，纳入她的关切。这一切，就好像她已经一劳永逸地把写作据为己有，正支配着它，并把它拉进了“她的大海的黑色的墨汁”之中。这一次，剧本的出发点仍然是一桩社会新闻，但方向却发生了偏移，进入了她所钟爱的特殊区域：一个女人看见一个男人从眼前经过，觉得他像是自己曾被关押在布亨瓦尔德集中营的丈夫，于是便收留了他，而他像是得了失忆症，虽然接受了同居生活，却一直没有揭开他的秘密。一天，他好像突然莫名其妙地变得异常兴奋，抱着胳膊，站在一辆公共汽车前面。根据这个故事，雅尔洛与杜拉斯写出了《长别离》的剧本，其中汇集了杜拉斯昔日作品中出现过的所有主题，以及她未来的作品中的某些主题，像是预告一样。对他者的追寻、与此遥相呼应的遗忘、对类似于福克纳的主人公的“傻子”或“幼稚的人”的痴迷、“疯子”的孩童般的快乐……杜拉斯所有空想式的主题全都有了，而始终伴随着这些主题、与之构成一首具有讽刺意味和忧郁色彩的奏鸣曲的，是时间的沉重，这时间有待找回，有待抹拭，有待试着消除，却注定徒劳无功。很久以后，她仍将不断重复这些主题，反复吟唱着同样一首歌谣，述说着疯癫对她的诱惑，它们就像一座巨大的堤坝拔地而起，抵抗着庸俗的人生与生活的侵蚀。在当时她接受的大量采访中，她曾用各种语气重申她想要扬帆启程，离

[1] 该片在法国被译为《阿拉巴马州的奇迹》。

开一切，重新开始，想要在某一天停下脚步，去度个假，去经营一片海滩，想要拒绝工作，返老还童，变得像《长别离》中那个流浪汉一样——他是那么的天真无邪，“看到别人高兴，他也随之高兴起来，就像一面镜子似的”。

说这些话的时候，她是在大声呼喊，就像恒河岸边的那个乞丐丫头，“头上破了几个洞”，没有了记忆，忘掉了一切，身上没有任何记号，一直是全新的，她漠然地穿行于各个时间与地点，一会儿是湿热的丛林，一会儿是泥泞的恒河，满怀固执，就像河流上空叽叽喳喳的鸟儿，唠叨个不停。

每当身处幸福时光，比如和扬·安德烈亚在一起，在特鲁维尔，她便能拥有这种“疯癫”的目光，沿着海滩漫步，踩着咯吱作响的沙子，享受着全身心的自由，对眼下的生活漠不关心，心无旁骛，沉湎于各种无法认识的事物，沉湎于海风的嬉戏与海滩上的微风，在风中构思着她自己的语言。可是，这种幸福转瞬即逝，她随即又坠入了写作的“美妙灾难”，“处在世界的尽头，处在自我的尽头，置身于不断改变的生活环境，总在接近，却总也到达不了”。

她始终活在幻想与痛苦之中，二者交替出现，令她痛苦不堪，她碎裂了，恢复了，接着又碎裂了，总在寻觅着一种“绝对性”（absolu）。她曾对第一个为她作传的人说：“美好且值得为之流泪的，是爱情。也许还有：疯癫，它是抵御真与假、谎言与真理、愚蠢与智慧的唯一一层防范。此外再无其他。”

她经常抱怨她的大脑，说它一直在不停地叫喊，总是处于活动状态，令她痛苦，令她恐惧。于是，在黑岩旅馆的黄昏中，她注视着永恒的大海，看着它无边无际，与天空浑然一体。或许，她也曾想要迷失，就像写于1971年的《情人》中的“疯子们”，也曾像她说的那样，想要追随自己听见的音乐，想要听见这样一声呼喊，这样一个希望：“您什么都不是。”

戛纳电影节又一次对她提起了兴趣，因为由青年导演亨利·柯比——人称“风格派”导演——拍摄的《长别离》被视为“法国的王牌”。这部电影由乔治·维尔森和阿莉达·瓦莉主演，但得到的欢迎却相对有限，就好像杜拉斯那种咒语般的对白需要一种全新的倾听方式。同时，僵化的情节、演员们晦涩的表演方式当时暂未十分流行。因此，影片被认为是“令人烦闷的”。亨利·沙皮耶毫不客气地批评道：“玛格丽特·杜拉斯的署名不足以使影片的参赛成为必然，而尽管我们记得，她与阿伦·雷乃的合作曾让我们寄希望于一部漂亮的作品，但是对柯比而言却并非如此。”此外，乔治·维尔森的演绎虽然“令人震撼”，但仍未拯救这部“构图不足且毫无情感、往往听命于知识分子的伎俩”的影片。在结语中，亨利·沙皮耶的话足以证明为什么这样一种电影方法在当时仍然过于大胆：“人们期待的是电影，是节奏，而不是一首矫揉造作的悲歌。何必耗尽这些人的耐心。”15年后，同样的电影节，同样是亨利·沙皮耶，面对《印度之歌》，他将对同一首悲歌的美妙大加赞赏！

《战斗报》也提出了谴责：“沉默是一种阴谋，它成功地将所有或多或少地带有‘新小说’特征的作品变成了文学中的禁忌，此时又试图把它的法则强加给电影……喜欢玛格丽特·杜拉斯，成为阿伦·雷乃的拥趸，希望电影步入一个新的阶段，这一切并不要求我们必须丧失辨别力。”

只有《自由学堂》等少数报刊捕捉到了柯比的成就，也即用“一种毫不留情的朴素”演绎出两位主人公之间那段神秘而不为人知的故事。

杜拉斯的人生中总有这种时代的宿命，她总是超越同时代人，像普鲁斯特一样，能够凭着盲人般的敏锐而看破众生的秘密，而世人却无忧无虑，在客厅里或藤架下跳着波尔卡舞。

对于别人暂时的不理解，她既受到了伤害，同时又漠不关心。失败是未来胜利的序曲，而她知道，未来的胜利必将无法避免。

于是，她继续写作。1963年，《新法兰西杂志》刊载了一部题为《水与森林》的戏剧，这部作品在很长一段时间内一直默默无闻。前几部戏剧的相对失败并未促使她半途而废。此外，她的作品在国外引起了热烈的关注。就这样，改编为戏剧的《抵挡太平洋的堤坝》被译介到了英国、德国、波兰、南斯拉夫和匈牙利。在德国，她很快就登上了多家剧院的节目单。

在将近两年的时间里，《水与森林》这部戏剧一直没有引起人们的注意。后来，由克莱尔·德吕卡和勒内·埃鲁克组建的剧团决定把它搬上舞台，并得到了杜拉斯的授权。杜拉斯戏剧的黄金时代就此揭幕，这无疑是她的戏剧作家生涯的真正起点。

此时，她的人生与戏剧混在了一起。她知道，在舞台上，她将赋予她的文字一个别样的机遇，使其有机会揭露并穿破载着她的“黑夜号轮船”驶过的那片秘密的黑夜。

不过，她并没有对小说弃之不顾。写小说，就像是为了留下一种痕迹，通过各种方式触及“内在阴影”。书一本接一本，全都建立在同一种统一性的基础之上，既“奇异”，又特别传统，譬如《昂代斯玛先生的午后》。书中反复出现的，宛如一些主旋律的，是她一直偏爱的主题：等待、人在无情的时间面前的失败、无法抗拒的激情、败落的年龄、不断循环的日常生活、一成不变且沉重而残忍的时光。1962年，发表《昂代斯玛先生的午后》这部小说之后，她完成了一个系列，也即她截至当时一直在构思的传统小说的系列。每一次，她都注重浓缩情节、地点与对白，为的是尽可能贴近本质，达到它的各项严格要求。她又一次把一个类似的主人公搬上了舞台：他一直在等待，一直经受着岁月的磋磨，虽然上了年纪，虽然有所积蓄，却得不到别人的关怀，只能接受女儿及其他人的支配，不得不逆来顺受，饱受深情之苦。

她所构造的是一出不折不扣的悲剧，既错落有序又富有张力，受制于冷漠无情的宿命。

这部小说的写作来自于这样一个地方：她既不认识，也做不了主，不知道它是怎样形成和发展的，但“写作就是这样”——1981年，她在蒙特利尔接受采访时说。

在那里，她认识了《昂代斯玛先生的午后》中的房屋，见到了高居圣特罗佩海湾之上的露天平台，这个地方在她脑海中萦绕了六个月，然后突然“来了一个人，一个很老的男人，他就是昂代斯玛先生”。

文字与故事总是突然出现，往往不受她控制，这使她渐渐进入一个危险和禁忌的空间。她自己也明显地感觉到了这一点，早在创作《琴声如诉》之后，她就上了一艘注定自我毁灭的船，驶向无意识的地带，并日渐一日堕入其中，身不由己。她毕生致力于这种与众不同的淘金之旅，她的人生中存在着一种摇曳不定的狂热，一种不断发展的精神失常，而这种精神失常早在《琴声如诉》与《夏夜十点半钟》中就已初现端倪，此时更是加速恶化，几乎要变成一种近乎疯癫的状态，更何况她并非心无杂念，而是好勇斗狠，游走在一些类似于精神病院的地方与一些独特的空间里。

她曾在《作家十五人》中对玛德莱娜·夏普萨尔坦言，说她“在自己的脑子里原地转圈”，这句话并不令人惊讶。她的作品已经很多，总在同样的一些地带漫步，像是沿着同一个脉络织一张虚构的刺绣。作品中，她的魅力始终在于爱情或者说激情的稍纵即逝，在于时间的令人窒息的火热，它无情地碾碎了所有一切，无论是生灵，是语言，还是飘扬而过的音乐。

在这种状态中经受磨炼，需要勇气，也需要疯狂，像是一种无意识，也像是一种挑战。她拒绝认可当时那个金钱社会与商业社会，但或许也从中得到了不同的力量。面对千篇一律、喋喋不休的“讲故事的人”，她重新树立了一种作家观念，是神圣的、有预见力的、极端的、孤独的且被诅咒的。

1963年3月，她在黑岩旅馆买了一间公寓。黑岩旅馆坐落在特鲁维尔的尽头，最初是一座宫殿，后来被拆分出售。她买的公寓一面朝着旅馆的外墙，一面朝着大海，朝着宽广、无限而又陌生的海洋。70年代期间，她几乎从不光顾这个地方，而是住在诺夫勒堡，但是自从与扬·安德烈亚同居后，她去乡下的次数就少了，转而长期住在海边，所以在这个地方住的时间将会越来越长。她喜欢这个地方，并在这里留下了许多痕迹。有些观光客和好奇的人之所以大胆闯进经罗贝尔·马莱–史蒂文装饰的大厅，不仅仅是为了欣赏这位伟大的建筑师创作于1925至1930年的作品[1]，同时也是为找寻杜拉斯特有的神秘气息，找寻她在这里拍摄的部分影片中的宁静的音乐，找寻一种依稀可辨的、她曾在《印度之歌》中拍摄下来的、犹如威尔士王子酒店的东西。

由于鲜有房客居住，所以我们一进去，就觉得寂静占据着整个空间，一直蔓延到硕大的玻璃窗口，窗口近处朝着沙滩，远处朝着大海。四周，墙上挂着20年代一位广告画师夏尔·吉尔的几幅画，画的是几个跳舞的女子。多少名人曾端坐于此：莫奈，左拉，卧室朝向大海的普鲁斯特，还有雷纳尔多·哈恩，还有曾为全体随从租下整座宫殿的西班牙女王，曾在这里金屋藏娇的爱德华七世。如今，住在这里的已另有其人，他们避开假期，等到海滩人烟寥寥的时候才来到这里。他们踩着地板，一路走到赌场，继而穿过几条漫长的、画着苍白的玫瑰的走廊，经过大厅，回到他们的卧室；与此同时，玻璃造的电梯一直在上上下下。勒内·德·欧巴尔迪亚、艾玛纽埃尔·里瓦、劳伦特·特兹弗、杜拉斯、布鲁·欧吉尔、萨米·弗雷等人都曾在这里彼此邂逅。可是，一到晚上，古老的宫殿便人去楼空，一片寂静，使人联想到一些神秘莫测、荒无人烟的地方，一个既有可能发生一宗罪案或一桩私情也有可能构思出一部作品的地方。

在这间“悬在大海之上的公寓里”，她埋头写作，一直在写作。“一直这样”，她在《绿眼睛》中说，可见写作已驻扎在她心中、腹中与脑中。大海近在咫尺，海滩在潮汐中展开它那一望无际的画卷，与海水的颜色浑然一体，这些景象活跃了她的文字，使它有了自己的节奏。

正是由于这个原因，她爱上了特鲁维尔。大海的起起落落像极了她想要述说的东西，像极了灵魂与生灵不懈的运动，也像极了贯穿其中的各种无法解释的流动，灵魂与生灵别无选择，只能默默忍受着这样的流动，忍受着海浪日复一日的运动以及退潮和涨潮。不再有空间，也不再有时间，只剩下那捉摸不定的滔天巨浪，在像被海水冲洗过的云彩下翻

「1」黑岩旅馆建于1866年，曾于上世纪20年代由建筑师罗贝尔·马莱–史蒂文主持翻新和改造。

滚，昭示着海底的广阔与深渊的漫无边际。

从此，她再也无法忍受远离特鲁维尔，远离它的光芒。她喜欢“从万里晴空中笔直”坠落下来的光芒，喜欢“阴天零散的白色光芒”，也喜欢“暴风雨的炭黑色光芒”。

与此同时，她用她自己塑造了这个地方。有时，透过居高临下的窗户，人们可以隐隐约约地看见她，她的身影既硕大、矮胖，又显得孱弱，裹在陈旧的粗毛线衫里，只见她把网状窗帘拉上，那窗帘失于保养，破了好多洞。有些崇拜者把写给她的信放在门卫室，但她忙于写作，沉浸于她所经历的爱情的痛苦与幸福之中，不一定会启阅。于是，有些人若能成功地骗过警惕的门卫，便会一直登上二楼，把东西放在她的门口，或是一件物品，或是一本书，或是一张照片。就这样，在书籍与影片的促使下，一些神秘的关系在暗中建立了起来。

她的公寓经常很晚才熄灯。公寓里是她与扬·安德烈亚。她说，每逢这种情况，他们总是相互吐露“真相，无论它有多么恐怖，同时像以前一起喝酒的时候、只有在下午才能相互交谈的时候那样欢笑”。

在特鲁维尔，她就像一个历史名人。人们用肘部捅捅同伴，意思是：“那儿，杜拉斯，你看，那是杜拉斯。”因此，她几乎不再出门，而是把自己关在空旷的公寓里，聆听着大海的翻滚，窥伺着海鸥的尖叫与叽叽喳喳以及“汽笛的喧闹”，等待着扬·安德烈亚，等他跑完步或散完步，回到公寓，然后再开车带她出去兜风，沿着海岸边的小路，朝基特伯夫的方向，去品味傍晚的金色光芒。

至于扬·安德烈亚，他也曾离开过，比如1980年，他总是一次比一次走得远，跑遍了“各大酒店与一座座山丘”。不见他回来，她的心中就会萌生一种痛苦，一种盖过一切的、无法控制的、无穷无尽的痛苦。他是去看他的男友，她说。这一点，他在她面前毫不隐瞒，但他们之间的爱情并未受到影响，始终不会有所改变。

在特鲁维尔，她从大海与陆地那里学到了太多太多的东西：门口人们的交谈，夜间穿透记忆的浪涛声，踩着因沙子而嘎吱作响的木板、走在路灯的霓虹灯光下、匆匆而逝的人影，大海的永恒，还有河水与更深的海水之间奇特的融合。她记得，她正是从这些东西当中体会到了“流动式”写作的伟大意义。一天晚上，她敲响扬·安德烈亚卧室的房门，叫嚷着，说应当“不加修改地写作，把写作扔到外头……一点儿也不要除去它那无用的实体，一点儿也不，任由它与其他东西全部保留下来，不加任何修饰，既不加快，也不减慢，任由所有一切处在刚刚显现时的状态”。

她在黑岩旅馆得到了诸多启示，因为那里的空气与大海有着强大的外形，使那些注视它们的人能够以不同的方式去审视客观世界，同时把所有一切与客观世界的至高奥秘联系起来，就像被思想过滤了一样。

她写了很多，按她的说法，她写的是“文本”（texte），而不是小说，至少不是我们通常说的那种小说，因为它们背负着情感，蕴含着召唤的力量，无视叙事的普通法则与“书籍制造者”的故事。她围绕着“忘却的记忆”而游荡，她说，记忆首先是人们遗忘了的东西，是残留下来的东西，是消逝了一半却又经久不散的印记。1964年，她发表了《劳儿之劫》。这本书将在她心中造成巨大的震撼，就好像它掀开了一些封闭已久的陷阱，里头关着的是凶猛且具有奠基意义的力量。以此书为起点，其他几本书将在未来几年相继问世，还有一些影片，它们全都与第一本书的模子紧密相连，坚定不移地徐徐展开。这些作品日后将被称为“劳儿·瓦·斯坦星座”或“劳儿·瓦·斯坦系列作品”，它们回到了她的童年，回到了永隆与蜿蜒的湄公河，甚至即将到达“疯癫”的地带，那里有许多不见踪影的蜥蜴，它们毁掉了劳儿，把她“化为灰烬”。所以说，这本书将成为一块跳板，载着她不断延伸，一直延伸到1971年的《爱》、1973年的《恒河女子》与《印度之歌》。多部文本与影片将使其中的故事零星散落，与这个故事联系在一起的有安娜-玛丽·斯特莱特，有女乞丐，还有副领事迈克尔·理查德森。这些文本织成了一张网，里头装着杜拉斯钟爱的主题：遗忘与疯癫，冷漠与死亡，沉默与世人喧嚣的话音，关于孤独与所有不幸的呼喊，流浪与激情。

她不断重申她赋予写作和语言的主要功能，重申它们的“增殖能力”——1981年，她在蒙特利尔接受一次采访时这样说道——重申语言的力量，也即仅凭一己之力就能包含“一千幅画面”。

她写的东西“掉进了沉默”，掉进了边缘地带，那里履行着别样的约会，说的是别样的对白，其中夹杂着各种话语，有的是完结了的，有的是不完整的，有的是隐藏着的，而她所创造的喧嚣也许同样也是一种沉默。一种变得有声音的沉默。普鲁斯特也曾到达这样的地带，每到夜里，他就在他那间密不透风的卧室里，一一复现他在晚间聚会上凌空捕捉到的、甚至付出了巨大代价才听见的各种声响、絮叨、社交辞令与真心话。

也正是由于这个原因，她喜欢帕斯卡尔，喜欢他那粗暴而野蛮的祈祷，他那敏锐的直觉，以及他在火热的夜里发出的呼喊。因为，她想要描述的同样也是呼喊，她想要除去语言、习俗、自闭症的障碍，放声高呼，那呼喊声就像有一天晚上游荡在拉合尔街头的副领事发出的困兽般的呜咽，就像迈克尔·隆斯达尔[1]在广播大厦[2]录制的叫喊声，在像极了“黑夜号轮船”的航道的走廊里远远飘扬，就像情人离她而去时发出的呼喊，“一种说出来的呼喊，漫长，无奈，愤怒，恶心，像是被呕吐出来似的……一种来自古代中国的说出来的呼喊”。

《劳儿之劫》为她的寻觅开辟了新的道路，使她朝着“黑夜号轮船”船舱的底部走去，走得越来越深。然而，它同时也把广大读者挡在了门外，他们略显失望，因为她已不再是创作《琴声如诉》或《直布罗陀水手》的那个女作家，那两部作品的叙事主线虽然松散，但表面上仍不失为真正意义上的小说。有人崇敬她，也有人一如既往地仇恨她，上世纪最伟大的思想家特别是拉康则纷纷对她给予认可，她就此踏上了穿越沙漠的旅程。她的个性由于预言的负担而越来越沉重，她已控制不了这一负担，像患了多言癖似的，自说自话，词不达意，这并非她之所

「1」迈克尔·隆斯达尔（Michael Lonsdale，1931— ），法国演员，多次出演杜拉斯的戏剧与电影。

「2」位于巴黎，现为法国广播公司所在地。

愿，但她却不由自主，也无法对此负责。在蒙特利尔接受一次采访时，她承认，她不知道“它”是怎么运作的，也不知道“它”是怎么产生的，而所谓的“它”，指的正是这种神秘的话语，它胜过一切理论，一切业已建立的分析。有时，她带着几分任性，固执地宣称她不懂精神分析，说她从事的艺术需要走不同的道路，说她的寻觅虽然与精神分析无异，但却更为神秘，更为迅猛。写作的时候，她把自己交给黑夜的长河，任凭它像“一把漏勺”似的把自己贯穿，她无视任何写作方式，而是像帕斯卡尔一样献身于跳动的火苗，专注于她所采集到的熔岩、碎片、絮语与回声。

她断定自己是“精神分析的门外汉”，却背叛了心灵的喧闹而痛苦的旅程，它们的相会，它们黑夜般的、随时会断裂的音乐。

面对打算把《水与森林》搬上舞台并前来向她请求许可的青年演员，杜拉斯欣然应允。她对这部戏期待很高，因为它揭示了她的喜剧气质和一种鲜为人知的能力，也即能够像欧仁·尤内斯库那样引人发笑同时又比他更令人愉悦和兴奋，能够让词语之间相互玩耍，使它们柔韧地跳来跳去，乃至富有嘲讽与荒谬的意味。在法国国际广播电台的“流行俱乐部”栏目中，她用寥寥数语对这部戏剧进行了概括：“它是一个关于三个聚在一起而互不认识的人的故事。三个没有身份的人，三个边缘人物，就像我们经常见到的、游走在大型商店里或宽阔的大街上的那种。他们不是疯子，也不是精神病人，但差的也不远了。他们享受着一种十足的自由，无人能及。他们极为可笑。”

杜拉斯虽然没有担任导演——这份差事被交给了伊夫·布兰维尔——但却多次参加排练，提供了一些具有启发意义的信息，写了不少补充材料，旨在使每个人物达到她所说的“爆炸”（explosion）状态，也即一种占统治地位的、把文本踩在脚下的疯狂状态，同时使他们变得高度滑稽可笑，让人联想到罗兰·杜比雅尔与雷蒙·格诺。

她以此证明，她从此懂得如何游刃于各种格调之间，从小说到戏剧，从庄重到滑稽，不久后她还将拿起摄影机，与最伟大的电影导演比肩而立，因为就像她说的，她是杜拉斯……

不过，她并未离开她所钟爱的主题，她的意识所受到的滋扰，她的忧虑，她对穷苦人的同情。她知道，所有语言都是无用的：面对无情流逝的时间，记忆总是逃之夭夭，就像一把布满小孔的漏勺，每个人都待在自己的小天地里，自以为高枕无忧，却躲不过疯了一样的狂风。

1965年5月的这个晚上，整个评论界热情似火。戏剧彩排之际，穆弗塔尔剧院云集了巴黎媒体圈里最著名的人物，包括居伊·杜缪尔、让-雅克·戈蒂埃、贝特朗·波罗-德尔贝什、雅克·勒马尔尚、罗贝尔·康泰、马蒂厄·加雷，他们齐声欢呼，都说这是一部杰作。其中，有一个人多次被提及，也即女主人公的扮演者克莱尔·德吕卡，她有着“无法抵挡的”“超乎寻常的”才华，似乎集“苏珊娜·弗隆、安妮·吉拉尔多、茱莉艾塔·玛西娜之优点”于一身。大家都说，这是一部精彩的作品，一部独一无二的戏剧。观众们摩肩接踵，以至于每晚必须演两场，直到剧院租期截止，也即6月底。紧接着，香榭丽舍剧院决定重演这部戏剧，但同时要求杜拉斯提供另一部戏剧，作为第二场节目。没关系，杜拉斯的抽屉里放着其他两部戏剧，她把它们交给了克莱尔·德吕卡，一部是《音乐》，一部是她已改编成戏剧的《昂代斯玛先生的午后》。

被选中的是《音乐》，由阿兰·阿斯特吕克与莫里斯·雅克蒙导演，于1965年10月首演。与此同时，《水与森林》再次登上舞台，一共演了120场。同样的，《音乐》也获得了巨大的成功。在刚刚过去的夏天，批评家们已经看了《水与森林》，此时则主要是为《音乐》而回到剧院。他们热情满怀，称赞《音乐》里自始至终的诙谐，以及其中温柔而又令人心碎的庄严。一夜之间，杜拉斯成了一个神圣的戏剧作家，像儒勒·列纳尔，又像契诃夫，像亨利·莫尼耶，又像尤内斯库。正是在《音乐》这部戏剧中，她触碰到了她真正的音乐，触碰到了她钟爱的、懂得如何去探索的心灵的渐变，触碰到了爱情逝去后留下的痛苦，以及她所能搜集到的一切，比如记忆的残余、碎片与所有痕迹，再比如脆弱的、被抛弃了的、几乎被戕害了的、或许已经死掉了的空洞语言。

她使人听到了这种声音，主要是这种声音，同时也听到了她的传闻。即便在她消逝了之后，那些传闻仍在流传，就好像她死后依然能够让人听到杜拉斯的声音，听到她曾进入其中的那些秘密。

在见识到自己的戏剧才华及其对电影的影响的同时，她凭着《广岛之恋》的魅力，于1964年为马兰·卡密兹写了一部短片《黑夜，加尔各答》，卡密兹当时是罗马尼亚的一位青年导演，其电影作品旨在唤醒政治斗争的意识。随后，她相继于1965年为乔治·弗朗叙写了《白色的帷幕》，并于1966年为让·夏波写了《女小偷》，该片又一次展现了她那独特而奇怪的声音。

无论置身何处，无论在哪儿工作，她总是闯入其中，揭露其中的深渊与心灵的黑夜，而那些心灵的黑夜是那么的残酷，以至于观众看完影片之后，总是惊慌失措、一步三晃，或是恼羞成怒，像是为了掩饰他们的慌乱。

她交给导演的，是她的宇宙中的一些碎片，是她的想象中的一些痕迹。在影片《女小偷》中，她再次以社会新闻为主题：一位母亲（罗密·施奈德饰）抛弃了自己的孩子，六年后又想把他从养父母手中要回来，从而与他们产生了冲突，而孩子则成了冲突的焦点。在她的作品中，对白总是在因悲伤而颤抖的同时，准确地揭露出人类的真面目。厘清人类的复杂性，使其具备解释、理解和证明的能力，她深谙此道。

她的声音处在一种犹豫不决和遮遮掩掩的状态中，并由于这种状态而变得危险，变得令人不安。

虽然名气与日俱增，但她并未发生变化，仍然是同一个人：自信，对自己长期以来大声疾呼的东西坚信不疑，无视人们的批评，我行我素。她穿着50年代常见的那种粗呢料子套装，腰部扎得很紧，上身是一件高领套衫，或是结实耐用的带有鸡爪状花纹的裙子，配一件高领毛衣，外加一件鸡心领套衫。正如她所说的，她已经具有“杜拉斯的形象”（look Duras）。同时，她在《物质生活》中还描述了“杜拉斯的制服”（uniforme Duras）。她终于找到了一种只属于她一个人的时尚：“总是穿同样的衣服，使人们不再对我的身材产生疑问。这样一来，他们注意到的主要是衣服的一致性，而非其中的缘由。”

1966年，在电影《音乐》的拍摄现场，人们看到的她就是这副模样，穿着“制服”，指导着黛芬·赛瑞格。这部戏很好地反映了她构思文学作品的方式，她一边让作品的内涵不断复现，一边赋予作品越来越多的含义与厚度。在影片拍摄的过程中，她与已经拍了五十部电视片的保罗·塞班共同担任导演，她对他信任有加，并对他产生了一种强烈的眷恋。不过，虽然两人之间的关系极为密切，但是杜拉斯知道自己想要表达什么，她力图在影像中展现眼神的交错与收获，以及一切看不见的、内容比语言更丰富的表达手法。她强调，她特别喜欢对演员进行指导，喜欢这种富有情感的、没有理论依据的艺术，能够在恋人之间出现沉默时，在他们变幻不定的脸上短暂地抓住沉默的痕迹。对于这部可以说是一部室内剧的影片，她觉得自己将成为它的主宰，把它从室内搬到角斗场上，搬进悲剧的封闭空间里。为此，她能够凭着直觉对演员加以甄别，以一种令人不解的准确性选定她的演绎者，猜到他们未来的潜力，在他们的复述中发现她在自己的书中听见的话语，那话语是断裂的，是低沉的，由于饱含言外之意与被压抑的呼喊而备显沉重，有时又突然大声疾呼，像得到了解放似的。黛芬·赛瑞格是第一次出演杜拉斯的电影，杜拉斯喜欢她，因为她与她写的东西一样难以捉摸，她的脸犹如瓷器一般，她走路的姿势轻盈飘逸，前所未见，特别是她的嗓音，是“非现实的，其中的停顿绝对出人意料，与所有规则背道而驰”，就好像她“刚吃完一个水果，嘴里仍然是湿润的，而词语、句子与话语正是在这种酸甜的、新鲜的、夏天般的清凉中得以形成，并焕然一新地传到我们耳中”，杜拉斯补充道。

在影片《印度之歌》里，杜拉斯将把安娜-玛丽·斯特莱特的角色交给她扮演。届时，她的声音将像一道痕迹或一种回音，使杜拉斯那种不稳定的、简练的语言及其无穷无尽的含义获得一种新的强度。杜拉斯与她的演员的相识总是适逢其时，而他们将从中得到一种神话般的力量，变得富有传奇色彩，比如玛德莱娜·雷诺、萨米·弗雷、缪缪、布鲁·欧吉尔、杰拉尔·德帕迪约、迈克尔·隆斯达尔、让娜·莫罗、露西娅·波塞、艾玛纽埃尔·里瓦……

从影片《音乐》开始，亲眼见过她拍电影的人都说，她在拍电影的时候总是魅力四射。她谨小慎微，把内心深处的一种电影理念和一种精神性施加于电影导演艺术，经常陷入沉默，像是一种本能。只见她弯着腰，好像缩成一团，一直在出主意，永远也不让剧本或分镜头剧本画上句号。在拍摄的过程中，她仍然写个不停，内心被一种恐惧感所控制，这种恐惧感为她指出了不同的方向，颠覆了她的某些镜头，使她跟随着自己的视线一往无前。

她始终处在这种恐惧之中，处在世间万物所共有的那种脆弱性之中，她深知时间是冷漠无情的，冷漠得令人无法忍受。她拍摄《音乐》的时候，越南战争正在蔓延。在她童年时代的丛林里，一颗颗凝固汽油弹毁掉了遍布着藤条、游弋着鱼儿的水潭，宝塔与寺庙陷入了火海，炙烤着黑豹和猴子的皮毛。在一次中场休息的时候，她读到了几份详细描绘她那危在旦夕的故土的报纸。一些画面在她脑海中相继闪现：街上密集的人群、在动物园里的游览、空气中的潮湿、花朵与香料的味道混在一起的气息，还有她自己的人影，戴着男士毡帽，穿着饰有金银箔片的皮鞋，一路小跑，赶去与中国情人相会。

其实，她在《音乐》中所言说的，同样是记忆中的烦扰，同样是她的文字中骚动的、远远地消失了的人语，它们都已消逝，都已终结，或是奄奄一息，无法被人们所理解。然而，这其中同时也有另一种新生，一种模糊而全新的声音响了起来，抖擞着，在发源地上、在结结巴巴的话语中杀出一条血路，不断地演变着。

当让-路易·巴洛1965年向她提出合作请求的时候，他也是这样对她进行定义的。他发现，她怀有一种“巨大的人性”，总在不断地倾听，是一个“固执的孩子”。后来，她交给雷诺–巴洛剧团[1]演出的戏剧作品包括1968年发表的《成天上树的日子》（改编自14年前出版的同名小说）、1977年发表的《伊甸影院》与1982年发表的《萨瓦纳湾》。此外，她还把《英国情人》（1968年发表）中的克莱尔·拉纳一角交给玛德莱娜·雷诺饰演，这部戏剧于1968年在国家人民剧院首演。

关于玛德莱娜·雷诺，她后来曾多次谈及。在这位女演员的表演中，她看到了自己的作品所发出的各种宛如电波的反射光。与作品中的人物一样，玛德莱娜·雷诺也是一个鲜活的、赤裸裸的人，内心充满一种野蛮而不知羞耻的暴力，她总能走到戏剧所能到达的最黑暗的地方，同时从这趟致命的旅途中把一些光芒带回到舞台上来，那些光芒存在于杜拉斯的作品的最深处，连杜拉斯本人也未曾见过。听着玛德莱娜·雷诺念出自己笔下的文字，杜拉斯坚定了自己心中一个顽固的理念：文字具有一种魔力，承载着出人意料的负荷，而她是在不知不觉中把这一负荷放进了文字之中。

同样的，1982至1983年戏剧季期间，她把《萨瓦纳湾》的女主人公玛德莱娜交给玛德莱娜·雷诺扮演。女主人公玛德莱娜是一个已经老了的女演员，她试图在外孙女的帮助下回想起昔日的记忆，使之完整地复现，但却徒劳无功。

“那是过去，是在一家咖啡厅里，是一个下午，咖啡厅正对着一个广场，广场中央有一个水池。那儿可能是法国西南部的一个地方。

“或是欧洲某个城市的街区。

“或是别的地方。

“是在中国南方的那些小城市里。

“或是在北京，在加尔各答。

“在凡尔赛。

“1920年。

“或是在维也纳。

「1」由让–路易·巴洛和他的妻子玛德莱娜·雷诺创立，并因此而得名。

“或是在巴黎。

“或是别的地方。”

也许，《萨瓦纳湾》是杜拉斯作品中的延长号，是她真正想说的东西：所有尝试都是徒劳，注定以遗忘而告终，人生的过往不可能重现，而是困在时间的淤泥之中，那淤泥染黑了一切，使记忆迷失于传说和遗忘，无法恢复如初。

于是，《萨瓦纳湾》变成了一个隐喻，象征着不可能被完整记录的人生。玛德莱娜的记忆是“碎裂的”，她有一个“强烈的欲望”，想要“捕捉到昔日那些无法辨识的事物”，但终将归于失败。剩下的，只有一些层层叠叠的假设，一些散落在时间的淤泥中的标记，而人生则在那淤泥中流逝并迷失。剩下的，只有一些朦胧的信仰，一些模糊的画面：一条缓慢的大河，河口处聚集着许多小船，停泊在热带的潮湿中，时而突然蜂拥而出，驶入墨色般的黑夜。

不过，她是个异常顽强的人，她的作品的关键就在于征服那片黑夜，哪怕命丧其中。

1975年，有一天她在拍电影的时候，一场沉闷的大雨降落在拍摄《印度之歌》的那家酒店的花园里。借着这场夏季的雨，她仿佛回到了印度支那，听见了童年时的季风发出的沉重的爆裂声，她让录音师把这一切录了下来。她相信，只有在这种不期而遇的意外事件中，她才能在时光的间隙里抓住真正的真理。

杜拉斯像劳儿一样，执意想让过去重新开始。她又一次拿起劳儿·瓦·斯坦的故事，把它装进了1966年出版的另一本书，不懈地在最初的网上系上新的绳结。

《副领事》重新讲述了女乞丐的故事，而杜拉斯曾亲口承认，这个故事是她童年里的一个“巨大的创伤”。女乞丐来自沙湾拿吉，她沿着江河一路游荡，来到了杜拉斯重新虚构的印度，在那片潮湿的大地上四处流浪，同时一直吟唱着绝望的怨言，喋喋不休地述说着自己的不幸。她徘徊在使馆和殖民者的别墅周围，把她的疯癫强加给那些对麻风病、季风等所有一切充耳不闻的人。在那些人当中，只有安娜–玛丽·斯特莱特和法国驻拉合尔副领事让–马克·德·H是个例外，两人处在上流社会的边缘，已经濒临疯癫，随时都会“爆炸”，也即发出他们的呼喊。《副领事》中产生了某种神奇的东西，它摆脱了文字，却又发生在文字之间，发生在目光与对话的交错中，发生在呜咽般的探戈舞曲的节奏之间：“我有一种感觉，”副领事说，“好像我过去一直在试图告诉您我想要告诉您的事情，对您说，所有一切都已绝尘而去……言语，告诉您，对您说，言语……我的……告诉您，它们并不存在。”

自始至终，杜拉斯想要详细描述的，是沉重得令人难以忍受的时间，是无可奈何的人类境况，它就像树脂一样，把人裹在里头，困在其中。于是，某种东西应运而生，它叫喊着，爆发着，它是抗争，是谋杀，是怒火：是爱情！

她仍然记得孩提时代的所见所闻：大使夫人，她的传闻，她的一个情人的自杀。安娜–玛丽·斯特莱特，一个绝对的、模棱两可的、具有两面性的女人，兼具生与死、脆弱与暴力，无穷无尽，无法读懂。

是她让杜拉斯提笔写作，她是“写作的发源地”，“带领着我，从各个角度深入到事物的双重含义之中”。在很长一段时间里，安娜–玛丽·斯特莱特具有一种神话般的形象，她在不知不觉中使杜拉斯懂得了人世间的现实性。从直观上看，安娜–玛丽·斯特莱特的典型形象是抗争，是爱情的野蛮，是真实、绝对而苛刻的人生中的疯狂的寻觅，是自愿的死亡，因为令人绝望的是，谁也无法进入她那种人生。在她的教导下，杜拉斯学到了“爆炸”的欲望，这个字眼将经常出现在她笔下，也学到了迷失并消融于世间万物的必要性。

爆炸，为的是回到她在作品中多次呼唤的暹罗。她迷上了暹罗，那个国度有着明亮的声响，敞开着怀抱，甚至代表着生命的形象。还有《情人》里的满洲，广袤的中国北方。

《副领事》带有寓言性质，貌似令人费解，但书里的主人公们却凭着他们的痛苦与人生的苦难而给人留下了深刻印象。与让·休斯特一样，杜拉斯用她的“音乐”和沉默的力量描绘出主人公人生的苦难，让每个词语都承载着沉默，成了一颗颗哑炮。正是通过这样的方式，杜拉斯触碰到了政治，通过驻拉合尔副领事的呼喊，通过女乞丐的喋喋不休，通过安娜-玛丽·斯特莱特的下作。他们的行为是可耻的，从某种意义上来说，也是违背社会法则的，因而令人不适，也令人尴尬。

未来，在谈到《印度之歌》的时候，她将述说曾经的呼喊。除了她，谁也不敢像她那样呼喊，因为那意味着承认我们的失败，承认我们的痛苦，被社会掩盖、嘲弄并视为耻辱的痛苦。她的呼喊是可耻的，违背了社会利益。

它是“醒来的小丑”的呼喊，有时候会从黑人聚居区里传来。那些黑人来自波德莱尔所说的“美妙的非洲”，是巴黎市内的被殖民者，他们每天清晨都要拿起扫把，扫清街头的啤酒瓶和可乐罐。对于他们，她同样发出了爱的呼喊：“你有一个身份，你有一个名字，我爱你。”

在《副领事》中，在这部孕育着痛苦的作品中，杜拉斯的抒情达到了前所未有的高度。书中的人物是独特的，他们在轻声细语中达成一致，流浪在没有终点的命运之路上。杜拉斯越来越接近她自己所说的诗意，悄悄地但又执着地倾听着语言的内涵和人物的内心世界，以及他们晦涩的、模糊的、摇曳的言外之意，同时用一种表面上杂乱无章的、没有完结的、几乎错误的句法，成功地表达出了这一切。

她想要把语言强行驱赶到更远的地方，玩弄它们，嘲讽它们，甚至扰乱语言的所有素材，迫使它们越来越背叛语法，违犯符号的基本规则。

《水与森林》和《成天上树的日子》是她在戏剧领域最早的成功之作，继这两部作品之后，她与克莱尔·德吕卡和勒内·埃鲁克组建的剧团再度合作，交给他们两篇短文，一篇是《萨加语》，另一篇是《是的，也许》。

1968年1月，上述两部作品在格拉蒙剧院上演。这两部戏剧的排练方式和修改方式堪称典范，正是杜拉斯所希望的那种工作方式。在长达六个月的时间里，两篇原本不到十分钟就能读完的文本分别被修改和拓展，在排练的过程中渐渐得到充实，有一些甚至是出于演员的提议，它们不断更新，成了一项紧张而积极的工作和一种创作热情所得出的成果。在这两部作品中，杜拉斯摒弃了《音乐》里的那种契诃夫式的吟唱，回到了她的个性的另一个侧面：笑，以及她经常在日常生活中表现出来的快乐。

要知道，杜拉斯是个爱笑的人，有点儿喜欢戏弄别人，总是一副开开心心的模样，挑衅并“击溃那些嘲笑别人的人”——这是米歇尔·芒索说的，她晚上经常在诺夫勒堡的家中（离杜拉斯的屋子很近）聆听录有杜拉斯说话声的磁带，因为她想念“玛戈”[1]，因为磁带里装满了杜拉斯的笑声，折射出一种简单的幸福。

克洛德·鲁瓦说过，杜拉斯总是在无拘无束的自由中发出同样一种独特的笑声，其目的是推倒“死亡的高墙”，那些高墙把人们埋在有害的疯癫中，埋在对这种疯癫的恐惧中，或是埋在战争中。杜拉斯的革命意愿又一次陡然萌生，那意愿是粗暴的，也是目无纪律的，她将彻底地不屈不挠，坚决抵制戏剧艺术，抵制让–雅克·戈蒂埃、吉贝尔·吉耶米诺等学院派批评家们提出的要求。她将发起一场刻意为之的叛乱，而她的笑声将战胜一切，那笑声是有破坏力的，是独特的。

在排练的过程中，文本像网兜一样不断发展，把她所说的“孩子们”也即演员们带到分崩瓦解的语言之中，那种瓦解是势不可挡的。“我带来了……一些提纲。我不断地制造，分解，重新制造。”她说。1983年，同样是面对《巴黎早报》的记者，她明确指出：“当一篇文本存在了八天，我就会觉得它持续了足够长的时间，于是就会修改它。”杜拉斯的作品就是这样造就的，是以这样一种断断续续的方式，在不知不觉中，在即兴而突然的发现中造就的。

她想要包揽一切，包括导演、修改文本，乃至设定服装、指挥演员，因此她的时间全都是在剧院里度过。她提出的建议使演员们受益匪浅，哺育着他们的角色。在排练期间做出的表演指导中，她对演员们这

---

[1] 玛戈（Margot），女名，“玛格丽特”（Marguerite）的简称。此处是米歇尔·芒索对杜拉斯的昵称。

样说道：

“你们的疯狂爆发了，你们是带着疯狂去把摧毁表演出来，改变藏在别人的堡垒背后的东西。相对于别人心中深藏的疯狂，你们的疯狂相当于一种革命的抗争……

“他们疯了，但他们不知道自己疯了。你们也一样，是一群疯子，却不知道自己疯了。不过，他们一直处在对疯癫的恐惧中，而你们却不是。

“你们心里满是蠢蠢欲动的词语，和他们一样，但你们的状态使你们亲眼看到词语组成句子，而在他们看来，词语是漫不经心地组成句子的。”

排练是一种摸索，在此期间，她坚持着，锤炼着：

“萨加语是一种违抗。他们行走在路上，朝着某个东西走去。

“这种自由，我得听到它，它得表露出来。

“要把这种无拘无束、无所事事的状态表演出来。他们完全处在社会的边缘。

“你们看，萨加语再次穿越了时光，就像一种非常古老的语言又回来了。

“疯癫是人类是共有的天赋。

“一旦你们变得和蔼可亲，戏剧就会停滞不前。

“也要留住纯真，留住惊奇。

“把文本表演出来之时，要让它处于初始状态，使它维持原样，不去追寻，也不掺杂心理活动。

“最重要的，是要显得野蛮，不需要善意，也不需要折中。构成野蛮的一面的，是人重新变得自然、粗鲁、纯粹，像一块尚未加工的水晶。

“要留住萨加语恐怖的一面，以及它喊出来的野蛮性。”

这就是她对克莱尔·德吕卡、勒内·埃鲁克、玛丽–安吉·杜泰伊等人所说的话，就像是一种预兆，昭示着她在不久后的1968年5月即将说出的言辞。

像往常一样，她总能感觉到人民的盛怒与喷涌而出的暴力，并像巫婆似的觉察到这一切。1967年12月末，在接受《震旦报》采访之时，她坚定地预言道：“我不觉得我能得到所有人的欣赏，但大学生们一定会和我站在一起。”

就这样，她发明了萨加语，“一种不存在的语言”。按她的说法，一个略显疯癫的女人某天早晨醒来时，突然就开始说起了这种语言。在《是的，也许》中，她还虚构了一个遭遇原子弹爆炸事故的纽约，并想象出这样一幅街头场景：“两个女人在街头相遇，她们忘了过去的事情，还忘了某些词语。”

在这些既可笑又精湛的戏剧中，她过于藐视各种机构，同时也打乱了各种习惯。有些学者看出了这两部戏剧的现代性，比如克洛德·鲁瓦与娜塔莉·萨洛特。萨洛特就曾说过：“这种戏剧如此新颖，必将得到公认。在我看来，由一种无处不在的幽默感而引发的笑声是现代戏剧应有的品质。”然而，以让-雅克·戈蒂埃为首的整个批评界却提出了控诉，说这两部作品故作高雅，实则愚蠢，作品里“人们说着蹩脚的法语”。《鸭鸣报》的弗朗索瓦·卡维格利奥里的文章标题是“花叶凋零的玛格丽特·杜拉索瓦[1]，恐怖的戏剧”，吉贝尔·吉耶米诺则宣称，彩排的那天晚上，“法西斯分子与反法西斯主义者在一种深深的烦恼中亲如兄弟”。

嘲讽与谩骂像雨点一样洒落在她头上。每个人都满口俏皮话，但他们同时也承认，演员们既有勇气，又有才华，能够轻而易举地从这次海难中脱身。其中，唯一一个幸免于难的是克莱尔·德吕卡，她“滑稽而真实”，能够像乔治·勒米尼埃在《解放的巴黎人》[2]上说的那样，“让人猜到一切，理解一切……并几乎爱上一切”。

杜拉斯几乎从未经历过这样一种抨击的考验。然而，她依然自信地迈步前进，她知道人们此时已无法忽视她的存在，也知道自己不会听从批评家们的任何号令。“她就是这么个人。”她说。她将把这种自信分享给她的演员，十年后，他们将相信《萨加语》的独特力量，并将多次把修订后

「1」即“Durasoir”，详见第202页脚注。

「2」《巴黎人报》的前身。

的这部作品重新搬上舞台，而观众们那时也将更加接受这部戏剧。

在这个创作的高峰期，她像是只为写作而活着，同时承担着一种有别于以往的苦役，守着她那取之不尽的源泉。

她发出了一种极具煽动性和空想主义色彩的政治言论。她接到了许多以国际文化交流为名义的邀请，范围几乎遍及全球。例如，她曾与几位学者一道，赴古巴出访。因此，她对法国右派和美国人的敌视思想日益巩固，她关注着各地的革命运动、某些边缘人群中的个体命运以及切・格瓦拉与卡斯特罗[1]等著名人物，并对发生在拉丁美洲国家的"城市游击战"示以赞许。在她那活力四射且夹杂着野蛮与天真的分析中，她坚定地觉得，自己是和青年人站在一起的。她之所以与青年一代并肩前进，是得益于她的儿子让・马斯科罗——此君拒绝任何形式的工作，在国外四处游历，对自己不愿做的事情确信无疑。在大学生身上，杜拉斯隐约看到了一种旺盛而充沛的生命力，他们置身于一种新式的浪漫主义，躲避着一个粗暴、年老、循规蹈矩、确信自己的权利、故步自封的社会所亮出的獠牙。

与此同时，她也颂扬其他一些价值观，比如懒惰的权利、度假的权利、一种新的博爱的权利。她所喜欢的人类是这样的："没有尊荣，没有名誉，一味地追求自己的欢乐，每天下午蒙头睡觉而不吃东西，有点随波逐流，一副资产阶级所说的懦弱的模样。"她在诺夫勒堡的房子，还有巴黎的公寓，都是聚会场所，穿梭其间的既有男男女女，更有青年人和孩子，洋溢着挑衅的思潮，迸发着各种思想。

1968年前夕，她发表了《英国情人》。"五月风暴"事件发生后，她将在一定程度上解放这部作品的叙事形式，把它改编为戏剧，搬上舞台。1968年12月16日，这部戏首次登上舞台，她把导演一职交由克劳德・雷吉担纲——在她未来的戏剧作品中，克劳德・雷吉将多次指导

「1」罗兰・卡斯特罗（Roland Castro，1940— ），法国建筑师、政治家、无政府主义者。"革命万岁"是他领导的一个激进主义运动。

她的演员——演员主要包括迈克尔·隆斯达尔、玛德莱娜·雷诺和克劳德·多芬。在这部戏剧中，她的对白充满智慧，并由于其中的沉默而显得沉重。正如吉贝尔·吉耶米诺在评论《萨加语》时曾轻蔑地说过的那样，杜拉斯是个探路者，但却让人听到了一种戏剧中前所未有的话语，既奇特，又危险。

之所以说她的话语是危险的，是因为她所讲述的全是她挥之不去的东西：疯癫、死亡、所有人类行为的奥秘，以及刑罚不可能对一切行为作出评判，甚至包括谋杀行为。“是的，每到夜里，我就会觉得我疯了。我好像听见了什么……也许，我已经与疯癫或死亡挨得很近了。”女主人公克莱尔·拉纳这样说道。她正是在这样的地方不断挖掘，不断钻研，它们犹如火山，犹如有着几千年历史的史前洞穴，而“三万年来，我一直对着大海放声呼喊”。也正是在那里，她试图触碰到炽热而黑暗的焦点，它们藏得很远，藏在“胶泥状的”洞穴里。

她也说过，她已到达奥秘的边缘，而无论如何，那奥秘都是“无法进入的……位于我肉体的最深处，像刚生下来的婴儿一样盲目”。

对于别人，比如她的演员，她试图揭露他们藏在隐秘之处却无法拿出来的东西。迈克尔·隆斯达尔说过：“跟她合作，表演的时候就得非常内敛，把一切都放在内心，更重要的，是要爱杜拉斯，融入她自己的交响乐。”她擅长这样一种艺术，也即凭着本能去发现与自己的宇宙和音乐相符合的演员。在利摩日宣传杜拉斯的一组系列作品时，隆斯达尔告诉媒体：“杜拉斯是通过一种相互渗透的方式去拍电影，像奇迹一般，没有大量的台词，很真实。她的关切其实不是电影，而是文本。事实上，她对场景没什么感觉，画面只是为了辅助文本，而演员们应该做的不是表演，而是说话。”

在隆斯达尔身上，在戏剧演员出身的萨米·弗雷和缪缪身上，她捕捉到的是他们无法归类的表演方式，他们擅长多种表演风格，能够不断转型。她在演员身上追寻的，一是精湛的技艺，也即她自己在不断变化的文本中，在交织着躲闪、逃避与坦诚的对白中，在喃喃细语或放声呼喊中体现出来的那种；二是单纯性，她看到，这一点黛芬·赛瑞格胜过其他所有人，但在众人眼里，这位女演员却是一副矫揉造作、附庸风雅的形象。她想让赛瑞格表达的，正是这种模棱两可的特性，她觉得只有赛瑞格才能把她想诉说的东西演绎出来。

在她那艘“黑夜号轮船”上，她一直把这帮演员带在身边。为了出演她的作品，他们放弃了一切，甚至不计报酬，因为她带他们走的是一趟独一无二的探险之旅，而在此之前，无论是在戏剧领域，还是在电影领域，这都是不可能的。也就是说，他们遇到了这样一个作家，她修订自己的作品，将其搬上舞台，同时把写作方式毫无保留地展现出来，使语言和创作过程一览无余。在这帮演员的陪伴下，凭着自己的威望——演员们被她散发出来的神奇的魅力所折服，谁也没想过对她的威望提出质疑——她知道，她将揭开她所猜测的最大的奥秘。

多年后，1988年，《音乐之二》的排练就是按照这样一种均衡的节奏，根据一部重新构建、重新创作的戏剧作品而进行的。在《与杜拉斯共事》一书中，玛丽–皮埃尔·费尔南德讲述了这部新作品的诞生及登上舞台的始末，描述了杜拉斯如何围绕着字词徘徊，如何把一个词替换成另一个使一切焕然一新的字眼，以此激发人们的情感，使人们热泪盈眶，瞬间找到进入沉默与慌乱的大门。借助这种活跃的导演方式，她想要释放出演员们仍然感到陌生的、内心却又不可思议地拥有的东西，释放出她的语言几乎已发现了的东西。例如，对于萨米·弗雷，她就想揭露他内心里女性特质的一面，以此得到一些新的理解，一些“无法认识的”道路。她知道，在人的这种模棱两可的状态中，一定存在着她所寻觅的果实，所以她才激发并展现这种状态。谈到《音乐之二》的主人公诺莱先生时，她说道：“他弯下腰，他喊出了他的话语，像一头野兽。”这正是她想要发掘的，也即人最野蛮的一面，最赤裸裸的一面。就这样，在杜拉斯的推动下，萨米·弗雷像《印度之歌》里的隆斯达尔一样，发出了他的呼喊，把他的伤口暴露在空气中。

她的作品就是这样在画面与文字的跳跃中，在诸多裂缝和洞穴中，在大片的沉默中创作出来的，以至于后来在舞台上，面对黑夜般的剧院大厅，面对黑暗中毫无区别的观众，她的作品像悲剧一样徐徐展开，宛如缓慢的脚步，一步步迈向死亡、孤独与遗忘。

她在“苦役”中找回了人类的史前史，得益于此，她的作品具有了一定的神圣性，也具有了某种上帝的意味。她塑造着由词语构成的面团，这面团是不规则的，是“难以理解、非常模糊、非常隐晦”的，而她展现出来的是优雅，没有展现出来的则是创作中的心碎、怀疑与失望。

Chapitre 8　　Détruire, dit-elle

毁灭吧，她说

在1968年5月的事件中，人们看见她出现在示威队伍的前头，她渴望改变这个世界，并早就为此而努力。“1968年5月”可以说是“她”的革命，因为看到权力机构全都千疮百孔、奄奄一息、腐朽不堪，她本能地预感到要发生革命了。年轻人的愤慨驱除了她的悲观，让她在那一年里嘴角常挂着嘲笑，使她更有理由信心十足了。

重新获得的话语权和她常提到的那种天真的浪漫主义，让她心旷神怡。在让-路易·巴洛丢给学生们的奥德翁剧院，她喊出了年轻人的强烈诉求，即，否定旧秩序。她把这种诉求大声地喊了出来，直率而单纯。“1968年”被她当作是一种新生，她创造着，想象着，沉浸在荷尔德林们、狄更斯们和“疯子们”的那种野蛮的天真中。那种疯狂在她心中真的经久不息。不把自己想说的话喊出来，不展现自己生活和行为，那才是疯了呢！摆脱镣铐吧，放飞自己的想象，让词语、动作和生活准则恢复原来的本质。学潮逐渐波及其他社会阶层，获得了舆论的支持和同情，杜拉斯把它看作是表达政见和改造政治的一种方式。

革命一开始，准确地说是从5日开始，她就和马斯科罗以及创办了反左报纸《7月14日》的同仁们，最先起来号召大家抵制面向知识分子和艺术家的ORTF[1]。5月中旬，同是圣伯努瓦街的这群人成立了“大学生—作家行动委员会”，该委员会后来将在提案和学潮中起到积极的作用。在混乱期间，人们再次看到她不顾禁令、无视命令，正在发起反制度、反宗教和反警察的革命。她精力旺盛，激情充沛，斗志昂扬，马路上只剩下她一人时仍从容不迫。她喜欢大街上乱糟糟的，喜欢那种具有创造性的狂热，1830年、1848年和1871年[2]就出现过这种狂热。巴黎到处都是火药味，新思想喷薄而出，吓坏了部长们。那时，她感到自己产生了“一种没有区别的爱”，与人群，与其他人没有区别，她与他们一道向着“巨大的自由”进军。

她也更加坚定地表现出否定的愿望，并且毅然决然地大声说了出来，这种坚决与鼓励她自豪地进行挑战的不妥协的清醒促使她往前走。她调和了“反战的女战士”这一矛盾本身，在一篇关于行为准则的文章中，肯定了5月革命以来最具无政府主义倾向的信条：“没有什么比否定更能把我们结合在一起了。我们在阶级社会里迷了路，但仍然活着，我们没有阶级但不可摧毁，我们否定。我们把否定推到极端，拒绝参加任何以拒绝我们所拒绝的东西谋利的政治团体。我们拒绝反对派有计划的拒绝。我们拒绝把我们的拒绝捆上绳子、装进箱子、盖上印记。让涌泉干涸吧，谁也不要逆流而上。”这种声明并不让人吃惊。杜拉斯在已完成的作品中曾发出这种愤怒的喊声，她喜欢重复的文法又死灰复燃，暴露了她典型的焦躁和自发而野蛮的虚无。她鼓吹无政府主义也许是因为她被法国共产党开除的缘故，这是一个创伤，尽管她自己不承认。她所歌颂的新世界没有法律、没有秩序、没有军队，或者，正如她说的那样：“我们拒绝，我们服毒，我们行动，我们集合；在这里，没有威严的演说，没有‘路线’；在这里，

---

[1] 法国广播电视公司（L'Office de radiodiffusion-télévision française）的缩写。

[2] 1830年7月14日，法国爆发“七月革命”，建立了以路易·菲利浦为首的七月王朝；1848年，“二月革命”爆发，推翻了路易·菲利浦的政权；1871年3月，法国通过革命成立巴黎公社。

我们不会一开始就给人划等级。这里无秩序。”

她强烈地、激烈地控诉各种意识形态及其鼓吹者，说出了这种“梦幻”的和非现实的话。这个极现代的人喊出了“我们是未来的史前人”的口号。

作品的成功和已经完成的工作使她深受鼓舞，她成了一部分渴望自由、渴望“一切都重新开始”的年轻人的代言人。是的，正如她后来所说的那样，摧毁的时刻来到了，在这种痛苦的预言中，她只看到喜悦，创造者的喜悦，卜测生命的人的喜悦：“让世界走向灭亡吧！”据说，“沙滩就在马路下”这个著名的口号就是她提出来的。在群众集会和大会上所产生的集体狂热中，这句口号有可能是集体“发明”的，但这种与大海有关的比喻用在她身上太适合了，以至于人们都想把这个创意归功于她。这沙滩，就像是她小说中的“疯子们”和《八〇年夏》中的孩子们所走的沙滩，尽管辅导员不断下令禁止，孩子们还是到处乱走。他们重新获得了自由，巨大的空间和广阔的大海展现在他们眼前。

这一时期的狂热和随之而来的失败（她在很大程度上把那种失败归结为“无产阶级不负责的害人态度”），加上6月选举一开始，保守主义就又重新掌权，凡此种种，迫使她接受了近乎超现实主义所宣扬的极端态度。她对得到巩固的极“左”运动有一种明显的同情，尽管自己并没有参与其中；她反对军事主义，这使得她短时间参加法国共产党后便抛弃了参加一切组织的念头。运动把战后受到欢迎的消费社会的神秘与另一种神秘对立了起来，那就是度假和重新获得的自由的神秘，这是一种诗意的、浪漫的景象，有点儿虚无主义和无政府主义倾向，但充满了想象力和创造力。

她在那个时期的所有谈话，她所有言论的内容都建立在这一乌托邦的信条之上：根据超现实主义者所鼓吹的原则，诗意地生活在既勇猛地征服又能带来集体幸福的双重运动中。

“68运动”认为，最要紧是否定“政治主张”，代之以“空虚，一种真正的空虚”，那种“20世纪整个意识形态的大杂烩、大垃圾”更可取。她认为政治就是谎言，是欺骗人的东西。她的思想总是与疏远党派有关，尤其是对法国共产党，她的话说得很重，好像忍不住要判它罪似的。无产阶级在“68运动”中不承认有巨大的希望，这种态度使她更深信不疑，她认为这是“拒绝生命，拒绝生活”。

圣伯努瓦街的那个公寓继续成为国民抵抗、地下抵抗组织和知识界反政权的地下场地。1968年7月，部长会议解散了左派小团体，革命的共青团领导人转入地下，宣称要继续斗争。人们到处在寻找其创始人阿兰·克里维纳和LCR[1]的亨利·韦伯以及3月22日运动（占领南特）的组织者代表达尼埃尔·班萨伊德。班萨伊德和韦伯在杜拉斯位于圣伯努瓦街的家里找到了避难所，撰写关于暴动的回忆录，有时也悄悄地到附近街上转转。

后来，1977年，她的“干预社会”的道路与其他所有知识分子，尤其与萨特和波伏瓦完全不同，她开始拍摄《卡车》，塑造了一个司机的形象。这个司机仍相信法国共产党的主张，精神永远错乱了，信仰很坚定，结果一辈子都毁了，可悲地僵化在“政治的黑夜”里。她用这个人物来反衬自己所代表的那个女人，那个女人是她又不是她，身份不明，正如她自己所说的那样，“面向未来”，前进，“疯”了是肯定的，想象自己是奥斯维辛集中营所有死去的犹太儿童的母亲，是葡萄牙人、阿拉伯人或马里人，“学会了重新创造”。

评论界和公众都嘲笑她。她照见了他们的黑夜、衰老、黑暗和政治阴谋，他们需要弄清自己究竟看见了什么。慢慢地，她变得对那个炫富的社会更危险了。尽管开始出现衰退现象，但她好像总是过分了一点，背叛自己的阶级，背叛自己的国家和国家的道德习俗。她对此毫不介意，绝不妥协，公开介入，揭露那些疯狂的举动和所有的压迫，悄悄地继续自己轮廓模糊的作品，作品中的诗意也许正变成对政

[1] 革命共产主义者同盟（Ligue Communiste Révolutionnaire），或译作革命共产联盟、革命共产主义联盟，是法国主要的激进左翼政党之一。

治最明确的回答。

她的听众依然有限，“多多少少有人听她说话，”正如她让《卡车》中的那个女人所说的那样，不过，这对她来说不重要。可她针对男性的一种说法却逐渐得到了肯定，她认为男性是暴力之源，引起了人们对权力的渴望。在《话多的女人》中，她说，在他们身上，潜伏着“一种不愿承认的憧憬……每个男人身上都有个伞兵，家庭的伞兵，女人的伞兵，孩子的伞兵……我想男人离将军或军人比任何女人都近”。

所以她才感觉到自己离女性的世界、女性的地盘更近。她们的直觉敏感，能在这种默默地倾听宇宙的过程中与世界、与星球交流。那个时期，她非常同情女性的斗争，包括对那些男人，其中大部分都非常年轻，比如说，“游手好闲的”嬉皮士，或是男同性恋者以及若干罕见的男人，他们保留了自己身上的女性成分，所以既能适应寂静，也能接受家中的喧闹，拥有她所提倡的具有乌托邦色彩的自由和慵懒。

在1991年5月出版的《来自中国北方的情人》里，她一直让自己处于度假和闲暇的自由中：“她，她仍然是书中的她，小小的，瘦瘦的，很勇敢，难以抓住感觉，很难说这是谁……怀念故乡和童年……爱上了一些弱男人……”

她将遇到的其中一个：扬·安德烈亚。

一天——那是在1980年，“有人来了。他来了，来自外省的一个城市。他读过我的书，被迷住了。”那个男人走进了她的生活，要见她。有一天，失望中的他请求她允许他来，她同意了。他来了，两人谈了很久。后来，她要他住在她儿子的房间里。事情就这样发生了。他现在好像已无法跟她分开。他叫扬·安德烈亚。1983年，他写了一本*M. D.*。她没有隐瞒这个人是个同性恋者，并把它写了出来。她在电台上说，在书中说，接受采访时说。她之所以爱他，是因为他身上有种说不出来但可以接近的东西（表面上看来这似乎是不可能的）。那也属于爱情的范畴，是种激情，没有它，一切都无法解释，甚至无法写出来，现在不行，将来也不行。这种东西是突然出现的，他们俩都没有刻意寻找，所以在死神来临的前夜，1982年，1988—1989年同样的情况再次出现，在美国医院，在她差点送命的纳伊[1]，她谵妄了，或者说昏迷了，只有他守在她床前，等待着，希望渺茫，爱却非常明显。

人与人之间的这种别样的爱情传递，她一直很珍惜，不断地通过自己的小说，甚至通过自己的生命来分析。1968年的“疯狂”，它所带来的希望和失败以及随之而来的斗争，促使她动手创作一系列互相循环的小说，那些小说直接受其启发。1969年她出版了《毁灭吧，她说》，具有挑战性的书名象征性地揭示了新的历程。

首先是摧毁小说的素材本身，打烂它，让它的用途变得多种多样：小说不再是铁板一块，而是可以读、可以玩、可以拍电影、可以扔掉东西；它“没有身份”，被扔到漆黑而陌生的茫茫大海，让读者找不到任何痕迹；它丝毫没有巴尔扎克式的影子，“再也没有句子”，只剩下词语，“词语在起着所有的作用”；再也没有文体，词语之间自由地游戏，忠于自身，灵活自如，就像曾让她激动的那种具有无政府主义倾向的乌托邦，她衷心呼吁要毁灭和破坏旧制度。

她也用这本书“毁灭了作家”，发生了一些什么事，奇特而可怕的事情，与某种危险的试验有关，就像“黑夜号轮船”，此后没了别的道路，只能进行完全、自由但又充满危险的漂泊。《琴声如诉》之前她一直艰苦地写作，也许是想再次证明自己当作家的能力，现在，她放弃了这种努力。随着《毁灭吧，她说》，作品中出现了这种恐惧。后来，书写得很快，那是怕被遗忘和淹没。面对自己，她奇怪地感到有种缺失和空虚。在《话多的女人》中，她说：“我在系列中试验这种空白。”从此，哪儿有黑夜，哪儿就有“试验”，它在黑暗中踏步，像疯子一样打转。她听到了它的嘈杂声和脚步声。这是在走向疯狂，走向精神病院。这场试验非常痛苦，但好像不可避免。她在“那些还没有挖掘的地区”工作，她想分析和倾听。

当时她55岁。多纳迪厄，这是父亲的姓，她不喜欢父亲，在作品和

「1」巴黎近郊小镇，有条件较好的美国医院。

生活中都否定他，然而内心深处却又爱他。她抛弃了父亲的姓，这个姓现在被“杜拉斯”这个地名所代替。从此，人们提起她时，都说杜拉斯，甚至只用姓不用名。杜拉斯，就像我们说拉辛、帕斯卡尔和普鲁斯特一样。

她远离所谓的女性文学。她所探索的，是灵魂的中心，灵魂中最神圣的地方，是她渴望的时候，爱与死的时候发出的呻吟，这种呻吟不分男性女性。她致力于接近的东西已经没有性别，没有身份，没有参照，但触及到了生命中最隐秘的部分。

为此，她满足于倾听自己，要求自己的作品讲述“个人的全部”，抛弃传统的句法，任词语自由活动，否定它们表面的意思，重新进行创造，就像一个画家。拿布朗肖的话来说，是“不是用现存的颜色来复制现实，而是寻找颜色创造生命的那个点”。

空想理论家和贩卖教条的人深受孤独之苦，首先是法国共产党。这种孤独性迫使他们“从外在去听写”命令、生活准则和“方法谈”[1]。

在她身上，有一点非常肯定，就是再也没有任何东西是肯定的，一切都服从于偶然，由她所创造的人物的走动所决定，由争先恐后地说出来的众多声音所决定。她知道这场旅行不可避免，而且十分可怕。

时代的精神当然会促使她说些左的话，其中共产主义的词汇还没有遭到否定，而是忠于其来源，甚至其词源，这又给了她一种新的生活，这种变幻不定的生活立即表现出对教条和官僚的否定。

她在这部体裁模糊、复杂多重的书中登场了，开始了她所谓的“重大破坏”，首先是破坏夫妻关系——这是现代社会最原始的教条，让欲望可以自由地转换，可以从一个人身上转移到另一个人身上。当时，她的言论死死盯着制度和权力机构不放，她是所有权力部门，国家、警察、教堂和大学的凶恶敌人。

她认为，革命，她的革命，也是唯一可行的革命，不能等待，没

「1」暗指法国哲学家笛卡尔的《方法谈》。

有未来。“革命前夜”[1]和“复活”一样，只是现存意识设下的陷阱，由各种各样的静寂主义维持。她呼唤陌生的、自发的东西，那种东西将引发别的东西、别的未来。阿莉莎，《毁灭吧，她说》中的女主人公，就是这样的使节，“毁灭”就是通过她来实现的。一夫一妻制被认为是完全不可理喻的，象征着禁锢人类的一切牢笼。她的写作服从于这种内在的要求，消除、摆脱了所有的描写和所有她现在认为是故事背景的东西，呼吸更顺畅，灵感更自由了，如同书中的阿莉莎、马克斯和斯坦纳。

杜拉斯总是想起爱情的自由，那种雷击的感觉，不知何时到来，不受双方控制。她说，所谓夫妻，“就是天才地发现能在世上的所有社会中度过生命的时光”。因为，被作为原则的忠诚导致了“宗教的禁忌”，同时禁止人们梦想“新的爱情”。

她有这种自由，并且迎接这种“疯狂”。一天晚上，她接受了一个自己几乎不认识的年轻男子，扬·勒梅[2]，“对他说来”，她当时独自住在特鲁维尔黑岩的一栋“黑屋”里。她果断地进入了这个充满欲望、可怕的陌生世界里。她比任何人都熟悉其中的危险和代价，知道它将像“《痛苦》中发生的事情一样”，那种状态，如在深渊边上，失去了所有的参照。她像一头固执的野兽，投入到自己的故事当中。

“讨厌别人根据（她的）书改编的电影”，这是她的原话，所以她才想自己重新拍摄电影，尝试其局限和极端？自拍摄《音乐》之后，她就一直想拍电影。

从她的书中偏移出来的东西太多了，就像是被弃的残船，慢慢地漂流，在“词汇的浪峰”中颠簸来颠簸去；还有爱的表白，东西太多了，书无法容纳，甚至戏剧也还不能足以表达。

---

[1] 无政府主义者和空想社会主义者使用的词汇，意为“帝国主义的末日”。

[2] 扬·勒梅（Yann Lemée）即扬·安德烈亚（Yann Andréa），勒梅（Lemée）是他的本姓，安德烈亚（Andréa）是杜拉斯给他起的。

所以，正如马斯科罗所解释的那样，必须“删去作品中多余的东西，在书中铺垫它（话语）的、预告它的东西，让它变得能够忍受之后才讲给我们听；要用某种东西来代替，相对于语言来说，这种东西应该是中性的，或是另一种东西：非语言的东西。也许只有图像……能让悲惨的话语重新被人听到，就像那些不能被听到的东西”。

现在的问题是，如何让这种走出神秘的黑夜已那么不容易的话语从书中走出来，再试图给它以另一种更加隐蔽、更加野蛮的意义。

“打破先前的东西”，提供另一种阅读方式，不再考虑小说的修辞。这种愿望一直埋在她的心头。

她在所有事情上都表现出来的这种果敢，现在落在了这个新计划上。拍摄这样的电影，意味着背叛商业电影，反其道而行之，总之是一条未探索过的道路。上世纪六七十时代的电影太注重金钱、故事、呈现和心理发展，与杜拉斯想完成的东西大相径庭。她打心眼里看不起“通俗”电影，那种电影光知道抖搂和揭露秘密，铺陈故事。既然要拍，就要让电影达到书那样的高度，让电影内在和深入一点，这正是它所缺乏的；要用图像来表现看不见的东西和人物之间最微妙、最惊人的共同点；不怕暴露出人物和导演的迟疑，他们身上的不可靠的东西，对二者来说都不稳定的东西。

她投入到了电影这一历险之中，完全而彻底，不受任何拘束，就像她做任何事情一样。她是作为一个外行、一个革新者进入这一领域的。其他人，职业电影人，那些学过电影、读过电影专业学校的人，“他们都觉得这很可笑”，正如她有点自嘲地所说的那样。除了那个漆黑、沉默的台阶，她没有别的参照。她在那儿前进，谋杀胶片，就像1981年拍摄《大西洋人》时那样，甚至不承认电影的图像功能，让银幕漆黑一团。

她无法用那种电影，用商业电影来进行创作，因为它讲的跟她想的完全不是一回事，她注重的是用词、目光、动作和无形的交流。所以她的电影很策略，不需要似乎任何电影都需要的大量经费，因为它的节奏很快，不会在无用的、装饰性的布景前浪费精力，而是急于表达她念念不忘的那些人物的奥秘。

她进入影坛就像她进入任何领域一样，像是边缘人，局外人，又是反抗，又是诅咒。

让人难以置信的是，她的电影总是引起风波，却一点也没有影响她的威信，而且达到了那种“至高无上的边缘化”，这就使得她能继续顽强地前进，不理睬批评和嘲笑。幻想小说作家德普罗日徒劳地说她“只写了些可笑的东西……也只拍了一些可笑的东西”，这番话无异于表扬。她所希望的，是不断地捣鼓自己书中的内容，让它们在新的空间里重起炉灶，把内在的图像带入景深，直至摧毁《印度之歌》，亵渎它，然后在另一部电影中对它重新改造，那就是一年后的1976年拍摄的《加尔各答的荒漠里她的名字叫威尼斯》。

她身上有些东西使她不能接受通俗电影中大家都已习惯的那种浅易。她是作为作家来拍电影的，语言非常节俭，就像她写的所有的书。她希望自己身上的那种灵光能够移植到电影中，以浓缩密集的强光，钻出一个洞，打出一个眼。

就因为她是个女人，所以在电影历险中，她注定要比在文坛上遇到更多的障碍，遭到更多的嘲讽？她肯定了这一点。但她知道，作为一个女人，现在又来拍电影，这是一个极好的机会。她总是把女性这一优势与革命性的活动和颠覆性的措施联系起来。当她培训她的团队时，她总要纠正男人们的动作。在这个领域中，男人们总是大男子主义，看不起女人。结果，男人们都避免开不雅的玩笑，她也故意装出亲和的样子，让摄影师们自己负起责任来，最后，她甚至进行集体拍摄。大家都知道有什么新的东西正在发生，那里面有一种重要的、不可替代的、从来没有经历过的体验，电影通过犹豫、变化、中断、即兴，通过在黑暗中的摸索自动完成了。在黑暗中摸索，这正是她的措施。

跟她拍过电影的人全都这么说。这是一种独一无二的体验，摄制组很小，这就使这种体验性更加强烈。灯光师、机械师、摄影师、实习生，大家都可以证明她是在“即兴”拍电影，工作的时候似乎很混乱，其实目标很明确，她有着作为作家的优越感，是自己写的台词，正如《印度之歌》中的机械师所说的那样，她“用这种生活，这种热情”，让大家都觉得有意思。

她从写书走向拍电影，轻而易举，让人咋舌。某种既得的东西、本能的东西引导着她，连她自己都感到吃惊。而且，书不再仅仅是一本书，而是“扔”到了别的表现领域，在陌生的道路上游荡。她在电影中要拍什么，她自己也不清楚，但她对自己的镜头、剪接和电影语言非常肯定。如同她是在“愚蠢”中写的《毁灭吧，她说》，她拍片时并不知道在拍什么，好像同时陷入一种恐惧和“轻易”，只意识到自己此后将在其中行走的那个黑夜。

《毁灭吧，她说》出版之后，她声称重新找到了自己的源泉和真正本质。奇特的悖论：一个被同代人认定为知识分子的作家，却不断地肯定和叫嚷自己无知，说自己缺乏知识！

她写书快得很，甚至到了让人害怕的地步；她拍电影也同样，1969年，经过一个半月的排练，在极不稳定的情况下，资金十分可怜，只有2200万旧法郎，两个星期就拍完了。不过，摄制组和演员们愿意为她付出一切，他们都被这场新的历险陶醉了。正如她在茫然状态下（她现在到处鼓吹这种状态）所写的那本书一样，只是政治形势不一样罢了。她确信自己“陷入”了一种天真，像年轻的时候那样爱挥霍了。

她拍片的时候很大胆，恢复了以前的自由，“不能因为不知道去哪里就不去了。”她在《电影手册》（*Cahiers du cinéma*）中对雅克·里维特说。这是因为，《毁灭吧，她说》，无论是小说还是电影，都有明显的政治色彩，紧随着现在还能听见其喧嚣的“68运动”。她不惜失去歌声、坠入教训或观念游戏的陷阱，尽管她是个反意识形态的人。事情并非如此，恰恰相反，一种新的声音响了起来，悦耳动听，充满了希望，它告诉大家，“革命的希望仍在，但局限于个人领域和内心生活”，而不是在囚室和教堂中，再也不教条、不强制了。

她以另一种方式找到了《音乐》和《琴声如诉》中让人颤抖的微妙感觉，那种流淌着的欲望。她已成了那种欲望的探索者。

在70年代，她到处说同样的话，在电影中，在文章中，在采访中，总之是在生活中。她在电影《毁灭吧，她说》中的开场白就是她的信念，她的信念的表白："相对于你们的国家，你们的社会，你们的阴谋……我们全是异乡人。"

"这是一部表现希望的电影吗？"

"是的。革命的希望。"

是她看着儿子的目光让她说出这种乌托邦主义的话？嬉皮士式的流浪？国家权力的腐蚀，乔治·蓬皮杜所宣传的小资享受理想？她知道自己"完全沉浸在乌托邦"之中，但她仍然把它喊了出来，必须把它弄空，她说，必须有必要的休息时间，从零开始。罢工、沙滩、男人的假期，同样的用语让她的话引起了风波，同样的主张不断出现在她的脑海里。她心里肯定，这种虚无过后，事情定会以另一种方式重新出现，更接近本源和神秘之处。在这场历险中，她与年轻人一道站在最前面，她像他们一样拒绝翻古书和经院哲学，为这段一无所有的历史喝彩，因为它孕育着一个新的世界。

她说，年轻人代表着一个很大的问题："什么？现在？什么！"

"如果继续下去，那就会变成一个很可怕的问题；如果再下去，那将是世界的末日。太好了。太好了。"

她声称，她就是在对体制的否定中，找到了自己的自由，并懂得了如何使用这种自由，以真正满足自己的欲望。

嘲讽她的人不少。她没有反驳那些诽谤者，反驳那些把她当作"疯子"的人。对她来说，这没有任何意义。"我毕竟有权这样说。"她有点虚张声势。《费加罗报》的路易·肖韦写了一篇文章，"信口"说了一些关于《毁灭吧，她说》的话，他没有好好分析，就一路讽刺"萎靡不振的人物……说话单调、忧伤，就像奄奄一息的垂死者，或像是害怕唤醒鸟儿……亨利·加尔辛、尼科尔·希思、迈克尔·隆斯达尔、卡特琳娜·塞勒斯以‘痴呆幻觉’的方式表演四重唱，这似乎是剧本所要求的”。

攻击得最猛烈的是右派报纸，它们受到了国民议会的支持，后者完全同意报纸的观点。这些报纸嘲笑杜拉斯，把她拖入泥潭，其他人则希望她被抨击得丧失战斗力，永世不得翻身。可恰恰相反，她反抗得更厉害了，立场坚定得让人不可思议，说话不留余地：“疯人院已人满为患，这我就放心了。这充分证明这个世界已经无法容忍。”

她知道，无论如何，她已没有选择。她的“黑夜号轮船”载着她到了过于奇特的水域，她不可能再回来。一切都好像表明，《毁灭吧，她说》已经把她与她过去的书“一刀两断”，进入了一个新的故事文本：冒险、杂乱、黑暗。

是她从此以后表现出来的强烈的极端主义促使她修改1968年创作并发表在《戏剧（二）》（伽利玛出版社）上的剧本《苏珊娜·安德莱尔》的？她对此事显得漫不经心，同意剧本在马蒂兰剧院演出，由卡特琳娜·塞勒斯、露丝·加西亚–维尔和吉尔·塞加尔出演。

她是一个喜欢否定、充满激情、经常抛弃的狂热者。她的生命力过于旺盛，无法忠于事物和他人。她的身上涌动着太多的欲望，有太多的需求要满足。

她并不怕破坏自己所做的事情，甚至在媒体上批评自己的剧本，尖锐地说指出：“我一点都不喜欢《苏珊娜·安德莱尔》，那个剧本……我写得太快了，我不再对它感兴趣……我从来没有去过我所描写的那些地方，我努力去描写，但这太不够了。说实话，我不喜欢那类人物，我不明白自己为什么会选择他们。这种事情，我做过很多，我并不喜欢这些事。”她有点儿不诚实，说自己不认识其他像苏珊娜·安德莱尔这样的人，这类在蓝色海岸租别墅的富婆，可她过去的小说中不少人物都是有闲阶层出身，酗酒，热衷于上流社会的生活。由于产生了新的革命冲动，她毫不犹豫地要“摧毁”自己的作品。评论界抓住了她说的话，这次，《世界报》和《费加罗报》众口一致，恶损剧本。看谁批得狠：让–雅克·戈蒂埃说：“玛格丽特·杜拉斯在亨利·伯恩斯坦[1]的悲剧中加了许多省略号，剧情的突变则少了一些，演得慢了五十倍。”让·杜图尔在《法兰西晚报》中指出：“以批评家的眼光来看，玛格丽特·杜拉斯夫人最新的剧本《苏珊娜·安德莱尔》至少有两个优点：一，它不会持续太久，因为杜拉斯夫人气息短；二，完全彻底没内容，只能给它写篇很小的文章。”至于贝特朗·波罗–德尔贝什，他起初还是挺支持杜拉斯的，但说话一直很尖刻，他抨击的是事情本身，说“那个形象显得缺乏真实性，没什么意思，很快就使人麻木了。那为什么还要去做呢？”

事实上，在那个时期，杜拉斯产生了一种革命热情，这使得她进行了一场乌托邦的远征。她知道，“从远征开始”，她可以做些事情。这个新大陆的发现者，目光敏锐，就像船头的瞭望者。船过之处，留下一道道明显的痕迹。

“她头脑昏昏，充满虚幻”，正如《卡车》中的那个女人。她很快就要拍那部影片，她喜欢自由，对什么都不确定，永远不确定，她要“创造自己的生活”。她常常回到诺夫勒堡，投身于“物质生活”，做家务，观察自己养的家禽，听卡宴的母鸡咯咯叫，水果成熟的季节，便动手做果酱。

她喜欢那栋房子，常在那个角落里闲逛，寻找过去的痕迹，寻找最初的故事，但遭到了抵抗，遗忘消除了一切。她有时强行讲故事，想象它的居民们就藏在那里，等待“1789年大新闻”[2]，她以为听到了凡尔赛的传闻。凡尔赛就在附近。

大门紧闭的大花园里树木林立，有丁香、落叶松、千金榆、枫树、杉树、美洲红榉，这些树木唤起了她的生命力和毅力，让她意识到时间在流逝。她专心地倾听时间的流逝，一听就是很长时间，“感到自己不存在了”。她承认因此喜欢上了狄德罗，她离不开狄德罗，他们俩很相

[1] 亨利·伯恩斯坦（Henry Bernstein，1876—1953），法国剧作家，代表作为《小偷》。

[2] 指1789年的法国大革命。

像，都那么文思如涌、喜欢倾听、感觉灵敏。她的风标发出和狄德罗的风标一样的响声，朗格勒[1]钟楼的风标，一有风就响，风暴经过会响，海风吹过也会响。她说她沉醉了，“疯狂地爱上了……截听外面的声音”。

所以，她的生活在那儿，在风与海的不断运动中，在“自身的挥霍”中，袒开心胸，灵活机动，被洞开，被穿越，永远自由自在。

关于这种个人生活，她一点都没有对外说，因为她承认自己并不拥有它，因为她认为，作家用世界给他的目光来观察。宇宙的一切都聚集在那儿，他要用另一种方式把自己看到、听到和感受到的东西重新创作出来。她在这场旅途中，在重建中，在第一眼看到的东西中，觉到了写作的秘密。

她在左派的斗争精神中，在它毫无准备的、野蛮的行动中，找到了改变世界、消灭人剥削人的制度的办法。她一直积极、热情、喜悦地与这种制度做斗争，正如她做任何事情一样。1970年初，人们到处都可见到她的身影，在请愿书上签名，站在游行队伍的前列，比如1970年1月10日，在罗兰·卡斯特罗和“革命万岁”的战士们指挥下，她参加了法国全国雇主委员会，即极其了不起的CNPF；31日，在塞尔维亚-彼得一世大街抗议五个毛里求斯和塞内加尔移民工人在非洲法兰西之家的一个附属建筑的瓦楞状地面被冻死。

在这场运动中，杜拉斯并不孤单，莫里斯·克拉韦尔、让·热内、皮埃尔·维达尔-纳凯以及一些知名的大学教授、演员、神父和革命战士把那栋大楼包围了差不多半个小时，在重新获得的友谊中等待警车的到来。杜拉斯和其他人一道被带上了车，维达尔-纳凯和克拉韦尔受了伤。她被控现行犯罪，与其他妇女一起被关在博戎（Beaujon）。那一年，事件很多，纷纷呼唤着她，把她动员了起来，使她变得比以往更“政治化”：尽管蓬皮杜总统发表了巧言令色的演说，法国的社会病还

[1] 朗格勒（Langres），法国东北部市镇，隶属上马恩省，是狄德罗的出生地。

是暴露了出来。一个中学生自焚了，恶劣的工作条件在敦刻尔克海边工地引发了死亡事故，4月颁布了《暴力破坏惩治法》之后，左派战士不断遭到粗暴逮捕；在历史上曾起重要作用的首领，让-皮埃尔·勒当泰克、米歇尔·莱里斯、阿兰·盖斯马尔也被抓了起来，无产阶级左派采取了反福昌奢侈品商店的特别行动后遭到了解散，受纽约妇女大游行的鼓励，法国妇女也举行了示威游行，10月底，法国女性解放运动首次集会，而讽刺刊物《哈拉-基里周报》却遭到了禁止，萨特领导的《人民事业报》也被查封。在马路上，波澜壮阔的游行队伍喊出了"68运动"的口号"CRS, SS"[1]。马戏场里，雷奥·费雷[2]在"动物"乐队的伴奏下，唱起了自己的诗歌，用来贬低《人民事业报》的荣誉，数千观众前来听他唱歌。

杜拉斯无疑是西蒙娜·波伏瓦创办的人民事业之友协会的成员。和她一起的，还是同一些反抗者，同一些受损害的人，黛芬·赛瑞格、萨米·弗雷、卡瓦纳、让-路易·波利、让-吕克·戈达尔。

奇特的70年代初，欲望、希望和理想让人精神振奋，涌现出大量可敬的、传播现代思想的重要作品：亚历山大·S·尼尔[3]的《夏山自由的孩子们》（*Libres enfants de Summerhill*）、德勒兹和伽塔利[4]的《反俄狄浦斯》（*L'Anti-Œdipe*）、科斯塔-加夫拉斯[5]的《坦白》（*L'Aveu*）和大卫·库伯[6]《精神病学和反精神病学》

---

[1] 共和国保安队（Compagnies Republicaines de Securite）是党卫军！（SS是党卫队德语Schutzstaffel的缩写。）

[2] 雷奥·费雷（Léo Ferré，1916—1993），法国歌手、诗人，1968年因参加学生组织的无政府主义者联盟组织的演出而成为革命者的象征。

[3] 亚历山大·萨瑟兰·尼尔（Alexander Sutherland Neill，1883—1973），苏格兰著名教育家，以其创办的夏山学校和自由教育理念闻名。

[4] 伽塔利（Félix Guattari，1930—1992），法国学院派精神病治疗学家、哲学家。

[5] 科斯塔-加夫拉斯（Costa-Gavras，1933— ），法国电影导演。

[6] 大卫·库伯（David Graham Cooper，1931—1986），南非精神病学医生、理论家，提倡"反心精神病学运动"。

（*Psychiatrie et Antipsychiatrie*）等。

那么多破坏因素，在随后几年一个引发一个，马塞尔·奥菲尔斯[1]的《悲哀和怜悯》（*Le Chagrin et la Pitié*）、贝托鲁奇[2]的《巴黎最后的探戈》（*Le Dernier Tango à Paris*）、库布里克[3]的《发条橙》（*Orange mécanique*）和吉赛尔·哈里米《女性的事业》（*La Cause des femmes*），用杜拉斯的话来说，有那么多新精神被用来“毁灭”现存的、陈旧的制度：勒内·杜蒙、马尔科·费雷里、贝特朗·布里耶、安德烈·格吕克曼……

受时代精神的影响，杜拉斯这个传播许多新思想的先驱者，她当时的文学活动完全被她的电影梦压倒了，她想通过电影来延长文字作品的生命。紧接着《毁灭吧，她说》之后开始创作《阿巴恩，萨巴娜，大卫》时，她已经在考虑将这部小说拍成电影。从此，她喜欢上了这种“多重展现”，这种多形式的展现让她在所谓的“小说—戏剧—电影”的《印度之歌》中得到了极大的满足和巨大快乐。她喜欢制造风波、亵渎神圣、惹是生非，她向电影人发起了挑战。他们认为自己是画面的主人，而她却要解放画面，让它摆脱文本！当有人说“这里要有画面，不要讲空话”时，当她面对“电影界的秘密警察”时，她回了一句意味深长的话，“完全沉浸在渴望中”。

《阿巴恩，萨巴娜，大卫》让她恢复了讲述的本领。她讲了一个故事，其中的“文字是图像的载体”，讲的是一个部落首领格林戈的故事，地点模模糊糊，地名的发音念起来像是斯塔德，气候好像很可怕。一天晚上，格林戈派大卫和萨巴娜去抓犹太人阿巴恩。故事讲述格林戈在天亮之前的一夜等待。在天寒地冻的斯塔德之夜，大卫和萨巴娜采用

---

[1] 马塞尔·奥菲尔斯（Marcel Ophüls，1927— ），法国纪录片导演。

[2] 贝纳尔多·贝托鲁奇（Bernardo Bertolucci，1941— ），意大利电影导演。

[3] 斯坦利·库布里克（Stanley Kubrick，1928—1999），美国电影导演。

一种野蛮的助产术[1]，想背叛格林戈，不想完成他交给他们的任务。“无论现在发生什么，”他们都将与犹太人站在一起。作品中，杜拉斯的这种念头挥之不去，固执得很。

历史每天都证明她是对的。1968年春，苏联的坦克入侵布拉格，法国共产党拒绝采取革命行动，说这不是强迫的，这就又给了她一次机会蔑视法国共产党及其在1968年5月的态度，披露犹太人居住区，阅读苏联叛离者的作品，所有这些都表明她新的作品将反映时局的变化。她以咒语式的文字和密集的对话给这本书增添了强烈的诗意。贯穿全部作品的那个犹太人在这里又回来了，力量大得可怕。他遭受各种迫害，却又是“砸烂锁链”的人，像基督一样前来唤醒被奴役得昏昏欲睡的人们；那是一个“多余”“无法划分”的人，就像杜拉斯对自己的定位，是“他人”，带来希望的人，相信共产主义不可能实现的共产党人，心里痛苦而悲哀地确信如此。

从广义上来说，他是作家，制造混乱，传播新思想。从来没有哪个神话像那个流浪的犹太人给她带来那么多的想象。那个犹太人，不管去哪里，也不管在哪个世纪，都将受到迫害，然后在痛苦中重生。他永远象征着这种崇高的生命力，用痛苦来赎罪。她承认，犹太人是她永远的心痛，奥斯维辛，毒气室，在黑夜中流浪，在探照灯的强光下来到集中营，受折磨，孩子们被饿死，寒冷，周围的森林遮住了叫喊声，反抗，枪毙，呼吸着烟囱的味道，这些都让她感到无比痛苦，比那个出生时死去的孩子，她自己的孩子，比战争，比丛林中的屠杀更让她痛苦。

她总是在黑夜里突如其来的强光中写作，写那个夜晚，情人们分手的夜晚，集中营的夜晚，被逮捕的夜晚。她喜欢描写激情和感情即将爆发的时刻，因为她最熟悉凶手的本性，熟悉被认为会带来灾难的暴力和爱情的粗大裂痕。在她的夜晚中，野兽濒临死亡、“爆裂”；水塘里，水被抽干“见底”。霜的微光、寒冷和雪的喧哗贯穿了对话；狗呢，像

---

[1] 苏格拉底惯用的主观唯心主义辩术。

基里科[1]，绘画中可怕的影子，在漆黑的森林里狂吠。

这时，那个犹太人来了，说，必须毁灭，这不可避免，以便将来重建。

1970年，《阿巴恩，萨巴娜，大卫》出版后不久，书刚刚受到评论界的欢迎，她就把它拍成了电影。也是低成本，16毫米的胶片拍的，有专业演员（萨米·弗雷、卡特琳娜·塞勒斯），也有业余的（迪尤尼斯·马斯科罗），他们同意免费出演。她把它取名为《黄色的，太阳》。这是一部黑白片，很像是一部德莱叶[2]的电影，流露出被强行抑制住的暴力，尤其是萨米·弗雷，他展现出那种黑钻石那样的刚强和摇摆不定的温柔。

拍完《卡车》后，她曾接受米歇尔·波尔特的采访，说，拍摄的时候，法国共产党通过电影行业工会试图伤害她，谎称她与理查多·阿罗诺维奇一道——“他与影片有关”，动用了国家电影中心的三千万法郎，却没有作为片酬发给演员。她从中看到了法国共产党惯用的杀人法，看到了他们对告密的喜好，善于玩弄卑劣的手段。

在那些年里，她一直对法国共产党和整个共产主义意识形态抱有仇恨。而且，蓬皮杜和吉斯卡统治的那些年，混乱而肮脏，左右派斗争到直至1981年弗朗索瓦·密特朗上台。在电影中，格林戈变成了格林斯基[3]，这又是杜拉斯反共的一个证明。法国共产党也给了她好看的，把她当作反革命，是资本主义事实上的代理人。她聪明得让人害怕，也让她永世不得翻身。她在右派阵营已经失宠，她强烈地反对资产阶级，反习俗主义，怀念共产主义和乌托邦，加上她“既不蔑视奢华的生活，也不蔑视金钱的左派妇女”的名声，本能地想当地主，好像这是为母亲

「1」基里科（Giorgio de Chirico，1888—1978），意大利超现实主义画家。

「2」卡尔·西奥多·德莱叶（Carl Theodor Dreyer，1889—1968），丹麦电影导演。

「3」“格林戈”在使用西班牙语和葡萄牙语的美洲国家的方言里，意为“外国人”，尤指美国人。此处改为格林斯基，便映射苏联人了。

报仇，报复《抵御太平洋的堤坝》上摇摇不稳的平房，所有这些，都让她显得可疑、模棱两可。她自由至上，让人难以忍受。渐渐地，她成了一个凶猛的女人，靠边站的女人，危险的女人。

她耿耿于怀，爱憎分明，从不隐瞒自己的观点，只配合她信任的评论家。70年代，她的作品政治性很强，她总是想倾诉对法国共产党的愤怒，从不放过任何控诉它的机会。后来，到了1986年，在与弗朗索瓦·密特朗的一次谈话中，她提到这个话题，尽管总统显得很克制，她却直言不讳："我迷恋过法国共产党。您不知道那些人，只有与他们亲密接触过的人才真正了解他们，比如说我。只是，现在他们知道这已经结束。我不说了，您别担心……"

她不断地回到那个话题上来，谈"他们"让她遭受的那种暴力，她成了牺牲品，因此形成了条件反射，怕被人看见在某些名声不好的场所出入，比如说夜总会、酒吧，怕被当成一个反革命。

她不厌其烦地讲述开除她的报告中陈述的理由：出入不该去的场所，道德败坏，知识分子，思想太自由，有不服从的倾向。当时，她作了自我检讨，作家这个词也是她的罪状之一，在萨特看来，作家的名声太坏，被怀疑背叛无产阶级，个人主义思想严重。

在后来成为《黄色的，太阳》的《阿巴恩，萨巴娜，大卫》中，她在平房和纳粹集中营之间、灭绝犹太人和东方国家的反宗教之间、奥斯维辛之夜和斯塔德之夜之间搭起了跳板，它们全都凝固在冰冷的仇恨上。

1971年电影拍摄完毕后，她接受所有对她发出的邀请。她意识到《毁灭吧，她说》和《黄色的，太阳》的革命炮火很猛，毫不犹豫地前往邀请她、欢迎她的大学、青年之家、文化室、影迷俱乐部。她跟公众们亲密无间，他们无条件地喜欢她的作品，好奇，还有点高兴，全都被她的魅力迷住了：她竟能战胜她所不尊重的制度带来的一切困难。大家都前往放电影的地方，好像前往一个圣地，个个都那么兴奋。听众大多都很年轻，他们无条件地喜欢她，或者说，她以她的魅力和讲故事的出色才能征服了他们。见面会回来，她总是很高兴，因为和公众在一起的时候，她仿佛进入了真正的理想国。可能有人会说，这是蛊惑人心，是精心策划的，然而事实并非如此。杜拉斯与年轻人有着一种天然的联系。她本人就极前卫，思想不僵化，判断很灵活，永远渴望新知。那种好奇心只有青年才俊才会有。当时，她得到了大家真心的赞扬，让她觉得自己还生活在1968年波澜壮阔、口号声声的运动中。

她的言论充满了斗争性，如同她自己所说的那样，“反斗争的斗争”，也就是说，是自由的，摆脱了任何限制，敌视所有的学院派，像她深爱的儿子让（小名叫乌塔）一样。在她看来，儿子就象征着这种绝对的自由、高傲的希望和集体度假。在那种度假中，身体与观念都给体制制造了障碍，让国家走向破灭。她给这个儿子所有的宽容，同样的宽容她也给了《情人》中那个戴着草帽、穿着金丝鞋的小女孩。那个十八岁的女孩，靠在栏杆上，飘逸的裙子沙沙抖动，正穿越湄公河的一条支流，大胆而自由，与她十分相像：她们两人都可以自由支配时间，抓住流逝的东西。

所以她才让儿子过自己的生活，想干什么就干什么，沉浸在吉姆·莫里森[1]和奥蒂斯·雷丁[2]和詹尼斯·乔普林[3]的音乐中。

她在电影领域探索的前几年，既老道又像是新手，开着小商务车，趴在方向盘上，眯着眼睛想看清道路，带着工作去外省，编织同情与友谊之网，她把这叫作“新‘国际歌’”。在她的汽车后排座位上，有几个钢盘，上面宝贝似的装着电影胶片。她把萨米·弗雷的声音和敏感的身影放进了电影里。除了他，作为演员的他，她还向蒙特利尔的观众讲述了他悲惨的童年，那个犹太小男孩的故事，她母亲让他到楼下的邻居

「1」吉姆·莫里森（Jim Morrison，1943—1971），美国歌手、诗人，洛杉矶摇滚乐队门户乐团主唱。

「2」奥蒂斯·雷丁（Otis Redding，1941—1967），美国知名歌手。

「3」詹尼斯·乔普林（Janis Joplin，1943—1970），美国知名歌手。

那里去玩一会儿。他去了，不久警察就上了楼，抓走了母亲，母亲后来在奥斯维辛被毒气毒死了。让萨米来演，喜欢萨米，也有这个原因，由于她后来将在其中一部《奥蕾莉娅·斯坦纳》里要讲的故事，由于他童年的那个夜晚，他现在还听到脚步声；而他的声音，如此低沉，如此温柔，穿越她的文字，非常准确地落在他们最想抵达的地方。

在“后68”的那些年里，她继承对论争的这种爱好，思想仍然开放、自由，但已转为关心其他事物，而不再只盯着这个日益动摇的社会。她带动了一些人，他们跟着她，也学会了以另一种目光看世界，他们突然变得默契了，心心相通。“您知道，我是一个非常边缘化的人，”1974年，她对《世界报》的科莱特·戈达尔说，“但我并不孤独，我们的人很多。我们没有选择，现在所发生的事情太让我们厌恶了。这不是一种挑选，一种态度，而是一种本能的行为。”最后，她与别人，与她的读者，与去看她电影的人建立起了一种爱，仿佛成了家人。她必须被别人爱戴，这样才能在这个小社会里，在她所发明的这个乌托邦社会里继续生存，继续爱。演员们也知道，只有在这种爱的状态下，他们才能前往杜拉斯的地方，“必须融入到她思想与语言的交响乐中”，隆斯达尔在解释自己被她的电影所吸引时这样说。

还是在那个时期，法国的大学开始对她的作品感兴趣。每年都有越来越多的学生以她为主题写硕士和博士论文。有些论文已不知不觉上了国家档案编目，而在美国，受女权主义运动的推动，许多大学早就开始研究她了。

她对此非常关注，接受了不少外国媒体的访谈，他们早在法国人之前就承认她了。“我得以活下来全靠外国。”她在1974年说，柏林、纽约、伦敦、多伦多好像汇成了一个现代版的“国际歌”，她莫名其妙地成了顾问、革命积极分子和发动者。她在书中和电影里所说的话，她最终所达到的遥远目标，就是这种爱情与死亡的呐喊，它发自每个人的内心，不断地呼唤。这种叫喊伴随着各种语言的歌，庄严、委婉，有时具有嘲讽意味，余音绕梁，挥之不去，就像卡洛斯·达勒西奥的音乐。

她与阿尔及利亚人民的团结和她一直以来对他们的斗争表示的同情，让她觉得自己与那些边缘人、被抛弃的人和1968年5月的希望之火很快被扑灭之后的少数人在70年代所作的各种斗争非常亲近。当时，她在许多请愿书上签名，竭力支持女权主义的斗争。那个时期，“法国女性解放运动”经常组织大游行，在巴黎，游行队伍兴高采烈、彩旗飘飘、态度坚决。她主动给许多妇女出版物——发表散文、小说的杂志，以道德和思想方面的支援。人们可以看见她站在许多女战士的身边，比如格扎维埃尔·戈蒂埃，戈蒂埃后来成了《巫婆》杂志的主编。1974年，杜拉斯与她合写了《话多的女人》，尝试不加修饰、原原本本地转述妇女们平庸普通、断断续续、随口而出的语言。

她自己的故事常常与她书中的故事混淆在一起，破碎的回忆在社会事件和历史的催化下复活了，成了书中的情节，但她从来没有感到那么没把握、那么陌生过。文如泉涌冒出，似乎不受作者控制，在劳儿·瓦·斯坦走过的环城公路上游荡，永远在深化作品的主题：疯狂、流浪、死亡、被消灭的记忆、她陆陆续续的反抗，这些情节曲折得全都可以与湄公河的河道相比。自普鲁斯特之后，很少有作家能如此深刻地探索这种内在的东西，搜寻这黑暗的店后仓库。正如蒙田所说：“一切都前往那里，生活的经历全都聚集和堆积在那里。”因为作品只写那些收获到的东西，从自身得到的东西，被察觉和沉淀在那里的东西。

1968年到1980年间，她的作品延伸到舞台上，投影在银幕上，各种著作互为参照，道路密集地交织在一起，要设想出杜拉斯的私人生活是不可思议的。她自己也向米歇尔·波尔特承认说，她也设想不出。在那种组成她的生命，替代旧日激情、消遣娱乐的敏锐和欲望中，她“对外”很开放。接受“内在的命令”，驱除超我的诱惑，以便能舒舒服服地倾听他人，倾听“无限世界”的喧哗，这种本领，她是从帕斯卡尔那儿学来的。

1971年，她出版了《爱》，后来又把它改编成电影剧本，片名为《恒河女子》，1973年拍成电影发行，其写作确与《印度之歌》同时。她推出的这部网状作品，线索纵横交错，从而显得十分独特，也非常复杂。

她在写《毁灭吧，她说》的时候已经分析过的东西，即超越对写作的支配，现在更加得到了核实。她告诉热尔曼妮·布雷说，“这部东西愚蠢透了”，她“不再想弄懂她正在写的东西”。记忆的碎片和尚未被遗忘的东西，刻在那里，刻在文本上，甚至是强制性的，她不知道为什么，但肯定它们会出现，有必要出现。她只是听作品说话，好像作品与她没有关系似的。她让音乐带着她走，她只复制这种音乐，强迫自己跟着节奏和呼吸走。

作品从来没有这么难以接近过，但又比《爱》更加简单，用词普通，句法陈旧简单，句子躲躲闪闪，留下了一些奇特的痕迹。

她跟随大海的运动来写作，好像是为了爱，为了活着。她屈服于所产生的欲望，服从循环地经过和穿越她的时间。画面左右摇摆，表面上没有联系，正如她后来在《卡车》中，说起博斯[1]就像说起共产党，说起工人就像说起房子，任自己“随意走着看”，就像“水的内压”，只受风、潮汐、深海涌浪和呼唤着的深渊所支配。

写《爱》的时候，她想起了黑岩，想起了自己所居住的旧豪华公馆，她现在去那里更勤了。“在那座建在海上的公寓里”（过去也许是套房），她从平台上望出去，看那个“由风，由沙”构成的地方。在死气沉沉的背景下，游客、疯子、流浪的女人相继而过。她还讲述了那座大楼给人的破败感觉，外面看上去像是被废弃了，阴森森的，尤其是在冬天，当寥寥几个孩子和数家住户离开之后，某种死寂、枯萎的、熄灭的东西密密地笼罩在那里。沙滩上布满了海水，像是生命的呼吸缩了回去。海鸥大声地叫着，飞掠过沙滩，叫声常刺得人们的耳朵难受，甚至有些可怕。潮水退去后，沙子变成了黑色，布满了树根、碎软木、光滑的玻璃和陶瓷碎片、撕破的渔网和死去的螃蟹，螃蟹的肚子洞开，里面多汁的珊瑚虫已经不见，一片凄凉景象。而在远处，在那个大城市的郊区，安提费尔港的煤气散发出来的味道一直传

「1」法国西南方的平原。

到这里，让人恶心，与小港湾里的臭味混在一起。《爱》中的音乐在那里消失了，消失在她所看的东西里。她沿着阳台前的木板看过去，看见了稍远处的赌场，靠近上次战争留下来的没能摧毁的小型掩体。从这座屋子里，她也看见了S. 塔拉城。时间、白天和夜晚似乎都在这屋子里消失了。

S. 塔拉城的那个疯子“踩着音乐的节奏”，还是她，在《卡车》中“闭着眼睛……唱着歌”。

她完全被疯狂这个念头吸引住了，好像想摆脱自己的智慧。智慧它在她脑海里翻腾，弄得她头疼，让她不得休息，以至于她想在诺夫勒堡几小时几小时地做家务，以忘掉自己，不再思想。她用力擦洗地板和家具，与别人没有任何区别，跟他们混在一起，跟成千上万个有生命但没名字的人混在一起，就像狄德罗，愿意流淌在宇宙间奔腾着的大洪流里。

在那些年里，她越往前走，便与女性走得越近，与“女性的秘密生活”走得越近，以至于当时十分活跃、狂野的，甚至得到公共舆论某些回应的女权主义运动都有点想得到她，想把她变成她们的领袖之一。确实，她的许多干预和采取的立场把她划到了激进者一边。在《话多的女人》中，她宣称男人和女人之间是“封闭的，人们像现在这样来来往往，待在一起，但我们之间有堵墙”。

让她与妇女们团结起来的，是属于她们的那种占有空间的方式，占有房屋，占有爱情，占有孩子，占有孤独，占有流逝的时间；是那种和谐的能力，是能包容生活中经历的一切，接受它，归还它；是与自然、房屋、树木、动物和人类交流的能力；是生活在她们当中的能力，占据地方，而不是像男人那样“穿过”地方，把屋子变成“一个地窖，一个洞穴”。

女性的神秘活动，人们从来没有揭示过的那些活动，她们一边做家务一边默默地酝酿着什么，这些就是杜拉斯在1972年拍摄后来又于1973年与《恒河女子》一同出版的《娜塔莉·格朗热》（*Nathalie Granger*）中想展现的东西。让娜·莫罗、露西娅·波塞来到了诺夫勒堡的屋子里：那是冬日的一个午后，收音机里说，两个罪犯逃脱了，离那儿不远，躲在德勒森林里。影片慢慢地表现那两个女人的活动，她们漫长而耐心的日常生活，镜头停留在她们的手上，跟着她们来到花园里，她们把枯叶收拢来烧火喝茶。外面，天色灰暗，冬天苍白的光亮穿过房间。她想表现的，是女性所克制住的无言的暴力，几千年来她们漫长的沉默之路，是巫婆对她们的掌控。以前，人们曾在公共广场杀死了她们，抓住正在森林里散步的她们，就像那两个骑着骏马的杀人犯。杜拉斯说，只有猫有杀人的眼睛，“德厄森林里的杀童凶手都没有”。她用图像来展现“又聋又哑”的沉默，它酝酿着反抗、未来的革命和爆发。

好像所有的男人都被从这个女性的世界里排除了，包括那个旅行推销员。那个牛皮哄哄的商人，是她们这个世界的局外人。她还想关注另一种东西，任何导演都不愿意拍摄的东西，因为对公众来说，这种东西既不有趣，也不能让人满足。因为，女性在电影中总是被渴望的对象，性的目标，是大小明星。绘画中也那样，在戈雅和德加之前，人们只展现她们的美貌，从来没有表现她们在浴缸里又胖又丑的样子；画熨烫衣服的女人时，人们决不会说那种力量“来自岁月深处，来自远古”。

所以，拍《娜塔莉·格朗热》的时候，不能有男人，因为在这个女人之家，男人的出现会妨碍这种舞步，妨碍人们滑到屋里，滑进圆形的花园，滑进房间的角落。他们会破坏直觉，最终破坏对话。

其中有个商务代表为生活、为自身、为自己的职业、为自己的失败而哭泣，但那是一个可怜的家伙，他不是男人，妇女们仍然接待他，就像接待疯子，接待孩子，也许接待凶手也同样。

在这屋子里，有什么东西沉默着，被遗忘在时间中，神秘而古老，能理解女性。

那是在1972年4月初，杜拉斯拍摄《娜塔莉·格朗热》。人们注意到，让娜·莫罗的手懂得洗碗，杜拉斯不滥用《情人们》[1]和《朱尔与吉姆》中的这个女星。她知道，莫罗在她自己位于凡尔赛的家里也喜欢做家务，好像是为了克制自己的某种暴力，疏导自己身上的野性。在1965年《时尚》中的一篇访谈里，莫罗曾对她说过这一点，她应该还记得："假如，由于战争，由于某种不可预料的事件，我再也不能当演员了，您知道吗，我会到田里去干活，养活自己。"

在她们俩之间，像是有种默契，"一种怀旧……她们无法摆脱，怀念传统的家庭生活"。她想证明的就是这个故事，一个擅自闯进来的商务代表，在修道院里像过去的朝圣者那样受到接待，人们什么也不问，只听他说，供他吃喝。在那部戏里，是杰拉尔·德帕迪约出演那个"被男人拒绝的人"，因为他没有责任心。

还有那个小女孩娜塔莉·格朗热的故事。她不想上学，像欧内斯托一样。欧内斯托是杜拉斯后来为出版商哈林–奎斯特所写的故事中的孩子，20年后人们将在《夏雨》中又发现他。接着，音乐响起来了，同是那段走调的、被中断的音乐，《琴声如诉》中的那个孩子和《娜塔莉·格朗热》中的孩子们的音调，但它具有暴力色彩，破裂声一再重复。除此以外，还有别的故事，冬末的一个午后，一座房子里，人、动物、光线、声音进进出出，镜头捕捉着这种生活，有些让人不安，因为除此以外真的什么都没有。

在这座房子里，自从它建好之后，从来没有别的东西，除了有女人经过，洗东西，擦东西，叫喊，给孩子们穿衣服；除了她们内心的沉默和这座"让人害怕"的屋子的样子。

她爱继续讲述这座房子的故事，没有一个男人此后能老是住在那里，因为房子被她占了，甚至连曾经长住在那里的马斯科罗也不行，她儿子让也不行。自从18世纪的那些女人在那里度过假之后（当时大家都在男人的指挥下去了凡尔赛），只有她一个人住在那里。一代代女性经

「1」此处指路易·马勒导演的《情人们》（1958年获威尼斯电影节最佳女演员奖），非杜拉斯后来拍成电影的《情人》。

过那里，在她所住的房间里，现在诞生了作品。也就是说，从隐藏着的这种寂静，神秘地过渡到别的话语，她用普通的文字将其重现，正如马斯科罗所说，它“让人听到了某种富有音乐性的东西”。

眼下，没有什么地方比诺夫勒堡能更好地泄露这种秘密，这种秘密让她深陷于作家的封闭生活，残忍地与自己面对面，交替地爆发和克制，有时甚至让她喘不过气来，在那里，“百废待兴”。

尽管《娜塔莉·格朗热》以沉默为基调，让人感到最明显的却是其政治色彩与女权主义色彩。杜拉斯本人也承认，电影中可能说教的成分多了点，所以她才在这之后发表了《恒河女子》，根据她现在所走的道路状况，这是最适合她的书，因为它“更加断裂，更加破碎”。

然而，让女权主义者对杜拉斯崇拜得无以复加的，是娜塔莉·格朗热这一寓言，而且，也许是想让自己严厉的生活变得温柔一点，她本人也愿意成为她们崇拜的对象。所以，我们才在1971年4月5日星期一那天，在“343”的口号声中看到了她，她与一些无名或有名的女性一道，斯蒂芬·奥德朗、弗朗索瓦丝·阿努尔、西蒙娜·德·波伏瓦，多米尼克·德桑蒂、博纳德·芒迪亚格、布鲁·欧吉尔、玛丽-弗朗丝·皮西埃、黛芬·赛瑞格、阿涅斯·瓦尔达、玛丽娜·弗拉迪，极右报纸后来称她们为“343个妓女”。这343个妇女向司法当局进行了挑战，要求“能自由地避孕和堕胎”。她很喜欢这一新的斗争，尽管“黑夜号轮船”的波浪把她带到了别处，而比起社会风波，她更喜欢大海的波涛；她身上好像有什么东西不由自主地推着她走，把她推到作品的故事中，推向她远久的生活。

但违反法律，挑战权力，而且是男性的权力，重新激发了她的革命热情。正如萨冈说自己之所以签了名，是因为“像许多同时代的女性一样，她刚好经过那里”；让娜·莫罗则想起了“它所涉及的种种耻辱”；波伏瓦说她想“砸烂虚伪的东西”。游行引起了全国震惊。矛盾的、充满暴力的论争开始了，天主教徒们行动了起来，指出堕胎“永远是侵害人的生命”，保守的医学教授则宣称，中断性交足以避免堕胎，有助于避孕。

不过，杜拉斯不属于“法国女性解放运动”主导的运动和自由堕胎运动中最积极的分子。如果说她给了女权主义者一些支持，有时还不少，也许是受朋友黛芬·赛瑞格的鼓励，她说赛瑞格是“唯一妨碍她自由的人”，她之所以支持，是因为别人，尤其是妇女，成了这种不公正的制度的牺牲品。奇怪的是，虽然1971年4月她在《新观察家》杂志发表的343个妇女的声明中签了字，要求取消对流产的惩罚，并声称自己流产过，但她并不是“法国女性解放运动”及其支持者所希望的女权主义积极分子。她太独立了，在这场斗争中，很早就发现了这个被孤立的小团体设下的陷阱，极端的战斗性语言不属于她，因为，说到底，“所有战斗性的建议肯定都是卑鄙的”。参加法共的经历给了她教训，她认为，所有的学派以及所有的意识形态领域的组织、性组织、宗教组织，迟早都有可能成为小宗派，陷入孤独、宿命，最后一事无成。“好的一面，”她说，“是自由日益扩大。”受陌生的、一再重复的力量所驱动，它将因具有创造性的灵感而发展。自从被法共不光彩地开除之后，她就彻底否认所有所谓的组织，从家庭（夫妻）到文学（新小说派），从宗教（教堂）到政治。

不过，在舆论看来，她的形象还是很积极的，有利于女权主义争取权利的斗争，但这也许更多是因为她对某些推动她参加运动的女战士抱有好感，比如说米歇尔·波尔特，《玛格丽特·杜拉斯的领地》（1977年出版）的作者之一，《萨瓦纳湾，就是你》（*Savannah Bay, c'est toi*，1984）的导演；格扎维埃尔·戈蒂埃，杜拉斯后来跟戈蒂埃导演了著名的《话多的女人》，尝试自发写作，采用当年还不怎么流行的录音方式，节奏忠实于语流，努力重现明白的和隐晦的语言，重现沉默与欢笑、坦白与犹豫。

她越来越喜欢跟女性在一起，再也不能忍受男性说话，忍受不了他们的权威、虚荣、病态的语言。他们不能倾听沉默，这些缺点把他们与宇宙的力量、世界的神秘、目光的闪烁和女性隔离了开来。她认为，也许女性才有可能洞悉形而上的秘密。如果说她喜欢男人，她还能待在某些男人身边，那是因为那些男人的身上还有尚未被破坏的女性因素，还保留着人们梦寐以求的那种两性现象。她那么喜欢帕斯卡尔，想拍关于他的电影，是因为他不抵制沉睡在心底的女性因素，那种女性的东西给他指明了大道，让他看到了最重要的东西。

这是不是意味着，尽管她的表态常常不慎，不经过大脑的思考——“与男性隔绝，也许是必要的……”“我和男人生活过很久，只跟男人一起生活，但现在我慢慢地发现，我变了，从这种观点来看……我跟女性待在一起的时间越来越长”——在70年代，受妇女出版社的文学的影响，她跟莫尼克·维蒂希和埃莱娜·西克苏曾有过同性恋行为？

看看戈蒂埃和杜拉斯就这个问题所作的问答游戏会非常刺激：对方不断地想把她拉到同性恋阵营，让她说（承认）她选择了同性恋。杜拉斯一直没有上当，一有可能就改口，尽管先前的承认也是模棱两可的。她有时甚至以顾问自居，提些建议，说“不能要求妇女……不去……只跟女性来往，不是吗？这种多样性的体验可以把您从那里拉出来！”这两段话，纯粹而坚决的女战士的话，其战斗性包裹着厚厚的天真色彩，杜拉斯式的天真，这些话连在一起，别人永远也无法真正弄懂，好像是杜拉斯永远处于事物和人物的矛盾中，只有写作能试着将其弄清，而请愿口号只能导致极端和宗派主义。

杜拉斯还是更喜欢男人，但她痛恨他们念念不忘自己的肌肉，恨他们伞兵那样的暴力，不过她知道自己内心深处有那种杀人的力量和强大的本能，可她身上的一切都夹杂着女性优点，能够倾听屋中的东西和神秘的寂静，能够爱孩子。她像男人一样，也爱上了她所谓的“旧汽车”，喜欢跟男人论争，在公开辩论中挑战他们的权威，像真正的唐璜那样引诱别人，掌控得了严峻的、物质性的、专业的局面，像卡车司机一样在烟雾弥漫的路边简易食堂吃饭，这些也是男人的长处和阳刚之处，从这个意义上来说，她的生活是极其丰富的。与女权主义不同的是，她试图理解导致男性那种态度的模糊细线，她开放、慷慨的女人天性能够抓住的，是当她试图“把它弄清楚的时候”“所出现的真正痛苦”。

这并不是她性格中最不模棱两可的地方。在《话多的女人》中，总能看到她和女权主义之间的这种区别，她不可能完全成为她们当中的一员，几乎是本能地拒绝加入她们的行列，拒绝继续保持固定的夫妻关系，表面上却又假惺惺地予以反对。

如果说她有一些女权主义言论，那并非是学运动首领的样子。她不会说宗派性的、排他的话，尽管她能继承给《7月14日》这本具有破坏性的杂志中那些抨击性文章提供动力的伟大的论争传统。不，她的声音没有性别差异，她为捍卫所有的成果而斗争，犹太人、黑人的、女人的、同性恋的成果。她谈论女人的情感，正如她也会用同样的措辞谈论黑人的情感。她拒绝各种形式的恐怖主义，虽然与妇女们一起大喊，但她们的声音不一定是同样的调子。

由于她喜欢对所有的事情都发表看法，不管是政治的还是哲学的，也不管是艺术的还是日常生活方面的，她永远都那么好奇，她对让娜·索凯非常感兴趣，给那个女画家写序，支持她的斗争。在她与苏珊娜·霍雷合写的关于那个画家的论文《被窒息的创作》（*La Création étouffée*）中，她像最积极的女权主义者那样态度激烈，但也不人云亦云。她的言论可能针对别的少数人群，然后回到男人身上，也就是说，权力、城市、上帝和发生在这个世界上的所有暴行。她把所有的失败都归罪于男人，说："男人应该停止可笑地说大道理了……男人应该学会闭嘴。对他们来说，这是一件十分痛苦的事情。让他们身上讲大道理的那个声音沉默下来……他们让女人和疯子都沉默了，开始谈论古代语言的事了。"她想说的是，女人不能因此而不要男人独自生活，如同某些女斗士所声称的那样，那些人鼓吹女性结伴养孩子，但不要父亲，把自己想象成同性恋的阿卡迪亚人，摆脱了男人"喋喋不休的大道理"，回归于无声的语言。她想告诉她们的是，无论是在巴黎还是在外省，是在蒙特利尔还是在纽约，女人都应该为肯定自己身上自然的原始状态，为找回远古的力量而斗争，完成也许是最有政治色彩的壮举：用这种自然的本能武装起来，进攻"男人的旧城"。

在那动荡与质疑众多的年代，她不想再跟男人生活在一起。夫妻生活对她来说已成为不可能的事情，缺乏活力，但这并不意味着她想尝试同性恋。她明白身边有个男人可以暂时做伴，但永远也无法驱除孤独，她在作品中呐喊和疾呼的正是这一点。爱情生活对她来说好像命中注定是无法拥有的，写作这一悲剧命运又一直纠缠着她。写作需要一切，不允许假惺惺的结合。那个悲惨的小女主人公又回到了舞台上。不可能违背那种力量，它超出了你的能力范围，引导着写作，给它以动力，以内容，从而完成作品。她对格扎维埃尔·戈蒂埃说："我所有的书，你所说的书，对你们来说重要的书，里面都没有男人，或者只是一些暂时路过的男人，他们不重要，一些短暂的艳遇，与夫妻完全不同。"

对她来说，写作这艘"黑夜号轮船"早已把她带走，早在写这么多书之前。它需要这种孤独，要求她做出这种牺牲，她也很愿意做出这种牺牲。

不过，她对女性很温柔，目光中充满了欲望，她看小哥哥的身体，看她西贡寄宿学校的女同学埃莱娜·拉戈奈尔的乳房，看绿色丛林中的土地，看伴随她一生的缓慢流淌的河水，看海湾的沙滩上柔软的沙子，看冬天乌云低沉的天空，看广阔的大海涨潮，几个小时内就淹没了低处的陆地时，就是那样的目光。她看着摄影机，拍摄赛瑞格瓷器般光滑的胴体、白皙的乳房时，也是同样的目光；脆弱的已经患了癌症的乳房从黑裙子新月形的领口露出，她终于捕捉到了那缓慢的呼吸，而自己身上却不知不觉地汗流浃背，汗珠成串。

杜拉斯看女人的目光，是看自己渴望的身体时的那种目光。所有能让人看透秘密的目光都是这个样子的，那种秘密，只有懂得怎么看的人才能看见。在此，这种秘密指的是赛瑞格的乳房，她能看出"那个小小的疲惫的乳房……像是一个小伤疤"，表明她用奶喂过儿子。她就是在这种不动声色中工作和寻找的。

杜拉斯的女权主义和过激的"法国女性解放运动"旗手毫无关系，

有时，她甚至站出来反对这个运动。她总是“在外面”，远离法共和“法国女性解放运动”的徽标。“黑夜号轮船”的革命步伐总是在“野蛮之地”，在“其混乱、拒绝之地，一旦被说教和宣传所攻占，总会出现得更远、更野蛮的双重之地”前进。

Chapitre 9 Elle parle des Indes

她说起了印度人[1]

她无视潮流，继续写萦绕在记忆中的那个重要场景，完全投入到这个故事当中，作品中唯一的故事，是《印度之歌》系列中的故事。从最初几部作品开始，她就留下了这个故事的痕迹，之后又不断“搬家”（拿她自己的话来说），不知疲倦地拆了装，装了拆，以得到最大的满足，达到顶点。

《印度之歌》，犹如已经渗透到《副领事》中的旋律，那种旋律，萦绕不已，引起一片沉默，并在幻想缓慢的重复中保持这种沉默。这首“歌”让这个走向崩溃的世界显得令人忧伤，在淹没了麻风病所有味道的汽油味中，无可救药地走向灭亡。

就这样，杜拉斯重新拾起了作品的内在主线，把它投掷到“新的叙述区”。大脑中的思想、失控的记忆，在作品中来来去去，就像潮汐不停的运动。记忆断裂了，破了洞，侥幸地挂住了。

总是同一些地方，从童年时代的永隆到荒凉的加尔各答，失望、被背叛、毁灭和奄奄一息的地方。殖民者的家中，抹过灰的墙上，风扇在天花板下“转动，但慢得可怕”，可笑地制造着风，搅动着空气，时间

「1」引自《玛格丽特·杜拉斯的领地》，午夜出版社，1977年。——原注

从它锋利的叶片间溜走。她像拉辛那样，试图越来越严格地限制情节，让它只有压缩了时间和情节才能获得一点东西。她完全保留了故事的基本框架，安娜–玛丽·斯特莱特和她的情人们，副领事，反抗一切不洁之爱的圣洁男人，用沙哑的声音在大使馆边缘大喊大叫的女乞丐。台球和舞会，被季风雨破坏的花园。季风雨来得很频繁，持续的时间又长，天气闷热、潮湿最后让人害怕；欧洲夹竹桃闻起来就像茶花，在《琴声如诉》中，它们曾以其甜蜜和野性让人陶醉。

她总是回到远方，回到度过童年时代的异国他乡，重新展现想象中的神秘景象，法国官邸、威尔士王子酒店、金碧辉煌的客厅、巨大的镜子、波德莱尔诗中所写的那种长沙发，深得“像坟墓”[1]。

她的生命就在那里，在那个让人产生幻觉、预示着我们自身痛苦的地方，在那座屋子里，在那块让人以悲伤的土地上，在那个西方人走向末日的地方。她不断地歌颂西方的死亡，就像古希腊的一个领唱，预示着不幸。“事情发生在1937年”，就在战争爆发前夕，在殖民主义最后的挣扎中，在探戈和伦巴忧郁单调的乐曲声中，已经没有人相信了。有些东西消失了，风化了，如同罗斯柴尔德宫的石阶。1975年，她将在那里把小说拍成电影。

她自己说，她“写《印度之歌》像写一首诗”，主要任务其实是创造多重的、外在的、匿名的声音来讲述故事，崇高的合唱，像海浪般重复讲述“安娜–玛丽·斯特莱特的传奇”。

杜拉斯之后没有再这么讲究过音乐性，各种声音和对话在这里紧密结合在一起，创造出一种“让人悲痛”的歌剧，唱出了最后的激情，在一个迷人的故事中“推动着”情节的发展。

有时，声音会突然爆发。她喜欢在词语当中，在作品里面制造这种响声。《印度之歌》就是典范。在巴尔扎克直走的地方她斜着来，声音每时每刻都有可能出现，强弱不等，以至于声音和寂静互相转化，层层重叠。在她创造的空间中，时间从不连贯，好像被某种不可阻挡的变化

「1」波德莱尔《情侣之死》中有“我们将会拥有充满幽香的床、坟墓一样深的沙发”诗句。

所吸引。她所选择的运动，先是小说，然后是电影，把时间变成了空间，时空被安放在声响当中，沉默消极地回应这种时空，那是音乐的内侧。所有的关系都被理顺了。

在安娜-玛丽·斯特莱特和副领事之间，她想表现的，是活动在全书中的那种充满活力的懈怠，那种不断的移动。

她根据那本书改编的电影，是她在批评家和学究者们的嘲讽中慢慢地创造出来的这种艺术的高峰。在她看来，批评家和学究是同一类人。

杜拉斯最杰出的艺术典型，是迷宫。当权者、上流社会和那些为富不仁者所不能接受的灵魂悄悄地溜进她阴森黑暗的迷宫。她像她的读者那样，永远无法摆脱自己的路线，走出自己的死胡同。所以，她也像喜欢她的人那样，对我们所见到的意外事件那么惊讶，在十字路口、道岔、岔口，交汇处、岔道前遇到困难时那么“心花怒放”。因与外界隔绝而兴奋。

《印度之歌》就像一个长长的句子，人们只认识句中的词汇，有人像背祈祷词一样熟记在心，慢慢地，由于词汇本身的魔力，句子动了起来，沸腾起来，奔向他方，朝外面奔去。那个女乞丐患了麻风病，脸上有疤痕，被撕烂的华丽而俗气的衣服就是那些贫困者穿的。安娜-玛丽·斯特莱特像她一样，穿着大使馆的破布，那是殖民主义剩下的最后的东西，但她的身体对所有的人敞开。她身上也有疤，加尔各答的那个妓女头上也有疤。

《印度之歌》让杜拉斯最后终于接受了遗忘，她好像在说：“你们也上船吧，胆大点，别再待在那儿，待在废墟的恶臭中，待在世纪末肮脏的空气里！”

她可知道《印度之歌》深奥难解？被图像所改造的文字最终把她带向了绘画。她后来说，绘画是“最有表达力的东西”，赛瑞格雪白的乳房像布歇的油画，钢琴上的玫瑰枝像是夏尔丹的画作，镜子和光线如韦米尔的画。

她总是喜欢与别人隔开一小段距离，为的是探索它，弄懂它。她摆弄摄影机就像先前摆弄文字。那种声音兜兜转转，犹豫不决，不知道是否要说，然后突然道出了真相，粗鲁甚至好像在挑衅。摄影机聚焦在这无法跨越的距离上，聚焦在把它们分开的那个几厘米上面。她只想说值得说的东西，痛苦，让人无法忍受的东西。《印度之歌》的天才之处，便是她声音中的复调，人物的动作极度缓慢，演员们也对自己的命运默默无语，双重的悲剧；而在四周，有个声音却在讲述他们的故事。

她给赛瑞格、隆斯达尔和别的人“分配”了画外音这一角色。那种看不到说话者的脸的声音，让观众成了冒失的见证者。一切都在这克制、紧张、“激情的顶点”和“日常生活的高潮”中演出。

记忆和身体，一切都风化了，吹走了，消失恒河滞重的水中。所以她才喜欢那块土地，她童年时期生活过的土地，脆弱，总是被螃蟹和潮水蹂躏。一切都粉碎了，就像生命，大海被陆地弄得支离破碎。外交也如此，这门关于国家关系的学科，已无法起到自己的作用。她指着地图上的半岛，要在那里建堤坝太难了。电影定格在地图上，戛然而止，让人都不知道那是地图还是弯弯曲曲、神秘莫测的脑叶。

这是女乞丐的经历，也是杜拉斯的经历，从泉水到小港湾，从心灵深处到死亡、解体和四散。

像加尔各答的那个妓女一样，安娜–玛丽·斯特莱特不也就是西贡的那个小“妓女”吗？过去，当她回到用木板箱堵得不那么严实的房间时，人们会不怀好意地看着她；后来扬·安德烈亚不也对她大声嚷嚷说她不过是“诺曼底海边的妓女”吗？那是在1986年。《情人》出版之后，大家都说这事太疯狂，太荒唐了，这是公然的挑战，她做什么都很夸张。在“他们”如愿地忘掉她之后，杜拉斯与扬·安德烈亚生活在一起了，住在那儿，住在黑岩旅馆，她被这一奇特的、“无限”的爱征服了。而他呢，则像副领事一样，在公寓楼上的房间里大喊大叫。声音在空空的楼梯间回响，他用打字机把她口述的欲望打了下来。她被书，被不得不涌现出来的文字，被难以理解的写作所驱使。作品在扬·安德烈亚的叫喊声中默默地诞生了。扬·安德烈亚逃走了又回来，然后又逃到海边大酒店的赌场。半夜回来时，总看到她坐在桌边，像炼丹一样在写她未来的书，自动写作，不理睬任何人。后来他又喊："你总是在写，整天在写，你到底写些什么玩意儿啊？你被所有的人都抛弃了。你是个疯子，你是诺曼底海边的妓女，一个白痴，烦透了。"

那个时候，杜拉斯继续烦人。《印度之歌》这个宝贝突然出现了，悄无声响，没有迹象。面对这个无法编目、无法分类的艺术品，评论界不知道该说是杰作还是赝品。参加戛纳电影节的人在讥笑，有的人则克制一些，不知道该怎么说，他们深信遇到了什么新的东西。那个地方的什么东西一直"溜到"这里来了，杜拉斯可能会那样说。

卡洛斯·达勒西奥的音符进入了大脑。她的儿子让·马斯科罗讽刺说，如果人们还想得起《印度之歌》，那是因为录音带的功劳。忧伤的布鲁斯舞曲没完没了，与贝多芬极缓慢的柔板紧密结合，互相混合，创造出了这种奇妙的东西。有时，二者甚至像是融在了一起，录音"撕破"了影片的长短和狭窄的放映空间，"黑暗、讨厌"。

杜拉斯在那么多书中都使用过的音乐在这里起了重要作用，当然干扰和回音也很严重。好像音乐与文字、音乐与图像之间再也没有防水墙，只剩下生与死多变的游戏。

杜拉斯因此而成了音乐，把她自己的声音和语言和谐悦耳地表达出来——"我写作的时候，听到了自己的声音"——这成了灵魂最秘密的波动，是她最神秘的堕入。就像在意大利古代绘画中，在米开朗琪罗画在穹顶的那些身体的堕落与赎罪里，听到了奇特的变奏。

所以她从来不在电影中把音乐当作是补充图像、文字甚至是情景的一种载体或手段。音乐从来不是用来抒情和叙事的，它是剧本的组成部分，本身就是人们所寻找的痕迹，绝非辅助性的东西，它永远是剧本的血肉，与剧本紧密相连。

70年代的那十年是在激情澎湃中度过的，那种创作热情使她一本接着一本写书，把她拖进了总是更加黑暗的大海。

她“移动”、解放了人物，把它们带到了别处。她到处旅行，就像过去与家人一道，沿着傲慢自负的河流，十分鲁莽地穿越亚洲广阔的平原。不过，她现在进行的是内心旅行，同样那么弯弯曲曲，从永隆前往加尔各答，最后来到了威尼斯泻湖，并从相邻的河流一直来到了马尾藻海。

1990年，在摇滚乐杂志《不可妥协》的一场采访中，她说她对那几年没有任何回忆，只看见她所拍的电影……“也许这是人生中一个平淡的阶段”，她说。她的生命消耗在这种辛劳中，确信电影能延续小说的生命，会把小说的故事带得更远，不是那些细枝末节的东西，而是最容易破碎、变数最大的东西。

她到处播撒已经发表过的文章，公开了路径但后来又加以掩饰，以便将来能借用它们，用它们来写别的文章。那本给孩子们写的书，由哈林–奎斯特出版的《啊！欧内斯托》（*Ah! Ernesto*），几乎无人注意。书出得五彩缤纷，人们当时就喜欢那种腈纶般的浓艳色彩。然而，后来，1985年拍摄的电影《孩子们》和1990年的小说《夏雨》，寥寥几笔，道尽一切。大家都以为是急就章的东西，以为是杜拉斯写着玩的东西，早就在那儿了。她毫不犹豫地尝试所有的角色，比如那个上学的小男孩，他拒绝上学了，因为人们“教了他一些他所不知道的东西”。

除了要给人看的生活，日常生活，物质生活，她的生活中还剩下什么？1987年，他在与热罗姆–博茹尔的访谈集子中提到了这一点。她总是拿生活来为写作服务，让作品的命运变得非常奇特。作品往往先于生活，先于她后来将经历的生活，像是预兆。在法兰西电台的“魅力之夜”中，她说：“有时，写了某种生活，但后来没有发生；有时写了别的生活，后来却发生了。”

《印度之歌》特殊的成功，它所代表的“客观电影”本身的奇特，给了杜拉斯一种威严，她后来知道怎么利用这种威严了。她总是懂得抓住有利时机以便创造新的机会，重新开始。正如人们常说的那样，作为作家的她，输过，病过，耗过，等等。关于《印度之歌》，她说得最多的话是，其中的一切都是“开创性的”，这是她的原话。而事实上，评论界和公众却被弄糊涂了，不知道该歌颂还是讽刺，不知道这一切是矫揉造作的虚张声势，还是深不可知的秘密。她不惜体力和精力，在法国的道路上奔跑，去见她的读者们，去各所大学。如果她盒子装着胶片，驱车几百公里，而来听讲的只有寥寥几个大学生，那算她倒霉。大部分时间，教授们得知她要来，甚至懒得去见她。在没有黑色帷幕的大厅或简陋的电影俱乐部里，只有十来个大学生，放映结束后，她继续在那里余兴未了地跟大家讨论。她喜欢那种自由的气氛，喜欢那种非官方的见面和与年轻人的对话，她觉得自己与年轻人很近。她在那里恢复了她年轻时的厚脸皮，妙语连珠，灵光迸发，让听众们目瞪口呆。

不过，1975年，并不是她生命中的黄金时期。她可以说是最终还是转回继续写作，正如她自己所说，同意“被判写作”。那种神秘的安排，她心里早有预感。她知道自己一生中所能经历的，只是她所猜疑的东西的苍白观照。在这方面，她是个柏拉图主义者，锁在深闺，她知道自己只能动动心事，想想而已。她已经知道这是爱，说“世界上没有任何爱情能替代这种爱”。写作也是同样：但对作品来说，只需沿着道路往前走，等待黑夜过去，直至心中的黎明到来，也就是她在《爱》的最后所说的，“上帝，也许？”

所以，《印度之歌》的成功，迫使她开着R16上路了。确切地说，是在11月14日，她来到了卡宴。在吕克斯电影院放完影片之后，她与现场观众进行了讨论。观众当中，有个年轻人，叫扬·勒梅，西南部地方人，但那年在卡宴学哲学，正在准备毕业考试。被有幸选为揭秘的大学生并非只有他一个人，当时见到杜拉斯还是挺不容易的，她不是论坛或书店中随便能见到的作家。这个年轻人突然来到了一个秘密周围，走近了女预言者强大的预言。杜拉斯知道自己给出的是什么，所以十分注意自己说话的效果，注意言辞简短而深刻。她说得那么斩钉截铁，那些话似乎是一锤定音了，就像在石头上刻字！她的用词往往是格言式的，根据内容的不同，不是让人激怒就是让人心醉。那天晚上，在卡宴，一个年轻人刚刚被打动。就像拉辛戏剧中的主人公，他被说出这些话的那个女人，被刚刚放完的这部电影的作者神秘而又巨大的力量吸引住了。电影放完之后，全场都惊呆了，卡洛斯·达勒西奥轻柔的音乐一直在大家脑海中萦绕！见面会之后，他向前作了自我介绍。在这之前，一切都十分正常。因为杜拉斯了解学生和读者们的这种“欣喜”，不会特别激动。尽管上了年纪，她仍会引起人们的激情，她作品中的色情成分和她在身边造成的幻觉也如此。她对此并非一无所知。扬·勒梅可以说是被网住了，被迷惑了，不过，他还不知道这场相遇会把他带到何方，但某些隐秘而又有悲剧性的东西发生了，他像是落入了陷阱，像是被无形的东西捕获了，可他还无法估量出那一时刻的力量有多大，估量不出这场相遇在1980—1996年间会带来什么后果，甚至在这之后也如此：因为这场刚才悄然产生的爱情，只有主角死了之后才会结束，如同在所有的悲剧事件中一样。

后来，他试图作出解释，想解开故事的乱麻，弄清“这”究竟是怎么发生的。2010年，他对杜拉斯的一个传记作者让·瓦里耶说：“我记得很清楚。她来的时候穿着小背心，切瑞蒂牌的皮背心，棕色的，是电影制片人斯蒂芬·查尔卡杰夫[1]（一个出色的制片人）送给她的。我问了她一些问题，我当时很害羞……”后来他请杜拉斯在他带来的一本书上签名：《毁灭吧，她说》。杜拉斯同意了，在她的崇拜者的要求下让步了。扬·勒梅鼓足勇气，对她说他想给她写信，并建议：“寄到您的出版社里行吗？”但她回答说：“不，寄到圣伯努瓦街5号我收……”这个年轻的大学生当然照办了。于是给她写信了。写了一些短信，写了很多，往往都没有回音，但杜拉斯都看了，正如她在发表于1992年的《扬·安德烈亚·斯坦纳》（*Yann Andréa Steiner*）一书中所承认的那样。她在书中，对那段关系作了拉辛式的坦白。

这种炼金术那样缓慢的工作，最后将驱使她在特鲁维尔的家中接待卡宴的这个年轻大学生，想最终把他变成她小说中的人物，这花了

[1] 斯蒂芬·查尔卡杰夫（Stéphane Tchalgadjieff，1942— ），法国制片人，也是杜拉斯导演的电影《恒河女子》、《印度之歌》的制片人。他参与制片的电影还有罗伯特·布列松的《很可能是魔鬼》，安东尼奥尼的《云上的日子》《爱神》等。

她差不多五年时间。

那重要的几年，杜拉斯尽管沉浸在自身的孤独之中，疯狂写作，却经历了撕心裂肺的悲伤和巨大的痛苦。她从来就没有断绝爱情关系，与另一个恋人还有来往。热拉尔·雅尔洛离开她，追一个女演员去了。这种灾难性的爱情悲剧不但让她酗起了酒，而且情场失败，遭受到了无法战胜的爱情痛苦。

尽管格扎维埃尔在关于《话多的女人》的访谈中不断追问，很想听到她最终承认自己的同性恋倾向；尽管一个美国女教授一再就她所谓的同性恋问题向她提问，杜拉斯总是不松口，什么都没说。她喜欢男人，如果说她在某些地方对同性恋做了某些让步："我跟很多男人生活过，"她说，"只跟男人生活，我发现，慢慢地，我变了，从这个角度来说。我越来越多地跟女性在一起。或者我应该说，跟一些同性恋者在一起。"

她总是躲躲闪闪，不说实话：她是否有过同性恋？是真的吗？肉体上的？当她的女权主义者朋友逼得她走投无路时，她会虚张声势地惊跳起来，说："我只喜欢男人，声色上的喜欢，我只跟男人有过正当的体验，强烈的、充满激情的体验。"之后她又补充说："我也跟一些女人生活过，但她们总是完全……她们是主动的，但很不够。两天后，我就厌倦了男人。"

她觉得只有双性恋才是完整和绝对的，而同性恋是"不够的"，不完整的。"可它吸引你吗？"那个年轻的美国教授追问道。"不。"她断然否认。那些年，她厌烦男人，好像远离了男性，专注于自身，追溯自己的历史、幻想和回忆。但独自一人，完全独自一人。什么时候写作让这种缺乏变得能够忍受了？疯狂写作，让她日夜感到痛苦的那种让人受不了的欲望加速了。

这是杜拉斯最丰产的时期。一个真正意义上的牺牲时期。她彻夜难眠，忘我地投入写作。一种强烈的愿望需要她这样，她服从这种要求。为了填补爱情的空白，她开始喝酒，根据雅尔洛曾教给她的原则。她疯狂地喝酒，以排遣痛苦，驱除那个男人的离开所带来的烦恼，也为了弥补上帝的缺乏："由于没有他，"她说，"我才喝酒。"

上帝让她待在了这个又大又深的黑洞里，并且创造了她。深沉的声音消失了又响起来，使这个作家显得非常神圣。她接近一些神秘的名著，让它们从基督教的光芒中走了出来。她崇拜西班牙的神秘主义大师，如十字若望[1]和大德兰[2]，一些与她相像的人。生活在她居住时间最长的诺夫勒堡既可爱又可恨的独孤中，她觉得自己有着他们的那种晕眩和痛苦。从此，她不再喝50年代所喝的威士忌，而是喝她在村中酒吧里买的餐前酒。然而，就是在这种真正意义上的痛苦中，爱情的痛苦和身体的痛苦，她将写出她最美的文字，继续她在1942年以《厚颜无耻的人》开辟的道路。没有一本书游离主题，而是全都联系在一起，勾勒出生命的曲线和穿越时间的行程，她作为一个人所分得的、直到死之前都拥有的时间。她可以随意支配时间，只要这种自由有利于写作，能照亮道路！扬·勒梅，卡宴的那个年轻人继续给她写信。信简洁而充满激情，但并非通常意义上的爱情。有些词汇已经进入他的大脑，进入他的文法和句法。语言简短，但像刀一样锋利。短笺有时让她感到厌倦，让她生气但同时也让她激动，这些信不时照亮她的夜晚，但她没有在里面耽搁太久。留住她的，还是写作，尤其是电影，她发现自己真的爱上了电影，以至于有时心想，电影也许能代替写作和书。

一幅幅不同的奇特画面，像是对当时法国电影的挑战。杜拉斯不顾一切地狂热工作，着了魔似的。她"颠覆"了电影这个概念，硬是让它用另一种目光来看世界，继续讲述自己的故事。她早就在抨击那些"非作者"作家，她从他们"空洞的写作"中认出了他们。那些人光会制造

[1] 十字若望（Jean de la Croix，1542—1591），天主教改革的主要人物，西班牙神秘主义者，加尔默罗会修士。

[2] 大德兰（Thérèse d'Avila，1515—1582），即亚维拉的德兰，又称耶稣的圣德兰，旧译德肋撒或圣女德肋撒，西班牙神秘主义者、罗马天主教圣人。她是加尔默罗会的改革者，与十字若望一起创建了赤足加尔默罗会。为与里修的德兰区分，所以被称为大德兰。

趣闻轶事，就像是集市上的艺人。她无情地谴责当时的电影，那些导演往往都喜欢讲故事，每个故事彼此不同，而她在1980年之前每年所拍的电影，却只广泛地暗示自己的历程。

影片接连不断：1975年的《印度之歌》之前，已经拍有1973年的《恒河女子》，1976年有《加尔各答的荒漠里她的名字叫威尼斯》《成天上树的日子》，然后是1977年根据《苏珊娜·安德莱尔》改编的《巴克斯泰尔，薇拉·巴克斯泰尔》，《卡车》也是1977年拍的。1979年是《黑夜号轮船》，《塞扎蕾》《否决的手》《奥蕾莉娅·斯坦纳（墨尔本）》《奥蕾莉娅·斯坦纳（温哥华）》都是1979年拍的……

名单拉出来很长，让人不可思议，反映了她极其旺盛的精力。这种工作热情悄悄地燃烧着她，侵入她的生活，最后让她无法摆脱。

她追逐着活动的图像，它们可与她想象中“前来的季风，漂浮的大陆”中的云朵相比，她的想象不顾一切都想抓住那种缠人却无法抓住的东西。1972年11月14日到26日，她在黑岩旅馆谁也不知道的地方用12天时间拍摄了《恒河女子》。那是一个充满童年回忆的地方，一个神秘、隐秘的幻想世界。在那里，一切都混淆在一起，湄公河和恒河的小港湾，塞纳河口，蓝天沸腾，像麻风病一样让人疲惫无力，碘与死鱼刺鼻的味道，沼泽与河泥的臭味，海鸥的叫声。在那个空无一人的舞厅里，威尔士王子的身影好像仍有可能钻进去。空空的旅馆像是诺曼底沙滩上一个被弃的掩体，处于虚空的状态之中，黑白饱和，一个贫瘠的世界，像是墨鱼的骨头。

奇思幻想的力量强大得让杜拉斯把自己的世界强行安排在黑岩旅馆里。她就像是剧本中的那个女人，“黑夜中在房间里……一直醒着，听着，监视着，窥探着消失的记忆”。那个场地的所有设施都像是捡来的，她用她自从《劳儿之劫》之后开始追逐的幽灵般的东西，柱子、已经黯淡的镜子、“在墙间沉思、还在挖掘开与关的空间”的海涛声来装备公寓。在那里，时间停止了，她说，在大厅里，“它无法再走动”。

有时，好像是为了强化她的世界，夜深时分，黑岩旅馆来了一些旅人，纷纷回到自己家中。他们穿过玻璃小转门，进入大厅，上电梯，滑槽吱吱嘎嘎响着。电梯上去了，大家相信自己认出了《广岛之恋》中那个严肃的女人。确实就是他们，艾玛纽埃尔·里瓦、布鲁·欧吉尔、劳伦特·特兹弗和扬·安德烈亚，《大西洋人》中的幽灵，杜拉斯多次出逃而又忠诚的恋人。

这个世界并没有死亡，而是在“开庭”，正如她引用里尔克的话所说的那样。她面对着它，看见海滩上的沙子消失了，被涨潮的海水所淹没，然后重又出现，但完全不可能恢复以前的道路了，只能到达对面又满又空、巨大的S. 塔拉。

写作的愿望死死地纠缠着她，强烈得到处入侵，入侵到她的日常生活、家庭生活和友谊，影响了她与别人的关系。当她需要平息自己的疯狂时，她便去诺夫勒堡，好像前往一个避风港，在女性之家，好像仍有来自远古的声音，她已在公证书中失去那些女人痕迹。被她列入自己作品目录的《话多的女人》典型地反映了她日常生活中对幻象的这种痴迷。当写作的愿望纠缠着她，完全占据了她的思想，就像水渗进来，淹掉一切，把她与外界隔开，那时，她所说的家务劳动便停止了，不再在厨房和花园里干活。

有时，当张力太大，差点破坏周围树木的平衡，打破花园的寂静时，仍能听到杜拉斯的笑声。

在这如此敏锐的状态中，她能更清楚地听到拉辛深沉而灼热的歌。《塞扎蕾》的写作和拍摄使她重温了拉辛和《贝蕾尼丝》[1]，欣赏充满激情的诗歌，直接感受其文化遗产。在这阴森而黑暗的精神之路，她又埋头重读了儒勒·米什莱的《巫婆》，那是“68时期”发现的产物。她觉得自己与中世纪妇女有着前所未有的共同语言，她们由于制止男性颁布的法律而被拉到公共广场烧死。为了躲避追捕，她们逃到密林中，在月光下唱歌跳舞。于是，一个“深沉的夜晚”，“可怕”的颤抖在她身上起了反应，给她的作品以灵感，引导着她的想象。

「1」拉辛于1670年创作的剧本。

她既入世又超脱，既是个女预言者、隐居的女巫，也是个介入社会政治的女性，她对任何事情都发表意见。在暂时的平衡中，她酗酒却没有沉沦。那些年，她疯狂地喝酒。在诺夫勒堡，在她如此喜欢的家中，她喜欢说她正走在那些徒步从巴黎前往凡尔赛向国王和王后要面包的妇女的路上。她觉得自己与她们很相像，说听到了她们的叫喊声和乞求，听到了要求自由的饥民的嘈杂声。所以她说，她与她们联合了起来，与这些平民妇女一起发声。独自在家喝酒的时候，她们的声音传到了她耳边，在她耳边回响。

她不断地收到扬·勒梅的信，她似读非读，但没有扔掉。对于读者来信，她常这样处理。扬的信已成为未来的爱情编年史。她已经在不知不觉地搭起了“那场爱情[1]”架子。她是否知道扬更喜欢男人？难道她不知道？在卡宴的那个特殊的晚上，她极端清醒的脑子和敏锐的眼睛也许已经注意到了这一点，但她首先相信自己的创造力，相信她所拥有的创世力，这种力量使她显得很强大。而且，她还有掌握他人的本领。在那个被古典悲剧的熊熊烈火照亮的时期，杜拉斯让这种本领来左右这个悲剧的进程。她知道扬来到她的道路上并非偶然，里面有些东西将不可避免地要经历：她当时想屈服还是反抗？让所有的症结都明明白白地解开？而扬则在加快步伐，杜拉斯给了他巨大的特权，允许他直接给她写信。为什么不利用这种特权呢？信一个月一个月，一年又一年地来临：“我在思想上已经与您打成一片，完完全全。”1977年2月11日他这样写信对她说。1978年8月23日，他又这样写道：“我一直在那儿，在您身边，悄悄地，不弃不离。”1979年12月，他把棋子往前移了一步：“我读了您的《黑夜号轮船》：读了十页，我就走上了您我的流亡之路。”扬懂得了杜拉斯的整个世界，她的语言，她断断续续的风格。他已经开始像她作品中的人物那样说话，常常使用对比、逆喻、语气甚至隐晦的说法：他借鉴了杜拉斯喜欢的许多巴洛克大诗人的文体，这让他“在精神上”与她打成了一片。他并非一点都不知道这种精神对她来

「1」指扬·安德烈亚后来写的关于杜拉斯的回忆录《那场爱情》，2001年版。

说意味着什么，他知道杜拉斯欣赏敏锐的灵魂和思想的清晰，尽管有时使用反话让清晰的东西变得模糊……巴洛克和拉辛式的诗歌都被他当作武器搬出来吸引她了。

他仅仅是想征服她吗？或者，他自己已不知不觉地被她的圈套所吸引，就像希波里特被费德尔所吸引、巴雅泽被罗莎娜所吸引一样？[1]

有时，她的闺中女友米歇尔·芒索会来看她。芒索在诺夫勒堡有座别墅。杜拉斯打电话给她，留言机响个不停，像是求救信号。她当时64岁了，感到自己毁了，失败了。她喜欢孤独，甚至寻求孤独，但又不愿意一个人独处。她也知道自己的作品已经走遍欧洲，甚至走出欧洲到了美国，她的电影在前卫的电影节上首映。她越来越多地使用旧日的画面，她年轻时的画面，给她奠定基础的强烈画面，麻风病、森林、贫困、对奢华生活的爱好、母亲、兄弟们，童年时期所有的陈芝麻烂谷子都浮现在她的脑海里。她用它们来哺育她的作品，滋润其皮肤，让它们变得丰满。

不过，没有任何东西能阻止麻风病“肆虐在她书中”，在她所有的作品和未来的作品中盖上印记。《加尔各答的荒漠里她的名字叫威尼斯》中她所拍摄的那些孤寂的公园、荒芜的花园和破败的地方，仍完全是这种麻风病。奇异的历险，想“以前所未有的办法来利用电影”，在“最荒凉最受限”的地方来追逼它，因为她重新使用了《印度之歌》中的录音，穿越了同样地方，已被破坏、任由麻风病侵袭的地方，《印度之歌》中的景象又回到了电影当中。

电影的节奏缓慢得不得了，展现了一个奄奄一息的世界，它空洞无物，被自己的武器所灭，因为这斑斑点点的墙壁，镶嵌着板壁的舞厅，倒塌的石雕，花园里链环凹进去的栅栏，玻璃破碎、高高的窗户，都象征着正走向灭亡的世界，而《印度之歌》中忧郁的音乐，就像一个陀

[1] 希波里特，拉辛悲剧《费德尔》中的王子，被继母王后费德尔所爱上。巴雅泽为拉辛同名悲剧中的主人公，被王后罗莎娜爱上，想立他为王。

螺，重复着舞会的故事，从火热的恋人讲到没有任何东西能遮掩的巨大爱情，以至于在这充满暴力的喊叫声中，一切都只能炸成碎片。

这就是杜拉斯的地方，痛苦与诅咒的地方，那种“死亡的疾病”纠缠着她，表明上帝也无能为力。

《精神》杂志在它所谓的“意识本质之路”中，认为杜拉斯受到了《圣经》中的《传道书》与帕斯卡尔的影响。这是因为，尽管这位作家很少这样说，但她的强烈的无神论与西方最神秘的思想和《旧约》中最具有预言性的东西太接近了。

与上帝的这种关系，杜拉斯一直保持着，但有些模糊和怀旧，这在她所有书中和谈话中都看得出来，尽管有人不乐意，不愿意承认杜拉斯的作品中有上帝的影子，这是因为杜拉斯的书他们读得太少。但上帝无处不在，出现在她的书中，出现在孩子们身上和那个脆弱的陌生男子身上，他的秘密几乎无人能晓；出现在她的夜晚，出现在神奇的爱情当中，出现在塞纳河口上空，出现在大海不断的运动中，出现在扬·安德烈亚被海水洗涤的目光中，出现在她的步伐中和她被扬握住的手中。上帝在小哥哥光滑皮肤里面奔跑，就像水从瓮中流出，不知出于什么神秘的奇迹，神奇地现身于已经写完的书中。上帝如此明显地出现在她的作品里，以至于“成了一个专有名词”，她说，“意味着一切，也意味着一切都不是”，不过，那是一种召唤，是寻找的目标。

她总是向宗教求救，求救于“那种无法控制、无法辩解的默默冲动”，求救于自己身上的谜，可词汇太贫乏了，无法把它们表达出来，老是可怜巴巴在这上面栽跟头。某种陌生的东西，只能结结巴巴地、断断续续地说出来，或者干脆沉默，没有更好的办法，便喘了一口气，说：“你知道，那嘈杂声……？那是上帝的声音……那东西……”

她一生都在不断地宣传她的无神论，追求它，强烈得几乎让人怀疑。但在她身上，一切都渴望理解那种空、那种缺、那种无。她与格扎维埃尔·戈蒂埃所做的一系列访谈在这方面很说明问题。杜拉斯的对话者对她的精神追求似乎很不满意，说，当她试图接近神秘的东西，给它以神圣的宗教隐喻时，他甚至有些震惊。在这方面，杜拉斯的自由是建立在这种态度之上的：用尽可能多的办法抓住这个世界的一切及其秘密，而决不参照任何一个思想学派；毫不犹豫地怀疑自己，甚至否认自己可能说过的话。而格扎维埃尔·戈蒂埃就缺乏这种灵活和智慧，而这种智慧正是用来不惜一切代价地穿透黑暗之夜的。

仍然是在1990年，在接受《不可妥协》杂志的采访时，杜拉斯坚称："我不信上帝，我相信以色列国王，相信《传道书》，相信大卫，相信耶路撒冷的国王们。"

她认为"世界上最美丽的句子"，是《传道书》道出自己身份的时候："我，大卫之子，耶路撒冷的国王，我是挖池塘的。"她在这种神秘的表白中，在这种不容置疑的语言断裂中，继续着自己的探索，因为她像《传道书》一样，写作的时候，可以确定同样神圣的身份："我，杜拉斯，我是写那些书的人，我在'神田'里，在上帝的田里也写书，我听过世人的寂静和生命诞生时无声的哭喊，我也曾倾听树根，倾听河口，与大海一起漂流，跟随着海鸟奋力飞翔，目不转睛地盯着在潮汐上方移动着的天空，并带回一些东西，'河口'的痕迹，沉默的叫喊。"因为，她的人生与作品难解难分地混淆在一起，共同讲述这不断的诞生和先后死去，这种生生死死推出了一本本书和一部部电影，并不断能量，以继续探寻。

写作的时候，她意识到自己正在做最神圣的工作，创造某种极"丰富"的东西，它在自己周围越聚越多，就像是"创世记"中的洪水。当她回到书中，也就是说回到那种狂热的状态，陌生的东西将自言自语，比前一天晚上表达得更为准确。那时，她也许知道那将是一个返回过去的故事，女疯子劳儿·瓦·斯坦的故事，有一天，其"肮脏的躯体""在上帝的肚子中"蠕动。

回到一切皆无，回到一切皆有，回到这个世界注定的寂静，回到其嘈杂的秘密狂热，回到这无法破译的秘密，也就是说回到上帝身边，让这个满脑子胡思乱想的我变得更小，摆脱写作所积聚、文字所负载的重量，每写一本书，这重量就压缩作者一次。写作就是死亡，想写作，就是想死，就是谋杀自己，确实如此。“否则，写作又能是什么呢？”

对杜拉斯来，写作就是让人不知疲倦地回过头来反思自己的生活，探寻自己的身份和存在的理由。就像是玛德莱娜·雷诺，杜拉斯的身体被压缩成一张忧伤之皮，年龄越大，她对生活，对物质生活就越不感兴趣，生活给她的乐趣也越少，一个活的写作机器而已，就像晚年的伊迪丝·琵雅芙，只是一个唱歌的机器，声音的力量才使她活着。

她在写作中，在广阔的工地上，也就是她的书中（越来越破碎，如同朦胧的影子），她所给予的，是从自己身上挖掘出来的一些东西，以至于她说，“我几乎不会死了，因为我之为我的最主要的东西都将离我而去。”

她的身体，尽管现在受到了考验，仍顽强地抵抗着；有时，她说话的时候，人们能透过部分音带，听到她在喘气，病态的呼吸，支气管炎和肺气肿加重了。在两句话之间沉默的当儿，可以察觉到她在呼吸，断断续续的喘气似乎来自遥远的地方，表明她在斗争。

但这种艰难、冒险的呼吸，现在也成了她的写作，成了她的节奏，她的行程。时间总是穿越杜拉斯，紧追不舍。

她评论自己的作品，如同评论自己的生活，“永远混乱”，在混乱中，最好能“穿越着读”。网缠在一起，搞乱了一切，但在她制造的陷阱中，有些文章在重复同样的不幸，纠缠不休。急于拍摄、写作、留住流逝的回忆、弄懂某些人的纠缠、全都在劳儿·瓦·斯坦周围晃荡最后让她发疯的电影和文本，一切都是因为哥哥，小哥哥。不应该忘记他。那是在永隆。在30年代。在行政长官的花园里，里面有网球场，但她没有进去。由于小哥哥长得英俊，由于他网球打得好，“他破例可以进去”。而她呢，她总是站在网球场外面。透过围墙的栅栏几乎什么也看不清。她被挡在外面，看那个女人，目光“茫然”、几乎魂不附体的伊丽莎白·斯特里德特，看着那个头发棕红、毫无光泽的女人，但站得远远的。后来出事了，她得知有人自杀了，一个年轻的男人为了她殉情自杀。伊丽莎白·斯特里德特是一个模范母亲，开车送女儿们进城，但她也是所有人都可以上她的妓女。这是此后一直萦绕在杜拉斯潜意识中的主要场景，重要的一幕。在行政长官封闭的花园里，小哥哥身处险境，也许受到了安娜–玛丽·斯特莱特的诱惑；而永隆的那个小小的女乞丐，在无法进入的花园旁边徘徊，她被小哥哥背叛了，是那个红发女人痴情的情敌。杜拉斯把这些都搬进了她的书中，搬到了豪华舞会的场景里。舞会上，迈克尔·理查德森忘了他爱的那个年轻女人，跟着奇特的卡里普索走了。被大家所抛弃的副领事，肉体与精神受到了严重损害，前来寻找她，把她拖入了死亡。

“她也许把我带入了写作。也许，就是那个女人。”她说。

但《印度之歌》系列到了最后，那种幻象还是没有弄清。必须等到1980年，读了穆齐尔[1]的《没有个性的人》之后，她才明白是什么东西在悄悄地驱使着她写作，让她把那些书全都写完，像是被迫似的。后来，当她明白的时候，当一切都好像水落石出的时候，她可以谈谈乱伦了，谈谈小哥哥的爱，谈谈她所给予他的东西，她现在还在给他，永远都会给。

所以她不断地重复，不仅仅是为了挑衅，说自己拍电影是为了“打发时间”。这种时间，是的，穿越了她，如此短暂；过去的时光，她不断地挖掘，从来没有让它休息过，就像是坟墓上的泥土，她挖得筋疲力尽。

拍完她并不满意的《巴克斯泰尔，薇拉·巴克斯泰尔》，她又回到了自己喜欢和熟悉的东西上来，回到了她1954年发表、1968年搬上舞台、现在，1976年她又热情回顾的《成天上树的日子》，她挖掘着坟墓，亵渎自己的历史，拍摄无法拍摄的东西，一大群生命，模糊的片段，他们复杂而难以解释的组成成分。她站在摄影机后面，拍摄小哥哥和母亲可怕而让人惊恐的同谋关系。她是他们最大的受害者，被剥夺了

---

[1] 罗伯特·穆齐尔（Robert Musil，1880—1942），奥地利作家，他未完成的小说《没有个性的人》常被认为是最重要的现代主义小说之一。

爱，她比任何人都明白把儿子与母亲联系起来的那种爱。她对他们又爱又恨，但他们同时也是她的生命。

她拍摄爱情这种抑制不住的时刻。母亲睡了，她知道儿子一直在玩，他需要玩，这她知道，但她不在乎，仍然爱他。她把自己的首饰放在显眼的地方，知道他会来偷，却故意这样做。她再次像过去那样给他若干快乐的时刻，当他逃走，“成天上树”度日。杜拉斯拍摄的就是这种东西，几乎什么都没有，什么都看不见，生命之间的张力，痛苦，担心自己被人爱得不够。玛德莱娜·雷诺和让-皮埃尔·奥蒙能够创造出这种沉寂，但在杜拉斯严肃地拍电影的时候，人们听到最多的，是她控制住的痛苦，是这种从此以后几乎让人快乐的理解。

Chapitre 10 La noblesse de la banalité

普通之高贵[1]

她能支配自己，写作好像加强了这种掌控，后来，她将以此创造出《卡车》中的那个女人，这是她前所未有的大胆举动。在她一直想走的这条让人意想不到的道路上，她试图把电影推向最后的决裂。

1977年，《卡车》的剧本和台词发表之后，她在与米歇尔·波尔特的一场访谈中，用这样的话来概括影片的内容："在一个封闭的地方，一个男人和一个女人——女人，就是你——他们说了20个小时的话。女人讲了一个故事，讲的是一个女人拦车搭乘，爬上一辆卡车，在1小时20分钟内，她在跟停下来捎她的司机说话。"

于是，在她所谓的"黑房间"里，一个男人，即卡车世纪，和一个女人，也就是她，杜拉斯，将朗读将来可能成为电影的东西；而在其他时间，在朦胧的黎明时分拍摄的东西，则展现卡车穿过田野所见的一切，那是在法国的博斯地区。卡车穿过乡村，穿过郊区，穿过"伊夫林的移民城"。

在这样的景色中，出现了贝多芬根据迪亚贝利的主题而作的变奏曲，与卡车一道，在由钢铁、子弹、高速公路和掩体组成的文明世界中

「1」引自《卡车》，午夜出版社，1977年。——原注

行驶。首先由她念台词。她曾想请苏珊娜·弗隆或西蒙·西涅莱来扮演那个女人，但她们都没空，于是她决定由她自己来扮演《卡车》中的那个女人。

德帕迪约和她之间并没有对话。他的政治信念太强了，效力于共产党，“在从事自己的职业”，无法自我反省。他不听那个女人在说什么，那个女人好像没有身份，“说自己是葡萄牙人，或者是阿拉伯人、马里人”，他觉得她是痴人说梦，因为她什么都说，想到什么说什么，“语句之间没有逻辑关系”。

她让台词在被图像绑架的电影中成了可能，把这种台词以及“流动的图像，伊夫林的图像”搬上了银幕。

这种经验是她所有作品的继续：她用自己的语言和图像把电影弄破了一个洞，让它对所有的人开着，不要“讲述故事”。在她看来，那是在麻痹观众，应该让观众有想象的灵活性和自由度。

她决定从此以后只拍摄这种自由的说话，拍摄她所谓的“话痨”，拒绝专业的、事先写好的、决定了的、确定了的剧本。在《卡车》中，她继续这种摇摆、游荡、原始、史前的状态，它不受她的控制，自己喷薄而出。“突然，人们谈起了无产阶级：好吧，突然谈起无产阶级，就这样。”她挑衅地说。

她真的就是《卡车》中的那个女人。斯大林分子告密说她是疯子，她就是那个对什么人都说话的女人，喜欢打听别人的生活、住所和职业。她因此而担心，甚至也让别人感到害怕。她一直以来就是《卡车》中的女人，从在印度支那度过的童年时代起，那时，她像中国人一样自由，因为她在《来自中国北方的情人》中说，“人们无法抓住他们让他们殖民”，生活中和大自然中的所有表演她都能参加，她溜进水牛走的小路上，游荡在“云壤[1]港食堂的舞会”中。她很开放，因为她想满足中国人的欲望，充满了她母亲神秘的高傲，写在西贡中学学监脸上的

---

[1] 柬埔寨地名。

那种高傲，她因翻墙溜出学校而被学监召去，学监直截了当地对她说：“以后你想怎么办就怎么办，我没有任何建议。”

她一直渴望这种流亡状态，这种不守规矩、不听话的状态，希望“自己变成那样，处于那种状态之中”。

她对事物、“将军”和那艘偏离人类、穿越时间的大船有着同样的爱。在那间“冰冷之屋”外面，有诺夫勒堡的一个房间，那个世界井井有条，有道路，有十字路口，有城镇和面积很大的商店，还有广告牌。

那个世界，她看见了，对它深有感情。她在朦胧的晨曦中拍摄它，拍摄它暮迟的夜晚和冰天雪地的白天。种植谷物的大平原仍在，在博斯，教堂的尖塔刺破蓝天，松软肥沃的土地被到处是宿舍的城镇蚕食，就像《抵御太平洋的堤坝》中的螃蟹被人吃掉一样。

慢慢地，她创造着电影。是写作在活动、在展现、在说话。为了能让人们更好地理解这种模拟的东西，她使用了假设性的先将来时：“这应该是一部电影……路边，有个女人应该在等待……人们应该看见了卡车的驾驶室。”这表明，她按照她广泛使用的格雷维斯语法[1]，像孩子们开玩笑一样地使用条件式，“在某种程度上来说，把事件带入了虚幻之处”，从而破坏了巴尔扎克的叙述体系。

“黑色的房间”，诺夫勒堡的房间，就是写作的地方，就像是一个“矿”，一切都出现在那里，“全部的生活”，而那种“非写作的写作，就是写作本身”。

在诺夫勒堡，她和米歇尔·波尔特在同一年写了一本书献给它：《玛格丽特·杜拉斯的领地》。她在书中展现了那个“黑色的房间”，在某种隐晦而陌生的压力下，作品纷纷出笼，甚至有些失控。

在诺夫勒堡，交织着孤独、狂欢之夜、朋友聚会、确实存在却几乎让人难以忍受的写作，因为没有它还怎么能活下去？做点小事的白天、沉默而难以预料的夜晚、被折断并放在花瓶里的凡尔赛玫瑰、弥漫在花园里的雾气、用别针别在一个相框上的照片、母亲、小哥哥、

[1] 莫里斯·格雷维斯（Maurice Grévisse，1895—1980），比利时法语语言专家。

织在高高的墙上她不再扫去的蛛网，为什么要弄掉它们呢，既然它们肯定还要回来？

在她面前，有被堵住的言论、政治信仰、各种法西斯主义、各党派的静止主义及其行事方式，他们把战士变成了警察，给他们的政治充当看门狗。

在那个时期，她可能还会说，她是个共产党人，忠于最初的乌托邦主义者。不过她摆脱了这些标签，更喜欢说是“政治乌托邦”，站在发明者、预言者、最初的菲德尔·卡斯特罗、阿连德「1」的政党和瓦文萨「2」的抵抗主义一边。

她总是激情洋溢，说着往往带有政治色彩的话。不过，她保持着说话的自由，什么都敢说，不怕犯错，不管发生什么都勇往直前，不顾一切地走在这条真理之路上，出发时没有计划，但一直顽强地往前走。

这就是她所谓的“快乐的失望之路”，她或是《卡车》中的女人想说的是，“抛弃这种反复灌输的恐惧”。这种恐惧让你产生依赖，妨碍你进步，让你看不清事实，并且像她所说的那样，“消灭了所有的自由精神”。

但这种反抗是在快乐中进行的，这种状态将最具有革命性，因为它会让当时的政权感到害怕。熟悉她的人除非是发疯了，否则谁都不明白她为什么要提出这一“个人的解决办法”来抵挡“这个不可饶恕的世界”。

不过，还是让这个没有灵魂的世界灭亡吧，让所有的幸存者忠实地模仿“这个最后的苦力，让我们重新开始”！

从此，她的生命好像摆脱了偶然性，摆脱了他人，摆脱了义务和对

「1」萨尔瓦多·阿连德（Salvador Allende，1908—1973），拉丁美洲第一任自由竞选获胜的总统，1933年参加创建智利社会党，两次出任总书记。

「2」莱赫·瓦文萨（Lech Walesa，1943— ），波兰政治活动家、团结工会领导人，1983年获得诺贝尔和平奖，1989年被授予美国“费城自由勋章”。1990年12月至1995年12月任波兰总统。

社会的所有依赖。物质生活的这种压缩使她更专注于精神世界和重要的事情。

好像被某种神秘的知识所拖累，她越来越像远东、黑非洲和马格里布[1]讲传奇故事和寓言故事的人。那些人似乎与地球上神圣的、最初的力量有默契。摆脱了政治和管理斗争性语言的机构，一句话，自由了以后，她重新找到了最初的动词的那种简单，最初的日子的那种天真，倾听着寂静的东西。

她最看重写作，让它“承载着一切，写作承载着图像，人们好像把它引入了歧途，让它支离破碎，也许还代之以图像”。

她喜欢讲述故事，过去的故事，现在的故事。让话语来说，让它自由发挥，听着它到处钻，钻到它所不熟悉的地方，凶猛地爆发其语流。

遗忘之河弯弯曲曲，不动声色地流动，但还是留下了存在的痕迹：当她发表《地方》的时候，童年、印度支那、母亲、被记忆弄得神神秘秘、富有传奇色彩的时期都毅然决然地回来了。一切都久远地安顿下来，以便不断地回到在河水中，在热带丛林厚厚的潮湿中度过野蛮生活的地方。

《抵御太平洋的堤坝》，这本奠基之作，像是受到海水的纠缠，驳回了别的所有计划，强行回到童年，回到童年的反抗，回到母亲被理想化的暴力当中。

1977年，当她写了《伊甸影院》，并让玛德莱娜·雷诺来出演时，她仿佛又回到了在印度支那的日子，又看到了母亲的疯狂和固执，看到了她对家人的那种巨大而可怕的爱；除了他们，还看到了“她到处收集的悲惨景象”，她同意和小哥哥跳舞“如一人”，那种神奇的结合，无法解释，但在身体的紧张中，在他们协调的动作引得四周一片惊叹中看得出来，听得出来；她又看到了他们之间的那种沉默，并且认出他们自己来，就像副领事和安娜–玛丽·斯特莱特神秘而古老的相逢。

杜拉斯在这部新作中一箭双雕，作品的自传性质越来越明显，与她

---

[1] 马格里布指包括阿尔及利亚、摩洛哥和突尼斯等国的北非地区。

所创造的传说保持着平衡：在伊甸影院的乐池中为母亲弹奏钢琴的那一个个晚上，因跳舞而情投意合的神话。

1943年之后开始的浪漫旅程现在展现出了它的现实成分，一切都明朗起来——母亲的出生，那是达拉斯（d'Arras）附近的一个农民，她在买地时真的上当受骗了——杜拉斯把这些都搬到了文学中，也就是说，搬到了这一系列象征性的图像中，这些交织着想象的图像，构成了一个摆脱了物质生活要求的世界。

她回到这种生活是为了更好地将其抛弃，更好地弄乱它的年代，永远埋葬它，正如谁也不知道普鲁斯特在《追忆逝水年华》前几卷所讲述的复杂童年，是确有其事还是受到过想象的加工。

这是不是一种新的转折？她的写作表现得越来越有诗意，一反当时所有的文学模式，投入到了抒情当中，使用已经很“通俗”的语言。她很快就将这种“通俗”当作自己的原则，服从于本能的任何变化，抒情地表现欲望。

她像帕斯卡尔一样，走进她的“火热的夜晚”，走进吞噬她的那个深渊，走进“男人、野兽、疯子和污泥的最初岁月”。

1978年，还是在这可怕的、不可避免的创作过程中，她写了《黑夜号轮船》。

一个朋友给她讲述了他所经历过的一个故事：他当时在电话公司上班，1973年6月的一个晚上，他偶然拨了一个号码，接听的是一个陌生女人，于是开始了一场谈话。谈话中，他把自己的电话号码告诉了对方。三年来，他们就这样交谈却从来未曾见面。三年中，产生了一种爱，一种感情。后来有迹象表明，那个年轻女子得了病，最后承认她将嫁给她的医生。后来，电话便停止了，她也许死了。

对杜拉斯来说，把这个关于夜晚和深渊的故事写出来，将是一件极其诱人的事——她后来说，这是“不可避免”的。作品要揭示这种火热的情感，它产生于电话深渊的最底部，尽管距离遥远，却在缓慢成熟。这种快乐在语言的张力中，“闭着眼睛”，不由自主地产生了。写《黑夜号轮船》，就是重新走进陌生的生与死，让欲望的强风把自己刮走，完善自己。她用这书名来隐喻自己的人生和作品。劈开黑夜，摸索着前进，希望到达彼岸，迎来黎明。

她需要电影，需要这一她觉得有必要的东西。这是一种新的认识，一种新的光亮，将把火热的感情照得更亮。1978年8月初，她在自己的本子上这样记录道："拍糟了的电影。"

那为什么还拍？她回答说："那怎么打发时间？怎么打发？"

《黑夜号轮船》在她的人生道路上表明了一种变化，让她回到了文学，回到了60年代的"劳作"，回到了写作可怕的孤独。写《印度之歌》时，她相信作品的生命可以无限延长，现在，她不信了，好像图像会消灭文学，能杀死没有比在写作中隐藏得更深的欲望。

她在此重申了语言的重要性，它比图像重要，词汇的秘密及其奇特、神圣比"可怕的光线"重要。

她讲述的是"戈布兰[1]年轻人"J. M. 的故事，原原本本地讲出来，录在磁带上。那也是她自己的故事：如同文中的人物，"很多个夜晚"，她也生活在"拿着电话"的状态中，也就是说，长时间以来，她已经用书，用电影与别人建立了这种没有中断的关系。

她也是靠着听筒睡觉，在寂静的夜晚和喧嚣的梦中，听着只能压低声音说的话。

抱着"写作，便是不成为任何人"这种想法，没有任何身份，没有任何要讲述的生活，自己没有任何大事，但充满了神奇的相遇，一切所缺的东西，一切虚空的东西都有。

她一直认为，应该让文本完全自主，让它们用自己的气息呼吸，给它们以机会，拥有画面、布景、演员的声音和观众们充满渴望的等待。所以，在同一年，她试图同时把《黑夜号轮船》搬上舞台和银幕。在雅

「1」戈布兰，旧时皇家挂毯厂。

典娜剧院，迈克尔·隆斯达尔、布鲁·欧吉尔和女扮男装的玛丽-弗朗丝，在克劳德·雷吉的导演下，传阅了剧本，没有一个角色明确由谁来演，这样便让语言有着海浪般的力量。人们无法捕获它，它总是溜走，抓不住。杜拉斯说，“他们（演员们）试图把故事抛锚在某个文本中，抛锚在某部电影里；把它固定在文本中，把它固定在电影里。”

后来，那部电影在三重回响中拍摄，展现了拍电影的情景，三个演员——布鲁·欧吉尔、多米尼克·桑达、马蒂厄·卡里埃尔的形象发出回声，最后是杜拉斯和伯努瓦·雅科的画外音。

在图像、声音和人物的这种来回中，“文本说不出来的东西”将会被“抓住”，杜拉斯说。“我们把摄影机反着放，拍到了进入镜头的东西，黑夜、空气、放映机、道路，还有人的脸。”

她以此消除了各类东西之间的界限，让戏剧和电影“经受考验”，一心想传递出深渊的那种晕眩感，反映那个黑洞和她一直追逐的那个陌生之处。1979年3月29日，在接受《文学新闻》的一次采访中，她这样说：“人没有进入自身陌生之处，所以对自己才感到陌生。要认识这种陌生的东西是不可能的，但重要的是要知道它的存在，正如人们预感到世界存在于自己周围一样。预感不到的人是有残疾的人。”

她成了一个具有传奇色彩的形象，有着几千年的历史，动作神秘，表面上却显得毫无意义。是她把它从头到尾创造出来的吗？诽谤她的人说是，声称她懂得利用所有这些事件，懂得利用媒体，无耻至极。但她顽强的跋涉表明她喜欢灵魂的这种神秘旋律，她为之献出了自己的一生；喜欢它在夜间的呢喃。在文学上，她同样象征着已被某种迹象所暴露的巨大神秘，这种神秘从此将专注于某种隐晦的东西，试图弄清其秘密。从此，每个行为，每次相遇，每本书都是“走向公开”所留下的实实在在的痕迹。

所以，社会事件和政治闲聊再也与她无关。她是“三千年前大喊”的人，迷上了荒蛮时期和史前故事，更多是对宇宙、对星际的嘈杂说话，而不是面对人间的现实。她女预言者那样的模样让人不爽，被人嘲笑。人们挖苦她，孤立她；她声称自己不介意，尽管私下说受到了伤害。

评论界常常讨厌她孤独而自恋的道路，她却从中看到了解脱的理由，好像那种厌倦增添了这种疯狂探索的热情，好像“要为历史上的某种东西付出代价”。“评论家的作用，也在于此：让作者自己孤独去吧。这很好。”1983年1月4日她在接受《解放报》的采访时，顺带批评了皮埃尔–亨利·西蒙、贝特朗·波罗–德尔贝什和雅克琳娜·皮亚蒂埃，这三人都是《世界报》的记者，“如果只有那三个人，我就什么都发表不了了。”

1979年，她根据“《黑夜号轮船》被弃的提纲”创作了《否决的手》和《塞扎蕾》的小说和电影剧本，两个短短的本子讲述同一件念念不忘的事，同样都想摆脱世界、战争和事件，把人们重新联系起来。

她喜欢那些原始人难以解释、无法解释的动作，尽管他们充满了智慧和知识；她让他们把手染成蓝色、红色或黑色，把他们安排在她神秘的地方，马格德林时期[1]“南欧–大西洋”洞穴的石壁上。她也举起否决的手，那些印刷出来的文章，像是神圣而公开的行为；那些野蛮的爱所做出的行动，那种爱的力量；她的书也像手一样，想呼唤人们爱它，记住它，永远不忘：

“我比你还爱你

“我想不管是谁都能听到我在喊

“我爱你

“三万年

“我呼唤

“我呼唤会回答我的人

“我要爱你我爱你。”

那种固执，疯狂而强烈，又被她安放在《塞扎蕾》中。那个女子，

---

[1] 欧洲西南部旧石器时代晚期。

就像是古代的诗人，缓慢地叙述着哀歌，贝蕾尼丝离开了罗马，国王蒂图斯因国家利益而抛弃了她。

杜拉斯就是在那些地方体验自己的生活的。她与贝蕾尼丝生活在船中，与史前的男人们生活在洞穴中。她让地点和事件发生猛烈的碰撞，在这种悲哀中重新找到了古代史诗的语气、古代诗人的节奏和圣书的抒情。

她就是贝蕾尼丝。她是这样描写那个女人的："非常年轻，十八岁，三十岁，两千岁。"她像贝蕾尼丝一样，在《情人》中，她这样描写自己，十八岁，老了，"已经太迟了"。

一切都不可避免地走向世界末日，走向行将灭亡的世界，走向废墟和破坏。脸一夜之间就变老了："灰烬的喷发"摧毁了城市和生命，很像是赫库兰尼姆古城和庞贝的灾难。

必须经历死亡，因为"人与人之间的这种分离可以说就像数学一样不可改变"，这种注定的命运太绝对太可怕，影响着人们活着。因为日占时期从西贡发出的那份电报一直刻在她的记忆当中，电文告知小哥哥死了。当时她在巴黎，他在西贡，甚至没有死在她的怀中，能让她告诉他说她爱他。她对他的爱，终于成功地战胜了时间和禁忌，大白于天下。她从周围死了一般的世界中，从不可能得到的允诺中寻找光亮，而并不总是黑夜。邮轮漂泊在她命中注定要去的地方，她想起了埃莱娜·拉戈奈尔丰满完美的乳房，那是她在西贡寄宿学校的同学，乳房圆得像地球，鼓得像中国人给她喝水的瓮，光滑得像小哥哥的皮肤，柔软得像诺夫勒堡花园中的旧玫瑰。

她又想起了犹太人，想起了对犹太人的灭绝，纳粹的罪行"永远无法让她忘记"。她从巴赫那里学来了变奏，《奥蕾莉娅·斯坦纳》的各种变奏，《墨尔本的奥蕾莉娅》《温哥华的奥蕾莉娅》和《巴黎的奥蕾莉娅》，证明了那种痛苦，那种一直驱之不去的激情。1979年，她拍摄了前两个《奥蕾莉娅》，同年出版了三部曲。在书中，写作总是被当作是一种"爱的召唤"，能超越死亡。

在这些《奥蕾莉娅》之后，她“重新开始写”了，就像在安娜–玛丽·斯特莱特之后，现在又出现了奥蕾莉娅，给她以力量和勇气，让她迎接挑战，去谈论犹太人的事情。她觉得自己与犹太人关系密切。“犹太人的故事，就是我的故事，”1981年4月她对接待她的加拿大人这么说，“因为我经历过那种恐怖，我知道那是我自己的故事。”

Chapitre 11 Puis quelqu'un est venu

后来，某人来了[1]

1980年开年不利。杜拉斯感到自己被人抛弃了，很难恢复理智。与卡宴的那个年轻通信者所保持的虚构故事从此成形了，她的心理痛苦使她突然变得脆弱不堪、易受伤害。她周围的人却一点都不介意，他们已经习惯她的冲动和内心强大的力量。1980年2月，某种反叛的本能使她激动起来，她终于给扬·勒梅回信了。扬早已不奢望她会回信。不过，给她写信，这并不是他的错。寄了许多信、短笺和便条，全都消失在时间与黑夜之中。他已经下定决心，要结束这种状况。那种爱，表面上是精神层面的，实际上完全就是心理分析学家所说的"黑色性欲高潮"，一种消极的性欲高潮。所以，当她给他回信的时候，他觉得这个爱情故事已经开始了很长时间，他对这种难以形容、被一支神秘之箭射中的爱情感到非常高兴，这种快乐显然巨大得让他无法想象。杜拉斯在这之后写的《扬·安德烈亚·斯坦纳》中是这样解释自己的冲动的："我想起了一封伤心的、断断续续的信，一种我不知道是什么样的不适突然出现在我的生活中，让我非常泄气，那是一种怎样的新的孤独啊，让人意料

[1] 引自《玛格丽特·杜拉斯在蒙特利尔》，螺旋出版社/索兰出版社，蒙特利尔，1981年，第40页。——原注

不到，新近才出现的。”得好好检查这些矫揉造作的情话，那些精心选择的词句像是朗布叶夫人或史居里小姐[1]可能用过的：古老的词汇，原汁原味，如“伤心”，在这里意思是受到伤害；“不适的欣愉”，意思是突然来临的痛苦。杜拉斯可以说已完全陷入孤独，现在应该已接受现实，如同悲剧中的一个女主人公：表白的时候到了。渴望见面。2月6日。扬回信时还对杜拉斯的来信惊讶不已，他重复着对方的宝贵词汇，说自己当时“开心得筋疲力尽”。

杜拉斯开始感到身上产生了一种新的生命力，一种更强烈的写作欲望，甚至想摆脱写作本身，投入到宇宙的伟大运动之中。她不再那么相信电影的必要性了，哪怕是自己的电影；不再那么相信自己能给电影画面提供隐藏在文字当中的力量了。《解放报》的总编塞尔日·朱利当时恰好请她给自己的报纸写“不针对政治现实或其他的专栏，而是针对类似下列事物的某种现实：可能让你感兴趣但并不一定被日常新闻所关注的事件”。她很情愿地接受了，并在这种“类似”当中找到了写作的新场地。她认为，这对她来说甚至是一个不可思议的机会，将和她此后所谓的“流行写作”结合起来，即，对随便什么事情任意扫上一眼，然后用一种新的语言把它誊写下来，像童年的泉水一样灿烂和清新。她突然接受了两个挑战：写信给那个年轻男人，接受塞尔日·朱利的请求。她想，这两个挑战将使她获得新生，也许还会给她机会，重新找到林中空地的光亮。费德尔的空愿。但她还不知道自己所采取的这两个决定是不是命运的陷阱，某种残忍的命运，它处心积虑地在路上跟着她，引诱着她。她给扬·勒梅的回信是否也可能是一个陷阱？

1980年的那个夏天，她住在特鲁维尔，靠近大海，听潮汐不停的运动，沐吹走勒阿弗尔港旁边安提费尔联合化工厂臭味的海风。

---

[1] 朗布叶侯爵夫人（Catherine de Rambouillet，1588—1665），巴黎贵妇，17世纪前半叶在自己府中创立专为文学界社交而设的沙龙。史居里小姐（Madeleine de Scudéry，1607—1701），为当时的女文人，活跃在沙龙中。

在黑岩，不再是《印度之歌》中的那种沉寂和罗斯柴尔德宫奄奄一息的奢华。在这里买了别墅的人前来度假，尽管这边的沙滩没有人监护，来自维特里、萨尔乐这些红城[1]郊区的夏令营的孩子还是把它全占了，因为这里更开阔。在大楼宽大的厅堂里，有些陌生人在忙碌着，大多是房客，做些季节性的事情，杜拉斯就不一定做那些事了。她像普鲁斯特那样，在巴尔贝克[2]温暖的夏天里，在花季少女漂亮的纱裙中，观察着游客。

1980年的那个夏天，天气多变，雨长时间地在空中肆虐，让沙滩变得像秋天一样荒凉。但她从自己的“凉廊”里，想看到一切：来回经过的人，在光线变化中散步的人，从“波涛汹涌的水”，到沿着海岸航行的小船的“马达声”，什么都不漏过。

于是，她每个星期都写“八〇年夏”专栏。她感觉到这种新的表达方式以更广阔的方式让她回到了人群当中。她专心地住在这个宽大的套间里，但仍“和你们大家，和所有人在一起”。因为她不限于描写日常生活状态，也对时事做出反应，让它们与沙滩单调的运动进行碰撞。那个夏天，人们埋葬了伊朗国王，乌干达全国饥荒，飓风阿伦扫荡了所有的岛屿，尤其是波兰的格但斯克造船厂向共产党政权发起了挑战。

她相信作家之所以为作家，是因为他们拥有用词语编织世界历史的本领，能敏锐地看见其组成部分，并作出解释。否则写作是什么？难道是运动？

而且，她虚化了在沙滩上玩耍的那群孩子后面的背景，聚焦于其中一人，他与别人不一样，女领队试图俘虏他，她察觉到他们之间产生了爱情故事。“八〇年夏”就是由这些各种各样的文章组成的，短暂的专栏，谈论当时无情地发生的灾难，但也断断续续、片片段段地讲述来来往往、奄奄一息、最后死亡但又在别处新生的生活。在这里复活，到处复活，现在就复活。

「1」法国某些城镇因大面积使用红色的屋顶和墙面而得名。

「2」普鲁斯特在《追忆逝水年华》中所虚构的一个城市。

这一专栏是否与她最初的文章，发表在《法兰西观察家》或《浪潮》中的文章相同？在那些文章中，她出色地讲述了她感兴趣的社会新闻和某些人的边缘状态。她写那些文章是因为她需要钱，就像她经常宣称的那样？

不过，写作方式却并不新，因为来自同样的灵感，恒河和暹罗又让她回到了“故乡，回到了她已经离开十年的可怕的艰难劳动”。杜拉斯的一切，她的想象，这种流畅的记录，那种印象派的东西现在又都回来了，仍因某种“流行的”写作方式而轻盈。这种方式不拘文体，而是快步前行，以其无法模仿的节奏，道出了时间的变化，就像迪亚贝利或巴赫，天真但经验丰富，看起来松散，但懂得执“牛耳”。她的目光因厚厚的眼镜而黑暗，却看得更远。在这里，她想尽览整个世界，从微观世界——沙子、潮汐难以察觉的运动——到宏观世界，风，暴风雨，国门外，波兰，非洲，印度，印度支那。这一切，她都能在窗前看见。她的窗前有一条木板搭成的小路，覆盖着海边沙子，整个世界都在那儿经过。从此之后还用得着出门吗？她在公寓里，既“在其中”，也“在外面”，也就是说就像一座灯塔，永远看着事物和世界。

她永远处于模棱两可的状态，创造着宇宙间真实的想象故事。帕斯卡尔也同样，隐居着，生着病，关心着世界及其日常喧嚣，虽然永远沉默了，却仍然关注社会和人类的运动。普鲁斯特或是圣西蒙也是如此，普鲁斯特在他镶嵌着软木的房间里，描述着可以用语言表达和不可以用语言表达的事件经过，而圣西蒙则在他位于凡尔赛的屋顶阁楼，表面上切断了与外界的联系，却仍在观察世界的波动。

在这种孤独的旅程中，她收到了一些信，写信的人她永远不会见到。她不回信，但这些信就像一道道光明，减轻了生存的痛苦和失望，让她所承受的这个世界的悲剧状态显得好受了一些。写作就是在这种厚重的东西中，在那种无法掌控的物质中进行的，只要有欲望，就会有这种奇特的物质。

她读着这些信，听到了写信者的声音。他们说出了自己的爱，希望能更好地认识她，了解她的秘密。有的信是匿名的，是她在门口发现的，甚至没通过邮局递送，而是放在她在巴黎或特鲁维尔家中的门毯上。给杜拉斯写信，跟给你喜欢的其他作家写信完全不一样。这是因为她的书有神奇的本领，能带来另一种关系，引起更加神秘的故事，当中涌动着巨大的欲望。她曾试图解释她所引起的这种奇特关系：真正的作家“是一些杰出的性用品”，他们能“引起性”。他们身上，有些东西压住了恐惧、疯狂、痛苦和忧虑。他们所创造的作品能给读者带来深渊，它谈论得更多的是未知，处于生活的边缘，死亡会突然出现在那里；它远离明确的东西，很容易招致危险。

她与别人之间所保持的距离和他们之间的区别，让人们想进入和弄清那种神秘，成为见证人，哪怕是短时间的。出于种种理由，普鲁斯特的身体是极性感的，能激起别人的兴奋。杜拉斯的身体也是如此，她的作品只知道讲述这些隐蔽或公开的激情呐喊，准备公开她所收到的奇特表白，她承认她常常堕入情网。1980年初夏，她独自一人，失望地被囚禁在那个“奇异之地”，那是作家之地，正如她所说的那样。她也给一些陌生人写信，如同她有时也喜欢给一些不认识的人打电话一样，在“电话的深渊里”平息这种痛苦，交流，因为“最糟糕的事情，是不能爱”。

她66岁了，又开始大量喝酒，不知道为什么。她用喝酒来打发夜晚。在诺夫勒堡，花园里玫瑰处处，但味道让她恶心。她厌倦了它们浓郁的味道，只有一个愿望，“写作，永远。永远写作。一直写。”写作这一专制，她忍受着，把它当作是一种坚持活着、不被吞噬一切的时间带走的方式。在家里，她尽管喝酒，尽管很痛苦，但一直乞求写作，因为“写作的时候，我就不会死了”。她身上有一种强烈的生存欲望和巨大的活力，让她战胜了痛苦、“时间的黑暗”和“日子的厚实沉重”。

她写信就像史前的洞穴女人把手放在抹着各种颜色的石壁上，按上手印，就像是对来世的一个召唤，一个悲伤的信号，一个求救信号。她在书中，在电影中，在《卡车》中看到的接二连三的郊区中，通过大清早就在巴黎扫大街那一大群非洲人，展示了那么多“否决的手”，召唤世人，让他们作证，把自己的痕迹留在上面。

1980年1月，她在《物质生活》中讲述了身体的悲剧。生存的巨大烦恼打击着她，扼杀了她的灵感，但她继续喝酒，在抗抑郁药的作用下陷入昏厥。尽管喝酒，她却仍服用那种药。她进了圣日耳曼昂莱的医院。《黑夜号轮船》在半夜里迷航了，失去了参照，失去了那种出了问题但让她仍然活着的“灯光故障”。某种黑洞吸引着她，在那种无法避免、难以控制的艰难生活中，让她越来越迷恋孤独的夜晚。

给扬・勒梅回复催人逼人的信，也许是挑战死亡、扭转局面，总而言之是平息内心痛苦的一种方式。在这之前，她只愿意在与所有给她写信的人所保持的这种神秘、幽灵般的紧张关系中认识这个人，现在，她想见他了，做她已经预感到的事情。在这种充满欲望的关系中，她的身体向所有的人开放，就像被人抛弃的安娜-玛丽・斯特莱特的身体，那是大家的妓女。她愿意与他分享秘密，把心底里的话和内心的隐秘和写在纸上的呼喊都告诉他。

慌乱中，扬・勒梅产生了欲望，于是她给他回了信，把他的孤独、叫喊、“继续活着……是多么艰难”奉还给了他。在这场相遇中有疯狂的成分，某些东西还想在年龄的差异、知识的不对等中向时间挑战，明明知道事情是不可能完成的。

冬天的危机过去之后，她去了特鲁维尔，想长期待在那里，直到来年冬天，享受海天一色，听夜涛声声。暴风雨来临的日子，在她睡觉的卧室里，能听到种种声音，海浪，激流，无法完全与外界隔绝。她接受了《解放报》的建议，已经投入了自己的全部精力。她喜欢这种意想不到、突然来临的事情，这些事情刺激着她，让她重新找到了写作、发明和创造的乐趣。当她听到电话那头扬・安德烈亚的声音时，她知道自己要对他说“好吧”。她当然会说这太疯狂了，但这真的是一种疯狂吗？当然是一种借口，但杜拉斯本人不正处在这种巨大的转变中吗？这种心血来潮改变了牌局，释放了生命之流。她接受了这种“疯狂”，知道某些事情将要开始，让轮船重新起航，换一种方式继续写作，挑战死亡，因为她身上的东西并没有完全耗尽，也没有全都说完，没有完全从她一直在探索的这个充满活力的肉体中剥离和夺走。

她曾说，以后再也不可能与男人一起生活了，但这一如此具有故事性、如此充满激情的题材让她打了自己的脸，颠覆了自己信誓旦旦的东西。

而他呢，他“抛弃了自己的工作，离开了家，留了下来”。他们之间有某种难以言表的东西把他们联系了起来，一种不可抵抗的力量，一种强烈的冲动把他们的生命融合在一起，把混沌初开的大地和水混合了起来，创造出说不尽道不明的传奇。在那种神话中，情人们永远不会死，他们默默地生活在爱情当中，可怕而崇高的爱情。

在她和扬·勒梅的关系中，有种感激的成分，有种说不出来的东西，但同时他们又对这种爱情深信不疑。感谢上帝让他们互相爱上。

她以一种绝对的、肯定的语气来解释最内在、最隐秘的事情：“我65岁的时候，与同性恋者Y. A. 发生了这个故事。这也许是我人生最后阶段最让人意想不到的事情，也是最可怕、最重要的事情。就像在《痛苦》中发生的事情一样。”

她还记得那个如此特殊、如此大胆的时刻，觉得自己仿佛投入了大海，介入了一件她不知道会有什么后果的事情。不过，她要引起这个故事。“到特鲁维尔来吧，”她对他说，“离卡宴不远，我们一起喝一杯。”于是，1980年7月29日（不，是30日，正如约埃尔·帕热斯-潘东的档案中所示，大部分杜拉斯传记作者也这样认为），扬·安德烈亚坐车来了。她要他带一瓶红酒来。这个年轻人进入由一个绷着脸的看门人警觉地看守的黑岩旅馆时，不能不激动。“装饰艺术”风格[1]的宽大客厅里有个巨大的圆形玻璃窗，朝着沙滩和大海。远处，靠右边的地方，可以看见勒阿弗尔港的炼油厂，正冒着烟。玛格丽特·杜拉斯后来将提到它的丑陋和对人们的威胁。她把那座工业联合企业变成了一座神话城，安提费尔城，其有毒产品可能会威胁黑岩海滩的原始海岸，她曾在《爱》中把那些海岸比作是《创世记》中的海岸。扬·勒梅的心怦怦

---

[1] “Art Deco”，即艺术装饰风格，也被称为“装饰艺术”，发源于法国，兴盛于美国，是世界建筑史上的一个重要的风格流派。

直跳，环视了大厅一眼。电梯很旧，他上去以后，到达了杜拉斯住的那个楼层。那是在二楼，走廊与《印度之歌》中的走廊很像，铺着红地毯，挂着镜子，这种庄严的感觉让人想起宫殿矫揉造作的气氛，也有《去年在马里昂巴德》（*L'année dernière à Marienbad*）[1]的气场。杜拉斯给他开门，让他走进了她的套间，里面的家具和装饰很简单，看起来像是“沙滩”，藤椅，褪色的窗帘，图画，照片，图像，邀请函钉在墙上，她在巴黎也习惯这样。他们喝着酒，彼此交换印象。谈话持续到很晚，已经23点了，没有车回卡宴了。杜拉斯建议他留下，住在她儿子让的房间里。扬同意了。直到她去世才离开她，十五年半以后……

从真心等待被扔在死亡集中营的罗贝尔·昂泰尔姆，就像奥蕾莉娅·斯坦纳，像躲在集中营里的那些孩子中的一员，“普遍死亡中的一个意外”，到这种绝对的爱情，经历总那么突然，死亡在起作用。像沙子一般脆弱，无奈地看潮涨潮落，生命之脆弱全都反映在这让人不安的感觉中。

重新开始的还是同一个故事，她这辈子只知道这个故事，无法饶恕，不可避免，像悲剧一样灼人心痛。感情还是那么强烈，在这种绝对和不妥协中，让人觉得分外神秘。

1974年，她在《话多的女人》中曾有预言性地说：“女人往往会违背某些事情，开心地创造……在男同性恋者的陪伴下。”

对这个表面有些女性化的脆弱的小伙子，她到底期望什么？她喜欢扬·安德烈亚的，正是他身上的那种女性成分，喜欢他那种与其他男人不同的地方。那些男人，她说，会引起她“肉体上的恐惧”。而扬·安德烈亚本能地懂得她的作品，他承认说，对她的了解“由来已久”，好像他是从她的书中逃出来的一个人物。那些人物，穿越了镜子，清楚地记得他们最初的创伤，在拉合尔或特鲁维尔的大街上大声地喊出了他们的痛苦。

「1」阿兰·罗伯-格里耶编剧、阿伦·雷乃导演的影片。

后来还有扬·安德烈亚的声音，他在《黑夜号轮船》中说话的声音，“很成功，有欲望，有情感”。把他留在自己身边，在众人看来就是展现“那种不能承认的同居”之丑闻，如同布朗肖后来所说的那样。他们组成了自给自足的一对，不与外人交往。不过，写作却很顺利，以至于从此之后，杜拉斯没有一本书中不出现扬·安德烈亚的影子，作品中一个神秘的面孔。待在他身边，就是挑战众人，重新开始一场历险，沿着她的作品的道路往前走，公开其源泉，告诉众人它都缺了些什么，又埋葬了一些什么欲望，尽管肉体做出了拒绝，但这就是爱。

她在一生中总是靠近女性化的男人，只有他们能接近她所徘徊的模糊地带，懂得哲学，欲望，夜晚，玫瑰的颤抖及其枯萎，抖动的、转瞬即逝的灯光，诺曼底或其他地方的天空。她说她总是“反对他们”，反对男人们对什么总以自己为准的说话方式，想征服一切，从来不听别人说话，而是坚持这种不可饶恕的生活方式，妨碍别人感觉和察看。她所拒绝的就是那种法则，他们让她所处的那种地位，想征服她，摧毁她，不让她进行创造。正因为如此，她才喜欢布鲁诺·努坦、萨米·弗雷、迈克尔·隆斯达尔、杰拉尔·德帕迪约：他们身上有那种“女性”成分，开发它，让它打动人心。她所爱的男人，必须既有男性的暴力，又像女性那样善于倾听。她喜欢那种接近两性人的脆弱形式，那种男女混淆的东西。

对于扬·安德烈亚，她忍受他本质上的古朴、他的愤怒和叫喊、他在她的口述下给她未来的书打字时的狂热、他在特鲁维尔公寓的吼叫，就像副领事那样狂喊，因为不能爱，无力爱、无力接近这身体的深渊而大喊。然而，当“大海平息”，“人们看着它”，当他们“走进”一个小教堂，闻着燃烧着蜡烛的味道休息时，他们却融为了一体。不过，除了这种有时感觉到的肉体欲望，除了她主动投入的这种爱情故事，还有一件东西让她把扬·安德烈亚留在了身边。对她来说，写作从来就没有离得太远，每种生活体验，每次相遇，每个事件，不管它们多么平庸，她都感兴趣，能让她接近她想刺探的秘密。

同样，很久以后，1993年，她描写过一只蓝头大苍蝇死去的过程，以便更好地了解人是如何走向生命尽头的。她试验一个爱男人的女人和一个大家都会以为是同性恋的年轻男人的相遇。这种不可能的相遇会发生什么？“试验”，她在《情人》中用的就是这个词。用“试验”来指体验，对钉在墙上的物质进行昆虫学研究，试图弄清其秘密。1980年7月29日晚至30日，究竟发生了什么事？扬·安德烈亚有没有从她儿子的房间跑到杜拉斯的房间里去？当然，两人都避而不谈这个问题。很久以后，杜拉斯在《乌发碧眼》（*Les Yeux bleus cheveux noirs*）中承认道：“我在那个漆黑的房间里。你在那儿。我们看着外面。”第二天，她就告诉布鲁·欧吉尔：“我刚刚遇到了一个天使。”人们看见他了，那个故事写在不少书中。仙国一建起，天使就出现了。这是一个新的“天神报喜”故事。这个天使，也肩负着伟大的宗教使命，他为什么来到她身边？想传递什么信息？他预感到这是一个什么世界？而且，在那个时期，杜拉斯的文学观，她对书的看法，都带有神圣的宗教色彩。好像这个年轻人，这个陌生人，让她进入了这个世界的另一极，进入了另一个语言层次。突然，她的书接近圣典了，从此之后，她将写出具有预言性的伟大作品，可与圣书比如说《启示录》媲美。她在谈话中重复提到“黑屋”这个概念，并常常把它与内在影子这个概念联系起来。那个概念来自布莱士·帕斯卡尔，那是文学界的另一个伟大的神秘人物，生活在杜拉斯最喜欢的那个世纪。书是栖身之处，关于那个地方，想法越来越清晰，写作的地点，现在还一团漆黑，却是通往光明所必需。

1967年，在超现实主义杂志《巨臂》上回答让·休斯特的问题时，她已经提到这个秘密的地方，那里肯定能得到神奇的思想，“在那儿，”她说，“安放着自身的档案……我们的内在影子全都有残缺，需要修补。”和“天使”的这场相遇能让她的内在影子变得完整？所以她才允许这场相遇，把它当作是命运安排，是上天给她的一种恩惠，让她能到达新的境界，当然，也达到“圣书”之真理。杜拉斯一直在想，这个年轻大学生的出现，是否会影响她的创作生活，妨碍她写作，破坏她的孤独。但事实上恰恰相反，扬·安德烈亚也许是新生活的信使，从某种意义上来说，由于他，救星可能会突然出现。他创造了另一种生活方式。7月29日夜晚之后的那几天，扬留在了黑岩旅馆。很快，这个如此组成的伴侣习惯了这种杂处。杜拉斯突然来了第二春，扬也生活在快乐之中。当然，外面的人在嘲笑或拿这种情况开玩笑。但得到杜拉斯通知的朋友们似乎都为这个消息感到高兴，并小心地加以保密，生怕她中断与他们的友谊。

扬·安德烈亚充满了青春活力，清新，优雅，衣着得体，白色的亚麻衬衣，白色的西装，模仿《印度之歌》中安娜-玛丽·斯特莱特庭院里的男人们；他说话谨慎，总是字斟句酌，知道如何让时光流逝得有戏剧性，如何捍卫着沉默的时刻；他不啰唆，话不多，总是充满爱心的样子，别人以为那是装出来的，其实于他来说是自然的。凡此种种，很快就让他成了杜拉斯世界中的角色。他当然也在努力备课，想演好这个角色，不过前几年大量阅读杜拉斯的书，已经使他成熟了。哪怕是他的抽烟方式，也不能不让人想起杜拉斯抽烟的样子……然而，杜拉斯并不想让他无所事事，她富有诗意，但也很苛求很严格。扬必须当她的秘书，用打字机给她打文章，给她拆信，有时还要根据她的口述回信，等等。他忠诚而高兴地接受了一切，说自己是她“不可能的孩子”。

那个夏天是爱情的夏天，也是重新写作的夏天。《解放报》的专栏让杜拉斯充满激情，她几小时几小时地看电视，捕捉信息，参加外面的活动，同时也对更“微小”的生活感兴趣：游客们踩着木板小路，沿着沙滩往前走；孩子们在沙滩上玩，创造着各种东西。外面的世界给了内在的影子那么丰富的内容，真是前所未有！但与此同时，酗酒也让她偏离了航线，使她无法再长时间控制方向。无疑，她处于各种危险之中，生活在风口浪尖。她新建立的关系让她与别人疏远了：喝酒、写作，享受这个被神奇地送到她身边的年轻男人，在黑夜中前进……

她身上散发出来的魅力真的“迷住”了扬·安德烈亚。这是一种欣喜、一种魔力、一种无法避免的相遇。好像是为了不让这种爱情溜走，她要把它留在作品中，给它以某种象征性的、神话般的价值。由于她声称她的“生活不存在”，她便开始创造，准备把爱情搬上舞台，这种戏剧把她和扬·安德烈亚变成了一对具有传奇色彩的伴侣，如果一方死了，这种传奇就无法再持续下去。

因为，对她来说，生活就是不断地乞求那些逃逝的东西，被时间剥夺的东西。她想不惜一切代价地保存它们，夺得它们：“你漂亮的身体和金黄的皮肤令人惊叹。你说：会长大的，会消失的，我想把这种美留下。”她想做的，正是逆流而上，留住岁月的热忱、身体的圆润、肉体的灵活和她像维米尔那样给塞纳河口洒上金粉时的粼粼波光。

所以，喝酒，写作，爱，就成了抵制时光流逝的办法，时光无情地从人们身上夺走了岁月之美。

她和扬·安德烈亚热切地探索原始的结合，可以说生活在一种爱情的岛国里。两人都进入了未来的作品，从此以后，那将是他们两人的作品。作品是在这个故事的激情中诞生的，它把他们留了下来，又像雷一样轰击他们。

更妙的是，她对扬·安德烈亚的爱情给了她一直以来所怀念的一切，她的乌托邦好像在那时实现了。为了爱而爱，也是为了能让扬·安德烈亚来到这种爱的周围，也就是死亡的周围，因为“虽然我表面上喜欢你，其实我只喜欢爱情本身，它并没有因为选择我们的故事而毁灭”。

爱扬·安德烈亚，也是继续挑战的一种方式，“它是一切的源泉，所有作品的源泉……一切能上去抵抗死亡的东西的源泉”。就是在这种两人地狱中，在这种巨大的互补中，在做出最大努力的结合中，作品发酵了，分娩了，“作品往前走了”。走向哪里？走向什么？走向什么神秘的终点？

她知道，在男女之间有一种不可调和的东西，会发生战争，但也渗透着欲望，好像是为了弥补最初的缝隙。她察觉到新“情人”“讨厌女人的身体”，她知道，这种古老而野蛮的分离，也是巨大的灾难之一。

1980年夏，当她在特鲁维尔给他打开大门的时候，一个微笑，一个吻就足以让人知道了。恐惧和疯狂，爱情与死亡，确信某种爱情。“只有她知道”这种爱情会有多么强烈。除了爱情的出现，其他什么都不需要了，就像一个早就认识的人，远古时代就认识的人，回来了，住下了，别的什么都不用说了。有什么必要呢？既然一切都知道。两人把自己关在特鲁维尔的公寓里，一起喝酒。红酒，普通的波尔多红酒，黑咖啡。杜拉斯服用镇静剂，沉浸在写作的深渊中。写作每天都叫嚷着要口粮，非要不可。工作三小时，剩下的时间便是喝，写了什么自己都糊涂了。她不知道写出来的东西究竟有没有价值。扬·安德烈亚曾经说，他们唯一的外出是去超市，买成箱的红酒。她发胖了，不再换衣服，一天到晚看书、喝酒、爱。有时，她隐约听到海浪声，尤其是在深夜，但她不会走到窗前。当一切都沉睡的时候，她还在喝酒。

他们的故事就从这种悲惨而残忍的激情开始；开始于这种让人喘不过气来的爱。

《黑夜号轮船》在黑夜中拉响了汽笛，然而，她不再独自一人。“我跟你一起出发，你去哪里我也去哪里。”这种爱的表白让人心慌，也道明了它的真诚。

喝酒所造成的疯狂举动有时让黑岩旅馆的某些房客感到不安，他们既为自己有这么个邻居而隐约感到骄傲，又为有时看见的场面而难受。这对伴侣的怪异行为，他们的奇特，有时会引起风波，招致无言的指责。但他们不在乎，继续痛苦地埋头写书，说不得不说的话，就像一个必不可少的中途停靠站。

然而，作品却不断问世，思考的问题更广，也更加矛盾。永远围绕着她的核心问题，爱情。她一生中不断思考的问题。

就在《八〇年夏》之前，当年4月，她发表了《坐在走廊里的男人》（*L'Homme assis dans le couloir*），那是根据写《广岛之恋》时期的一篇短文改编的。遗忘之后，她又给了它另一个生命，另一种意义。她忠诚于自己的写作观：她有这种无穷的力量，爆发、变形、让自己变得通透，就像一个深渊，永远那么吸引人，却也让人头晕目眩。

这本小书引起了她的崇拜者的不安，而评论界则已习惯这种更加富暗示性的表述和意义更加彻底的省略。然而，《坐在走廊里的男人》以其强烈的色情和明显的淫秽成分让人惊讶、害怕或者愤怒，因为有人认为它只是一个典型的色情故事，势必出现口交、强奸、排尿性爱和性虐待。这是因为他们忘了，杜拉斯在所有作品中把对疯狂的、耸人听闻的爱情的质问置于何种地位；忽视了她所有探索的特征，“那种走向无限的缓慢行程”。她现在就在继续这一行程，在这种强烈的、迅速的、野蛮的爱情关系中，女性完全是被动的物体，忍受着男性性器官的进入。“太古时代的力量，像石头和苔藓般无情。”杜拉斯念念不忘爱情的这种神秘，于是去描写这种原型的、基本的场景，以局外证人的那种目光，总是带着质问的成分。她不赞成这种野蛮得如同谋杀的爱，而是可以说在向它发出挑战。

这种念念不忘的东西两年后追着她来到了《死亡的疾病》（*Maladie de la mort*），那是堪称此书姐妹篇的著作，1980年到1982年写作和酝酿。在《死亡的疾病》中，她始终在叫喊，书中流露出她对和解与爱情的渴盼，而“在夜晚”，身体和性器官“叫唤着要适得其所”，渴望得到安置，达到事情的永恒，最终打破“她与你之间不可逾越的界限”。

死亡的疾病，对男人来说就是无法真正地爱女人，那种“外来的女人”把男人变成了一个无能者，把爱情变成一种无法触及、无法修补的结合：“她要你清楚地告诉她：我不爱你。你对她说了。她问：‘永远不爱？’你答：‘永远。’”

究竟该拿爱情怎么办？除了谋杀和自杀，否认对方；她施加暴力，以其“极软弱之不可战胜的力量”，他则“所有致命的激情全都爆发出来”，还能怎么办呢？

如何躲避这种绝症，躲避它死后散发出来的疫气？在她和扬·安德烈亚的故事中，不管这种故事如何奇特，怎样才能不让这种完全的结合遭到失败，回到发源地，回到满是泥水的河中，回到“又宽又深的河口”的水中？

她从自己与扬·安德烈亚的故事中所读到的爱情，她很肯定，就像是一种信念，这种爱也许能达到纯粹的“爱的情感”，因为它奇特异常，迸发自看不见的陌生的东西，来自不可能之物，“宇宙的逻辑突然发生了断裂”。就是在这种爱情明显的错误中，在它的奇特中，在这种“移位的”状态中，还有找到爱情的最后机会。

她像以往一样坚决相信这一点，似乎拥有某种明辨是非的超强本领。在可怕的1982年10月，由于经常晕厥，她将接受戒毒治疗的时候，她“知道”，当扬·安德烈亚看护着她，渴望她，而她却处于失神状态，后来精神崩溃，“她甚至无法再拿起汤匙”，那时，她“知道”，“Y. A. 真的爱她”。

在那个奥妙的相遇之地，在危险中，冒险中，潜入黑暗时，可能会产生爱情。

也许还是在那里，她能达到神圣，让这个爱情故事具有宗教意义，赋予它上帝的影子。她总是让日常生活中这些不同的、有偏差的时刻具有神圣的意义。

上帝，不是随便什么宗教的化身，而是指太阳落入特鲁维尔海中的那短暂一瞬；上帝，就是当夜深时分，Y. A. 从外面游荡回来，她等待着他，照料他，给他准备“奶酪、酸奶、黄油”；上帝，就是当书成熟了，饱满了，Y. A. 在她口述下打字；上帝，就是在前往美国医院的路上，他预料到她会想喝酒；上帝，就是当他看着她在脆弱而易被破坏的平静中睡着。

早在1980年6月，当《电影手册》杂志给她一期特刊让她全权处理时，她就已经让自己的作品更换了方向，完全沉浸在书的深处，围绕着电影，也围绕着造就了她、让她一直难忘的东西。书走向了一条新的道路，根据时间、印象和心里想的东西而改变方向。她试图让自己的生命节奏本身进入书中，她在其他地方说过，她“并不存在”，而是服从于内心的图像、童年时期的照片和她疯狂的游戏。

至于《八〇年夏》，她给了它以书的身份，“抵制诱惑，不让它成为散落在报纸上、注定要被人丢弃的文章”。她决定了另一本书的前途，以另一种方式来写作，她的生命，她所有的行装将全在其中，不再躲避写自传的诱惑。不知不觉地，她撩开了面纱，暴露了她生命中已被传说弄乱痕迹的某些时刻，对自己的爱好、仇恨和担忧作了详细说明。她让扬·安德烈亚来编《外界》，那些文章是她过去在“间隙中，在空闲的时候”写就的。当时，“外界让她感到害怕”，发表在《浪潮》和《法兰西观察家》上的这些文章与时事、艺术和政治新闻联系在一起，她将给它们以第二次生命。

《外界》中的这些专栏文章，原先大多是为了换钱而写的，由于选择得当，收集有序，现在具有了新的意义。选编时优先考虑与她的生活和作品有关的基本题材，她杂乱的文章被不可思议地统一了起来，直面和暴露了杜拉斯的秘密世界和她对谋杀、边缘人、艺术家、囚犯、明星、妓女、修女和强奸犯的兴趣。

80年代初，她的读者们似乎也开始更加清楚地认识了她。她好像签署了“自传条约”，让自己的出现更加显眼，似乎想通过这种行为，在她从此以后记录下来的转瞬即逝东西中，传达出她的书所具有的神奇而永恒的分量，影响静止不变的时间。“发掘”她散乱的、现在收集起来的文章带来的另一个发现，正如*Y. A.* 所注释的那样：明显的音乐性。说到底，这是写作所绝对需要的，她的歌无时不在，一直渗透到这些表面上没有联系的断章中，完全确认了作家的地位，让她出色地完成了自己的崇高使命，也就是说，达到了精神的高峰。

在那个时期，她极大地展现了自己，屈服于另一种写作方式，“流行的”方式，捕捉时代精神，反映它们对她的影响。她外出旅行，一路引起激动，人们的问题不断。她在读者当中营造出一种气氛，懂得在他们面前如何施展魔术，让他们震惊，引起他们写作的欲望。1981年4月，她应邀去蒙特利尔，而且受弗朗索瓦·密特朗可能会取得胜利的鼓舞，作为支持者委员会的积极分子，她全身心地投入了选举战，给加拿大的主人们留下了难忘的记忆，有关见证都收集在1984年出版的一部著作中：《玛格丽特·杜拉斯在蒙特利尔》。在她的旁边，有个人还不那么理直气壮，不引人瞩目，但人们老是见到他。此人看起来既像彼得·汉德克[1]，又像是契诃夫作品中的人物，那就是扬·安德烈亚。有时，她会向他核实自己说过的话，跟他说上几句。两人之间像在穿梭一样，编织着已经萌发但仍在诞生的爱情之网。

她对他的出现仍然保密，没有向任何人说明，给他以一种神秘的力量，把他引入她自己的传奇。“后来某人来了，”她对跟她说话的人说，“他来了。他来自外省的一个城市。他读了我的书，他就留下来了。他抛弃了他的工作。”

她赞美这一相遇，把它纳入不可避免、命中注定的相遇这一伟大的题材之中。Y. A.（1987年仍这样叫）走进了完美情人的神话，杜拉斯把他变成了小说中的一个人物，好像那是从她的世界里溜出来的一个人，小哥哥，天使，拉合尔男人。

在蒙特利尔，她又详细说明了想通过写作达到什么目的，因为只有写作她才能活着。她重申，一切，包括写作，都是在这种不确定中进行的，缺乏计划。书会从自己的秘密中诞生，只需飞快地抓住它，抓住它的“波峰”，搜集落在她面前的东西，因为一切都“在前面”表演。她强调即兴创作，强调事物的不可预料性，不断的质询让她永远处于变化之中；强调她总是去冒的那种风险，接受来自卡宴的这个年轻人，Y. A.，如同魏尔伦对兰波[2]所说的那样：“来，我在叫你，在等你。”

“写作，就是这样的。”爱，事先却不知道，处于完全不符合逻辑、思维不严密的状态。肯定要经过这番公开的接受，这种耻辱，才能确信自己真的已很接近真理，也就是说，接近说不出来的东西。

所以，她知道Y. A. 的出现是独断的，别人无法理解，因为它遭到了强大的阻力，“到了不必解释的地步”。

她并不想从理智上理解这一爱情，看看它有多强烈，了解它神奇的

---

[1] 彼得·汉德克（Peter Handke，1942— ），生于奥地利格里芬，德语世界的最重量级作家，同时也是电影编剧和导演。

[2] 魏尔伦和兰波皆为19世纪法国象征派诗人，两人有同性恋倾向。

秘密。她只知道它与她的书具有同样的性质，无法评论，无以言说，在来到那里之前就一直在那里。正如她所说的那样，早就预料到了，不一定要在那里才能照亮道路，或者说，用另一种神秘的东西把道路弄得一片漆黑，浓雾重重，在这“漆黑的夜中”让人们“紧挨”神圣的东西。

不过，在扬·安德烈亚和她之间，有时会出现降号，给他们带来阴影。已被证实的这种关系往往很难维持，对扬·安德烈亚来说首先是这样，对杜拉斯来说也如此。在他陪她访问蒙特利尔时，常有人看到扬扬得意地受到恭维和祝贺的玛格丽特·杜拉斯，会公开侮辱扬·安德烈亚，好像想以此告诉别人，局面全在她的掌控中，一切都应该归功于她，只有她有资格得到读者的恭维和热爱。在这种情况下，扬·安德烈亚就是一个附庸，被当作是一个秘书。她有时会对他的出现生气和发火。她是否考虑过，和一个承认自己是同性恋的男人生活会有多难吗？她心里所设想的在日常生活中能实现吗？

回到巴黎的时候，密特朗被选为法兰西共和国总统，这是第五共和国的第一任左派总统。所以她说自己首先是“密特朗派”。她被自己昔日在抵抗组织的伙伴深深地吸引住了。密特朗前往达豪参加解放集中营的时候，在那里听到了一个微弱的声音，像是一个奇迹，那是杜拉斯的丈夫罗贝尔·昂泰尔姆，被扔在一个集中营里，靠在别的尸体上等死。

在胜利的喜悦中，人们几乎到处都可以看见她，密特朗就任时，她喜气洋洋地和雅克·朗[1]、米歇尔·罗卡尔[2]出现在爱丽舍宫里。她径直向密特朗走去，拥抱他，简短地跟他说了几句话，头脑里肯定充满了过去的场景，“被忘却的记忆”。面对丈夫摇摇晃晃、让人认不出来的身体，她惊呆了。昂泰尔姆站在楼梯上，待在密特朗旁边，然后逃开了，躲在黑暗中的一个柜子后面。

她喜欢密特朗，因为她觉得他讲伦理道德，有精神力量，念旧情；

「1」雅克·朗（Jack Lang，1939— ），法国政治家，曾担任文化部长和教育部长。

「2」米歇尔·罗卡尔（Michel Rocard，1930— ），法国社会党政治家。

因为他喜欢作家，喜欢那些毫不妥协地努力接近自身秘密的作家。

在她眼里，在昂泰尔姆死里逃生这一传奇事件中，密特朗是命运的使徒，是她感谢的对象：“您在千里之外，”1986年，她在一次著名访谈中对他说，“在数千人当中找到了他。”这个神奇的偶然事件再次证明她的一生是多么神秘。她相信是这样，知道自己充满了神秘。

每场考验都让她与别人走得很近，由于突然理解了别人；但又因为她作品太离奇而同时疏远。

1987年，在与阿兰·维因斯坦的一场电台直播访谈中，她坚称“自身以外没有书”，反对男性文学，说女作家往往在此倒霉，那种文学“饶舌，缺乏文化，有评论化之嫌”。那种文学“骄傲，显示地位和权力，没有特点”，因为它拒绝唯一细腻的东西：诗歌。所以杜拉斯才喜欢19世纪美国年轻的女诗人艾米莉·狄金森。她经常谈起那个时期，甚至想翻译狄金森的作品，觉得自己和她很像，尤其是两人都缺乏参照，都没有名字，没有祖国，但全身心充满喜悦地在倾听神秘的东西，精神高度集中，总是在寻找唯一可能的表述方式，以更好地重新创造挖出来的秘密，诗歌。她像艾米莉·狄金森那样，待在漆黑的房间里，听事物的回响，只需用词汇把它们记录下来。语气奇异、简洁、本能、充满乐感，抽象与具体交替。她也像狄金森那样，知道诺夫勒堡的玫瑰丛和池塘中的水会说话，有其“难以听见”但确实存在的生命，“可以感觉得到”，正如年轻的艾米莉所说的那样，“尊重这些无声的生命，它们的不确定性和内心的激情也许超过我”。

她总是喜欢看那些神秘题材的书，内心冲动，作者和作品越出书本，来到具有幻象、咄咄逼人的区域。狄金森、帕斯卡尔、卢梭、詹姆斯和穆齐尔的书，她读过穆齐尔的《没有个性的人》，这本书让她把自己童年的那个故事爆发了出来，与小哥哥的爱。她一本书一本书地写，最后对那种奇特的爱进行了分析。她猜到它的影响会很大，会让人诅咒。就是在这种自传性的揭示中，她于1981年写了《阿伽达》（*Agatha*）。出于生存的需要，好像是为了摆脱重负，要当着众人的面让这个让人目瞪口呆的故事浮出水面，绝对的、永恒的幸福故事。“那是一种不伦之恋，”她在蒙特利尔的时候说，“也就是说核心问题。”

慢慢地，杜拉斯的生活让作品开了口子，给了它新的光芒，开启了被遗忘的方方面面，显露了被深埋的图像。她带来了她所喜欢的地点，童年时代生活过地方，多尔多涅和异国他乡，尤其是海边的简陋别墅，度假的别墅，诉说着对别人的渴望，小哥哥，永远不会被遗忘的人，“地下的”人。

作品从来没有这样深地触及过杜拉斯隐蔽和被诅咒的生活。现在，她想她永远也不会像爱小哥哥那样再爱什么人，“小保罗”，她在谵妄和昏厥中仍然看到、继续看到他，为他哭得死去活来。得知他死了的消息时，她甚至以头撞墙。

所以，既然永远不会完结，就可以说继续生活在这一“永远不会结束的”爱情中，以别的东西“为媒介”，这样就可以生活在“她不可能拥有爱情”当中了。

她马上就根据《阿伽达》拍摄了电影，影片于1981年10月7日上映，布鲁·欧吉尔和扬·安德烈亚出演。不过，她坚信画面不会给文字带来更多的东西，相信她的文字能独自承载重要的画面，最全面、最丰富地拥有那场爱情的迹象和痕迹。而让扬·安德烈亚来出演，这也是把小哥哥这一形象“委派”给他。她认为，通过他们未完成的爱情，在扬·安德烈亚的帮助下，她能接近那个完美的故事。

爱扬·安德烈亚，就是继续爱小哥哥，保留他的影子，通过这场奇特的爱，通过艰难地获得的这种爱；也是继续在欲望和快乐中正常地循环。现在，欲望重新开始了，心里却不再那么踏实、那么舒坦，既接近痛苦，也接近幸福。

扬也一样，正如她所说的那样，“与别人”，与别的男人一起享用这种爱，他因此而离开，“走了一座又一座山”，为了“英俊的男人们”。

不过，在他们之间，有种无法解释的东西，抓不住的东西。这正是爱情，它在这个死亡经常出没的爱情之地抓住了这两个人，这种爱“永远不会实现”，然而在他们遇到之前就已经实现了。

一方面是奇特的爱，另一方面是渐渐承认的不满足。从此以后，一切都在这二者之间撕裂的关系中演绎。在《乌发碧眼》里，她毫不吝啬地倾诉这种最后变成悲剧的内心痛苦。如何协调这种种矛盾？“他说，”她写道，“他从来没有梦想过一个女人，从来没有想到过一个用来爱的女人。”她反对这种不得体的说法，甚至有点不高兴。她强加给他某种道德规范，甚至质询同性恋的秘密：“你从来没有过吗？”她追问道。对此，扬·安德烈亚回答说：“从来没有。”她追问道：“你是说，从来没有跟一个女人这样过？”“是这样。从来没有过。”他回答说。

扬·安德烈亚知道她什么刻薄的事情，甚至什么小气的事情都做得出来。这是她的老毛病了，她自己也不否认，有时还撒娇地承认。在1943年写的《战争笔记》第一篇，她还为此沾沾自喜：“我发现我在中学里也没有朋友，我反感班里的女生，甚至包括大部分男生。当母亲后来把我从C小姐的班里带到国立寄宿学校时，我成了女学监和大部分同学的眼中钉……这种厌恶和无情是有具体原因的。首先，我用某种挑衅如果说不是恶毒的言行试图掩饰大家都一目了然的野蛮，我从来就不会对谁很好。”所以，杜拉斯很刻薄，但她有可减轻“罪行”的情节：她之所以刻薄是为了填补空白，弥补缺憾。一种原始流放。跟扬·安德烈亚在一起的时候，她暴露出了这种双重性，时而残忍，时而温柔；时而善解人意，时而充满仇恨。在他们结合（不如说是交往）的前几年，她总是想让他认同自己的爱情观，承认爱情对肉体的影响。她知道同性恋者很难沉浸在女性的性器官里，这是她的原话，她对此表示同情，但随后又马上感到愤怒，就像费德尔遇到希波里特时那样气愤。

还是在《乌发碧眼》中（其实说的是自己的故事），她让那个女人（实际上是她本人）说：“她对他说过来看看这个……一天，他真的必须这样做了，哪怕只是一次，从俗吧，他这辈子都无法避免……今晚或以后，那又有什么区别呢？来看一次吧，来看看……不管是现在还是以后，他都无法避免。”不可避免，这一概念本身甚至像是一种威胁，一种命运。慢慢地，扬·安德烈亚陷入了这种相遇，他已经无法避免。无法避免的爱情。

杜拉斯总是处于这种警觉的状态之中，随时准备用作品留住自己身上感觉到的一切。从开始写书的时候起，她就处于“危险状态”，现在，这种危险渐渐扩大，好像时间变得越来越有敌意，收缩得更紧了。酒精威胁着她，她无法摆脱酒精，好像它已侵入她的全身，堤坝腐蚀了，死神随时都有可能通过缺口来临，而那些缺口的形成她自己也有份。她喝得很多，正如扬·安德烈亚在一年后，也就是1983年发表的*M. D.* 中透露的那样。扬就此公开了他们的故事，对此作了最无情的坦白，用干脆的几乎是断裂的句子，讲述了他们是如何缓慢地被深渊所吸引。死神正走在路上，他们四肢无力，破坏的行程正慢慢地进行之中，思想出现了障碍，身体衰弱得厉害，颤抖着，摸索着。黑岩旅馆成了黑暗而阴森的竞技场，死神在那里发威，而大海呢，诺曼底的金色光芒一直笼罩着沙滩，对所发生的事情无动于衷。

扬决定离开特鲁维尔，和她一起回诺夫勒堡。秋天在那里仍留着几朵新生的玫瑰，但她什么都看不见了，“在诺夫勒堡，随时都感到自己快要完蛋了”，她忠诚的朋友米歇尔·芒索说。杜拉斯好像被抛弃了，听天由命，对自己的状况已无力扭转。芒索说，她每天喝五升红酒，“浑身发抖，不扶着家具就无法行走”。

这种威胁越来越严重，反应迟钝、血栓、肝脏破裂。她一直处于这种状况之中，好像她的这种失望状态只不过再次证明，她已把此生全部投入到写作当中。因为，爱，喝酒，都是为了求知，为了更好地了解这种黑暗的晕眩。她现在正在这种晕眩中跌跌撞撞。

然而，当酒精，就像可怕的命运，给她以时间，一小时，也许两小时，她便开始写作。当它不给她时间，那时，她会迟钝地看着窗外的花园。当然什么都看不见，因为玫瑰正在衰败，叶子还饱含着夏天的光芒，她却已经看不到了。尽管如此，她还是想结束这本《死亡的疾病》，在那种状况下把它写了出来。她虽然喝酒，但神奇地平静下来时，突然需要把它立即写出来。好像酒精留给她这段时间，是为了让她完成这个故事，写完这本书。她恢复了强大的力量，脑子又清醒起来，口述着，扬·安德烈亚在语言难得的流畅中，在她突然产生的生命活力中，捕捉着她说的话。这种活力突然像一股激流，把她冲得远远的。

她终于同意接受解毒治疗。她知道这很可怕，知道可能会因此而死。现在，M. D. 的故事，扬·安德烈亚的故事真正开始了，他誓死要拯救她。现在，她已住进美国医院2327室。扬·安德烈亚在圣伯努瓦街和医院之间来回，深受痛苦和期待的无情折磨。

他似乎觉得，从此以后，世上除了他们两人以外就再也没有别的人了。昂泰尔姆、马斯科罗和她的儿子让都留了便条，但现在上演的是他们的故事，一个爱情故事。死神也一定要挤进这个故事，野蛮得很。米歇尔·芒索为了让杜拉斯笑一笑（她真的笑了），把他们叫作"泰纳迪埃夫妇"[1]。现在，这对"泰纳迪埃夫妇"——用杜拉斯的话来说，是"流浪汉"的意思——来到了寂静、高级的美国医院，来到了纳伊，远离了一切流言蜚语，干净得一尘不染。不过，当阳光照在马路上的时候，会让人在这个10月份里想起《黑夜号轮船》中的阳光，浑浊、灰暗，有时透过一道金色的光芒。

米歇尔·芒索还记录，她说，美国医院的走廊很像是邮轮上的纵向通道，如果以后要拍船，她就拍它们。一切都混在一起，她坐在自己生命的航船上，被带着走，不容反抗，总是被危险的、不可避免的海浪带着走。但她的船告诉了她一些秘密，她是在船上明白这一点的：医院的走廊就是船上的纵向通道，正如她知道巴黎布洛涅森林的雨可能就是恒河的季风雨，就是这么回事。拍这种雨可以揭露流亡之地的秘密，而不必为了给人真实的感觉去实地拍摄，她反对那样做。岁月流逝，死亡，知道自己差点死去，很想知道自己是否还有死亡的危险。这些想法都消失了，她陷入了谵妄状态，睡着了，睡了很久。

时间一天天，一星期一星期地过去，有时旧病复发，产生新的忧

「1」泰纳迪埃夫妇，雨果《悲惨世界》中狡猾的小客店老板。

虑，担心自己失去记忆，永远会留下后遗症。她成了“一个小包裹”，米歇尔·芒索说。

其实，在深不可测的奥秘当中，在医院的不眠之夜中，她还在追逐一件东西，扬·安德烈亚提醒道：“在你与剩余的东西之间，还有写作。”

“独自面对上帝，遵守某个不断地重复的威严命令，你在写作。”

她很担心自己的戒指，把它交给了医院的管理处。戒指上镶嵌着宝石，她非常珍惜，总是问是不是有人把它偷走了。她觉得四周布满了敌人，她想离开。在谵妄中，她害怕“拉米”，那是一种怪异的小动物，在她床底下乱动。她仿佛看见了盖世太保的人。据扬·安德烈亚（那是唯一的证人）说，她哭了，问：“为什么偏偏是我？”

接着到了11月底，她回到了巴黎。瘦小的身躯虚弱不堪，酒精总是在头顶威胁着她，危险的状态永远没个完。

扬·安德烈亚带她到城里散步。秋末的阳光轻轻地洒在他们所去的孚日广场和塞纳河边，把它们染得一片金黄。她想起了纳伊，经常提起，想把那里发生过的一切都收集起来。《死亡的疾病》清样到了。“不可触犯的”圣书，无法把它从地图上抹去。

她活过来了，那种超强的力量每次都让她复活过来。她开始听音乐，扬·安德烈亚喜欢的音乐，贝多芬的变奏曲，迪亚贝利的音乐。这是另一种流行的写作，一直是她的心头所爱，只有用这种方式才能捕获飞逝的欲望和灵魂的活动。她又喜欢上了味道，喜欢香料的味道，尤其是茶的味道。她喜欢喝茶，更多是因为“它的苦涩……而不是它的香味”。

一切都表明，她就像是一个世俗的谜，尚未被上帝召走，现在又复活了，重新感觉到了生活的痛苦，感到了孤独，重又变得粗暴。不管怎么样，她接受了这种挑战，也接受了这种欲望。

自传的进程加快了，好像80年代开了一个口，从此，生活可以从里面迸发出来。还是在1982年，她出版了《萨瓦纳湾》，准确地说是在9月份，就在接受治疗前夕。在前往医院之前，她想结束《死亡的疾病》，把一切都弄完，让剧本可以演出。她急于知道玛德莱娜·雷诺和布鲁·欧吉尔是否有空，因为她写的时候就想到了她们，想让她们来演。

神奇的暹罗回来了，在人们如此期待的那个剧本，那个关于死亡的剧本中，为了消磨临死之前的日子，那个老妇人，尽管“记忆衰退”，仍试图重建自己的过去，在“黑夜号轮船”航行的那个“无法接近、深不可测”的地方找到某种光亮，但是徒劳。

她一直想把这一个人的历史放入作品的档案，以证明这个人的存在。她早就意识到这个人的孤独，预感到这个人的痛苦有多深。

自扬·安德烈亚走进她的生活之后，她写了一系列书，其中大部分都不厚，但充满了张力。她试图在书中表达自己对这个男人的喜爱。在他身边，她慢慢地明白了异性恋也许并非是“激情和欲望的唯一标准”。她和他一道发现了走向爱情的其他办法。和他一起生活，完全不通过性，却并非对火辣辣的地方，对坠入深渊的感觉，对那神奇的时刻一无所知。那时，一切都平息下来，寂静无声。

于是，每本书都往前更进一步，让这种困难不再“让人痛苦”，而一旦消除，便能完全生活在爱情当中。

同样，她从1981年起又开始在黑岩旅馆的大厅里拍摄《大西洋人》，向电影发起挑战。因为那部影片在银幕上一片漆黑，有个声音在指挥着那个由扬·安德烈亚“扮演”的男人，叙述他缓慢的变化，讲述不久前也是在这里发生的事情：人物的出走，杜拉斯的恐惧，一切都混淆在一起。重新与外界隔绝，悲惨，孤独，失去了小哥哥。因为扬·安德烈亚要走，常常威胁说要走，逃跑，好像他无法忍受这一巨大爱情的压力。她的出现让人感到非常沉重，到处纠缠着他，兰波所说的那种“伟大母亲”，“具有远见的女人”，“被诅咒的女人”，她的重量能把人压死。

1982年，人们仍看见她在意大利拍摄《罗马对话》，影片于1983年

5月4日在法国上映。她以费里尼为榜样，对城市进行了思考，由画外的对话引起，伴随着关于那个城市及其四周的无声图像。纳沃纳广场完全没有作为旅行景点来描述，古代建筑、皇帝半身胸像纪念碑也如此，因为画外音讲述的是一场死亡的爱情，也许是那两个说话者的爱情。那是杜拉斯和扬·安德烈亚的声音，这也是提图斯和贝蕾尼丝的故事。在议会的命令下，他们被迫离开那座城市。电影中各种题材交织在一起，贝多芬的奏鸣曲悄悄地溜了进来，回忆接二连三地出现。慢慢地，电影变成了一首真正的诗，杜拉斯好像想通过摄影机的滑行，来追随事物和人物所有神秘的波动和时间极顺畅的流逝。

导演《萨瓦纳湾》的时候，她深化了只有她自己懂得的原著。长期以来，她一直委托别人来执导她的戏，但从来没有满意过，她喜欢在戏中注入自己的节奏和音乐。克劳德·雷吉可以说是被迫导演她的戏的，大家都觉得只有他能反映杜拉斯的那种寂静和细微的感情，但事实上他并不能完全把它们表达出来。这个导演太知识分子气了，让演员们一动不动，这就使得杜拉斯“让人厌倦”了。他一直不知道如何让杜拉斯的语言自发地说出来，让她的故事变得极为简单，表现出贯穿在故事中的那种“流动的”激情。所以，当她说她比任何人都大胆，敢走得比文本要求的更远时，她又恢复了具有传奇色彩的精力，有足够的力量到达她的真实所在之处，并且留在那里。

在电影中用过的理论，她现在又要完全用在戏剧中；“舞台上几乎从来没有什么是要演的”，她在《萨瓦纳湾》中说，后来又在接受《晨报》的访谈中重申：“是这样。不是演出来的。拉辛，不是演出来的。不是演得出来的，必须完全通过语言来表达。而当语言产生作用了，还有什么要演呢？”

所以，她要把语言的可能性发挥到极致，充满利用自己的舞台和戏剧本领，把别人还不了解的这种能力展现在舞台上。语言无处不在，不要让戏剧手段来为它服务、遮掩它。她导演的时候一切都不确定，就像她写作的时候那样。她承认自己也不知道要去哪，不知道双手会把她带到何方，带往哪个陌生的大陆。

同样，当她开始尝试导演时，也许是导演《萨加语》和《是的，也许》，她不给演员最终的剧本。排练的时候写作还在进行。看着排练，就是观察作品的创作过程，了解作品是怎么写成的，就像是梭子不断重复的运动，不确定，摸索着，总是重新修改文字提纲，以便最终抵达她不顾一切代价想达到的故事的火热中心，而这种故事是在不可演之中悄悄地被搬上舞台的。

对拉辛来说也是如此，其语言就是剧情的表达方式，光用语言就足够了。导演的功力就在亚历山大体诗歌的冲突中，尽最大努力地创造唯一必须被穿越、被献给观众的东西——歌。

在《萨瓦纳湾》中，要搬上舞台的重要内容之一，是伊迪丝·琵雅芙的副歌，她“用声音来反抗死亡”，用她粗粝而痛苦的声音来衬托玛德莱娜混杂“在极端的无序”中的回忆。

永远是同样的探索，极其简约，只探索本质的东西。

1982—1983年，她忠诚地追随着左派掌权的过程。她最欣赏他们的，是他们能倾听群众的呼声，全身心地参加政治斗争，敢于直面她所说的“严酷问题，饥饿、贫穷、工作条件”。右派由于缺乏智慧看不见这些东西。她好像给了左派这种具有远见的能力，善于倾听他人，这样也许会使人民显得更有尊严。她说，她为弗朗索瓦·密特朗感到“骄傲”，他顽强，忠于年轻时的价值观，能控制自己的情绪，智慧，不会“以私人的名义来统治法国”。

然而，生活却继续让她感到痛苦，罗贝尔·昂泰尔姆突然患上了脑病，偏瘫了，1983年被送往萨勒贝特里埃医院，后来又被转送到荣军院，他从伽利玛出版社退休后只享受了一年清福。他在那里工作了30年，是“七星文库百科”最认真的编辑之一，总是耐心地倾听那些大作家的意见，听他们讲作品，接待作者，读手稿，为文学效尽了全力。

由于受到疾病的损害，他保留了“智慧，但记忆已被部分破坏”，正如他的朋友弗朗索瓦·密特朗所说的那样，“我第一次去看他的时候，他看见我，露出了微笑。我看见他的时候，他一时还不能说话……

说几个字……于是，我就跟他说起来，随便说——你们知道在那种情况下应该怎么办，说话，就像情况正常的时候一样。他听着，从他的嘴边动作来看，他甚至感到有趣。但他意识到什么了吗？他能设身处地，知道我在讲什么吗？恐怕不知道。”

这种新的“悲痛的源泉”勾起了杜拉斯的痛苦，也许比看不见昂泰尔姆更让她难受。正是这种踯躅在她周围、徘徊在她的记忆和活动地点的死亡，重新给了她生活的巨大力量。那种力量，不可征服，不断更新。

Chapitre 12 Au coeur de la Durasie

在杜拉斯作品的中心[1]

好像是她似乎在《八〇年夏》之后就签署的“自传条约”所迫，在与扬·安德烈亚建立了关系之后，她重拾自信，开始创作后来于1984年7月出版的《情人》。

她回到了不断地追在自己身后的东西，循着香料的味道和西贡大街上的嘈杂和拥挤，回到了那个可怕的家庭。这个家庭向她显示了古老的力量，给她传递了野蛮和谋杀的本能。整部小说都围绕着她跟那个年轻的中国人持续了一年多的关系展开。他来找她，就像《抵御太平洋的堤坝》中的约先生，开着一辆跑车，送她钻戒。

如同音乐中的密接和应[2]，交响乐的所有主题都聚集在一起，她在这个故事中也回忆了情感教育和母亲对她的教育。突然间，一切都出现了，那些已被埋葬的东西，记忆之井，在十多年当中，仍不断地冒出，滋润着作品，创造着作品，像地震一样动摇它，展现着它的断裂之处，那就是书。

她反复咀嚼把她与初始知识结合起来的这种悲结，就像咀嚼祈祷用

「1」克洛德·鲁瓦，《新观察家》，1984年8月31日。——原注

「2」密接和应，音乐术语，意为主题尚未奏完模仿声部就已进入，与之交叠。

的面饼。她一直拥有那种知识，甚至在小时候就有了，“因为谁也没有办法让我们改变记忆”，她写了《情人》，那是过去所有作品的另一个版本，另一道光芒。

那本书很快就获得了成功，长时间被愚弄的公众好像最终将知道，将进入作者最隐秘的内心，满足自己的好奇。

但杜拉斯的成功，永远来自“公众的错误”，正如她在谈及《广岛之恋》时所说的那样。事实上，没有哪本书比《情人》更适合杜拉斯的美学，没有哪本书比它更不按时间顺序来讲述，它像一般的传记那么通俗，讲述着表面化的事情。

书中呈现出一种虚幻的真实，矛盾处处，也就是说，真实的生活之间连接得很不严密，如漫天霜雪，给语言撒上了一些白色的粉末，把似乎已经清楚的东西又弄糊涂了，甚至弄得更加难懂。杜拉斯显然是违约了，“关于我的生平的故事不存在”。她的生活，就在这种肉欲的亲近中，在零零碎碎的事情中，在对他人冷漠而变化无常的恐惧中。

“想写爱情，就要反对语言浪费：在那个让人恐慌的区域，语言既太多又太少。”罗兰·巴特在《爱的絮语》中曾如此说。

杜拉斯现在就在那个区域，一个难以描述的地方。她在那里摸索着，把那里当作是她生命中唯一的地区，所有的时间都混淆在一起，想象与真实，幻想与保存的照片，从“我”到“她”，小女孩，她，年轻的姑娘，孩子。

她的生命从这个破了口、口子张得大大的地区回来了。她在这种无法描述的虚空中用镐头挖着，想创造生存的空间。她在《情人》中所说的，就是她在生活中所信的，即“时间之间或深或浅的”呼应，让它们自己发生作用，不去要干预。“写作的考验，”她在《新观察家》中谈起《情人》的时候说，“在于每天要与正在作的书保持一致，再次跟它保持协调，受它支配。与它保持协调，与书。”

她的叙述技巧在当时完全成了异类，她好像成了一个自己也在寻找幽灵的幽灵，寻找转瞬即逝的过去的幽灵，让故事具有“雾的厚度”。隆斯达尔扮演的杜拉斯，被福柯认了出来。她写道，正如福柯后来在

《雷诺-巴洛丛刊》中所指出的那样，“在记忆的层面，一种完全清除了任何回忆的记忆，那无非是一种雾，不断地反弹着记忆，关于记忆的记忆，每种记忆都消除所有的回忆，如此无穷无尽。”

不过，占上风的还是误会，书名让人觉得有点冒失，坦白得有点无耻，继续激起情感和欲望，变得通俗了，面向“并非为他们而写的公众”（皮埃尔·诺拉语）。杜拉斯胜利了，因为她证明了文章可以有多种读法，文章应该拥有众多阅读层次，以达到永恒。

1984年9月28日，她到“文化访谈”做节目时，媒体激动到极点。她一直拒绝参加这类节目，她赞同格林、夏尔、米肖的观点，认为这是糟蹋文学。但她常常改变主意，后来又同意去了，条件是节目必须完全以她为内容，赞美她的出现，把她神圣化。她穿着一件写着“看杜拉斯”的翻领套衫出现了，黑色的背心，戴着戒指和手镯。像是伦勃朗画中的母亲，细细的皱纹破坏了她的脸，却让她显得更漂亮了。她似乎很自信，回答得很巧妙，以打破沉默。在她对面，主持人哑口无言，他相信杜拉斯所说的话，相信她的传奇，伊甸影院，但杜拉斯难以模仿的声音有点阴险，她脸带微笑，说故事发生在其他地方，带有其他时代、其他流派的色彩。

她不加掩饰地谈论酗酒，真实地显示出痛苦；谈论文学、想探索的秘密、其他作家及其地位（萨特，她一再说，算不上是作家），想到什么说什么，很多话事先并没有想好，而是即兴的，爆发出来的，重新想起来的，也许是她最关心的；谈她所做的所有事情，现在还在做；尤其是谈她自己，这是她避免不了的。那本书重印了，畅销得使午夜出版社难以满足“添货”的需要。

书上了龚古尔奖的名单。《抵御太平洋的堤坝》34年之后，出版了50多种各类著作之后，她似乎很有可能得奖，但在文学圈里，谁也没有真正相信，大家都认为龚古尔学院的某些选择已经遭到反对，它不会再违反该奖颁发给年轻作者的精神，颁发给一个如此有威望的作家。

三轮之后结果揭晓，她在10票当中获得了6票，这表明她并没有获得一致通过。学院是给全部的著作颁奖，而不是给一本书颁奖，它向公众推出了一位长期以来被疏离和否定的女作家。

她接受了这一荣耀，尽管退出梅迪西文学奖评委会之后，她曾揭露说这些奖搞阴谋，抨击评奖体系。有些崇拜她的人希望她能像萨特拒绝诺贝尔奖那样，拒绝这个奖，把她名声在外的喜欢惹是生非的精神推向极致，但她丝毫没有这样做。也许是那么多年的辛勤劳动；也许为了让她的劳动得到公众的承认，她长期以来付出了巨大的努力，她感到疲倦了；也许还因为终于被当作了一个重要人物而心中窃喜，她显示出了矛盾的一面。然而，她没有上当，六年之后，她以惯常的粗暴，在接受摇滚杂志《不可妥协》的采访时说："当年我获得那个男人的奖的时候，书才印了25万册，那天晚上，评委当中有人失望得哭了。这一切，都因为获得龚古尔奖的是一个女人，也许吧！"这表明，她对幕后交易不抱任何幻想。但在当时，巴黎还是有流言蜚语，说是弗朗索瓦·密特朗可能就在那个时候给龚古尔学院送了一个大礼包，数额客观，他是否想因此得到回报？是否有交易？那个佛罗伦萨[1]总统，精通各种手腕，他是否要求评委们答应奖赏他在抵抗时期的战友、选举期间重要的支持者？那个厚颜无耻的女人，对《抵挡太平洋的堤坝》在龚古尔奖评选中失败所带来的耻辱一直耿耿于怀，她是否曾以某种方式告诉他，她不在意？

该书的销量让她在多个星期内处于周刊排行榜的榜首，她成了一个畅销书作者，打破了所有的销售记录：一百多万册，还不算俱乐部版和国外的译本。法国评论界总的来说是赞赏这本书的，当然也有不少不和谐的声音，认为语言松垮，句法有错误，主题放纵，但克洛德·鲁瓦、德尼·罗什、弗朗索瓦·努里西埃、皮埃尔·阿苏里、艾尔维·勒马松都说这本书充满了魅力，给人以阅读的快乐；说书中有种音乐性，从一个主题变化到另一个主题，贯穿着整个故事。作者试图把这种音乐固定在相册上，然而徒劳，图像似乎逃避坟墓的陷阱，前往他方，来到作品永远未完成的空间。美国人也许从杜拉斯的语言中认出了适合他们自身文学的节奏，尤其是那种叙述方式很接近海明威。两个季度以后，1986年，美国人给了她让

[1] 密特朗当时的外号，指他善于周旋。

人觊觎的里兹–巴黎–海明威奖。她十分乐意地接受了，况且她觉得跟20年代“垮掉的一代”有些意气相投。她因此感谢美国的大学教授们首先开始研究她，邀请她，认为她在法国文坛具有重要地位。

在电影方面，她的作品始终让导演们感兴趣。她满脑子都是画面，准备自己改编，《火战》和《熊》的导演让–雅克·阿诺购买了版权。在越南经过许多磨难之后，影片拍摄完了，1992年第一季度在巴黎上映。

《情人》的成功永远把杜拉斯放在极令人觊觎的畅销书作者行列之中了吗？但她之后出版的书没有引起同样的反响，这证明她并未像人们所批评的那样，试图讨好读者。她的作品中丝毫没有掺杂诱惑和伎俩。

她的许多读者没有预料到会是这样，他们大都买了那本获龚古尔奖的书，读了以后却感到失望。线索非常复杂，语言显然脱节，风格有时很不协调，这些都让他们有些泄气，不少人放弃了阅读，她因此回到了在男性团体中流亡的状态。书有时是会把人拽回到那里面的。

然而，她却受成功的鼓励，继续进攻她神秘故事中最坚硬的内核，在目的不明的大胆行动中，随身带着扔在诺夫勒堡蓝色衣柜里的笔记本，重读，却想不起来自己曾经写过这些文字。她知道那里面有些东西，可怕的时间，好像被定格了，关于纳粹的暴行，集中营，罗贝尔·昂泰尔姆的流放及其归来。

这种时间，她现在想把它归还给文学，让文学富有内涵。杜拉斯本人成了那种痛苦的象征，而昂泰尔姆则象征着新生和生命力。1983年之后，昂泰尔姆又病了，住进了医院。对于他，她已无能为力，除了把这个故事，把《痛苦》用文字表达出来。她试图把它说出来，以便更好地理解，“知道”，如她常说的那样，“证明我们这个时代最恐怖的事情”。尽管在她的许多读者看来，这种证明当中有某些她故意透露出来的不光彩的成分。

她再次否认这是传记，或有着特别的用意，把现实之线弄乱了，罗贝尔·昂泰尔姆成了罗贝尔·L，直到1986年2月26日她就这个话题与弗朗索瓦·密特朗对谈时，她还坚持这样称呼。她说，在《痛苦》中，他“写了一本书，讲述他以为自己在德国遭遇到的经历”，这样就让人怀疑这与现实有什么联系了，削弱了《人类》的重要意义和影响范围[1]。一切都发生在与她前夫的这种冲突关系中，写作，她的写作，好像只有在别人的遮掩下才能完成，似乎她野蛮的语言只有消除了表面的叙述之后才能找到源泉，好像她最终还得触及那种谋杀，那种寂静，以让作品具有大海的气息，摆脱已知的所有参照，只听从想象的召唤，躲藏在神话之乡。

杜拉斯给《痛苦》以悲怆的节奏，达到了她的作品总是试图触及的深渊底部。她所说的“痛苦的单调、岁月的重复、语言的贫乏”是用一种悲惨的音步来描述的，就像是拉辛的宣叙调；有些新读者发现它充满了火药味，具有她身上一直都有的那种“罪恶本能”，作品的原动力。

评论家们以为展现出来的东西——他们说，怎么能忘记在“一座经常被水淹的屋子里”，竟然有如此具有印象主义色彩的手稿——其实就是杜拉斯作品的秘密本身，也就是她从一开始就编织的东西，她用喷发而出的文字匆匆记录的这些波浪般涌来的欲望。文字太多了，不能全都算是文学，比如说假期间所作的笔记，后来用来作为写《萨瓦纳湾》和《伊甸影院》的素材了。

如果说她讲述她对民兵泰尔的欲望，却并非像人们所指责的那样，是为了吸引眼球，而是因为文学就是为了吸引眼球。她无法省略这一事实，这一“无所不能”的欲望，甚至爱上一个正在被清除的叛徒，因为这种欲望左右着她，她无法躲避，犹如想杀人、想虐待的欲望，杀德国人和与他们合作的人，虐待他们。她所前往的那个不可避免的地方，正是写作的目的所在。

她的生活总是在时间的交点上度过，穿越遗忘与记忆模糊的地带，阻挡时间的正常秩序：“我没有故事，没有生活。”她不断地这样宣

「1」《人类》出版于1947年，当时影响很大。

称。对她来说，只有现时在粗暴地对待她，她燃烧着自己，撞击着，就像是陨星，存在了瞬间便化为碎片，被深埋了，后来又被发现，没有一块是完整的，完全处于无序当中。

她不相信生活中太美满的故事，好像它们不能反映真实生活的内在现实，不能反映欲望的隐秘活动，不能反映美好的东西和恐怖之物："人们从生命的起点出发，经历一系列事件，战争、更换地址、结婚，然后下来走到现时。"她抱怨这种逻辑。

她一生中唯一想追回的，就是"这种关于死亡或爱情的想法，与她相像的死亡，对那个男人和（他的）孩子的爱"。

"除此之外，只有空缺、空白和空洞，不过，在她看来，生活中最重要的秘密正是在那里，通过作品的不懈请求，它们也许会偶然暴露。"

在这万头乱攒的作品中，似乎无法抓住头绪，况且杜拉斯像一个摇起头来嘎嘎乱响的玩具，发疯似的挖掘，挖到最后，都不知道自己是谁了，她淹没在不可知中，自我灭亡了。是否真的有过这种生活？这种行走中的、流淌的、空白的、圈不住的、组织不起来的记忆会变成什么？它不会只是一种漂泊，坐着船，行驶在神奇的领域？不会是在漆黑的大海上漂泊，就像兰波的醉舟，就此让"船体破裂"，渴望前往大海，就像走向死亡？

这么说，在她的船舱里，是否只剩下模糊的画面和味道，偷偷地在小巷里贩卖的熏鱼的味道，鱼露淡淡的苦味？堤坝的淤泥上漂浮着死螃蟹，肚子里布满水的，搁浅在稻田的水洼中；潮水在安提费尔联合化工企业的气味中与海湾里的死水混在一起，发出恶臭。在让人恶心的烟雾中，勒阿弗尔港口旁边的那个神秘的石油工业城，正在接受现代贡礼：霓虹灯、发电站、钢铁联合企业。没有这些东西，生活将成为杜拉斯渴望的那种假期，自由自在，就像布丹[1]画笔下天空中的乱云，已被海风吹得干干净净？

---

[1] 布丹（Eugène Louis Boudin，1824—1898），法国画家，"印象派之父"，擅画风景。

在《夏雨》中，她让欧内斯托说："所有的生命都是一样的，除了孩子的生命。对于孩子，人们一无所知。"

杜拉斯的生命历程就是这样的。她确信自己好像将回到童年，永远接受某些"隐秘的，永远不公开的修改"。

她有这种癖好或冲动，总是重写过去的作品，给它们以新的活力，赋予它们新的意义。她知道，只有不知疲倦地编织，才能解开她生命中的真正故事。1985年2月到3月，她决定在圆点剧场的雷诺-巴洛厅重新演出《音乐之二》。萨米·弗雷和缪缪代替了1965年的演出者克莱尔·德吕卡和勒内·埃鲁克。她自己担任导演，忠于这一建立在直觉、寂静之上的细微工作，让剧本自己发挥作用，给它以话语权，听演员们如何说，然后做出修改，增加寂静的力量，让沉默和表白的轻柔音乐回响得更厉害。灵魂的所有碎片都聚集在外省那个公寓的大厅里，昔日的伴侣就是在那里重逢的。

评论对她不利，好像杜拉斯在媒体上的成功不知不觉地引起了诋毁和讽刺。这么多年来作者不惜代价所表现出来的自由，她被公众承认，她在作品中的前进方式，她在生活中不顾别人，等等，对他们来说，她的那种自恋简直难以容忍，她所有的社会活动都没有得到评论界的宽容和爱护。过去的"宿敌"没有因她巨大的成功而停止嘲讽或稍微闭一下嘴，反而变本加厉，重又进行不公正的活动，制造阴谋。

让-雅克·戈蒂埃尤其说到促使她导演《音乐》的"蹩脚才能"，"人们还以为她是想最糟地模仿克劳德·雷吉"。在这之前，他还抱怨《音乐之二》已失去魅力。

那个时期，她好像被《情人》的影响弄得飘飘然，确信"她遇到了什么"，正如她对米歇尔·芒索所说的那样，相信自己早就获知某些古老的秘密，由于神秘的遗传系统和她容纳不了的灵光。

1980年夏天的日记，使她想通过这一普通的方式来表达，抓住回声、瞬间的冲动和流逝的时间碎片。

她对什么都发表意见，给《解放报》《他人报》（*L'Autre Journal*）写文章，长时间接受的电台访谈。1985年7月，她发表了一篇关于克里斯蒂娜·维勒曼的带有预言性的文章，引起了很大的反响。那个女人被控杀死了自己的孩子格雷高里。杜拉斯对谋杀案素来感兴趣，她所有的作品都表明了这一点。她产生了一些直觉，想进行证明，于是去实地调查，进入了“物质的具体性”，也就是说到了悲剧发生的孚日山区高高的土地上，接近那座房子。房子很新，没有花园，四周种着冷杉，旁边是流水灰暗肮脏的河流。

报社主编塞尔日·朱利知道，案件正在预审时发表这样一篇文章会有什么危险，于是便加了一张插页，说杜拉斯的文章只是作家的预见，并给读者打“预防针”，说“在对现实进行幻想，寻找并不一定是真相的真相，但它仍然是一种真相，即所写文章的真相”。但对杜拉斯来说，作家的真相就是可以大声公开的真相，圣经时代预言者所说的真相。她确信自己在目光短浅的人所没有的清醒中“看见”的东西，记者看不到；确信自己具有她所说的那种“才能”，能达到某种高层次的现实。

是的，克里斯蒂娜·V，“崇高的，绝对崇高的克里斯蒂娜·V”，那个“裸露山冈上的女人”，是个悲剧性的女英雄。她对儿子可能实施的谋杀，是为了报复别人可能对她，对所有女人实施的谋杀。那些女人被孤立在“大地角落”，孤立在“黑暗”中，以让“她们像以前那样”，待在被男人奴役的千年黑夜当中。

尽管是在夏天，在假期间，这篇文章还是引起了风波。人们不允许杜拉斯乱说，影响司法，代替司法，扮演预言者的角色，超越界限，利用自己的名望。她却将之看作是“政治上正确的”专制，道德独裁的开始。

她不予理睬，对挖苦、嘲笑和当众侮辱充耳不闻，确信自己“胸有全球”。好像《情人》的成功驱散了她的恐惧，在自己写作的同时，她也想谈论“一切事情。谈论一切，谈论我”。她十分细心地选择向她提问题的人和发表她文章的报纸，成了大众时代的见证人，开启了奇特的道路，进行一些老是不恰当、让人意想不到的分析。所有的政治事件在她身上都有反应：提巴乌和新喀里多尼亚[1]、约埃尔·考夫曼与黎巴嫩人质事件、戈尔巴乔夫和俄罗斯重建、绿色和平组织事件……

正如她在法国电视一台1988年6月26日到7月17日间播出的系列节目之一当中所说的那样："我在访谈中所说的话和我通常所写的东西没有区别。"她充满热情地从事这种新闻活动，以至于把它带入了文坛。现在，她在书中或新闻中所写的东西，符合她的急性子和与生俱来的野蛮，符合她对生存和知识的强烈渴望。她以这种浓缩的形式、思想的交锋和剑走偏锋的方式，忠实于写作。

1986年2月到5月，她与共和国总统的五次谈话（发表在《他人报》上），就是这类写作的典范。她摆脱了所有的新闻检查，面对众人与自身，在她和弗朗索瓦·密特朗长期友谊的支持下，和总统触及了极广泛的问题：巴黎人在第三世界国家停留遇到的困难，地球精神抵抗组织，讨厌她的勒庞，"法兰西的垃圾"，被她称为肯尼亚"哥特式公主"的卡伦·布里克森。关于真相的传播、信任和单纯。她无论在哪里都这样，处于极端的、生硬的天真状态，对所有没有触及的地方，对新的领域进行分析。

她最后一次拍摄电影，是跟另外两个作者一起合作的：她儿子让·马斯科罗和儿子的朋友让-马克·杜里纳（Jean-Marc Turine）。1985年5月29日上映的那部叫作《孩子们》（*Les Enfants*）的电影，被原因不明的制作问题蒙上了阴影："我在那里，就像刚从垃圾堆里出来。"她说。电影根据以童话形式发表的一个故事《啊，欧内斯托》改编，后来自己也成了1990年出版的《夏雨》的蓝本。

制作条件所带来的痛苦让她回到了书上，重又感到了孤独，她要对自己负责。这个变化无常的我，她太了解其节奏和内心起伏了。"对我来说，电影，完蛋了。"1985年7月，她在《电影手册》中斩钉截铁地说。

---

［1］提巴乌（Jean-Marie Tjibaou，1936—1989），卡纳克民族独立运动领导人，1989年被枪杀。新喀里多尼亚，位于南回归线附近，是法国在大洋洲西南部的一个海外属地。

总是这样换来换去，就像是跳板，从一篇文章跳到另一篇文章，从一种形式跳到另一种形式。人们跟她讲述了这个名叫欧内斯托的小男孩的故事，他“不想上学，因为人们教给他一些他不知道的东西”。欧内斯托，穷人家的孩子，不想学识字，什么都不想学。

在文化部的协助下，杜拉斯把这个故事拍成了电影，演员塔吉亚娜·穆金娜、达尼埃尔·盖林、安德烈·杜索里埃、皮埃尔·阿迪提、阿克塞尔·博戈乌斯拉夫斯基、马蒂娜·谢瓦里埃，还有永远忠诚的努坦出色的声音在影片中功不可没。

影片带有尤内斯库和贝凯特的那种滑稽可笑的风格，再次反映了她所有思想的动力：获得知识之前的感觉。她以诙谐的方式肯定了没有知识之前，人所预感到的东西，那种先于知识的东西把她的人物带入诗中，带入荒诞与非理性之中。

她的生命节拍模仿着书的节奏，那种“苦役”的节奏迫使她写作，“消除和替代”，永远更加坚定地编织作品散乱的情节。

在《乌发碧眼》及后来于1986年12月出版的《诺曼底海滨的妓女》（*La Pute de la côte normande*）中，她现在所渴望的这种新的方式达到了高潮，生活与传奇混在一起，故事和现实难分难解。1987年她在《艾米莉·L》（*Emily L.*）中这样解释内心的话：“我不相信我写的是我们的故事。四年之后，就不会是同样的故事了……不是的……我现在所写的，是另外的东西，它想被纳入其中，消失其中，也许是某些广阔得多的东西。”

她想写的，想以某种形式把它搬进书中、搬到故事里的，是扬·安德烈亚，是这本书被题献的人。她想设法“找到那个男人”，找到他的秘密，把他写进书中。《乌发碧眼》的诞生非常让人痛苦，它是在扬·安德烈亚的叫嚷和吼叫声中写成的，是在那种爱的痛苦、对“女性身体的厌恶”中写成的。她用这么几句话来概括这本书：“我18岁，爱上了一个讨厌我的欲望与身体的男人。”她给他口述文字，他无法忍受了，便“冲着她大喊”。作品就是在这种粗暴的环境中写成的，抓住了让他们走到一起的那种关系，那种不可能却可以触摸得到、感觉得到的爱情中的某些东西，无法用语言来表达的东西。

她处于同性恋的秘密的中心，处于她所谓的一切男人共同的中心和那种“不合法的”考验的中心。在《诺曼底海滨的妓女》与《乌发碧眼》的某几页当中，她展现了这种爱情在生活与写作之间、在难以容忍痛苦和幸福之间的博弈。她就是这样写作的，以“不体面的方式，风波就是在那里引起的”。

在她的私生活和她想在书中表现出来的东西之间，这种鳞状叠盖的东西太密了，最后都在作品中混淆和交织在一起。作品是杜拉斯唯一具有活力的地方。在“如此可怕的那个86年夏”，她把自己的痛苦写进了书中，身体的痛苦，她的身体，被所爱的男人拒绝的身体，“不可能发生的故事”，但也是“可能发生的故事”，因为她在其他地方经历过，回避过，而且同样是在情场。

她想写下来的就是这种不可想象的东西，她跟那个男人所经历过的事情。那个男人“什么地方都去……到远处去寻找英俊的男人，酒吧男，来自异域的高大的酒吧男，阿根廷或古巴的男人”，晚上，他“兴奋地”回来，回到她身边，面对着大海。

“传说或真实的故事”，她不断地用两个词来捉迷藏，用一本又一本书来创造另一个自我，最真实、最真诚的自我，试图把那张追寻了那么久的真实照片大白于天下，完完整整地重建生活，给它以最合适的形态。

然而，创作的冲动像是求救的呼喊，不绝于耳。她在缺乏爱情或在没有上帝的状况下（这对她来说其实是一样的）写作，她写得很多，因为她处于极大的失望和痛苦之中。扬·安德烈亚生活在她身边，他们现在成了伴侣。她知道如何强迫大家都接受他了，包括她的亲朋好友；但与此同时，扬·安德烈亚又是她痛苦的根源。不过，她知道他是刺激她创作的那根刺棒，是让她继续活下去的动力。她之所以写作，是为了不陷入灾难，为了不让这种关系失败。她被迫对它进行全面加工，根据自己的想象改造它，因为她永远追随着身体的故事，这个身体，爱情已经死亡，无法再燃起。为了让这具身体感受到欲望，她的欲望，必须在扬·安德烈亚拒绝的情况下适应它，然后改变它，给它指出另一个方向。在漆黑的房间，内心的影子就此激起，作品接二连三，简短但信息密集，充满了热情和火焰。但这种改变甚至抛弃并不是件容易的事。必须通过暴力，通过失望的烧灼，通过对自身的重新否定和断臂。“她愤怒地大叫，”她在《乌发碧眼》中写道，“……然后不再叫了，而是哭了。接着她睡着了，他来到她身旁。他唤醒了她，要她说出自己心里的想法。她相信已为时太晚，他们无法再分开。”有时，她试图驱赶扬·安德烈亚，因为甚至连侮辱对他也丝毫不起作用了。那就赶走他，把他的东西从黑岩旅馆的栏杆上扔下去，甚至不再担心在堪作道德风范的邻居们当中引起风波。邻居们到处散布说，他们就像泰纳迪埃夫妇，可怜的艳遇。但她不在乎。扬走了，又回来。她对他明说，她无法爱上“这样的男人”，于是发明了另一种形式的爱。朋友们觉得这太悲怆了，配不上她，埋没了她的才能，但正是她自己把这种爱变成了她的才能之一，构成扬·安德烈亚后来所说的“那场爱情”的元素。“那场爱情带走了一切”，她说，但在内心深处，她又为此而高兴，一种悲剧性的快乐。因为这种不可思议的东西给了她新的写作方式，让她接近了她所陌生的一块大陆，很快有人在那里历险。“鸡奸的黑色大陆。”她说。她把同性恋与鸡奸，一切都混为一谈，正如纪德或科克托那一代有产者所做的那样。

现在，她更多地住在特鲁维尔，疏远了诺夫勒堡和巴黎，好像靠近大海能给她新的源泉，能让她更好地“领悟上帝的意思”。她喜欢夏日的温和，阳光把海滩、沙子和黑岩旅馆的石头照得金灿灿的。那种神奇的美景，眼看就要被破坏，那种美好的时光，应该从死神手中夺过来。所以，应该填满它。她也喜欢扬·安德烈亚回来，喜欢他们和好，两人经常去散步，去翁弗勒尔、基尔博夫的海边，沿着海湾的那条道路，旁边有滩涂，小木屋孤零零地立在翠绿的草地上。

和扬·安德烈亚在一起，一直到现在还是两难的选择：“他说他没办法，他一点都没办法这样做（爱），跟一个女人，”她说，而且，怎么能离得开他呢？“爱情，”她补充说，“就像是黑暗中的一缕亮光。”那就另找办法来解决这一可悲的矛盾。著名的“实验”促使她接受了这样一种局面，从而清除了这一巨大的障碍，让欲望改变了方式。最终要重新创造爱情，因为她一直要求得到它，“世上的任何爱情都不能代替这样爱”。和扬·安德烈亚一起生活，不管怎么说都是一种爱。她常常气愤得大叫起来，激动起来，对他表现出蔑视甚至仇恨，但最后总是回到他身边。那个时期，有过放弃，爱情曾误入歧途，试图把他们俩之间的奇特关系改变成迷人的几乎是神秘的完成时：“每天所发生的，”她解释说，“并非天天都会来临。有时，没有发生的恰恰是一天中最重要的。当什么都没有发生的时候，这是最让人想念的。”所以，爱情就像是照片的底片，在日常生活的背面，一切都已完成，已更新。这种不可避免、命中注定的状况总之让杜拉斯非常高兴。这是一种用武力迫使对方接受的妥协，但很稳妥，她以此来平息严峻的事态。长期以来，她表现出对神秘事件的兴趣，比如说大德兰，又或者加尔默罗会修女（60年代，她不是去过访问过加尔默罗会修女，被她们极端的生活所震惊吗？她们满足于另一种爱，戒除了人类所有的欲望），这无疑给了她一个很好的办法，以最少的痛苦接受了这一状况。

她勉强从1985年遭遇的健康问题中恢复过来。她“曾失去理智”，肺气肿造成脑部供血不足，让她又习惯性地陷入谵妄。每次发病，她都觉得纳粹又回来了，那是她永远的敌人，总是驱之不去；还有偷戒指的盗贼，凶恶的野兽闯进她的房间，闯进她的地盘；最后，还有犹太人。

在特鲁维尔，她又恢复了有规律的写作；大海的来回运动她太熟悉了，让她想起了思潮的变化和退潮时一望无际的沙滩，给了她重新码字的能力，也给了她埋葬文字的勇气。然而，这种和谐并不完全。她常常把各种感情混淆在一起，总是生活在这种欲望的喧嚣中，但她也喜欢严格、有序。这是从母亲玛丽·勒格朗那儿遗传来的。她喜欢表面上一切都井井有条，早上铺床，安排当天的日常用品，这是进入写作、潜入作品不可缺少的条件。

这种要求严格、往往是专制的生活，让扬感到窒息，他逃跑了，跑到海边与英俊的酒吧男约会去了，正如杜拉斯公开说的那样。对她来说，他逃跑的那段时间太痛苦了，她无法忍受，于是对他产生了极大的怨恨，恨得强烈、野蛮而凶恶。被她叫作“天使”的人被她骂得狗血淋头，嗤之以鼻。她认为他很懒，“他什么都不干”，她说。所以，当他表现得像她在许多作品，从《毁灭吧，她说》到《爱》中描写的懒洋洋的主人公时，她就再也忍受不了这种无所事事和懒惰。那时，粗鲁得让人不敢相信的话从她嘴里飞出来，“让人恶心的话”，她说。她对自己一直很清醒，就像对世界保持清醒一样，所有藐视人的词汇从远古涌到她的嘴里，吐到同性恋者脸上，什么“鸡奸”“基佬”，等等。渐渐地，她开始真的控诉同性恋了，把它当作是一种致命的疾病，一种让人无法忍受的瘟疫，给人带来死亡，让人无力，造成社会的堕落。她说，“我觉得只有异性恋，迅雷般短暂的异性恋才是爱情。当一个女人被一个男人深入时，心才会被触动，我说的是器官。如果没有体验过这一点，就谈不上拥有。我说的是性游戏。”所以，她又羡慕起大德兰和贝南[1]的那尊著名雕像来[2]，雕像上，那位圣女被天使的双刃剑当胸击中。

她的思想很极端：只有懂得女性之爱的人才有可能成为一个真正的作家，否则，永远不可能，她说，那样的话他就无法达到事物和世界秘密的中心。由于这个原因，她蔑视纪德和科克托，对他们极其无情，由于他们是同性恋者，所以在她看来是“不够”的。那种东西，她激动地说，不过是一种滑稽可笑的爱情，一面自恋的镜子。同性恋者从来不可能去爱别人，他们只是自身的倒影，总是陶醉在自己的光环中。那种她甚至不再设法摆脱的痛苦，让她以某种方式走近了最终有利于她的创作的神秘主义。

「1」即贝尼尼（Gian Lorenzo Bernini，1598—1680），意大利雕塑家、建筑家、画家。

「2」指“圣德兰的狂喜”，总体部分于1652年完成。

Chapitre 13 La splendeur de l'âge

岁月的辉煌[1]

她所希望的，是探索未知，是“有本正处在进行时的书”，来打发生命中的时光。不写作，生命将白白浪费。她的整个一生都在进行这种顽强的踏步，让书成为一张罗网，网住岁月、灯光、爱情和孩子们。

她和儿子的朋友热罗姆·博茹尔开始写后来于1987年发表的《物质生活》，那是一系列关于常规问题的各类文章，询问她的人生。她躲不过那些题目。随着计划越来越具体，她不再由对方来问问题、选题目，只能由她来问。她推翻所有预先设好、定好的谈话，想忠于自己的日常声音：“我独自一人出发，”她说，“这是对没有提出来的问题的真正回答。”

她延续了她在《卡车》中肯定过的东西，谈起了自己渴望的东西，心里最挂念的东西，谈起了作家、写作、书、特鲁维尔和圣伯努瓦街，她以她的写作方式，谈起了她自己和永隆、河内、扬·安德烈亚，有关词汇“公然”从她嘴里脱口而出。

她的行为举止复杂多变，出人意料，听凭自己的癖性、顽念、计谋和喜好。只把事实讲清楚，简简单单，采用日常语言，顺其自然，不去

「1」引自《与多米尼克·诺盖的谈话》，电影作品集，1983年。——原注

咬文嚼字，而是让词汇不受意义的束缚。她抖搂一些小秘密，生活中的小秘诀，转瞬即逝、从来没有刻上意识印记的思想。

她展示了自己的一些形象，往往与她在小说中已经表现出来的相矛盾。读者突然发现她很平凡、勤劳、和蔼，谈论着家务；像在其他地方一样，在《痛苦》中，在劳儿·瓦·斯坦和扬·安德烈亚系列中，某种致命的东西把她推向悲剧与失望的河岸。她把这些东西全都混淆在了一起，让熟悉她的人大为震惊。米歇尔·芒索曾说，自己有一天突然去巴黎看她，发现她正在缝补一件背心，准备去美国穿，她应邀跟总统一起出访美国。她的行李箱里，衣服卷成一团，她以前看见母亲就这么做的，于是便照做，继承这古老的传统，那是旧日农村妇女的习惯。

写完书后，她往往会讲述书是怎么写成的，是在什么状态下写成的，写的时候她如何眩晕。她总是说起那种状态，抛弃外在的生活，投入到书中，完完全全，被书所奴役，受书之折磨。她就是那样写《艾米莉·L》的，在兴奋当中，在激动当中，好像在劳儿·瓦·斯坦之后，艾米莉·L成了“她的姐妹、感情至深的亲人”，成了她的影子。

扬·安德烈亚又出走了，“永远走了”，像往常一样。她什么都不吃，也几乎不睡，她对让–吕克·戈达尔说，她觉得自己将因此而死去。她写了那个基尔博夫的船长及其太太的故事，渗透着她自己的故事，与扬·安德烈亚的故事。《艾米莉·L》，这是一本自动诞生在面前的书。如同普鲁斯特作品，鲜花般盛开，如同普鲁斯特小时候喜欢的、用日本纸做的小小的大丽菊，在水族缸里盛开，成了巨大的花朵，在水面上漂浮，超现实的花朵。

随着人们的阅读，书也在往前走，她自己也不知道它会走向何方。孤独的夏日，她每天都把写完的几页拿给午夜出版社的出版人林顿的女儿伊莱娜，好让她用打字机打好，第二天还给她。

她把那对完美的醉鬼夫妇与她和扬·安德烈亚这对不可思议的伴侣相比，渐渐地，像是受**那个故事**的逼迫，她开始寻找那对英国夫妇的秘密，以便更好地找到自己的秘密：“所以，我不得不对书动手术。打开它，裁开它，把第三个故事塞进去，艾米莉·L的故事。为了让书活跃一些，我只找到这个办法。”

就这样，她在某天晚上发现，艾米莉·L的秘密，就是写作，身上带着写作固有的“强烈痛苦”；那种秘密，船长把它销毁了，烧了那首绝对的诗。从某种意义上来说，这等于杀死了她。

面对基尔博夫的那对夫妇，她试图理解那个“她爱的年轻男人”，弄清她给他带来的、她自己却不知其性质的那场爱情，“抓不住”的故事，由无法承认、“持续不断的状态所构成”。一旦承认了他们奇特的关系，她便得出结论说，他们的爱情带有“秘密的、宗教的性质”。唯一的结果是死亡。爱扬·安德烈亚，就是让自己因看不见、弄不明而痛苦。她跟以前一样，对凶手和他们从狱中发出的信感兴趣，在某种程度上来说，因为那些信创造出了一种新的炼金术，词法和句法方面的炼金术。现在，她知道那种秘密了，这也许是了解人类巨大秘密的终极钥匙。从此，扬·安德烈亚成了另一个人。她想对他另眼相看，他将成为一个新人，脱胎换骨。任何一个女人都无法对一个同性恋情人做到这样：她下一步打算采取的行动清晰地浮现出轮廓，也许将被当作是一种拯救，而且可以用这句话来形容：“所以说，这是可能的，放心吧！”

自传性的坦陈结束了：“我们更喜欢的，是写一些你中有我，我中有你的书。”关于“我”的故事在这里达到了高潮。老是碰到艾米莉·L的故事，最后，在温暖的初夏，和它混在了一起。当时，奥德梅大桥那边，诺曼底草地上的果树生机勃勃，但威胁仍然存在，韩国游客面目不清，十分可怕，她会在半夜里被吓醒，去敲扬·安德烈亚的门。

那本书没有受到热烈欢迎，恰恰相反。杜拉斯说这是“谋杀”，她感到就像她第一个孩子死去时那么痛苦，老觉得她的书和她本人不能见到外面的生活之光，而是应该悄悄地“躲在墙后”。

疾病重又袭击了她。几年来，她生活在颠簸中，好像每写一本书都让她多一份牺牲，给她留下了她必须忍受的一系列痛苦痕迹。

法国电视一台曾给她做了一个系列节目，时间长达四小时。她是在

1988年2至3月拍摄的，受欢迎程度好坏参半。她在那里好像是在自己家里一样，不慌不忙，也不怕沉默，说话轻声细语，只有长期熟读其作品的人才听得懂。记者露丝·佩罗按道理得向她提问，但到了后来，却不知不觉成了一个无言的证人，因为杜拉斯悄悄地占领了整个空间，就像塞纳河流进大海，人们看不见什么壮观的景象。露丝·佩罗听得很专心。女性同盟？杜拉斯跟她讲了很多关于自己的事，让她知道了自己的疑惑和作为女人的痛苦，讲了接受和扬·安德烈亚的奇特关系是多么艰难。她总是感到妒忌，要露丝陪着她在巴黎到处逛，去寻找消失了或半夜不归的扬·安德烈亚：那位女记者接受了她的请求，两人开始在城里逛，在奥斯特里茨车站附近溜达，开车在环城公路上走，杜拉斯一路上讲个不停……

而作品呢，源泉从不枯竭，相反，好像受到了生存之难的洗礼，不断地被杜拉斯激活。她读得很多，注意让自己的声音喷发出她一直从黑夜中挖掘的秘密。她所说的“某些评论”多年来咄咄逼人，对她充满敌意，嘲笑她，大喊着滑稽地模仿她。她好像从此以后不再被重视，因某些政治态度而名声扫地。她发表了一些引起争论的观点，大家很难接受。她声称自己是里根主义者，支持电视五台的大众电视游戏，支持电视剧，与普拉蒂尼[1]谈话，写关于强尼·哈里戴[2]的文章，不讲道理地进行分析……

人们几乎到处都在说，她不过是自己的漫画像，认为她在作弊。不过，“就是在这种作弊中，”她说，“我显出了最真诚的我。”

1988年春，当《现时》（*Actuel*）杂志昔日的记者帕特里克·韩波在巴朗出版社出版了一部名叫《维吉妮·Q》（*Virginie Q.*）的书，模仿《艾米莉·L》，并署名为玛格丽特·杜拉伊时，讽刺到达了高潮：这本书也模仿午夜出版社的封面，大量使用了杜拉斯的口头语，充满了

「1」米歇尔·普拉蒂尼（Michel Platini，1955—），法国著名足球运动员，被誉为20世纪80年代最出色的中场球员，现为欧洲足联主席及法国足球总会副会长。

「2」强尼·哈里戴（Johnny Hallyday，1943—），法国摇滚歌手，被誉为是法国的猫王。

老套的异国情调，等等。

大报也发表了文章，讽刺“玛格丽特夫人……吹破的牛皮”（《费加罗杂志》，*Le Figaro Magazine*）、“玛格丽特·杜拉伯尔”[1]、“图拉斯小姐”[2]（《周四事件》，*L'Événement du jeudi*）、“玛戈王后”[3]、“圣日耳曼的马凯”[4]（《世界报》）……

杜拉斯这个人物“激怒”了众人，正如帕特里克·韩波向法新社所说的那样：“她什么都要介入，什么都要干预。急于讽刺嘲笑。她很像罗兰·巴特，有本领给陈词滥调抹上金粉。这是巴洛克风格啊！”她被比作是“当代的史居里小姐”，但很少人发现，她绝对的、引起风波的大胆无耻，与她想澄清世界、弄清自身的企图，与那种围绕着她、孤立着她的悲剧，与那种永远激励着她的“不倦的希望”是联系在一起的。

后来，她又生病了，病得很重。这次，疾病拖了她很长时间，从1988年10月一直拖到1989年6月，以至于大家都以为她要死了。她陷入了深度昏迷，持续了五个月，脉搏在“4到5之间来回”。在报社的编辑部，讣告已经备好，文章、悼词也同样，就等着宣布她的死讯了。她呢，她处于沉默当中，寂静当中，昏迷当中，耳边却“回响着战争、殖民占领”，眼前充满了强奸、实现的场面，这些东西让她醒了过来。

她处于“过渡”期间，死神在狭窄的隧道中等待。她无声地待在医院的病房里，听不到别人的声音。她所过的这种生活让人筋疲力尽：酒精、烟草、肺气肿、什么都想知道。她不知道保重身体，不知道善待自己，总是处于风口浪尖，渴望激情，做一些不可思议的事情。

「1」模仿杜拉斯的名字。拉伯尔（Rable）为人的腰部。

「2」图拉斯（Dourasse），模仿杜拉斯名字的谐音。

「3」大仲马有同名小说。玛戈（margot）在法语中有“猴子”的意思。

「4」马凯（maguay）在法语中意为“龙舌兰”。

由于她在床上动个不停，护士们便把她捆了起来，但她的大脑继续在动，思想在奔跑，投入到强烈的、猛烈的生命运动中。医疗小组认为她完蛋了，但在她儿子让的坚决要求下，没有放弃治疗，令人感动地坚持着，进行了被她称为“尽力抢救性的延命治疗”。奇迹发生了。

终于有一天，她醒来了。任何医生都没有想到，这个病人竟然走出了沉沉黑夜，重新走向生活，走向阳光，重新上路了。

如同她喜欢的那样，她在寻找某些迹象，想让这种回归神秘化，继续给她的生活以这种史诗和传奇般的色彩。

她经受住了身体上的这种考验，虽然气虚了，背驼了，人老了许多，喉咙由于插管的原因说话不灵便，用围巾遮着，但她对好看不好看毫不在乎。

康复期间，人们看见她挽着扬·安德烈亚的胳膊外出，到郊区，到马拉科夫或塞纳河上的维特里散步，混入生活在那里的茫茫人海之中，在他们身边找到了幸福和快乐。她一脸病态，十分明显，但除了疲劳，她的脸跟18岁时没有区别，“敏锐，疲惫，眼圈黑黑的眼睛看得很远，看得很清”。大家都以为她活不下去了，长期的昏迷让她骨瘦如柴；人们甚至以为她以后不能再写作了，但她秘密的力量暗地里起了作用，给她注入了生命力，让她重新迎接写作的粗暴。写作的时候，处于野蛮状态，对一切都充耳不闻。她几乎到处接受采访，但几个月后，好像是为了摆脱考验，以驱逐死神，她才详细讲述了那种深度昏迷是怎么回事，并试图在解释的过程中，重新回到关于生存的重大问题上来：宇宙、灵魂破灭、永恒、生活秘密的轨迹。

她的复活让某些敌视她的人感到惊讶，安静了下来，却让有的人又跳了起来。

菲利普·索莱尔斯在1989年1月的《手册》中宣称：“杜拉斯，可怜的女人。她说她曾梦见马格里布人在火车上痛打一个法西斯分子。她母亲在打她。她说，选举期间的一个晚上，一个家伙过来靠着她手淫……她还说，共和国总统觉得她的魅力不可阻挡。一个让人不可思议地投入了，另一个让人不可思议地不投入。”除了这种仇恨，又加上一个年轻人莫名其妙的粗暴，那个名叫热罗姆·勒鲁瓦的小说家在他也是1989年出版的处女小说《马尔特的橙子》中，继承了罗杰·尼米尔的衣钵，对杜拉斯恨得咬牙切齿："出门的时候，他遇到了玛格丽特·杜拉斯……她推着购物车，也许是从'单一价'超市出来。有什么样的人就有什么样的背景……"他接着说，"一个写不了小说的小笨蛋要嘲笑一个大作家是很容易的。但准确地说，玛格丽特·杜拉斯并不是一个大作家。"

在她陷入深度昏迷，越过那条"警戒线"之前（在那儿，灵魂重新找到了吹来的清风和混沌初开的轻松），她开始根据五年前拍摄的电影《孩子们》的台词改编《夏雨》。回到那里，就是仍然讲述那场疯狂的爱，摆脱老是纠缠着她的那些东西，郊区"孩子太多"的人家，没有知识的人，严重遭受不公平对待的人，永远消灭不了的人对人的统治，布伊格集团[1]的人，她念念不忘的东西，老想着孩子们是无辜的，想着他们没有知识。

她喜欢这个最穷的阶层，一贫如洗却光芒四射。他们生活在郊区新开辟的地方，与"黑人、有点黑的人、很黑的人、白人、不完全白的人、勉强还算白的人"为邻。这一"完成的混合"让她产生了写作的愿望，她忠于她仍然捍卫的乌托邦马克思主义。生病后，她经常在扬·安德烈亚的陪同下去维特里，至少去了15次，在那座新城，在那个混合的空间，在那个"散乱的纽约"溜达，总是感到很痛苦，内心非常警觉。在那里散步的时候，她似乎听到了欧内斯托的声音。肯定是他的声音，她走了过去，因为她渴望知道，因为这种内在生活给欧内斯托以活力，但欧内斯托却不愿意知道这一点。他不想读书识字，然而却像《启示录》一样知道世上的伟大秘密，像以色列王那样有来自世界深处的绝对底气，"那个寂静的地区，那种智慧"。

她从昏迷中醒来了，把自己的发现告诉了欧内斯托：

「1」法国布伊格集团（Bouygues Group）于1952年成立，其核心业务是工程建设。

“我看见了太阳底下所诞生的一切……

“我看见了。

“我看见一切都很虚妄，后面就是风。

“我看见弯下腰的人无法再直起身来。

“我看见缺乏的东西不能数。”

《夏雨》表明，自1971年那本给孩子们写的小书发表之后，这个题材让她迷到了何种程度。差不多20年后，她深化了这个故事，让里面充满了痛苦、苦难和对死亡，对医院病房里的孤独的恐惧；走廊里冷冷清清，散发着消毒水的味道，病人们扶着墙才能慢慢地走上几步。她越关注欧内斯托，故事中的宗教色彩便越浓，好像她和他相遇了，一个是被那么多痛苦考验所伤的女人，一个是无所不知的12岁孩子，在“一个给上帝准备的地方”，他们见面了，想用利益诱惑把那本书从“魔鬼”那儿抢救出来，避免灾难。那本关于人类起源的书，她一直想找，但已被烧毁，消失在《黑夜号轮船》残忍的航迹中。

在《夏雨》之后当然还有别的书，但这本书是在重新恢复的清醒状态中写的，是在这种失而复得、如此宝贵的清新生活中写的。

她喜欢欧内斯托，像他姐姐让娜一样爱他。她既是让娜也是欧内斯托，如同她曾与小哥哥融为一体：“她等着他醒来。就是在那天晚上他们互相占有的。在一动不动之中。没有一个吻。没有一句话。”

让娜请欧内斯托唱《在清洌的泉水旁》（*À la claire fontaine*），“我早就爱你了，我永远不会忘记你。”是的，她永远不会忘记小哥哥温柔的胳膊，他带着她穿过汹涌的河水；不会忘记流放者在破卡车上沙哑地唱着歌，他们唱的也是《在清洌的泉水旁》，因为德国人禁止他们唱《马赛曲》；她永远不会忘记昂泰尔姆的故事，她深深地爱着昂泰尔姆，无人能比的昂泰尔姆，党卫军不承认他是人，“该死的”，“你们全都是垃圾”；而他呢，他强烈要求恢复自己的人样，挫败了他们想在物种上改变他的恶毒计划。独一无二的昂泰尔姆在集中营荒凉的路上轻轻地哼唱着《在清洌的泉水旁》，想起了童年时代的歌词，“在最高的枝头上，有只夜莺在唱，唱吧，夜莺，唱吧，如果你心中高兴。”

《夏雨》，就是童年时期的慰藉，是救命的粮食，是风，它们让空气充满了芬芳，让人们重新热爱“宝贵的生命”；让人们认识这种可悲的生命——“总有一天，所有的人都将分离，永远分离……这就是生活，它仅仅是一种生命，没别的”，但同时也清楚地认识到生命的真正意义，明白这个社会的不幸，认清其狡猾的手段和表象，弄清那本被烧毁的书用光芒照亮的秘密，从此，那些秘密便处于“耀眼的光亮”之中。

像往常一样，她每出一本书都会引起轰动。评论界或赞扬或大骂，或欣赏或抱怨，但公众却对她另眼相看了，那种友善她并不总是很习惯。他们赞扬她说话大胆，有勇气，“讲真话”。她仍然说，她不在意评论家们对她的作品怎么说。“戴着戒指、有广泛影响力的恶魔”，雅克-皮埃尔·阿梅特在《观点》杂志上这样称呼她，讽刺或赞扬，她都不予理睬，只埋头写作，“威严、夸张、狡猾、吝啬、盲目，也有灵感和热情”地“经营”着她的写作，正如阿梅特一直以来对她形容的那样，沉浸在她的书所坠入的那个辽阔大海之中。

只剩下**书中**、**作品中**令人惊叹的东西，这是通往某处的唯一道路，“那行进中的未来，既可见又不可见，性质未知”。那个秘密只属于那些孩子们，他们行动诡秘，熟悉黑洞洞的暗夜，了解隐秘而沉默的生物轨迹，就像围绕地球飞行的行星，谁也不知道它究竟如何运动。

在她此后一住就是几个月的诺曼底，阳光温暖，她总是在那里倾听经过那么多暴力之后“赢得的春天”，出神地凝视着水与沙滩的嬉戏，远远的天际，雾笛在海底呜呜地叫着。她比以前更加平静了，但仍在写作，“在写书”，不管世界上发生什么事。然而，心中仍有痛苦，就像一个永远消除不了的心病，想起1990年10月26日昂泰尔姆去世，终年73岁。昂泰尔姆，威望如此高的丈夫，也许太高了，那是她的道德榜样，《人类》的作者，一本完美的书。

写作好像成了活着的唯一证明，她开始写另一本书，说那是在幸福中，在那种支撑着她活着的轻松愉快中构思的。扬·安德烈亚购物回来，在黑岩旅馆大厅或是在平台上，总是这样回答邻居说，她的状态好得惊人，不停地写，写那个情人，还是那个情人。事实上，人们现在根本看不到她，她全身心地写那本重要著作，“在那里，”她说，“我不跟任何人分享，或者说，无法分享。我无法装载其他东西，除了我自己，否则，泉水般涌来的灵感会消失。”

然而，那是在夏末，但她与世隔绝，既不享受诺曼底温柔的阳光，也不享受海风，而是行走在“季风雨豆大的雨滴中”，“行走在被淹没的一望无际的稻田中”，沿着足迹一直走到波雷诺的堤坝。

她还是在写那个情人的故事，还是，一直是，因为只有不断地回到那个故事当中，才能解释得清那本书的诞生和写作绝对的秘密。

继续封闭，封闭在那块故土上，被疯狂地爱着的土地，那是一切的关键，“战争、饥饿、死亡、集中营、结婚、分离、离婚、书、政治、共产主义”，一句话，生活。

是因为让-雅克·阿诺在她童年生活的地方拍片，她才觉得那么有必要重新讲述她神奇的亚洲吗？插入《来自中国北方的情人》、准备将来拍电影用的提示——电影放映之前是否就已预示阿诺的失败——能重建她抓不住的人生历程吗？

她所写的这本书，最后取名为《来自中国北方的情人》。这本书把她带回了湄公河，她还是沿着“河水的流向”往前走，“帆船之村”里传来叫声、歌声、抱怨声和笑声。

这样穿越她厚厚的黑夜之林，之所以了不起，是因为这是在重新创造，把埋没的痕迹，还从来没有人触及的痕迹，把呼唤另一种记忆的记忆，拿克劳德·莫里亚克1975年就说过的话来说，是“关于记忆的记忆”，让这些东西全都跃然纸上。她一生中所有的断裂，所有的喧嚣似乎都聚集在这本书里，在“重叠的谈话”中流动。她所过的每一天都让她去揭开、去挖掘永远越来越深、活动着的、流动的、“顽强地”躺在那里等待被揭开、被写成书的“一层层东西”。就这样，她看见那本书诞生了，那些从未见过的画面，没有被时间所销蚀，有一天，将不可避免地要求冒出来，要求出现在书中。在她看来，只有那本书能容纳她的一生。

现在，她的一生归根结底到“童年时期那个不确切的地方”，归结于那个神奇的他方，“那种遥远的中国”，母亲在那中心发号施令，“赤道的弗兰德勒地区”的那个“王国”的女王，被命运抛弃到这个“苦役犯之家”。情人回来了，像大哥哥皮埃尔那样。皮埃尔19岁的时候就毁了，毁在鸦片和作恶上；小哥哥保罗呢，“我的未婚夫……我的孩子”，被崇敬得“像个圣人”。从此，一切都像那本书中描写的那样，总是以童年时期为中心，说出了忍了太久的心里话，让人痛苦却刻骨铭心。在世人看来，她在《来自中国北方的情人》中说出的一生中最大的秘密，就是那个“与众不同的小哥哥”，在身体的黑夜中，在欲望难以克制的痛苦中被人爱着。最原始的场景，也是最重要的场景，终于浮出了水面。

这是书的结尾，接近出发的时刻。她离开了那个中国人，以后再也没有见面。回到家中，回到破旧的屋里，回到被高利贷者破坏的家中，她被这个家庭的痛苦搞得乱箭穿心。她把保罗引诱到浴室里，自己脱光衣服，躺在他的身边，告诉他该怎么做。“他大喊起来的时候，她把身体压在了他脸上，怕母亲听到他快乐却很悲剧的叫声。”

“就是在那里，他们平生唯一一次互相占有。”

杜拉斯的神奇之处，在于让那个童年时期变得非常清新，尽管它狂暴而嘈杂。书中没有用叙述技巧对故事进行任何修复，而是让它保持原始状态，自然流露和发展。

味道，气味引起了回忆，那本书（是小说吗？）沉浸在湄公河单调的水域中，沉浸在流动市场既香甜又难闻的味道当中，沉浸在众多的帆船中。

对电影的爱好一直深深地折磨着她，尽管她说已经“超越死亡”。她忠于自己本能的方式，忠于她在创作《毁灭吧，她说》时开创的流畅、天真的技巧。媒体都在急切地等待让-雅克·阿诺导演、克劳德·贝里制片的《情人》上映，她对影片的成功与否却无动于衷，甚至热嘲冷讽，揭露拍片花钱太多，还说什么商业影片，必然要花大钱："我觉得他们选的女演员太漂亮了。我在本子中加了一个注：'如果那个小姑娘太漂亮，她会什么都不看，而让别人看她。'让我担心的，不是阿诺，而是电影，它的局限。"她在1991年6月13日接受《世界报》的采访时说。

不过，对于《情人》的授权她倒很潇洒，就像当初授权《抵挡太平洋的堤坝》《琴声如诉》和《直布罗陀水手》时一样，好像作品一旦完成，便不再属于她，而是投入了别人的怀抱，被读者带走了，或者又回到了杜拉斯把它带出来的黑夜之中，成了秘密。

所以，她在《来自中国北方的情人》里，把她的作品常常聚焦的问题全都混在了一起，"戏剧，文本，电影"，也就是说，对白、音乐和回忆片段。她在书中展现了将要拍摄的电影《情人》中的一个个画面，只有她能展现出来的东西，"帆船之村。深夜……旧电车的隆隆声……从外面回到房间"。

与商业电影相反，她依依不舍的是这类小事，这种不构成情节的回响。她总是具有强大的破坏力，像年轻时那么凶猛："我最喜欢的，"她宣称，"是'偶然的'电影。三四个人这样出发，来到大街上，最后一刻才招呼大家，然后拍摄。必须建一个电影别动队似的组织。"

读了《来自中国北方的情人》出版后她与媒体的访谈，人们会感到，她似乎永远都那么精力旺盛，一辈子都投入到了创作之中。她谈起自己的作品就像谈起围在她四周的众多图像："自恋就是这个样子的。"她说。

她之所以与阿诺产生分歧，就是因为与她生平有关的事情。她在自己真实的生活和想象的生活之间架起的跳板创造了一个传奇，现在，她就置身其中，沉浸其中。每部作品都是她生活的"翻译"，千万不可认真。

她真实的生活遇到了虚幻的屏障，她任其横在她与她的作品之间，到了最后，她都忘了日常生活，它已被童年和故土的幽灵所取代。

《来自中国北方的情人》受到了非常热烈的欢迎，评论界所担心的事情，怕它成为《情人》的翻版，并没有发生。故事是新的，以另一种方式讲述了她生活中最重要的故事，比《情人》更自然。弗朗索瓦·努里西埃在《费加罗杂志》上及时地这样提醒大家，一个"真正的作家"就应该是这样的，"反复思考自己的题材，锤炼文字，深入到两三个自己最难忘的事件之中"；他曾赞赏过《情人》，现在又祝贺这首"关于欲望与失望的长诗"，从而给她的全部作品都定了调，独一无二的调子。

在她所接受的采访中，她好像不想把阿诺那部被人焦急等待的电影与她自身的生活混为一谈，她的口气仍那么具有挑衅性，尽管她年岁已大，已在平静地享受"辉煌"。"我之所以授权，"她说，"那是为了钱。"

好像是怕别人感觉到《来自中国北方的情人》掺杂着《情人》的内容，她在书中加入了一些导演提示，似乎是给将来拍影片用的。让-雅克·阿诺总是那么偷偷地拍摄，她觉得自己的故事几乎已不属于她。与制片人相反，她声称影片中的任何画面和关于影片的任何采访与新闻发布会都没有跟她打招呼，甚至连演员的照片也没有给她看。其实，影片是在封闭的摄影棚里拍摄的，一切都跟她想的大相径庭，尤其是预算，公开、透明、寒酸，让人意想不到。杜拉斯总是和改编她小说的人争吵不休

这本书上了当季畅销榜的榜首，她显然很高兴，随时准备宣传促销。她关注发表在报刊上的文章，敌视那些她觉得缺乏根据的评论者，当她发表讲话时，永远都表现出高度的智慧。在这方面，她在电视节目《性格》中与贝纳尔·拉普的谈话堪称楷模，跟"文化访谈"的著名谈话有得一比[1]。但这次，老天给了她另一种恩惠，好像此后即使什么都没有了，但永远拥有辩术这一消费艺术。她只需说几句话，然后保持

[1] "文化访谈"是法国《读书》杂志前主编贝尔纳·皮沃主持的一个十分受欢迎的节目。

沉默，让奇迹自己发生。插入喉咙的假喉造成她呼吸急促，发出了一些怪声，暴露了生理方面的异常。但甚至在说话出现问题时，她还在说那些让她难忘，曾让她难忘的东西，那些在几分钟内概括了她一生的东西：爱情、母亲、印度支那、小哥哥、犹太人。

镜头展现了初夏在诺夫勒堡的那座屋子里进行的谈话。屋子覆盖着常春藤和新生的葡萄树，7 月的葡萄树生机盎然。杜拉斯的脸部大特写把深深浅浅、四处延伸的皱纹暴露无遗，但她的眼睛充满了那种活力，充满了信心，好像青春奇迹般地回来了。

她跟扬·安德烈亚给她造成的幻想、怀疑和忧伤告别了吗？她还得再忍受几年。面对着他，她认为自己已经克服了妒忌和怨恨所带来的痛苦。某些事情终于平息了，她的脸已被时间摧残，但现在又有了一种新的美，有些友好的摄影师想把它留在胶片上。在她生命的这个时期，她愿意接受这种形式的展示：她再也没有什么要藏藏掖掖的了，而是可以展现自己的一切了，缺点、任性、孩子般小小的快乐以及痛苦，不管怎么样，她的皱纹还是暴露出了这种痛苦。从此，她度过了仇恨和《死亡的疾病》时期。

她对同性恋明显的厌恶也平息了，接受了扬的一切，甚至包括她所说的那种“不完全的爱”。并非没有冲突和暴力，但她也没有把话说绝。接受并不意味着向现实屈服，抛弃自己的欲望。扬·安德烈亚一直在她身边，如果说，她失去了异性恋的一部分伟大爱情（她说那是唯一可行的），也应该好好对待这种“不可行的”爱。

她之所以绕过了这种忧虑，首先是因为她不愿意怨恨别人，这跟她的身份不符；但主要还是因为她想用这种失望来做某些事情，创造文学，写书。敌人不是（或不再是？）扬·安德烈亚，而是同性恋，这一点她知道，而且，也没少因此骂过他。在反对歧视，性歧视、社会歧视、种族歧视的各种斗争中，她都是一个偶像。作为一个女人，她不同意在肉体上得不到爱。

但究竟应该如何改变这种无能呢？如何穿越她所说的那种“不可穿

越”的黑夜？暴力已是家常便饭（“惩罚，不会有任何作用，没有任何作用。”她最后发现），“判决”呢，她补充说，“相当严厉”。为了克服这种不可能性，越过“那块漆黑的大陆”，只好改变这种爱情。炼金术起作用了。她习惯把这种悲惨的、人性的、痛苦的东西转变成金子（她投入到兰波式的历险之中，并已经在超现实主义杂志《巨臂》中进行过分析，“我看，”她曾对让·休斯特说，“那是从寻找无法描述的东西转变为另一种寻找，其目的难以说出，更为**神秘**，但我内心的冲动正是在那里，它在那里找到了**安身之地**。”）；习惯于这些内心活动，接受扬·安德烈亚的天性。从某种角度上来说，扬已经成了初生的天使，或是孩子的象征，代表着小哥哥。《夏雨》《孩子们》《来自中国北方的情人》进入了转变这个大问题。

1991年的夏天来到了。以前的夏天，她不是在巴黎度过，就是在诺夫勒堡或特鲁维尔，独自一人或众星捧月，享受爱情或悲观失望，但永远都沉醉于未来的书，渴盼另一本书能更好地讲述那场“旅行”，象征意义上的旅行。

在她必去的特鲁维尔，她享受着旧大厦的孤独和夹杂着浪花的空气。尽管心甘情愿每天下午跟扬·安德烈亚去散步，她还是比以前外出少了。她凝视着大海，那是她最喜欢的对话者；目光随着海水的运动，看潮水慢慢地涨上来，看远处那灰色的光芒常常与巨大的海浪融为一体。远方的左边，还是多维尔丑陋的海滨游乐场；右边呢，很远很远，但有工厂的长烟囱作为标记，是安提费尔联合化工厂，勒阿弗尔港的石油区，有很多巨大的大槽罐，天气晴朗的时候，甚至可以看清某些公司的名称：埃索，BP[1]……

但她看的，主要还是大海，她看着水天相接的地方，预感到她不断地接近的那些东西的奥秘，身上不由自主地产生了上帝那样的直觉，但不知道那是什么东西。

「1」英国石油公司（British Petroleum）的缩写。

她不乏娇嗔地让人拍照，总是喜欢和摄影师在一起，尤其喜欢让他们拍她。1992年的那个时期，她又恢复了某种灿烂的美，甚至让她周围的人和读者都感到惊讶。她有一种内在的智慧，能映照出过去所有的故事。她穿着红色的衣服，披着毛皮长披肩，围着印度围巾，同样也是红的束发带束住她的头发，露出额头，显现出她修女那样的脸，木无表情却又容光焕发。埃莱娜·邦贝尔吉[1]给她拍了一组照片，前所未有地把她定格在她很喜欢的“杜拉斯像”上：靴子、大衣斗篷，层叠的毛衣，爱尔兰裙或鸡爪状花纹毛织衣。

她继续过自己的生活，既隐秘又透明，在低语与音乐中可悲又开心。生活中有痛苦，就像尼古拉斯·德·斯塔埃尔[2]的某些画，颜色感到胸闷，似乎被朦胧的深渊所吸引，便破开了一个洞；就像她的喉咙，挂着假喉，从她永不离身的豹纹或深蓝色围巾中隐隐露出。

人生的这个故事似乎没有个尽头，它受时间随意然而又命中注定的流动所支配。作品就像是一个个陷阱，呼唤着其他图像，藏起食粮供其他书使用，制造永恒，孕育着其他记忆。

她在写作的迷宫中游荡，在那里给别的书带来隐约而粗暴的素材，放入每本书中，就像她小时候见过的那个女乞丐，对自己的生活漠不关心，但承受着全世界的不幸，穿过老挝、柬埔寨、明亮的暹罗和缅甸。

她只对一件事情感兴趣，甚至别无选择，那就是像萨瓦纳湾的那个女疯子一样，沿着“公路、铁路或小船”，乘坐什么交通工具都行，只要能让人前行，能让人发现和获得知识。

她永远独自处在这种自我迷失的状态，在荒漠上大喊，“等待爱情”，就像是另一个艾米莉·L，绝望地想弄清孤独的原因，想捕捉（在这上面，又与帕斯卡尔有得一比）“无限空间”难以描述的嘈杂。永远如此，“自生命之处开始”。

「1」邦贝尔吉（Hélène Bamberger，1956— ），法国女摄影师。

「2」斯塔埃尔（Nicolas de Staël，1914—1955），俄罗斯裔法国抽象画家。

扬·安德烈亚间接反抗她的时期几乎已被忘记，他劈头盖脸地骂她的那些狠话也远离了："你是诺曼底海边的妓女。碍手碍脚。"但她不但没有哀叹，反而把这些话的片言只语收集了起来，用它们来写书。是的，一切都应该回归到写作，回归到语言，回归到早就开始的故事中，关于写作的故事，关于将要完成的那本书的故事。

Chapitre 14 Sa dernière présence au monde

最后一次露面

1991年到1995年，她从来不曾让人这么多地谈论过她。她想过足瘾后再抛弃这种愿望，把它抛弃给已悄悄地打通了死亡之路的疾病。她就此走向了自己的黑夜，走向沉默，但仍踮着脚跟，想追忆她永远好奇的这个世界。多年来，写作已渐渐成了她唯一的伙伴，现在仍让她魂牵梦绕：对她来说，一切皆写作，或是恢复写作的理由。虽然疾病加重，出现了老年性的体力衰退，她仍设法写了一本新书《扬·安德烈亚·斯坦纳》，作为一个总结，为她和她现在已经接受了这么多年的那个人的浪漫故事画上一个句号。生活表面上看来是平息了，但激情一直在她心中澎湃，某种狂野的东西撕裂着她，穿越着她。就是那种东西给了她这种具有传奇色彩的力量，让她的作品既强烈又温柔，让她具有伟大的远见。在这方面，她现在毫不犹豫地想说，自己就像古代伟大的预言者那样，具有先知先觉的本领，是上帝派来报信的。她身上有些转瞬即逝的光芒，人们有时觉得她最大的本领在于造词遣句，懂得使用漂亮的词或者说正确的词，诽谤她的人也往往这样说她，但事实上，那是另一种东西，来自她的身外，超出她的能力之外，有时她自己都无法控制。那种灵光往往出现在她生活最平常的时候，事情最简单的时候，甚至是在她最吝啬、最恶毒的时候。她不是一个与众不同的人，不是一个异乎寻常、离奇出格的人，而是一个非常普通、平凡的人，她的反应往往像个小市民，喜欢说教，偏狭。然而她会突然发出预言者那样的伟大声音，像一道灵光，像是浑身充满了上帝的恩惠，于是说话威严起来。所以，神圣的反光永远不会离开她，她把自己与神灵，不如说是上帝吧（不管那些评论家怎么说），联系了起来。其实她早就否定了上帝，但在孤独的夜里，她又会去寻找他。

对她来说，写作是她的全部工作：她感到自己被它包围了，真的是包围了，“被判”写作。她已经忍受其苦，而且总是越来越苦。在这个意义上，不排除她以为自己是个殉道者，就像是基督教中的伟大圣人。她应该也发现过一场伟大的、得不到的爱，就像马拉美诗中的星星，但她仍想尽一切办法得到它。所以说，她是世俗的，然而，是一个像西蒙娜·韦伊或[1]汉娜·阿伦特[2]那样的世俗圣人。

她曾积极地参加社会政治活动，社会曾在她的生活中占有那么重要的位置，但现在，她几乎已不再对它感兴趣。她已经过了那个时期，眼下，她专注于写作，重新创造自己的作品，重写，甚至给自己的语言以新的生命。不过，一切都来自给她全部作品提供原材料的熔炉。跳跃，曾是她过去的风格，她喜欢省略和矛盾形容法，也就是逆喻，喜欢啰唆、咒语，这些，都进一步得到了发展：从此，她放任自己的语言，心里怎么想就怎么写，语言的这种流畅总是给她灵感。她在贝尔纳·皮沃著名的“文化访谈”节目里无意之中说的话，在此得到了肯定和重申，可以说，表达得很自由，但也把握得很好，显得很自然。拿她的话来说，是“在浪尖上”写作，抓住（或重新抓住）从记忆深处，从深深的海底浮现出来的词汇、回忆、感觉，这正是普鲁斯特所探索的东西。语言显得有些夸张，甚至不严密，但对她来说，恰恰相反，那就是她想讲述的故事本身：创作风格令人意想不到的发展，“那些莫名其妙的话，我觉得很神奇。”她有点开玩笑地说，津津有味地欣赏着这些字眼……

「1」西蒙娜·韦伊（Simone Weil，1909—1943），神秘主义者、宗教思想家和社会活动家。

「2」汉娜·阿伦特（Hannah Arendt，1906—1975），犹太裔美国政治理论家。

但“神奇”这个词已经说出来了，因为确实很神奇：那是一种“神奇的”写作风格。菲利普·索莱尔斯在评论这一点时没有说错：她的作品有“萨满教”[1]的色彩。如果从这个角度去看杜拉斯，似乎一切都得到了解释。信萨满教的女人。否则又怎么解释抵抗主义组织那么辉煌的时候她坚决拒绝参加呢？新小说派最流行最拉风的时候她又为什么不加入呢？然而，她深深迷上了诗歌，迷上了与诗歌有关的一切，迷上了她所喜欢的诗人，当然，她也在语言上试图接近他们。谁能说《情人》中的某些章节不是法国诗歌中的杰作呢？人们想起了海面上的那一幕：星空下，回响着肖邦的华尔兹舞曲，一个年轻姑娘站在轮船的甲板上，一边听一边流泪；或者想起在《圣经》所描写的那种天底下，邮轮行驶在大海上。

最后那几年，并非老是在重复，重复到烂的地步，如同蔑视她的人所指责的那样。首先那是些幽默分子和讽刺家，比如帕特里克·韩波，他曾说她的作品是滑稽的模仿，模仿得厉害，都是一些写烂的东西，甚至更糟，缺乏想象力，好像她的才能突然（终于！）枯竭了，可事实上恰恰相反。她的生活就像一块宽大的地毯，上面的图案焕然一新，好像不会磨损的宝石，她的生活成了《一千零一夜》那样的“故事”，以另一种方式讲述和重建，重新诞生，重新组织，做了修改和更新。《来自中国北方的情人》就是典型的指路明灯，但她以前让读者尝试过那种运动和过渡：从《副领事》到《劳儿之劫》，从《劳儿之劫》到《印度之歌》……在那个时期，她喜欢说，这种重新焕发活力、重新使用的作品，是从甜歌“蓝月亮”那儿来的，罗杰斯[2]的那首名曲，旋律一再重复，甚至可以说很甜，像蜜一样流出来，回响在人们耳边。她现在就是用这种想象中的绣花布来编织她的作品。在巴黎，（坏）话接二连三。有人说，杜拉斯“抄袭杜拉斯”，就像1975年人们说达利“抄袭达

[1] 萨满（Shaman，巫师），被认为有控制天气、预言、解梦、占星以及旅行到天堂或者地狱的能力。萨满教并非指某种特定的宗教或信仰，而是凡具萨满经验和萨满行为的通称。

[2] 理查德·查尔斯·罗杰斯（Richard Charles Rodgers，1902—1979），美国著名流行音乐作曲家。

利”一样，他不过是自身的漫画像而已。还有人恶毒地说，如果可能的话，她会用自己的作品来做果酱……他们没法再说了，因为她去世后，许多剧团把她的菜谱搬上了舞台。她当了出版人（可以说只为家人和朋友出书）的儿子乌塔也出版了《玛格丽特的厨房》（*La Cuisine de Marguerite*），一本精美的小书，长期以来被无情地看守着杜拉斯作品的扬·安德烈亚所禁止……

杜拉斯只知道，读者好像被她的作品之网所网住了。具有魅力的词语迷住了他们，他们现在还愿意这样。她将不知疲倦地写扬·安德烈亚，扬是她生活中最后的爱情艳遇，更是她对爱情的最后拷问。她所开创的道路，那种奇特的忏悔，介于爱情小说、自传、日记之间的东西，在她笔下成了一种新的样式，完完全全，并且在继续。她给这个故事大厦增添了一块石头。《扬·安德烈亚·斯坦纳》也许是这一感情历程的最后一站。她当然可以说自己是无人不晓，因为她的每本书都很畅销，她与读者建立了长期的来往。每个人都有“自己的”杜拉斯，正如每个人都认为自己身上有一部分芭芭拉[1]，那是女歌手和公众之间最美的爱情故事。对杜拉斯来说也同样。既远又近，她越过千山万水，可以说是“穿越世纪”，终于来到了大众身边。对他们来说，她既是一个朋友，又是一个神秘的萨满。在20世纪，哪个作家能这样说呢？谁能自诩有这样的影响力呢？她知道这一点，并为此感到骄傲。更了不起的是，她利用了这一点，因为那种诱人的狡猾在她身上从来没有消失过，就是这种狡猾让她重新融入了她说她最讨厌的东西：社会。她决定离开梅迪西奖评委会，是因为她觉得“人间喜剧”中的所有恶习都在那里恢复了。她说，奖项，“就是一个重新开始的社会”。她一辈子都不断地想离开它，毫不犹豫地践踏它，宁愿与圣人为邻。为什么不与上帝同在呢？她的姓氏中不是还有上帝的痕迹吗（Donnadieu）？但确切地说，她身上的某些东西又让她重新与这个世界联系在了一起，让她利用它的规则和习俗。

「1」芭芭拉（Barbara，原名Monique Andrée Serf，1930—1997），法国著名歌手。

从此，她的任何一句话都会引起轰动，成为新闻，被人们所阅读，甚至被当作预言（她去莱邦热采访维勒曼事件并被《解放报》广泛宣传时，这种式样就已经开始了）。1992年，演员兼导演迪迪埃·贝扎斯（Didier Bezace）把她与弗朗索瓦·密特朗的谈话搬上了舞台。她就此走进了传奇，出现在法国历史的很多页上：抵抗运动、集中营、清算、反殖民地、社会党上台等等。《玛格丽特与总统》（*Marguerite et le Président*）的上演取得了成功，有人以为她会因此而写进历史。她有本领永远与世上最重要的事件巧妙配合，拥有可以让她发表意见的权威，甚至与决策者一道宣读历史……她允许保尔·奥查可夫斯基-洛朗（Paul Otchakovsky-Laurens）收集她在1963年到1992年写的各类文章和文字：不是压箱底的东西，而是她仍然感到骄傲的文章，可以作为作品的内容或曾是她作品的落脚点的东西：左派和右派、画家、女艺术家、电影、神话般的地方、特鲁维尔、威尼斯等。P.O.L.出版社的出品人同意了，把仍可能混淆或变化的文章进行了整理。作品成了《外界》的续集。《外界》是阿尔班·米歇尔出版社出版的，已收集她在上世纪60年代为了谋生而应《法兰西观察家》或《浪潮》的要求而写的文章。在这部后来叫作《外面的世界》（*Le Monde extérieur*），副标题为《外界II》的作品中，人们可以找到“拉夫·吉布森[1]和卡拉斯[2]”“女摄影师雅妮娜·尼斯（Janine Niepce）”“威尼斯和中国”“伯格曼‘仍然与永远’”以及“与死亡有关的权力”，所有“写外面，为了外出”，她说，“在外面”的文章……

这本书出版于1993年，同一年，伽利玛出版社出版了被许多人认为是她的文学遗嘱的作品《写作》，书中收入了若干被人遗忘的文章，如“英国飞行员之死”。但在这本“混合”的书中，人们最看重的还是首篇“写作”，写的还是她很多年以前在她关于写作艺术和创作的秘密的著作中阐述过的内容。好像她再也没有什么东西可以证明了，直奔由于

「1」拉夫·吉布森（Ralph Gibson，1939— ），著名美国摄影家。

「2」玛丽亚·卡拉斯（Maria Callas，1923—1977），美籍希腊女高音歌唱家。

《情人》而获得的那种自由：“波峰”写作，主题与题材变化无常，把它们连接起来的跳板艺术以及她重新找回的青春。作品中的那种清新和清澈甚至让人吃惊，孤独、酒精、诺夫勒堡、玫瑰与孩子、穿过她所在的凡尔赛之路的法国历史、被她成功地改编成道德寓言和哲理寓言的轶事，比如写一只绿头大苍蝇之死，那只苍蝇在方格地砖上奄奄一息，她久久地观察它的颤抖和痉挛。那个暗示我们大家都将死亡的寓言，是一个拉辛式的小小悲剧，语言不多，但很像是拉辛在《贝蕾尼丝》前言的道德教诲，很少内容与主题相关：生命、痛苦、死亡、沉默。

杜拉斯知道，这本书将真的成为她最后的著作，所以写得很用心，尽管她已经初现老年退化的迹象，但她硬充好汉，想去宣传促销，而这些事她以前是很少参与的。在她生命中的最后几年，她同意去做，想重新找回公众，找回读者，找到人。她一直观察着他们，并常常从中挖掘出故事和小新闻，同意在圣日耳曼德普雷广场最著名的迪旺书店签售。读者排着长队，耐心地等待她给他们在书上签名。杜拉斯不慌不忙，跟他们聊着天，很高兴能待在那里。对她来说，这是够异乎寻常的了。消息越传越广，最后不得不把她从读者当中拉走，否则她非在那里过夜不可……她的作品在继续出版：伽利玛出版社乘《写作》出版之势，终于获准重新出版一直被她当作小书的《厚颜无耻的人》。她已经把这本书的版权授予普隆出版社，因为在1942年，伽利玛和格诺没有出版它，而普隆出版社的女审读员多米尼克·阿尔班却很喜欢这本书。不过，在同意重版前，她把书又读了一遍，对书的质量感到很满意。她觉得这本书总的来说相当不错，她常常这样自我满足，认为这本书远远超过同一时期创作的小说！书后来收入“福里奥”丛书出版，封面是杜拉斯公爵的城堡，就在她父亲以前在普拉提耶购买的屋子旁边，他原来还以为能让重新组合的家庭住在一起……

她刚刚在P.O.L.出版社出版的那本《扬·安德烈亚·斯坦纳》，是她跟70年代卡宴那个陌生的年轻大学生长期结合的总结。多年来，她不断尝试这种理想的新结合，最后，她一直以为不可能的事情终于成功了，因为，她早就说过，“世上的任何爱情都无法替代这种爱”。虽然说得这么肯定，但她一生都想反对它、拆穿它。这种新的结合是不可能的，却很诱人，衷心地呼唤着她，让她继续追求，一直天真地反复寻找。“那种爱情”，正如扬·安德烈亚所称呼的那样，有它的特殊性，无法完全满足人的欲望。但对杜拉斯来说，没有什么是不可能的。那是她的性格使然。她尝试着这一不可能的结合，有时天真地问自己，同性恋者是否真的不能进入女人。她纠缠着扬，有时甚至一边咄咄逼人地答应他，一边吓唬他说应该投入到“她平静的性器官”中。但面对不可能战胜的挑战，她放弃了，却没有因此而言败。所以她后来扭转了局势，改变了故事，把扬·安德烈亚变成了她小说中的一个人物，可能把他犹太化了，把他钉在了她巨大的人物画廊中。那些人物变成了神话，劳儿·瓦·斯坦、副领事（从某种程度上来，扬·安德烈亚是他的变形）、在萨瓦纳湾的路上流浪的女乞丐、母亲、小哥哥保罗，从此以后，他总是把扬比作小哥哥。在《扬·安德烈亚·斯坦纳》中，她又抓住了贯穿全部故事的那根红线，重写故事，重新组织，把它加入完全属于她的其他故事中，在遇到这个年轻人之前的故事。从此，扬·安德烈亚·斯坦纳这个小说中的人物永远进入了她的生活，因为他进入了她的作品。她以此方式让这种不可能的、不确定的关系成了永恒，把它固定在传奇中。由于这一变身，扬将精心准备在许多人看来是神话的东西了。但在写作中，在她独一无二的素材库中，一切都在互相转变。杜拉斯只专注于自身，因为她已经从爱情的束缚中，拿她自己的话来说是从“强制性的现实”中摆脱出来。欲望进入了作品，不会再粗暴地进入她的生活，纠缠她。

她78岁了，觉得自己的体力衰退了，她还有力气写新书吗？她怀疑。她让扬安排她的生活，管理她的时间、档案及合约事务。她不断地谈论写作，好像那是她生命的唯一动力，但她只是说。她常常想起死亡，而且她也知道，写得少了，从某种意义上来说失去了填满白纸的乐趣，一天到晚只是说，这也许是死神临近的预兆。可死神是否曾离开过她？她知道它一直和她在一起，给她带来痛苦和忧虑，那种神秘的回光返照只能她能感觉得到。慢慢地，与死神来往多了，也就习以为常了。

长期以来评论家们觉得不可能的道路，即上帝之路，她现在正在走。不是因为她皈依宗教了，她一直是个极端的世俗者，而是因为她以自己的方式，可以说，她以自己的听觉，听到了确实来自不可及的世界，来自写作的圣地秘密而晦涩的歌。

她呼唤这种无法抵挡的诱惑，比以往任何时候都更接近布莱士・帕斯卡尔。帕斯卡尔的著作她读得很多，从中发现了他对上帝无时不在的向往。她谈起自己已故的家人，谈起了他们死，后悔没有更多地到家人的坟墓上祭奠；她又谈起了普拉提耶，谈起在西南部她毫无理由想重新买回来的屋子，因为屋子已成废墟；她喜欢参观墓地，诺曼底小树林中的墓地，她和扬常去那里走；她也接受采访，如果说她再也没有力气拍电影了，她却喜欢进入朋友们的电影中，比如说伯努瓦・雅科。

当时，她儿子乌塔与朋友让-马克・杜里纳合作拍摄一部关于圣伯努瓦街名人群体的长片，几个月过去，方案越来越厚，新的资料不断增加。她高兴地对影片进行技术审查，讲述极残暴的战争年代，在那个时期，她是那个充满“不屈精神”的特殊抵抗组织的灵魂。她现在还能从中认出自己，总是喜欢反叛，说话一针见血。但她知道，在黎明前的那几年，她用来形容爱情忧伤的“狼牙闸门”（“就像一个狼牙闸门落在一个女人面前，把她带到了他方。”她说），这次真的落下来了。她并不寻求返老还童，相反，她承认这种衰老，并试图给它以另一种光芒，智慧之光，她在此生最看重的就是智慧了。她的目光一直警觉而敏锐，随时在判断，入木三分，往往很果断。死神的逼近（我们就不说是死神带来的杂乱了），迫使她采取另一种生活艺术，另一种行为方式。她不是因此而平静了吗？因为她的整个一生不外乎是由颠簸、决断、破裂、陷入深渊和挣扎组成的，幸福的时光很快就被生存本身的不幸和上帝的沉默所夺走。所以，她没有神助，需要独自应对，走向秘密，在没有任何人帮助的情况下设法揭开它们。前进的道路非常艰难，她现在已经预感到后果了。她累了，但没有失败。还没有。

慢慢地，她还是淡出了她如此喜欢“读”和访的世界，她一直想揭开这个世界的秘密，有时似乎有魔法，能通灵。她最常用的词汇当中不是有“看见”二字吗：“我看见了”，她经常这样说，好像前进在厚厚的夜色中，试图发现它被遮掩的光芒。1992年，她同意接受皮埃尔·杜玛耶（Pierre Dumayet）的采访，这可能是她作家生涯中所接受的最后采访之一。特鲁维尔的黑岩旅馆，在她兼作客厅的房间里，挂着海滨浴场的照片，放着几张藤椅，坐垫已经旧了，木桌简简单单。记者把他以前跟她做过的两次访谈节目回放给她看，一次是1964年拍的，关于《劳儿之劫》；另一次是1966年拍的，谈的是《副领事》。杜拉斯很激动，拍完以后她就一直没看过。她的沉默和压抑在画面上可以感觉出来，脸部的特写镜头显示她的模样“被毁”了，正如她在《情人》中所描写的那样。那场新的访谈终于把作品从作家那里解放了出来。口头语从来没有这么像书面语过，“写出来的东西”从来没有如此“口语”过。常常出现沉默，强忍住激情和深深的痛苦。

多次住院、昏迷、插着她似乎还自豪地向别人展示的假喉，其结果是让她露面的机会越来越少。那个“外面的世界”，那个“外界”，从此以后似乎消失了，在时间的齿轮上变小了。她进入了人生的最后阶段：她自己知道，因为已多次与死神打交道，因为已经挑衅过死亡。可她真的准备好迎接它的到来了吗？可疑得很，如果我们注意到她往往回避亲朋好友的死，比如罗贝尔·昂泰尔姆；她好像害怕看见死神接近她所爱的那个男人，也许是她最爱的男人，不过，她也说她没有为他哭泣。

她儿子乌塔的朋友让-马克·杜里纳，她一直很喜欢，愿意让他经常来看她。关于她最后的日子，杜拉斯死后，他写了一本十分有趣的小书。在《圣伯努瓦街5号》中，他发现这个似乎永远都不可战胜、身强力壮、每次生病都无法把她打倒的人，现在身体很虚弱，“她有时会失神，”他写道，“突然忧伤起来，这让她远离了现实世界……她似乎被什么迷惑了。”事实上，她的健康迅速衰退。从1994年起，人们无论是在城里还是在诺夫勒堡或特鲁维尔都再也看不到她，她似乎与世隔绝了。扬认识到了这种健康衰退的严重性。幻觉、大喊大叫、失神、突然忘事、说话前言不搭后语，这些都属于老年病学残酷地叫作“老年痴呆”的症状，不过，这种痴呆对别人没有危险，也不太严重。于是，杜拉斯被关在圣伯努瓦街的公寓里，护士必须在她床头轮换值班或者随时到场。扬往往都守在她身边，但有时也不在，那时，杜拉斯便会很生气，生性暴戾的她会对他施加压力。她已经80岁了，朋友圈慢慢地缩小了、消失了。她旧日的伴侣，也就是她儿子的父亲迪尤尼斯·马斯科罗，当然还有乌塔会来看她，有时，朋友也会来电话打听她的消息，人们就转给她接。不过在这方面也同样，电话慢慢地越来越少。扬一般来说不愿意杜拉斯的朋友们到处传说她健康在衰退，要求护士或护工回电说她很累，在休息，不能接听电话，总之，别人无法找到她。“消息已经转告。”人们总是这样回答。但说真的，杜拉斯已不再生活在“真实的世界”里，正如让-马克·杜里纳所说的那样，而是生活在她经常参照的另一个世界中，充满了顽念日夜纠缠她的东西。她“神话”中的一些碎片出现了，穿透了她的“黑夜”，还说出了一些名字，在她的作品和想象中不断循环的东西也冒了出来。她的脑细胞迅速萎缩，似乎是昏迷和酗酒引起的后果，其实她一直都想摆脱酒精，但她好像被她“在浪尖上”的生活抓住了。

在巴黎，人们都在悄悄地议论，说，扬·安德烈亚在她身边建立了一座堡垒。在遭受了禁闭，甚至被剥夺了身份之后，现在，轮到他来管理她的生活、安排她的时间、决定她的一切了。杜拉斯对仅能见到她的寥寥几个人说，他对她“还不错”，但有时也“虐待”她。她说的虐待是什么意思？她说的既不是身体上的虐待，也不是精神上的虐待，而是杜拉斯在半醒半迷糊状态中勉强同意要依赖别人；看到扬·安德烈亚恢复了自由，从她强加给他的“奴役”（据说是自愿的）中解放了出来，摆脱了那种“奴役”，她感到心里很不畅。她一直都很专制，什么事都要管，吹毛求疵，耿耿于怀，甚至在病中，不知道拿她过分膨胀的自大狂该怎么办的时候也一样。那种强烈的自我中心，毕竟曾让她在生活和作品中不断前进。不过，身体衰弱却是实实在在的。大团大片的记忆失去了，就像冰川上的冰块坍塌。朝夕之间，她不是忘了这事就是忘了那事。她要别人给她放音乐，巴赫的音乐或是探戈，华尔兹也行，让别人带她跳舞。她不再写作了，而是在家里说些莫名其妙的话。扬心生一计，把它们记录了下来：杜拉斯最后的话和这重新发出的叫喊。她一直想把这种叫喊写进书中，反映人物最深刻的内在感情。

这时，弗雷德里克·勒贝莱（Frédérique Lebelley）在格拉塞出版社出了一本新传记。杜拉斯圈子里的人和大学教师都不认识的这个作者给自己的这本书加了一个副标题："或羽毛之重"。勒贝莱自称是"破坏圣像的人"，信誓旦旦地说"检查过自己的著作"，却把杜拉斯的生平当作是一部摄影小说或是一部电视纪录片的脚本。杜拉斯憎恨的一切，她都告诉这个作者了，所以这本书的出版让她非常生气，但《新观察家》和菲利普·索莱尔斯却支持该书。传记作者和那本周刊也很生气。扬却不担心，他对她的第一个传记作者说，这事很快就会过去的，就像一个玩笑！事实果然如此，那本书很快就被人遗忘了，在杜拉斯的著作注释中很少被引用。不能只凭轰动性的新闻和轰动效应来作研究。这时，又暗中传来又有人要写新的传记，这回是在伽利玛出版社出，所以，人们可能会认为它比较严肃。写这本书的是弗朗索瓦·密特朗以前的文化顾问劳尔·阿德莱（Laure Adler），但人们当时还不知道作品的主要内容和她的研究路径。然而，扬并没有改变自己的想法：保存和收集杜拉斯最后的话。那些断断续续、大喊大叫的话，让人听起来更像是萨满或是"巫婆"说的话。人们想起了米什莱在故事中描写她们在月光下唱歌的情景，杜拉斯太喜欢米什莱了。那些话被认真记录下来，精心编排得像一本日记。1994年11月22日到1995年8月1日期间说的话。

这本50页的小书于1995年文学季[1]面世，由P.O.L.出版社出版，取名为《这就是一切》。外面的反应是毁誉参半。"我们可以喜欢这个作家，承认她在法国文学中的地位，说她的最后一本'书'令人扫兴吗？"约齐娜·萨维尼奥（Josyane Savigneau）在《世界报》上这样写道。调子定下了，面对所谓的箱底货，许多评论家感到惊讶和遗憾。《世界报》的那个女评论员一般来说更倾向于另一个玛格丽特，即尤瑟

「1」指每年8月底到11月初，法国在这个季度大量推出文学作品。

纳尔（Marguerite Yourcenar），她写过关于玛格丽特·尤瑟纳尔的传记。对她来说，这真是一个两难的选择："人们被要求选择自己的阵营，"她写道，"或者肯定杜拉斯是一个'被评价过高'的作家，支持所有想否认其作品的特点和重要性的书；或者认为她的每个举动都是她才能的表现——从她对格雷高里事件的狂热到她对贝纳尔·塔皮[1]的酷爱。"

不过，萨维尼奥在影射哪个作家"想否认其作品的特点和重要性"呢？除了帕特里克·韩波幽默的模仿作品，没有其他任何著作在这方面冒过险。平庸者争食猎物的时候，总是急于扑倒他们以为已经快要死的人。有人说杜拉斯最后的隐情让人不安。是真是假？这才是问题所在，因为没有人在场证明其真实性。有的表述，有的语句可能是"纯杜拉斯式"的，那种思想上的闪光和悲剧性的色彩是不可否认的：在失去理智的胡言乱语中，有些珠子和天然的金块在闪光，就像是《写作》的回响。一切都表明，死亡接近了，杜拉斯在坚定地等待，但通达中透着一丝痛苦。断断续续的语言接二连三，滔滔不绝，就像是爱情的独白，扬就是独白的中心。所以，当然有人会想，那本书是经过加工的，以制造这两个人的神话。只有一步之遥，许多人都跨了过去：

> 我得走了
> 我都不知道该去哪里。
> 我给你写信，就像以前喊你一样。

还有说得更清楚的：

> 我爱你直到死亡……抱着我，在你的泪水中、笑声中和哭泣中……我将成为的东西。

---

[1] 贝纳尔·塔皮（Bernard Tapie，1943— ），法国商人，从事过多种职业：歌手、电视主持人、作家、政客、演员，现为塔皮集团经理。

我怕。

来……快来。

快，把你的力气给我一点。

过来抱住我的脸。

死亡的情景被塑造得非常完美，杜拉斯（最后的狡计？可在那样失望和孤独的状态中如何想象得出来？）坚定地说：

再见。

不向任何人说再见。甚至不向你说。

结束了。

什么都没有了。

得把书合上了。

现在，到我跟前来。

得走了。

身体的衰弱很明显，她这样承认道："我的人要散架了。"她只说了这么一句，但马上又改口说："快来。我没有嘴，没有脸了。"

这种临死前的舞美设计，这种真正意义上的圣母瞻礼，由于扬·安德烈亚详细标注了宗教日期而显得更不寻常：简短的语言之前往往有"圣星期四""圣星期五""圣星期六""圣枝主日"，那么多宗教礼拜上的日期和天主教日期让杜拉斯的读者们感到很吃惊，他们更习惯她的无神论。所以说，《这就是一切》就像是走向死亡，像是一条苦路，上帝就在那里，因为7月4日，杜拉斯说："我希望它（她的生命，她的话，等等）消失，或者让上帝杀死我。"

但细心阅读《这就是一切》的读者还会发现更让他们惊讶的东西，因为，奇怪得很，这本书的意大利版（双语版）中有几页是法国版所没有的。从某种意义上来说，它们更"亵渎神明"，着重反映了作家健康的恶化和身体的衰败，表现出在法国许多人都很不喜欢的窥淫癖："你们都是大笨蛋，”12月8日星期五，她写道，“你们全都无可救药。”而且，在P.O.L.的法国版中，杜拉斯和扬·安德烈亚的关系被神化了。扬这个情人，严格意义上来说，一直被认为散发着神圣的光芒，以至于让杜拉斯都感到害怕了：“扬，摆脱这种神圣的磁场，这让人害怕。你有时让人害怕。”她哀求道。“沿着大海走，沿着你走。”她还简短地说着警句般的话。她唠叨着的心里话和最后说的话主要还是跟她自己有关，她讲述自己将离开这个世界，心里感到恐慌。那些文字记录了这些简短的话和句子，有些晦涩，但也反映了她内心的神话。那些话也许最让人难忘，最有意义。上帝出来干预了，出现了另一个王国，自我解体了，所以才会说出这句惊人的话：“来些柱子，以便登天”，这是《旧约》中光明之梯的另一种说法，“我要前往另一层了”，“你有没有问过上帝为什么要杀死我”？“有一会儿，我闻到了泥土的味道”：来自她心底的这种内心忏悔让读者了解到了人的临终状态，让大家接近了死亡的秘密，感受到走向死亡的痛苦和最后的道路之艰难。杜拉斯让自己成了一个“行走者”，往前行走的人。从一个女乞丐成为最后的女行者，这仍然是一个不断行走的作家的形象，一路走一路记录，虚空这一形象贯穿着全书：“我的眼前是一片虚空……除了虚空什么都没有，”她说，“虚空。最后一地的这种虚空。我们不是两人。我们每人都孤孤单单。”

乌塔最后一次给父母拍了照，他让他们都去了诺夫勒堡。某种关系的最后证明，他想以这种方式让这种关系永恒，好像他本人也需要看到他们在一起，或者说他们的分离曾让他感到痛苦。儿子最后的孝心。

扬·安德烈亚却在一路追随着她缓慢的消失。所以，“那场爱情”确实是一场具有传奇色彩的爱情。他在组织这场谢幕仪式，让这个他无可争辩地参与其中的故事变得更加高雅，可是，“外界”，许多人对此感到不安，说长道短。

1996年3月3日，由于肺病发作和全身衰竭，她终于去世了。现在，爱情故事的最后一段开始了。杜拉斯是上午8点一刻离开人间的。几小时后，帕特里克·达沃尔（Patrick Poivre d'Arvor）——杜拉斯对他真的很欣赏——在13点的电视新闻中宣布了她去世的消息。她去世以后到正式宣布死讯的这段时间里究竟发生了什么？前一天晚上看望过母亲的乌塔，没有人告诉他医生来了，杜拉斯已在弥留之际。他回家了。快到中午的时候，扬才通知到他，他马上赶到了圣伯努瓦街，但殡仪已经到场，他无法如愿在母亲遗体前默祷了。扬已准备好一切，遗体将于下午运往太平间。他预料到杜拉斯的去世必然会引起舆论轰动，担心大家来家里看望。他没有理睬乌塔的发火和愤怒，而且还组织了追悼仪式。首先举办一场宗教追思祭礼，在这一点上他完全赞同殡仪的意见。祭礼将在圣日耳曼德普雷教堂举行，这当然让杜拉斯的亲友感到不安，他们担心又扯到宗教上去。经过商量，放弃了做弥撒的计划，改为似乎更为普遍和人性的“葬礼”。现场将播放巴赫的音乐和卡洛斯·达勒西奥的旋律。时间定在3月7日中午之前。

星期天到星期四期间，乌塔得知杜拉斯已指定扬·安德烈亚作为“文学执行人”，这在法律上并没有多大意义，但这毕竟让扬·安德烈亚坐上了裁判员的位置，处理杜拉斯去世以后作品的未来，况且扬还拥有作品的一部分版权。事实上，扬·安德烈亚也确实很认真地扮演了自己的角色：他想严格保护玛格丽特·杜拉斯的作品版权，警觉来她身边溜达的任何人，怕他们试图利用她的哪句话，把她的哪篇文章搬上舞台，或揭露长期以来一直保密的某些事情：她在抵抗运动和被占时期所扮演的真正角色，她与金钱的关系，自《情人》以后她大量增加的财富。这种怀疑和警觉一直落到了她的儿子头上，于是乌塔决定创办一家新的出版社，伯努瓦–雅各布出版社，“伯努瓦”和“雅各布”是她母亲和他所住的那两条相交的马路的名字。他明确宣布自己有合法的权利出版母亲的作品，无视扬·安德烈亚的书刊审查职责，未经同意就在1999年出版了《玛格丽特的厨房》。书出得很漂亮：里面收入了杜拉斯的一些菜谱，她喜欢给她临时邀请来的朋友做菜；还有一些已经发表过的这方面的文章，乌塔拍摄的厨房照片和诺夫勒堡的房屋的照片。那本书不到64页。除了菜谱（蔬菜烧肉、洋葱胡萝卜煨牛肉、法式无奶油浓汤、马德拉火腿菠菜等）还有一些十分动人的注释，反映了作者个人的爱好和内心记忆。杜拉斯描写过烹调，甚至写过做饭的地方，把它当作是维持生命所必需的地方，小孩长大的好地方："我们不想让他们在厨房里吃饭，"她写道，"而他们偏偏都想待在那里，天一黑就去那里，那里暖暖的。他们和正在做饭的母亲待在一起。"日常生活中的一系列小事与菜谱混在一起，童年的回忆，比如用留尼旺咖喱做的那道菜，让她想起了她在永隆的钢琴教师，那是个留尼旺人。这时，历历往事浮现在眼前：热带丛林，"也许是炎热，在热带丛林的哨所中因努力不成而失望……"。

让·马斯科罗的出版社很快就接到了禁止出版的来函："我们发现有本书混杂了玛格丽特·杜拉斯所写的一些文章，并对它们进行了修改，加上了一些莫名其妙的照片和不合适的谈话片段，"扬·安德烈亚说，"并非全书都是杜拉斯所作，所以不能署她的名字……让·马斯科罗违反了我这个遗产执行人不允许盗版出书的决定，知道自己将面临法律的惩处。"扬·安德烈亚的做法不乏讽刺意义，因为大家都知道，如果杜拉斯清醒，《这就是一切》她也不会同意署名，但不也出了么？这种做法不公正的地方不少，因为那本小书对读者来说是一顿真正的大餐，能让大家与作者进行亲密接触。没有任何东西能破坏她的作品，对它产生危害。恰恰相反。结果，让·马斯科罗和他的朋友们所经历的这场冲突，最后解决的时候好像跟书的内容本身毫无关系似的。扬·安德烈亚所使用的语言非常严厉，"伪作"，让杜拉斯自己的（而且是钟爱的）儿子成了伪造者，受到法庭的追究。有些话大大地刺伤了他。要求查禁的请求尽管被推迟裁决，但1999年5月得到了确认事实的推事[1]的支持，9月15日又得到了上诉法院的肯定。那本书成了有幸购得的读者所珍藏的"藏品"。直到多年以后，双方才达成协议，让这本书重新在市场上流通。这时，扬·安德烈亚又说，他当初就同意把那本小书做成一本"真正的书"……

扬·安德烈亚达到了守卫杜拉斯作品的中心地位，让·马斯科罗早

---

[1] 推事，审判机关中行使审判权者的专用称呼。

就对他有气，深信他如果不是篡权者，至少也是一个怀有敌意的障碍。据说，扬·安德烈亚与杜拉斯共同生活期间就有可疑甚至有作弊行为，面对许多人所谓的“封闭杜拉斯”，他的朋友们也义愤填膺。凡此种种，都让他们的关系在杜拉斯去世以后的很多年里一直处于紧张状态。

不过，有一点必须认识到，那就是杜拉斯一直没有离开过我们这个现实社会，在文学界和思想界，永远有关于她、关于她的影响的文章，不断有关于她的生平的著作出版，尤其是她的作品，一直在全世界被人阅读。在大学里，法国的大学和外国的大学，她一直是研究和论文写作的对象，以至于在有的文学系，当有人准备以她为研究方向，撰写论文时，经常会遭到教授的拒绝！这个名字开始得到社会的认可，就像加缪或圣埃克絮佩里一样，有些传媒中心、文化中心和外国的小学、中学以她的名字来命名……就这样，玛格丽特·杜拉斯渐渐地成了偶像，如果说她没有进入法兰西学院，该院宁可接受另一个玛格丽特——玛格丽特·尤瑟纳尔，而杜拉斯偏偏又对她持有相当保留的意见，那是院士们觉得，尤瑟纳尔太有教养，太经典，甚至都可以进先贤祠了。不能不考虑到国家的意识形态，文化需要分量重的东西：杜拉斯怎么能得到那种崇高的荣耀呢？她如此经常地反对各种重复的社会形式，那是她的原话，指的是妨碍自由的各种形式的僵化组织。所以，人们宁愿推荐乔治·桑也不会推荐她！

然而，后杜拉斯时代已经形成。圣伯努瓦街5号，左边四楼，杜拉斯著名的寓所如此具有象征意义的搬迁，她的儿子并非没有痛苦。他坚持要求由自己来处理，不要专业公司帮忙。但那么多物件和纪念品，如何选择、丢弃甚至要毁掉？面对这巨大的任务，他求助于他永远的朋友让-马克·杜里纳，别的朋友也被叫来帮助。战后以来一直在出租的这个套房，如今房东要收回去了。让·马斯科罗也许一度曾想保留它，为什么不把它变成一个纪念场所呢？但这样宏伟的计划要面临的物质困难太多，他不得不放弃，最终决定离开那座如此富有诗意，见证了那么多事件、冲突、争论和个人痛苦的屋子。

弗雷德里克·勒贝莱所写的传记，当初尽管有媒体的强烈支持，最后还是成了灾难。现在，轮到劳尔·阿德莱了，这是当时在新闻界和文化界很显眼的一个人物，她也投入到杜拉斯众多的作品和同样丰富的人生中了。她想写这本书，杜拉斯生前就已经知道，杜拉斯周围的人不无惶恐地等待着这本传记的出版。劳尔·阿德莱靠写传记和散文出名，尤其是她的电视节目更让她“名声大震”。她是一个深受欢迎的主持人，常常发起论争，身上有些知识光环，这也跟她丈夫阿兰·维因斯坦不无关系，后者是法兰西文化电台德高望重的记者，也是一个诗人。作为弗朗索瓦·密特朗总统的文化顾问，劳尔·阿德莱拥有必要的权威介入公共问题和意识形态问题的讨论。许多人已经批评她对杜拉斯的作品缺乏了解，大家都在冷静而审慎地等待她的那部传记出版。事实上，1998年9月那本书出版后不止让一个人惊讶。在最初读到该书的人中，包括让·马斯科罗，他觉得某些段落对他母亲有些冒犯，尤其是事实调查部分。劳尔·阿德莱似乎把这本书的卖点建立在这上面，那也是她研究的中心：关于抵抗运动时期的历史。根据作者和权利人的意愿，保存在国家档案馆中的某些资料应该几年后才能发表，现在却被公开和使用了。这些东西的泄露让杜拉斯的家人感到难堪，却刺激了伽利玛出版社的新闻处，他们从中发现了一个盼都盼不来的促销突破口。杜拉斯与被占领者以及二战期间法奸组织的保安队之间的暧昧关系被摆上了台面，但这些并不足以让人相信杜拉斯两面派到如此程度。这本传记中还加了一些档案照片，其中有些是从法国第一本关于杜拉斯的传记中复制的，包括图片说明。贝尔纳·皮沃在他主持的“文化访谈”节目提出了照片来源与借用问题，但劳尔·阿德莱却以历史研究为借口，为自己辩护，想抹去引起争执的东西。媒体经常说这本书粗暴地揭露了隐私，还指出了书中的差错。伽利玛出版社已经预料到这点，在该书的第二版就做了某些修改。扬·安德烈亚尽管在书中被劳尔·阿德莱大加赞扬，却毫不隐瞒自己的反对意见。

玛格丽特·杜拉斯总是有那么多故事，以至于人们既对她的作品感兴趣，也对她的生活感兴趣，而且总是把二者联系起来，却永远也找不到钥匙和秘径。所以，曾在纽约与玛格丽特·杜拉斯有过短暂接触的让·瓦里耶才重写传记，那部传记将会很棒，详尽而具体。作者用多年的研究结果写成两卷差不多各900页的书，仔细分析杜拉斯的生平，小心翼翼得近乎病态。他的解剖刀很锋利，没有漏掉重要的部分，可杜拉斯身上的所有魅力，那种欲望之美，那种朦胧之爱，那种变幻莫测的声色之乐，还有那种优雅，这些东西统统都消失了，取而代之的是冷冷的事实盘点，就像是执达吏甚至是警察的笔录，让读者心寒。杜拉斯所孕育的那种迷人的东西哪里去了？怎样才能找回她作品中的那一大片波光粼粼的东西呢？那些东西曾把她带到无限广阔的地方。在瓦里耶的这本书中，一切都消失在极准确、极详尽的细节中，它与作品完全是脱节的。那怎么办啊？被剥夺了阅读快乐的读者很想这样回答！

很快，在来自杜拉斯故乡的一个女历史学家克里丝蒂娜·拉雪兹–佩内（Christiane Lachaize–Péné）的发起下，玛格丽特·杜拉斯协会成立了，拉雪兹–佩内来请求我的帮助，因为我是第一个给杜拉斯写传的作者。协会颁布了自己的规章，决定每年在杜拉斯当地庆祝玛格丽特·杜拉斯日，那地方好像现在才匆匆借用了作家的名字似的。有些纪念活动是自发的，一些招牌被竖在了她父亲在帕达扬的村中和特鲁维尔，竖在沿着旧黑岩旅馆旧大厦走向沙滩的台阶上。当时，巴黎市政厅尚未决定是否在要圣伯努瓦街5号的大楼墙面安放牌子，直到多年后，2011年才决定安放。在洛特–加隆省议会及其议长，前总理让·弗朗索瓦–蓬塞（Jean François–Poncet）的发起和推动下，玛格丽特·杜拉斯奖创立，指定了一个出色的评委会每年轮流评出一部剧本、一部文学作品和一个电影作品予以奖励。

让·马斯科罗接受了人们向他提出的大部分建议，允许在全世界演出她母亲的作品，所以，杜拉斯现在是文学界被演出最多的作家之一。她所有的剧本都被上演了，她写的台词也被搬上了舞台，有些作品本来并不是用来演出的，但由于它们有口语化的特点，所以也上了舞台：演员们都愿意演她的作品。阅读她的作品成了一种时尚，很多大演员都津津有味地读她的作品，如法妮·阿尔当（Fanny Ardant）、玛丽–克里斯蒂娜·巴洛（Marie-Christine Barrault）、玛莎·梅丽尔（Macha Méril）、埃里克·热诺维斯（Éric Génovèse）等。雷尔纳出版社和IMEC[1]出版了集体合写的著作，收集了大学里的研究论文、作家和朋友们的见证和大多都没有发表过的图片资料。

在这一活动中，只有扬·安德烈亚保持沉默。当然，他有时也同意见人，接受访谈，但通常来说，还是喜欢沉默，把那个触动他心灵的故事留给自己。那种痕迹对他来说是不可磨灭的。杜拉斯捉住了他，让他信奉犹太教，与外界隔绝（尽管是他自己同意的），让他走进了她巨大的人物画廊。既如此，他此后又怎能脱身？既然他跟她所过的是一种梦幻的、创造出来的、文学的生活，他又怎能回到真实的生活中去呢？如果要洗刷某些人的指责甚至指控，弄清那种互相的幽闭，把事情讲出来，围绕着她的故事最后创作出“文学作品”，那又为什么要回去呢？不过，他给了让·瓦里耶一些说明，一些线索，讲述了他跟杜拉斯一起度过的日子，甚至解释了他曾跟杜拉斯发生过的一些隐秘关系。这一切似乎更像是一种死后的复原和重建，当然很真诚，但可信度如何呢？《那场爱情》的出版（是在一家新出版社——让-雅克·博韦尔出版社——出版的）并没有给这个年轻的哲学系学生带来他一开始就渴望的作家声誉，而是由于生活在杜拉斯身边，他才学会了她的口头语、她的用词用句和她的思维方式。那本书在许多方面都写得很动人，因为它展现了扬·安德烈亚的痛苦，同时，也展现了他们俩共同创造、他却没能进入其秘密的那种非同一般的爱情。写作风格的无意识模仿，会对主题产生某种影响，使之难以卒读，把书变成一份证明或某种社会学专业报告：如何生活在一个文学巨人旁边？如何满足自己的欲望，平息自己的暴力倾向和内心冲动？如何生活在一个如此“世界级”（正如她自己形容的那样）、如此诲人不倦的作家身边，而你又如此年轻、一文不名，自己的性欲望又得不到满足？

杜拉斯去世以后，影响还在继续：她的作品具有那么大的能量，以

「1」IMEC（Institut Mémoires de l'édition contemporaine），法国当代出版资料研究所的缩写。

至于世界上的许多大学生都在写关于她的论文，让大学教授们头疼不已，因为关于她的资料太多了。人们在书目中、旧货店、空阁楼和废纸店里翻寻，想找到她在战争期间或60年代她的书还没有畅销的时候可能写过的文章。那时，为了生计，她被迫写过一些东西。有时，这种搜寻还真有收获：在杜拉斯本人的提醒下，人们不是找到了她在被占期间所写、她当然也没有收入自己作品目录中的一些中篇吗？同样，她也隐瞒了《法兰西帝国》，而那本书却实实在在由伽利玛出版社出版过，1940年5月的《画刊》还在广告界以无与伦比的语言赞美这本书。1944年，尼塞阿出版社出版了一些今天可能被叫作言情小说、主要面向女性读者的平淡无奇的东西：杜拉斯应该也参与了。马克西姆·奥内瓦尔（Maxime Orneval）的《黎明》后面，尤其是匿名的《任性》后面，是不是隐藏着她？那两个故事的情节跟她未来的世界完全吻合，那个世界当时虽未开发，但已经存在，尚未孕育，熊熊烈火已在周边燃烧。先从一些“容易的”小说开始，正如她所说的那样，《塔尔奎尼亚的小马》《直布罗陀水手》《夏夜十点半钟》，尤其是从《劳儿之劫》开始的印度系列。在《任性》这一小故事中，杜拉斯的语言风格已经形成，喜欢省略、同义反复、抽象的符号、简洁的句法，有时像欲望发作一样气喘吁吁。“金色的长发，蓝色的眼睛”，“夏天。这是夏季”，“我对艳遇不感兴趣，因为它从来就是艳遇的幻象”，“现在我摊开了，占了很多地方。必须当心心脏，它可能会破裂，炸开胸腔，这让人想起……一头处于恐怖中的野兽”，“我身上的某些东西待在门外，不愿意回来，在恐怖中搏斗……”，“咖啡成了野兽出没的热带丛林……”，“她感到自己是个活人，很高兴能够呼吸，成为有待发现的一种财富，一种被发现的东西，无边无际……”，等等。

一切都表明这是杜拉斯的原作，但由于没有这篇文章的任何草稿，只有读者和研究者的直觉，所以，尽管杜拉斯承认自己用别的假名写过文章，包括母亲的名字埃莱娜·勒格朗，但这个故事极其发现仍停留在原地。

围绕她的作品和身世，人们仍在编织神奇的故事，就像一个穿越时间的传奇。永远具有同样的魅力，伴随着同样滑稽的玩笑和同样的激情。在戏剧舞台，年轻的剧团在继续演出她的作品，剧目接连不断，新的编排，甚至对同一题材进行文字组接。巴黎和外省的大舞台从此有了杜拉斯的作品作为保留节目，但私人舞台也不例外，比如说在雅典娜剧院，在当时一个年轻剧团埃鲁克–德吕卡剧团的努力下，60年代的“荒诞”剧，那是杜拉斯在舞台真正的起步，一直幸运地由其创办者克莱尔·德吕卡重演，让娜·尚帕涅（Jeanne Champagne）也在不断地开发杜拉斯的作品。

别忘了还有以她的名字命名的“杜拉斯奖”在不断向她表示敬意，这个奖由皮埃尔·贝尔热–伊夫·圣洛朗基金会和特鲁维尔市政府资助和联合创办，他们不但把这个奖颁给来自戏剧界、文学界和电影界的人士，以表彰他的全部著作，而且还围绕着杜拉斯组织讨论和演出。同样，在黑岩旅馆神秘的大厅里（由马莱–史蒂文装饰，已列为历史遗迹）举办的朗读会，对演员们来说，这不是让越来越多的人发现杜拉斯那些往往不那么为人所知的文字的好机会吗？各种各样的活动让她显得无处不在，远远超出了法国国界，因为在所有的大陆，她都被同样多地演出、研究和介绍。当然，就在最近，西贡的那所中学被以她的名字命名，而中国情人的那座屋子也列入计划，将作为观光游览项目！

那么，我们是否可以说她值得崇拜，是文坛的偶像呢？事实上似乎并非如此。围绕在玛格丽特·杜拉斯周围的热情并不属于这种性质。她的阴影区，现在大家都已经看得很清楚；她不妥协的性格，她粗暴、不宽容别人的本性，她的不忠和刻薄都被亲朋好友指了出来，包括扬·安德烈亚，他常常说她太坏；或者是多米尼克·诺盖，他在他那本取名为《永远是杜拉斯》的小书中，没有回避她的众多缺点。杜拉斯的影响和光芒来自别处，其中最重要的是她在读者、作品和她自己之间建立起来的那种亲密关系。这是一个自我完成的故事：认识贯穿在她的书中，尤其是贯穿那种不限于每年出版一本书的文学历险中的人性。每个读者都在时间中前进了，或现在与她一道前进。她的语言给了他们那根秘密的线，他们把它展开后，往往都待在其中。她所讲述的故事，她的故事，永远是独一无二的，但同时又被读者们所熟悉。最后，她讲起了他们。就是这种秘密给作家与读者之间的这种真正关系奠定了基础。这是共同的归属，不管他写的东西多丰富多奇特。所以，那些大作家，如蒙田、帕斯卡尔、卢梭、普鲁斯特——之所以专门列举他们，是因为他们是玛格丽特·杜拉斯的个人参照——他们的真正命运似乎告诉了我们这一点。他们陪伴着他们的读者，带他们在世上行走。跟着他们，读者们感到了前所未有的踏实。这条道路的故事，共同的道路，有复杂的岔道和近道，正是前进中的人类的故事。就像杜拉斯，常常盲目和迷路，常常清醒、反抗、服从、自由、受束缚。我们可以用作品的“现代性”来说明它为什么能走遍世界，但原因远远不止这一点。是因为作品的题材多种多样，还有，它们波光粼粼的东西与矛盾，它们穿透谎言的真诚，它们在人类难以承受的黑夜中的斗争，光与星疯狂的企图，就是深藏在每个人心底的这种精神世界，甚至最无动于衷的人也不例外，它构成了杜拉斯的独特性和真实性。

贫穷但内心富有，傲慢和被弃，反抗与服从，孤独却在人群中自命不凡，渴望行善却又喜好作恶，就是在这种不断的冲突中，一部如此伟大的著作诞生了，被阅读，被传播，别人能得到，作者自己也能得到。

前进道路的既黑暗又光明，跟杜拉斯如此热爱的《随想录》或《忏悔录》的作者同样，因为他们也在离开了这个世界之后，至今仍在谈论一些更晦涩、更秘密的东西，好像那就是人类共同寻找的东西，它尽管深藏不露，却断断续续地闪着光，照亮了人们。

参考书目

杜拉斯的作品（包括电影作品）

01. 《厚颜无耻的人》，小说，普隆出版社，1943。

02. 《平静的生活》，小说，伽利玛出版社，1944。

03. 《抵挡太平洋的堤坝》，小说，伽利玛出版社，1950。

04. 《直布罗陀水手》，小说，伽利玛出版社，1952。

05. 《塔尔奎尼亚的小马》，小说，伽利玛出版社，1953。

06. 《成天上树的日子》，附《巨蟒》《道丹太太》《工地》，短篇小说集，伽利玛出版社，1954。

07. 《广场》，小说，伽利玛出版社，1955。

08. 《琴声如诉》，小说，午夜出版社，1958。

09. 《塞纳-瓦兹的高架桥》，戏剧，伽利玛出版社，1960。

10. 《夏夜十点半钟》，小说，伽利玛出版社，1960。

11. 《广岛之恋》，电影剧本与台词，伽利玛出版社，1960。

12. 《长别离》，电影剧本与台词，与热拉尔·雅尔洛合作，伽利玛出版社，1961。

13. 《昂代斯玛先生的午后》，短篇小说，伽利玛出版社，1962。

14. 《劳儿之劫》，小说，伽利玛出版社，1964。

15. 《戏剧（一）》：《水与森林》《广场》《音乐》，戏剧，伽利玛出版社，1965。

16. 《副领事》，小说，伽利玛出版社，1966。

17. 《英国情人》，小说，伽利玛出版社，1967。

18. 《英国情人》，戏剧，国家人民剧院手册，1968。

19. 《戏剧（二）》：《苏珊娜·安德莱尔》《成天上树的日子》《是的，也许》《萨加语》《一个男人来看我》，戏剧，伽利玛出版社，1968。
20. 《毁灭吧，她说》，小说，午夜出版社，1969。
21. 《毁灭吧，她说》，电影，伯努瓦–雅各布发行，1969。
22. 《阿巴恩，萨巴娜，大卫》，小说，伽利玛出版社，1970。
23. 《爱》，小说，伽利玛出版社，1971。
24. 《啊！欧内斯托》，小说，哈林–奎斯特出版社，1971。
25. 《黄色的，太阳》，电影，莫里埃电影公司，1971。
26. 《娜塔莉·格朗热》，电影，莫里埃电影公司，1972。
27. 《娜塔莉·格朗热》，附《恒河女子》，小说，伽利玛出版社，1973。
28. 《恒河女子》，电影，伯努瓦–雅各布发行，1973。
29. 《印度之歌》，文本、戏剧，伽利玛出版社，1973。
30. 《话多的女人》，与格扎维埃尔·戈蒂埃的谈话，午夜出版社，1974。
31. 《印度之歌》，电影，阿莫利亚里发行，1975。
32. 《加尔各答的荒漠里她的名字叫威尼斯》，电影，伯努瓦–雅各布发行，1976。
33. 《巴克斯泰尔，薇拉·巴克斯泰尔》，电影，N.F.F.发行，1977。
34. 《成天上树的日子》，电影，伯努瓦–雅各布发行，1977。
35. 《卡车》，电影，D.D.电影制作公司，1977。
36. 《卡车》，附《与米歇尔·波尔特的对谈》，午夜出版社，1977。
37. 《玛格丽特·杜拉斯的领地》，与米歇尔·波尔特合作，午夜出版社，1977。
38. 《奥蕾莉娅·斯坦纳（墨尔本）》，电影，巴黎视听艺术公司，1979。
39. 《奥蕾莉娅·斯坦纳（温哥华）》，电影，洛桑电影公司，1979。
40. 《否决的手》，电影，洛桑电影公司，1979。
41. 《黑夜号轮船》，附《塞扎蕾》《否决的手》《奥蕾莉娅·斯坦纳（墨尔本）》《奥蕾莉娅·斯坦纳（温哥华）》《奥蕾莉娅·斯坦纳（巴黎）》，法兰西信使出版社，1979。
42. 《塞扎蕾》，电影，洛桑电影公司，1979。

43. 《伊甸影院》，剧本，法兰西信使出版社，1979。

44. 《八〇年夏》，小说，午夜出版社，1980。

45. 《绿眼睛》，电影手册，1980。

46. 《薇拉·巴克斯泰尔或大西洋海滩》，信天翁出版社，1980。

47. 《坐在走廊里的男人》，短篇小说，午夜出版社，1980。

48. 《阿伽达》，午夜出版社，1981。

49. 《阿伽达或无限阅读》，电影，贝特蒙电影制作公司，1981。

50. 《外界》，阿尔班·米歇尔出版社，1981；1984年P.O.L.出版社再版。

51. 《小女孩与小男孩》，磁带，扬·安德烈亚根据《八〇年夏》改编，玛格丽特·杜拉斯朗读，妇女出版社，1981。

52. 《大西洋人》，电影，贝特蒙制作公司，1981。

53. 《大西洋人》，短篇小说，午夜出版社，1982。

54. 《罗马对话》，电影，朗加·吉塔塔合作制作公司，罗马，1982。

55. 《萨瓦纳湾》，午夜出版社1982年首版，1983年增补版。

56. 《死亡的疾病》，短篇小说，午夜出版社，1983。

57. 《戏剧（三）》：《丛林猛兽》，詹姆斯·洛德、杜拉斯根据亨利·詹姆斯小说改编；《阿斯珀恩文件》，杜拉斯、罗贝尔·昂泰尔姆根据亨利·詹姆斯小说改编；《死亡的舞蹈》，杜拉斯根据奥古斯特·斯特林堡小说改编，戏剧，伽利玛出版社，1984。

58. 《情人》，小说，午夜出版社，1984。

59. 《痛苦》，P.O.L.出版社，1985。

60. 《音乐之二》，伽利玛出版社，1985。

61. 《海鸥》，根据契诃夫的小说改编，伽利玛出版社，1985。

62. 《孩子们》，电影，与让·马斯科罗和让-马克·杜里纳合作，1985。

63. 《乌发碧眼》，午夜出版社，1986。

64. 《诺曼底海滨的妓女》，午夜出版社，1986。

65. 《物质生活》，P.O.L.出版社，1987。

66. 《艾米莉·L》，小说，午夜出版社，1987。

67. 《夏雨》，小说，P.O.L.出版社，1990。

68.《来自中国北方的情人》，小说，伽利玛出版社，1991。

69.《英国情人》戏剧版，伽利玛出版社，1991。

70.《扬·安德烈亚·斯坦纳》，P.O.L.出版社，1992。

71.《写作》，伽利玛出版社，1993。

72.《外面的世界》（《外界》二），由克里斯蒂安娜·布洛-拉巴雷尔辑录并作序，P.O.L.出版社，1993。

73.《这就是一切》，P.O.L.出版社，1995。

74.《写作的海》，埃莱娜·邦贝尔吉的摄影作品，玛尔瓦尔出版社，1996。

75.《小说、电影、戏剧，1943—1993年回顾》，伽利玛出版社，1997。

76.《戏剧（四）》：《薇拉·巴克斯泰尔》、《伊甸影院》、《英国情人》戏剧版、《家》（根据大卫·斯多瑞的小说改编）、《海鸥》，伽利玛出版社，1999。

77.《杜班街邮局和其他访谈》，玛格丽特·杜拉斯、弗朗索瓦·密特朗，伽利玛出版社，2006。

78.《战争笔记及其他》，索菲·博加埃、奥利维埃·科佩整理，P.O.L./IMEC，2006。

79.《作品全集》，共两卷，吉尔·菲利普主编，伽利玛出版社，“七星文库”，2011。

关于杜拉斯的作品

01.《玛格丽特·杜拉斯的小说，关于期限的一个主题》，让-吕克·塞拉兹著，米纳尔出版社，1963。

02.《琴声如诉》，让·贝西埃尔著，评论集，“文学现代时”丛书，博达尔出版社，1972。

03.《玛格丽特·杜拉斯的〈琴声如诉〉》，亨利·米西奥罗著，“今日阅读丛书”，阿歇特出版社，1978。

04.《女性的领地》，马塞尔·马里尼著，午夜出版社，1978。

05. 《玛格丽特·杜拉斯拍电影》，尼科尔–利斯·贝恩海姆著，信天翁出版社，1981。
06. *M. D.*，扬·安德烈亚著，午夜出版社，1983。
07. 《玛格丽特·杜拉斯，本真之通灵者》，玛德莱娜·阿兰著，男人岁月出版社，1984。
08. 《幻想阅读》，玛德莱娜·博孔马诺、杜拉斯，西斯托出版社，小罗尔克斯，比利时，1985。
09. 《玛格丽特·杜拉斯》，米什琳娜·蒂松–布罗著，罗多比出版社，1985。
10. 《玛格丽特·杜拉斯的电影写作》，玛德莱娜·博孔马诺著，信天翁出版社，1985。
11. 《为什么不再害怕玛格丽特·杜拉斯？》，米莱伊·加尔–格鲁贝文，《文学》，第63期，1986.10。
12. 《与杜拉斯共事：〈音乐之二〉》，玛丽–皮埃尔·费尔南德著，伽利玛出版社，1986。
13. 《记忆力周围》，续《关于罗贝尔·昂泰尔姆的一封信》，迪尤尼斯·马斯科罗著，莫里斯·纳多出版社，1987。
14. 《杜拉斯或〈痛苦〉》，达尼埃尔·巴约梅著，大学出版社，1989。
15. 《双重间谍》，皮埃尔·梅尔腾斯著，联合出版社，1989。
16. 《玛格丽特·杜拉斯与自传》，阿列特·阿梅尔著，卡斯多·奥斯特拉尔出版社，1990。
17. 《爱芒代的虚构小说》，让–皮埃尔·塞东著，罗歇出版社，1996。
18. 《玛格丽特·杜拉斯的〈情人〉研究》，多米尼克·德内斯著，椭圆出版社，1997。
19. 《玛格丽特·杜拉斯》，劳尔·阿德莱著，法国国家图书馆“传记”丛书，伽利玛出版社，1998。
20. 《电视谈话》，玛格丽特·杜拉斯、皮埃尔·杜玛耶，续《劳儿的理智》，玛丽–玛德莱娜·勒杀纳著，EPEL出版社，1999。
21. 《词汇的色彩》，玛格丽特·杜拉斯与多米尼克·诺盖的谈话，伯努瓦–雅各布出版社，2001。
22. 《玛格丽特·杜拉斯》，约埃尔·帕热斯–潘东著，椭圆出版社，巴黎，2001。
23. 《玛格丽特·杜拉斯，〈劳儿之劫〉〈副领事〉〈印度之歌〉》，莫尼克·潘东、吉尧姆·基歇南、让·克莱代合著，阿特兰德出版社，2005。
24. 《玛格丽特·杜拉斯，写作与诗意》，多米尼克·德内斯著，拉玛旦出版社，2005。
25. 《玛格丽特·杜拉斯，圣伯努瓦街5号，三楼左边》，让–马克·杜里纳著，都市出版社，2006。
26. 《玛格丽特·杜拉斯：某种写作的抛物线》，让·克莱代主编，水边出版社，2006。
27. 《身体的栖居，论玛格丽特·杜拉斯》，菲利普·维兰著，透明出版社，2010。
28. 《这就是玛格丽特·杜拉斯》，让·瓦里耶著，一、二卷，法雅尔出版社，2006，2010。
29. 《在词汇的镜子上：玛格丽特·杜拉斯小说中的女性身份和家庭关系》，凯塞·L·哈斯凯特著，萨玛出版社，2011。
30. 《玛格丽特·杜拉斯：无限定写作》，约埃尔·帕热斯–潘东著，椭圆出版社，2012。
31. 《与玛格丽特·杜拉斯的谈话》，让–皮埃尔·塞东著，让·克莱代序，弗朗索瓦·布兰出版社，2012。

学报、专刊、特别节目

01. 《你在广岛什么都没看到》，电影研讨会，布鲁塞尔大学社会学研究所出版社，1962。
02. 《雷诺–巴洛丛刊》，第52期，1965.12。
03. 《巨臂》，第2期，“超现实主义”，1967.10。

04. 《这就是电影》，信天翁出版社，1975。
05. 《雷诺–巴洛丛刊》，第89期，1975.10。
06. 《雷诺–巴洛丛刊》，第91期，1976.5。
07. 《迪科/杜拉斯，BDL》，“文学季刊”专号，第26期，水边出版社，波尔多，1999。
08. 《玛格丽特·杜拉斯的领地》，与米歇尔·波尔特合作，INA，1976.5。
09. 《玛格丽特·杜拉斯》，信天翁出版社，1979。
10. 《文学杂志》，第158期，1980.3。
11. 《玛格丽特·杜拉斯在蒙特利尔》，螺旋出版社，蒙特利尔，1981。
12. 《电影作品集》，外联部电视通讯出版社，1983。
13. 《雷诺–巴洛丛刊》，第106期，1983.9。
14. 《萨瓦纳湾，就是你》，米歇尔·波尔特，INA，1984。
15. 《文化访谈》，贝尔纳·皮沃，A2，28，1984.9。
16. 《弓》，第98期，1985。
17. 《写吧，她说，玛格丽特·杜拉斯的想象世界》，布鲁塞尔大学，1985。
18. 《人文科学杂志》，第202期，巴黎–里尔大学，1986年第二季度。
19. 《玛格丽特·杜拉斯与弗朗索瓦·密特朗的谈话》，《他人报》第1、2、3、4、11期。
20. 《磁性之夜》，阿兰·维因斯坦，“法兰西文化”，1987。
21. 《杜拉斯/戈达尔》，J. D. 韦哈根，大洋–法国三台，1987。
22. 《玛格丽特·杜拉斯》，露丝·佩罗，法国电视一台，1988.6.26—7.17。
23. 《磁性之夜》，阿兰·维因斯坦，“法兰西文化”，1989。
24. 《文学杂志》，第278期，1990.6。
25. 《电波之夜》，阿兰·维因斯坦，“法兰西文化”，1990。
26. 《性格》，贝纳尔·拉普，A2，1991.7.5。

一般参考书

01. 《法兰西帝国》，菲利普·罗克、玛格丽特·多纳迪厄著，伽利玛出版社，1940。

02. 《未来之书》，莫里斯·布朗肖著，伽利玛出版社，1943。

03. 《人类》，罗贝尔·昂泰尔姆著，宇宙城出版社，1947。

04. 《共产主义：革命与交流，或价值与需要的辩证关系》，迪尤尼斯·马斯科罗著，伽利玛出版社，1953。

05. 《波兰的信札：关于法国知识分子的苦难》，迪尤尼斯·马斯科罗著，午夜出版社，1957。

06. 《被看见与被听见》，皮埃尔·杜玛耶著，斯多克出版社，1964。

07. 《未完成的谈话》，莫里斯·布朗肖著，伽利玛出版社，1969。

08. 《自动写作》，埃德加·莫兰著，瑟伊出版社，1970。

09. 《我们》，克洛德·鲁瓦著，伽利玛出版社，“福里奥”丛书，1247号，1972。

10. 《我相信早晨》，皮埃尔·戴著，拉封出版社，1976。

11. 《弗朗索瓦·密特朗或历史的诱惑》，弗朗兹–奥利维埃·吉斯贝尔著，瑟伊出版社，1977。

12. 《提行李箱的人们》，埃尔维·哈蒙、帕特里克·罗特曼著，阿尔班·米歇尔出版社，1979。

13. 《愿上帝保佑他们》，莫里斯·纳多著，阿尔班·米歇尔出版社，1979。

14. 《左岸》，赫伯特·洛特曼著，瑟伊出版社，1981。

15. 《无法承认的团体》，莫里斯·布朗肖著，午夜出版社，1983。

16. 《新闻杂集》，米歇尔·芒索著，瑟伊出版社，1984。

17. 《印度支那战争，1945—1954》，雅克·达洛兹著，瑟伊出版社，1987。

18. 《一代人》，埃尔维·哈蒙、帕特里克·罗特曼著，卷一、卷二，瑟伊出版社，1987。

19. 《回忆》，迪尤尼斯·马斯科罗著，莫里斯·纳多出版社，1987。

20. 《殖民时期的女性》，伊冯娜·尼比莱著，斯多克出版社，1990。

21. 《7月14日》，1958—1959，杂志，塞杰尔出版社，“路线”丛书，1990。

22. 《我常回首》，多米尼克·阿朗著，弗拉马利翁出版社，1991。

23. 《巫婆》，第4期，第12期。

译名对照表

人名

A. 万维尔	A.Vanveers
阿贝尔・加缪	Albert Camus
阿贝尔托・贾科梅蒂	Alberto Giacometti
阿尔蒂尔・兰波	Arthur Rimbaud
阿尔芒・萨拉克鲁	Armand Salacrou
阿克塞尔・博戈乌斯拉夫斯基	Axel Bogousslavski
阿兰・阿斯特吕克	Alain Astruc
阿兰・盖斯马尔	Alain Geismar
阿兰・克里维纳	Alain Krivine
阿兰・罗伯–格里耶	Alain Robbe–Grillet
阿兰・维贡德莱	Alain Vircondelet
阿兰・维因斯坦	Alain Veinstein
阿莉达・瓦莉	Alida Valli
阿连德	Allende
阿伦・雷乃	Alain Resnais
阿奈特・维扬	Anette Vaillant
阿涅斯・瓦尔达	Agnès Varda
阿瑟・阿达莫夫	Arthur Adamov
埃德加・德加	Edgar Degas
埃德加・莫兰	Edgar Morin
埃弗努医生	docteur Évenou

埃莱娜·拉戈奈尔	Hélène Lagonelle
埃莱娜·西克苏	Hélène Cixous
埃里奥·维托里尼	Elio Vittorini
艾尔维·勒马松	Hervé Lemasson
艾玛纽埃尔·里瓦	Emmanuelle Riva
艾曼努尔·贝尔勒	Emmanuel Berl
艾米莉·勃朗特	Emily Brontë
艾米莉·狄金森	Emily Dickinson
爱德华七世	Édouard VII
爱尔莎·特里奥莱	Elsa Triolet
爱弥尔·左拉	Émile Zola
安德烈·贝尔托	André Berthaud
安德烈·布勒东	André Breton
安德烈·杜索里埃	André Dussolier
安德烈·弗朗索瓦–彭塞	André François–Poncet
安德烈·弗热隆	André Fougeron
安德烈·格吕克曼	André Glucksmann
安德烈·纪德	André Gide
安德烈·马尔罗	André Malraux
安德烈·芒杜兹	André Mandouze
安德烈·日丹诺夫	Andreï Jdanov
安德烈·于尔曼	André Ullmann
安东·迪亚贝利	Anton Diabelli
安东·契诃夫	Anton Tchékhov
安东尼·博金斯	Anthony Perkins
安东尼奥·维瓦尔第	Antonio Vivaldi
安妮·吉拉尔多	Annie Girardot
安托南·阿尔托	Antonin Artaud
安托万·布隆丹	Antoine Blondin

安托万·德·圣埃克絮佩里	Antoine de Saint-Exupéry
安托万·华托	Antoine Watteau
奥黛特·茹瓦耶	Odette Joyeux
奥蒂斯·雷丁	Otis Redding
奥诺雷·德·巴尔扎克	Honoré de Balzac
巴尔蒂斯	Balthus
保尔·戴鲁莱德	Paul Déroulède
保尔·科兰	Paul Colin
保尔·魏尔伦	Paul Verlaine
保尔-樊尚·福尔-比盖	Paul-Vincent Faure-Biguet
保罗·艾吕雅	Paul Éluard
保罗·达维	Paul Davay
保罗·多纳迪厄（杜拉斯的二哥）	Paul Donnadieu
保罗·菲利普	Paul Philippe
保罗·克洛岱尔	Paul Claudel
保罗·尼赞	Paul Nizan
保罗·塞班	Paul Seban
保罗·瓦雷里	Paul Valéry
鲍里斯·维昂	Boris Vian
贝蒂·多里奥	Betty Doriot
贝蒂·费尔南德兹	Betty Fernandez
贝拉·巴托克	Béla Bartók
贝纳丹·德·圣皮埃尔	Bernadin de Saint-Pierre
贝纳尔·拉普	Bernard Rapp
贝纳尔多·贝托鲁奇	Bernardo Bertolucci
贝特朗	Bertrand
贝特朗·波罗-德尔贝什	Bertrand Poirot-Delpech
贝特朗·布里耶	Bertrand Blier
本雅明·佩雷	Benjamin Péret

彼得・布鲁克	Peter Brook
彼得・汉德克	Peter Handke
毕加索	Picasso
伯努瓦・雅科	Benoît Jacquot
勃拉姆斯	Brahms
博纳德・芒迪亚格	Bonade Mandiargues
博尚	Beauchamps
布莱士・帕斯卡尔	Blaise Pascal
布里斯・帕兰	Brice Parain
布鲁・欧吉尔	Bulle Ogier
布鲁诺・努坦	Bruno Nuytten
查尔斯・劳顿	Charles Laughton
达尼埃尔・班萨伊德	Daniel Bensaïd
达尼埃尔・盖林	Daniel Gélin
大卫・库伯	David Cooper
大卫・鲁塞	David Rousset
黛芬・赛瑞格	Delphine Seyrig
德尼・狄德罗	Denis Diderot
德尼・罗什	Denis Roche
德尼丝・布尔代	Denise Bourdet
德尼丝・勒当泰克	Denise Le Dantec
迪尤尼斯・马斯科罗	Dyonis Mascolo
蒂埃里・莫勒尼	Thierry Maulnier
多米尼克・阿尔班	Dominique Arban
多米尼克・奥利	Dominique Aury
多米尼克・德桑蒂	Dominique Desanti
多米尼克・罗兰	Dominique Rolin
多米尼克・诺盖	Dominique Noguez
多米尼克・桑达	Dominique Sanda

菲德尔・卡斯特罗	Fidel Castro
菲利克斯・伽塔利	Félix Guattari
菲利普・贝当	Philippe Pétain
菲利普・德夏尔特	Philippe Dechartre
菲利普・勒克莱尔	Philippe Leclerc
菲利普・罗克	Philippe Roques
菲利普・索莱尔斯	Philippe Sollers
费德里科・费里尼	Federico Fellini
费多尔・陀思妥耶夫斯基	Fedor Dostoïevski
费利西安・马尔索	Félicien Marceau
弗吉尼亚・伍尔芙	Virginia Woolf
弗拉・安吉利科	Fra Angelico
弗朗索瓦・布歇	François Boucher
弗朗索瓦・达尔朗	François Darlan
弗朗索瓦・卡瓦纳	François Cavanna
弗朗索瓦・卡维格利奥里	François Caviglioli
弗朗索瓦・密特朗	François Mitterrand
弗朗索瓦・莫朗	François Morland
弗朗索瓦・莫里亚克	François Mauriac
弗朗索瓦・努里西埃	François Nourissier
弗朗索瓦丝・阿努尔	Françoise Arnoul
弗朗索瓦丝・萨冈	Fraçoise Sagan
弗朗西娜・马莱	Francine Mallet
弗朗西斯・布伊格	Francis Bouygues
弗朗西斯・卡尔科	Francis Carco
弗朗西斯・蓬热	Francis Ponge
弗朗西斯科・德・戈雅	Francisco de Goya
弗朗兹・卡夫卡	Franz Kafka
弗朗兹・莱哈尔	Franz Lehár

弗朗兹·舒伯特	Franz Schubert
弗里德里希·荷尔德林	Friedrich Hölderlin
格哈德·海勒	Gerhard Heller
格扎维埃尔·戈蒂埃	Xavière Gauthier
哈林–奎斯特	Harlin–Quist
海伦·凯勒	Helen Keller
汉斯·艾斯勒	Hanns Eisler
赫尔曼·梅尔维尔	Herman Melville
赫尔曼·孟德尔	Hermann Mendel
亨利·阿莱格	Henri Alleg
亨利·波尔多	Henry Bordeaux
亨利·伯恩斯坦	Henry Bernstein
亨利·德·蒙弗雷	Henry de Monfreid
亨利·多纳迪厄（杜拉斯的父亲）	Henri Donnadieu
亨利·加尔辛	Henri Garcin
亨利·柯比	Henri Colpi
亨利·米肖	Henri Michaux
亨利·莫尼耶	Henry Monnier
亨利·沙皮耶	Henry Chapier
亨利·韦伯	Henri Weber
亨利·雅姆斯	Henry James
胡陶乐	Huynh Thuy Le
基里科	Chirico
吉贝尔·吉耶米诺	Gilbert Guilleminault
吉尔·德勒兹	Gilles Deleuze
吉尔·科斯塔兹	Gilles Costaz
吉尔·塞加尔	Gilles Segal
吉姆·莫里森	Jim Morrison
吉内塔·维托里尼	Ginetta Vittorini

吉赛尔・哈里米	Gisèle Halimi
加埃坦・皮孔	Gaëtan Picon
加布里埃尔・马塞尔	Gabriel Marcel
加拉・巴尔比赞	Gala Barbisan
加斯东・阿尔芒・德・卡亚维	Gaston Arman de Caillavet
加斯东・伽利玛	Gaston Gallimard
贾马尔・阿姆拉尼	Djamal Amrani
贾米拉・布依莱德	Djamila Bouhired
杰拉尔・德帕迪约	Gérard Depardieu
居斯塔夫・若利	Gustave Joly
居伊・杜缪尔	Guy Dumur
居伊・维尔多	Guy Verdot
卡尔・马克思	Karl Marx
卡伦・布里克森	Karen Blixen
卡洛斯・达勒西奥	Carlos d'Alessio
卡特琳娜・塞勒斯	Catherine Sellers
凯蒂・阿尔贝迪尼	Ketty Albertini
科莱特・戈达尔	Colette Godard
科莱特・马蒂内	Colette Martinet
科斯塔–加夫拉斯	Costa–Gavras
克拉拉・马尔罗	Clara Malraux
克莱贝尔・哈登斯	Kléber Haedens
克莱尔・德吕卡	Claire Deluca
克莱尔・德瓦里厄	Claire Devarrieux
克劳德・奥利维尔	Claude Olivier
克劳德・奥利耶	Claude Ollier
克劳德・贝里	Claude Berri
克劳德・多芬	Claude Dauphin
克劳德・雷吉	Claude Régy

克劳德·莫里亚克	Claude Mauriac
克劳德·莫奈	Claude Monet
克里斯蒂娜·维勒曼	Christine Villemin
克罗德·马丁	Claude Martin
克罗德–埃德蒙德·马尼	Claude–Edmonde Magny
克洛德·达扬古	Claude Daillencourt
克洛德·法雷尔	Claude Farrère
克洛德·列维–斯特劳斯	Claude Lévi–Strauss
克洛德·鲁瓦	Claude Roy
拉比耶	Rabier
拉迪亚德·吉卜林	Rudyard Kipling
拉蒙·费尔南德兹	Ramón Fernandez
拉斯洛·拉伊克	László Rajk
莱昂·布鲁姆	Léon Blum
莱赫·瓦文萨	Lech Walesa
赖内·马利亚·里尔克	Rainer Maria Rilke
劳伦特·特兹弗	Laurent Terzieff
勒考克	Lecoq
勒内·埃鲁克	René Erouk
勒内·德·欧巴尔迪亚	René de Obaldia
勒内·克莱芒	René Clément
勒内·勒鲁瓦	René Leroy
勒内·马里耶·阿尔贝莱	René Marill Albérès
勒内·夏尔	René Char
雷奥·费雷	Léo Ferré
雷蒙·格诺	Raymond Queneau
雷蒙·鲁塞尔	Raymond Roussel
雷纳尔多·哈恩	Reynaldo Hahn
里盖神父	père Riquet

里维耶（杜拉斯父亲的前妻的姓）	Rivère
理查德·康特	Richard Conte
理查德·施特劳斯	Richard Strauss
理查多·阿罗诺维奇	Ricardo Aronovich
路德维希·凡·贝多芬	Ludwig van Beethoven
路易·阿拉贡	Louis Aragon
路易·安托万·圣茹斯特	Louis Antoine Saint-Just
路易·肖韦	Louis Chauvet
路易·于贝尔·贡扎尔夫·利奥泰	Louis Hubert Gonzalve Lyautey
路易-费迪南·塞利纳	Louis-Ferdinand Céline
路易-勒内·德·福雷	Louis-René des Forêts
路易士·鲍维尔	Louis Pauwels
路易斯·布努埃尔	Luis Buñuel
露丝·加西亚-维尔	Luce Garcia-Ville
露丝·佩罗	Luce Perrot
露西娅·波塞	Lucia Bosè
露易丝·拉贝	Louise Labbé
露易丝·米歇尔	Louise Michel
伦勃朗	Rembrandt
罗贝尔·昂泰尔姆	Robert Antelme
罗贝尔·康泰	Robert Kanters
罗贝尔·马莱-史蒂文	Robert Mallet-Stevens
罗贝尔·马兰	Robert Marin
罗贝尔托·马塔	Roberto Matta
罗伯特·冯·穆齐尔	Robert von Musil
罗伯特·米切姆	Robert Mitchum
罗杰·加洛蒂	Roger Garaudy
罗杰·马丁·杜·加尔	Roger Martin du Gard
罗杰·蒙拉于克	Roger Montlahuc

罗杰・尼米尔	Roger Nimier
罗兰・巴特	Roland Barthes
罗兰・杜比雅尔	Roland Dubillard
罗兰・多热莱斯	Roland Dorgelès
罗兰・卡斯特罗	Roland Castro
罗密・施奈德	Romy Schneider
罗斯柴尔德	Rothschild
罗斯福	Roosevelt
洛朗・卡萨诺瓦	Laurent Casanova
吕克・埃斯坦	Luc Estang
吕西安娜・萨瓦兰	Lucienne Savarin
马蒂厄・加雷	Matthieu Galey
马蒂厄・卡里埃尔	Mathieu Carrière
马蒂娜・谢瓦里埃	Martine Chevallier
马尔科・费雷里	Marco Ferreri
马克斯・贝尔吉耶	Max Bergier
马克斯・法瓦勒里	Max Favalelli
马兰・卡密兹	Marin Karmitz
马里沃	Marivaux
马塞尔・阿夏尔	Marcel Achard
马塞尔・奥菲尔斯	Marcel Ophüls
马塞尔・卡尔内	Marcel Carné
马塞尔・穆鲁吉	Marcel Mouloudji
马塞尔・普鲁斯特	Marcel Proust
玛德莱娜・雷诺	Madeleine Renaud
玛德莱娜・夏普萨尔	Madeleine Chapsal
玛德琳・德・史居里	Madeleine de Scudéry
玛格丽特・杜拉斯	Marguerite Duras
玛格丽特・多纳迪厄（杜拉斯的原名）	Marguerite Donnadieu

玛丽·多纳迪厄（杜拉斯的母亲）	Marie Donnadieu
玛丽·勒格朗（杜拉斯母亲的闺名）	Marie Legrand
玛丽·洛朗桑	Marie Laurencin
玛丽–安吉·杜泰伊	Marie–Ange Dutheil
玛丽–弗朗丝	Marie–France
玛丽–弗朗丝·皮西埃	Marie–France Pisier
玛丽–克罗德·卡朋特	Marie–Claude Carpenter
玛丽–露易丝·昂泰尔姆	Marie–Louise Antelme
玛丽娜·弗拉迪	Marina Vlady
玛丽–皮埃尔·费尔南德	Marie–Pierre Fernandès
迈克尔·隆斯达尔	Michael Lonsdale
梅萨里·哈吉	Messali Hadj
米哈伊尔·戈尔巴乔夫	Mikhaïl Gorbatchev
米开朗基罗·安东尼奥尼	Michelangelo Antonioni
米开朗琪罗	Michel–Ange
米歇尔·波尔特	Michelle Porte
米歇尔·布托	Michel Butor
米歇尔·戴昂	Michel Déon
米歇尔·德·圣皮埃尔	Michel de Saint–Pierre
米歇尔·德布雷	Michel Debré
米歇尔·福柯	Michel Foucault
米歇尔·莱里斯	Michel Leiris
米歇尔·罗卡尔	Michel Rocard
米歇尔·芒索	Michèle Manceaux
米歇尔·普拉蒂尼	Michel Platini
民兵泰尔	milicien Terle
缪缪	Miou–Miou
莫里斯·布尔代尔	Maurice Bourdel
莫里斯·布朗肖	Maurice Blanchot

莫里斯・多列士	Maurice Thorez
莫里斯・格雷维斯	Maurice Grévisse
莫里斯・克拉韦尔	Maurice Clavel
莫里斯・梅洛–庞蒂	Maurice Merleau–Ponty
莫里斯・梅特林克	Maurice Maeterlinck
莫里斯・纳多	Maurice Nadeau
莫里斯・雅克蒙	Maurice Jacquemont
莫妮克・昂泰尔姆	Monique Antelme
莫尼克・维蒂希	Monique Wittig
纳蒂娜・普朗塔日奈	Nadine Plantagenest
娜塔莉・萨洛特	Nathalie Sarraute
尼古拉斯・德・斯塔埃尔	Nicolas de Staël
尼科尔・维德莱斯	Nicole Védrès
尼科尔・希思	Nicole Hiss
诺埃尔・法弗尔里埃尔	Noël Favrelière
欧内斯特・米勒・海明威	Ernest Miller Hemingway
欧仁・布丹	Eugène Boudin
欧仁・尤内斯库	Eugène Ionesco
帕特里克・韩波	Patrick Rambaud
皮埃尔・阿迪提	Pierre Arditi
皮埃尔・阿尔贝莱	Pierre Albérès
皮埃尔・阿苏里	Pierre Assouline
皮埃尔・比歇	Pierre Pucheu
皮埃尔・伯努瓦	Pierre Benoît
皮埃尔・博纳尔	Pierre Bonnard
皮埃尔・戴	Pierre Daix
皮埃尔・德里厄・拉罗歇尔	Pierre Drieu La Rochelle
皮埃尔・德普罗日	Pierre Desproges
皮埃尔・多纳迪厄（杜拉斯的大哥）	Pierre Donnadieu

皮埃尔·吉兰·德·贝努维尔	Pierre Guillain de Bénouville
皮埃尔·加克索特	Pierre Gaxotte
皮埃尔·加斯卡尔	Pierre Gascar
皮埃尔·勒里埃特	Pierre Leulliette
皮埃尔·洛蒂	Pierre Loti
皮埃尔·诺拉	Pierre Nora
皮埃尔·维达尔–纳凯	Pierre Vidal–Naquet
皮埃尔·肖尼	Pierre Chaunu
皮埃尔–亨利·西蒙	Pierre–Henri Simon
皮埃尔神父（原名亨利·格鲁埃）	l'abbé Pierre(Henri Grouès)
皮托埃夫家族	les Pitoëff
强尼·哈里戴	Johnny Hallyday
乔·凡·弗利特	Jo Van Fleet
乔治·阿尔诺	Georges Arnaud
乔治·巴塔耶	Georges Bataille
乔治·布拉格	Georges Braque
乔治·弗朗叙	Georges Franju
乔治·勒米尼埃	Georges Lerminier
乔治·芒代尔	Georges Mandel
乔治·蓬皮杜	Georges Pompidou
乔治·维尔森	Georges Wilson
切·格瓦拉	Che Guevara
R. J. 肖法尔	R.J.Chauffard
让·波朗	Jean Paulhan
让·迪维尼奥	Jean Duvignaud
让·杜图尔	Jean Dutourd
让·格拉提安	Jean Gratien
让·季洛杜	Jean Giraudoux
让·加尔捷–布瓦西埃	Jean Galtier–Boissière

让·卡纳帕	Jean Kanapa
让·卡索	Jean Cassou
让·凯罗尔	Jean Cayrol
让·科克托	Jean Cocteau
让·拉辛	Jean Racine
让·马斯科罗	Jean Mascolo
让·穆尼尔	Jean Munier
让·热内	Jean Genet
让·瓦里耶	Jean Vallier
让·夏波	Jean Chapot
让·休斯特	Jean Schuster
让·扎伊	Jean Zay
让–巴蒂斯特·夏尔丹	Jean–Baptiste Chardin
让–保罗·萨特	Jean–Paul Sartre
让–弗朗索瓦·勒维尔	Jean–François Revel
让–路易·巴洛	Jean–Louis Barrault
让–路易·波利	Jean–Louis Bory
让–吕克·戈达尔	Jean–Luc Godard
让–玛丽·勒庞	Jean–Marie Le Pen
让–玛丽·塞罗	Jean–Marie Serreau
让娜·莫罗	Jeanne Moreau
让娜·索凯	Jeanne Soquet
让–皮埃尔·奥蒙	Jean–Pierre Aumont
让–皮埃尔·季洛杜	Jean–Pierre Giraudoux
让–皮埃尔·勒当泰克	Jean–Pierre Le Dantec
让–塞巴斯蒂安·巴克	Jean–Sébastien Bach
让–图森·德桑蒂	Jean–Toussaint Desanti
让–雅克·阿诺	Jean–Jacques Annaud
让–雅克·戈蒂埃	Jean–Jacques Gautier

让–雅克·卢梭	Jean–Jacques Rousseau
热尔曼妮·布雷	Germaine Brée
热拉尔·雅尔洛	Gérard Jarlot
热罗姆·博茹尔	Jérôme Beaujour
热罗姆·勒鲁瓦	Jérôme Leroy
热罗姆·林顿	Jérôme Lindon
热纳维耶芙·塞罗	Geneviève Serreau
热农–加塔洛	Génon–Catalot
茹费里	Jules Ferry
儒勒·列纳尔	Jules Renard
儒勒·罗曼	Jules Romains
儒勒·米什莱	Jules Michelet
若尔热·桑普兰	Jorge Semprun
若里斯–卡尔·于斯曼	Joris–Carl Huysmans
萨贺芬·路易（桑利斯的萨贺芬）	Séraphine Louis
萨米·弗雷	Sami Frey
萨缪埃尔·贝凯特	Samuel Beckett
萨沙·吉特里	Sacha Guitry
塞尔日·朱利	Serge July
塞万提斯	Miguelde Cervantes
沙阿·迪朗	Shah d'Iran
圣西蒙	Saint–Simon
司汤达	Stendhal
斯大林	Staline
斯蒂芬·奥德朗	Stéphane Audran
斯蒂芬·马拉美	Stéphane Mallarmé
斯坦利·库布里克	Stanley Kubrick
苏珊娜·弗隆	Suzanne Flon
苏珊娜·霍雷	Suzanne Horer

塔吉亚娜·穆金娜	Tatiana Moukhine
特拉伊乔·科斯托夫	Traïcho Kostov
托马·罗贝尔·比戈	Thomas Robert Bugeaud
瓦莱里·吉斯卡·德斯坦	Valéry Giscard d'Estaing
威廉·福克纳	William Faulkner
威廉·吉布森	William Gibson
维克多·谢阁兰	Victor Segalen
维维亚娜·弗雷斯特尔	Viviane Forrester
西蒙·诺拉	Simon Nora
西蒙·西涅莱	Simone Signoret
西蒙娜·德·波伏瓦	Simone de Beauvoir
西蒙娜·德尚	Simone Deschamps
夏尔·波德莱尔	Charles Baudelaire
夏尔·戴高乐将军	général Charles de Gaulle
夏尔·吉尔	Charles Gir
夏尔·芒甘	Charles Mangin
夏尔–奥古斯丁·圣伯夫	Charles–Augustin Sainte–Beuve
肖瓦娜·曼加诺	Silvana Mangano
谢尔盖·爱森斯坦	Sergueï Eisenstein
雅克·奥芬巴赫	Jacques Offenbach
雅克·博梅尔	Jacques Baumel
雅克·德瓦尔	Jacques Deval
雅克·多里奥	Jacques Doriot
雅克·厄尔贡	Jacques Heurgon
雅克·拉康	Jacques Lacan
雅克·朗	Jack Lang
雅克·勒马尔尚	Jacques Lemarchand
雅克·里维特	Jacques Rivette
雅克·洛朗	Jacques Laurant

雅克・马蒂内	Jacques Martinet
雅克・欧迪贝尔提	Jacques Audiberti
雅克・韦尔热	Jacques Vergès
雅克琳娜・米歇尔	Jacqueline Michel
雅克琳娜・皮亚蒂埃	Jacqueline Piatier
雅克–拿破仑・福尔–比盖	Jacques–Napoléon Faure–Biguet
雅克–皮埃尔・阿梅特	Jacques–Pierre Amette
亚历山大・S・尼尔	Alexander S. Neill
扬・安德烈亚	Yann Andréa
伊迪丝・琵雅芙	Édith Piaf
伊夫・布兰维尔	Yves Brainville
伊莱娜・林顿	Irène Lindon
伊丽莎白・斯特里德特	Elizabeth Striedter
伊维特・阿默兰	Yvette Hamelin
英格玛・伯格曼	Ingmar Bergman
永田雅一	Nagata Masaichi
于连・格林	Julien Green
约埃尔–布吕内里・考夫曼	Joëlle–Brunerie Kauffmann
约翰・多斯・帕索斯	John Dos Passos
约翰・斯坦贝克	John Steinbeck
约翰内斯・维米尔	Johannes Vermeer
约瑟夫・豪斯	Joseph Hours
约瑟夫・加列尼	Joseph Gallieni
约瑟夫・康拉德	Joseph Conrad
约瑟夫・若弗尔	Joseph Joffre
詹姆斯・乔伊斯	James Joyce
詹尼斯・乔普林	Janis Joplin
朱丽叶・格雷科	Juliette Gréco
茱莉艾塔・玛西娜	Giulietta Masina

地名

奥朗日（法国）	Orange
奥里亚克（法国）	Aurillac
奥洛龙圣玛丽（法国）	Oloron-Sainte-Marie
巴约纳（法国）	Bayonne
北圻（越南）	Tonkin
比特菲尔德（德国）	Bitterfeld
波雷诺（柬埔寨）	Prey nop
布亨瓦尔德（德国）	Buchenwald
布里夫拉盖亚尔德（法国）	Brive-la-Gaillarde
达豪（德国）	Dachau
奠边府（越南）	Diên Biên Phu
杜拉斯（法国）	Duras
多维尔（法国）	Deauville
弗莱纳（法国）	Fresnes
弗雷旺（法国）	Frévent
甘杰城堡（法国）	château de Cangé
贡比涅（法国）	Compiègne
贡布省（柬埔寨）	Kampot
古毡河（越南）	Sông Cô Chiên
河内（越南）	Hanoï
基特伯夫（法国）	Guittebeuf
加莱海峡省（法国）	Pas-de-Calais
嘉定市（越南）	Gia Dinh
金边（柬埔寨）	Phnom Penh
卡比利亚（阿尔及利亚）	Kabylie
克雷泰伊（法国）	Créteil
拉斯佩齐亚（意大利）	La Spezia

拉文斯布吕克（德国）	Ravensbrück
莱维纳克德吉安（法国）	Lévignac-de-Guyenne
琅勃拉邦（老挝）	Luang Prabang
里厄托尔河（法国）	Rieutord
利摩日（法国）	Limoges
利沃纳（意大利）	Livourne
利雪（法国）	Lisieux
龙海（越南）	Long Haï
隆城县（越南）	Long Thành
卢瓦尔-谢尔省（法国）	Loir-et-Cher
洛特-加隆省（法国）	Lot-et-Garonne
马格拉河口（意大利）	Bocca di Magra
马尾藻海	mer des Sargasse
纳韦尔（法国）	Nevers
南圻（越南）	Cochinchine
诺夫勒堡（法国）	Neauphle-le-Château
帕代扬（法国）	Pardaillan
佩里戈（法国）	Périgord
普拉提耶（法国）	Platier
萨尔泰纳（法国）	Sartène
萨瓦省（法国）	Savoie
塞纳河畔诺伊（法国）	Neuilly-sur-Seine
塞纳河畔维特里（法国）	Vitry-sur-Seine
塞特（法国）	Sète
沙沥（越南）	Sadec
沙湾拿吉（老挝）	Savannakhet
圣日耳曼德普雷区（法国）	Saint-Germain-des-Prés
圣特罗佩（法国）	Saint-Tropez
舒瓦齐勒鲁瓦（法国）	Choisy-le-Roi

斯图加特（德国）	Stuttgart
特雷布林卡（波兰）	Treblinka
特鲁维尔（法国）	Trouville
特洛卡德罗（法国）	Trocadéro
万弗（法国）	Vanves
维埃纳（法国）	Vienne
维桑堡（德国）	Wissembourg
翁赞（法国）	Onzain
西贡（越南）	Saigon
锡拉库扎（意大利）	Syracuse
暹罗（泰国古称）	Siam
伊泽尔省（法国）	Isère
永隆（越南）	Vinh Long

图书

杜拉斯著作：

《阿巴恩，萨巴娜，大卫》	*Abahn Sabana David*
《爱》	*L'Amour*
《昂代斯玛先生的午后》	*L'Après-midi de Monsieur Andesmas*
《八〇年夏》	*L'Eté 80*
《成天上树的日子》	*Des journées entières dans les arbres*
《道丹太太》	*Madame Dodin*
《抵挡太平洋的堤坝》	*Un barrage contre le Pacifique*
《地方》	*Les Lieux*
《法兰西帝国》	*L'Empire Français*（与菲利普·罗克合著）
《副领事》	*Le Vice-Consul*
《工地》	*Les Chantiers*
《广场》	*Le Square*

《广岛之恋》	*Hiroshima mon amour*
《黑夜号轮船》	*Le Navire Night*
《恒河女子》	*La Femme du Gange*
《话多的女人》（与格扎维埃尔·戈蒂埃的谈话录）	*Les Parleuses*
《黄色的，太阳》	*Jaune le soleil*
《劳儿之劫》	*Le Ravissement de Lol V. Stein*
《绿眼睛》	*Les Yeux verts*
《巨蟒》	*Le Boa*
《平静的生活》	*La Vie tranquille*
《琴声如诉》	*Moderato cantabile*
《情人》	*L'Amant*
《萨加语》	*Le Shaga*
《萨瓦纳湾》	*Savannah Bay*
《塞纳–瓦兹的高架桥》	*Les Viaducs de la Seine–et–Oise*
《是的，也许》	*Yes, peut–être*
《水与森林》	*Les Eaux et Forêts*
《加尔各答的荒漠里她的名字叫威尼斯》	*Son nom de Venise dans Calcutta desert*
《塔尔奎尼亚的小马》	*Les Petits chevaux de Tarquinia*
《痛苦》	*La Douleur*
《外界》	*Outside*
《厚颜无耻的人》	*Les Impudents*
《物质生活》	*La Vie matérielle*
《夏夜十点半钟》	*Dix heures et demie du soir en été*
《夏雨》	*La Pluie d'été*
《伊甸影院》	*L'Eden Cinéma*
《音乐》	*La Musica*
《音乐之二》	*La Musica deuxième*

《印度之歌》	*India Song*
《英国情人》	*L'Amante anglaise*
《战争笔记》	*Cahiers de la guerre*
《长别离》	*Une aussi longue absence*
《直布罗陀水手》	*Le Marin de Gibraltar*
《来自中国北方的情人》	*L'Amant de la Chine du Nord*

其他作家著作：

《安菲特律翁38》	*Amphitryon 38*（让・季洛杜）
《白痴》	*L'Idiot*（陀思妥耶夫斯基）
《白鲸》	*Moby Dick*（梅尔维尔）
《包法利夫人》	*Madame Bovary*（福楼拜）
《悲惨世界》	*Les Misérables*（雨果）
《变化》	*La Modification*（米歇尔・布托）
《波兰的信札：关于法国知识分子的苦难》（迪尤尼斯・马斯科罗）	*Lettre polonaise : sur la misère intellectuelle en France*
《德意志零年》	*L'An zéro de l'Allemagne*（埃德加・莫兰）
《电影文丛》	*Collection cinéma*（文集）
《恶心》	*La Nausée*（萨特）
《共产主义》	*Le Communisme*（迪尤尼斯・马斯科罗）
《关于一次回忆的尝试》	*Autour d'un effort de mémoire*（迪尤尼斯・马斯科罗）
《海鸥》	*La Mouette*（契诃夫）
《怀疑的时代》	*L'Ere du soupçon*（娜塔莉・萨洛特）
《坏疽》	*La Gangrène*（文集）
《简讯》	*Brèves*（米歇尔・芒索）
《交换》	*L'Échange*（保罗・克洛岱尔）
《局外人》	*L'Étranger*（加缪）

《黎明时的沙漠》 *Le Désert à l'aube*（诺埃尔·法弗尔里埃尔）

《力挺贾米拉·布依莱德》 *Pour Djamila Bouhired*（乔治·阿尔诺、雅克·韦尔热）

《玛格丽特·杜拉斯》 *Marguerite Duras*（阿兰·维贡德莱）

《玛格丽特·杜拉斯在蒙特利尔》 *Marguerite Duras à Montréal*（文集）

《女仆》 *Les Bonnes*（让·热内）

《驱魔》 *Exorcismes*（亨利·米肖）

《人类》 *L'espèce humaine*（罗贝尔·昂泰尔姆）

《日记》 *Journal*（德里厄·拉罗歇尔）

《圣米迦勒与龙》 *Saint Michel et le Dragon*（皮埃尔·勒里埃特）

《圣茹斯特〈作品全集〉导读》（马斯科罗） *Présentation des Œuvres de Saint–Just*

《玩偶之家》 *Maison de poupée*（易卜生）

《文学空间》 *L'Espace littéraire*（莫里斯·布朗肖）

《问题》 *La Question*（亨利·阿莱格）

《我曾是谁》 *Qui je fus*（亨利·米肖）

《我们》 *Nous*（克洛德·鲁瓦）

《我在占领期的日记》 *Mon journal pendant l'Occupation*（让·加尔捷–布瓦西埃）

《巫婆》 *Sorcières*（米什莱）

《野性的游戏》 *Les Jeux sauvages*（保尔·科兰）

《夜动》 *La Nuit remue*（亨利·米肖）

《一只吠叫的猫》 *Un chat qui aboie*（热拉尔·雅尔洛）

《以火之名》 *La Part du feu*（莫里斯·布朗肖）

《与杜拉斯共事》 *Travailler avec Duras*（玛丽–皮埃尔·费尔南德）

《政治面前的战犯》 *Prisonniers de guerre devant la politique*

	（弗朗索瓦·密特朗）
《自我批评》	*Autocritique*（埃德加·莫兰）
《作家十五人》	*Quinze écrivains*（玛德莱娜·夏普萨尔）

报刊

《7月14日》	*Le 14 Juillet*
《巴黎人报》	*Le Parisien*
《巴黎通讯》	*Paris–Presse*
《巴黎早报》	*Matin de Paris*
《大都会》	*Le Métropole*
《灯笼》	*La Lanterne*
《电影世界》	*Cinémonde*
《斗争报》	*Borba*
《法国电影》	*Le Film français*
《法兰西观察家》	*France Observateur*
《法国文学》	*Les Lettres françaises*
《法兰西晚报》	*France–Soir*
《法兰西周日》	*France Dimanche*
《费加罗报》	*Figaro*
《费加罗文学》	*Le Figaro littéraire*
《共产主义手册》	*Les Cahiers du communisme*
《好莱坞电影》	*Hollywood cinéma*
《画刊》	*L'Illustration*
《教会青年》	*Jeunesse de l'Eglise*
《解放报》	*Libération*
《解放的巴黎人》	*Le Parisien libéré*
《精神》	*Esprit*
《巨臂》	*L'Archibras*

《快报》	*L'Express*
《里瓦罗尔》	*Rivarol*
《理工科》	*Il Politecnico*
《洛桑公报》	*La Gazette de Lausanne*
《美术》	*Les Beaux–Arts*
《人道报》	*L'Humanité*
《十字架报》	*La Croix*
《时尚》	*Vogue*
《世界报》	*Le Monde*
《文学》	*Littérature*
《文学杂志》	*Magazine littéraire*
《巫婆》	*Sorcières*
《戏剧小画刊》	*La Petite Illustration théâtrale*
《现代》	*Les Temps modernes*
《现在时》	*Tempo Presente*
《新法兰西杂志》	*Nouvelle Revue Française, NRF*
《新评论》	*Die Neue Rundschau*
《鸭鸣报》	*Canard enchaîné*
《游击队员》	*Franc–Tireur*
《早报》	*Matin*
《战斗报》	*Combat*
《真理与自由》	*Vérité–Liberté*
《震旦报》	*L'Aurore*
《周六晚报》	*Samedi Soir*
《自由报》	*Libres*
《自由学堂》	*L'Ecole libératrice*

电影

《白色的帷幕》　*Les Rideaux blancs*（乔治·弗朗叙）

《处女泉》　*La Source*（英格玛·伯格曼）

《抵挡太平洋的堤坝》　*Barrage contre le Pacifique*（勒内·克莱芒）

《广岛之恋》　*Hiroshima mon amour*（阿伦·雷乃）

《黑人奥菲尔》　*Orfeu Negro*（马塞尔·加缪）

《黑夜，加尔各答》　*Nuit noire, Calcutta*（马兰·卡密兹）

《精疲力尽》　*A bout de souffle*（让–吕克·戈达尔）

《蓝天使》　*L'Ange bleu*（约瑟夫·冯·斯坦伯格）

《情人们》　*Les Amants*（路易·马勒）

《猎人之夜》　*The Night of the Hunter (La Nuit du chasseur)*（查尔斯·劳顿）

《女小偷》　*La Voleuse*（让·夏波）

《漂亮的塞尔日》　*Le Beau Serge*（克劳德·夏布洛尔）

《奇迹的缔造者》　*The Miracle Worker (Miracle en Alabama)*（亚瑟·佩恩）

《奇遇》　*L'Avventura*（米开朗基罗·安东尼奥尼）

《琴声如诉》　*Moderato cantabile*（彼得·布鲁克）

《情人》　*L'Amant*（让–雅克·阿诺）

《少女》　*La Jeune fille*（布努埃尔）

《十诫》　*Les Dix Commandements*（塞西尔·B·戴米尔）

《四百击》　*Les Quatre cents coups*（弗朗索瓦·特吕弗）

《甜蜜的生活》　*La Dolce Vita*（费里尼）

《夜与雾》　*Nuit et Brouillard*（阿伦·雷乃）

《长别离》　*Une aussi longue absence*（亨利·柯比）

《平凡无奇》　*Sans merveille*（电视剧）

《风流寡妇》　*La Veuve joyeuse*（歌剧，弗朗兹·莱哈尔）

《蝴蝶夫人》　*Madame Butterfly*（歌剧，普契尼）

其他

“波拿巴特”咖啡厅	(café) Bonaparte
“德马戈”咖啡厅	(café) Deux Magots
“弗洛尔”咖啡厅	(café) Flore
“皇家圣日耳曼”咖啡厅	(café) Royal Saint-Germain
“利浦”咖啡厅	(café) Lipp
“蒙达纳”咖啡厅	(café) Montana
“桥上皇家”咖啡厅	(café) Pont-Royal
“圣日耳曼”俱乐部	(club) Saint-Germain
“塔布”舞厅	Tabou
“小圣伯努瓦”餐厅	Petit Saint-Benoît
阿尔戈电影公司	Argo
奥赛剧院	Théâtre d'Orsay
博什新剧院	Nouveau Théâtre de Poche
达尼埃尔-索拉诺剧院	Théâtre Daniel-Sorano
当代记忆研究所	Institut de la mémoire contemporaine
电影俱乐部社会主义联合会	Fédération socialiste des ciné-clubs
电影媒体国际联合会	Fédération internationale de la presse cinématographique
电影批评联盟	Union de la critique de cinéma
电影与电视作家协会	Société des écrivains de cinéma et de télévision
法国北方电影公司	COCINOR (Compagnie Cinématographique du Nord)
法国电影与电视批评家协会	Association française des critiques de cinéma et de télévision
法国海洋运输公司	Compagnie des Messageries Maritimes
法兰西喜剧院	Comédie-Française

伽利玛出版社	Gallimard
格拉蒙剧院	Théâtre Gramont
国家人民剧院	TNP (Théâtre National Populaire)
螺旋出版社	Spirale
马蒂兰剧院	Théâtre des Mathurins
穆弗塔尔剧院	Théâtre Mouffetard
尼塞阿出版社	Nicéa
普隆出版社	Plon
塞杰尔出版社	Seghers
瑟伊出版社	Seuil
索兰出版社	Solin
香榭丽舍剧院	Théâtre des Champs–Élysées
宇宙城出版社	Cité universelle
午夜出版社	Minuit

鸣谢

作者谨在此感谢众多组织在他寻找资料的过程中表现出来的友谊和他们所提供的宝贵支持，尤其是马克思主义研究图书馆、国家档案馆、现代出版资料研究所、法国国家图书馆、阿尔及利亚文化中心图书馆、巴黎的天主教研究所图书馆、海外档案中心、电台之家、阿兰·维因斯坦的《磁性之夜》、伽利玛出版社、普隆出版社、《解放报》、《新观察家》、《人道报》的资料中心，共和国总统府新闻处，以及所有让他得以把这项工作继续下去的研究者、大学教授、朋友们和了解玛格丽特·杜拉斯著作与生平的人。

他要特别感谢迪尤尼斯·马斯科罗、让·马斯科罗、莫妮克·昂泰尔姆、埃娃·雅尔洛、德尼丝·勒当泰克、维维亚娜·弗雷斯特尔、克洛德·达扬古、多米尼克·阿尔班、克莱尔·德吕卡、法比安娜·贝热隆、让–雷翁·多纳迪厄、克里斯蒂娜·拉雪兹–佩内、克莱尔·贝内代蒂、迈克尔·隆斯达尔、卡特琳娜·塞勒斯、莫里斯·布朗肖、莫里斯·纳多、米歇尔·波尔特、阿兰·罗伯–格里耶、若尔热·桑普兰、伊维特·阿默兰–巴洛、巴尔蒂斯、艾玛纽埃尔·里瓦、雅尼克·杜科、布里吉特·杜科–杜朗、奥兰比亚·阿贝尔蒂、让–雷翁·多纳蒂厄、多米尼克·德桑蒂、让·弗朗索瓦–蓬塞、弗朗索瓦·巴拉、米歇尔·蓬蒂克，谢谢他们提供的证明、他们的建议和倾听。

最后，他还要感谢他的编辑樊尚·巴尔巴尔、维罗尼克·卡尔蒂、穆里埃尔·贝耶、格莱高利·贝蒂埃–加比埃尔以及为他完成这本书而出了力的赛西尔·基尔伯格和佐薇·涅当斯基。

图书在版编目（CIP）数据

杜拉斯传：一个世纪的穿越 / (法) 阿兰·维贡德莱著；胡小跃，伍倩译. -- 南京：江苏凤凰文艺出版社，2016
ISBN 978-7-5399-9780-3
Ⅰ. ①杜… Ⅱ. ①阿… ②胡… ③伍… Ⅲ. ①迪拉斯 (Duras, Marguerite 1914-1996) —传记 Ⅳ. ①K835.655.6

中国版本图书馆CIP数据核字(2016)第272981号

著作权合同登记号　图字：10-2016-535

书　　名　杜拉斯传：一个世纪的穿越

著　　者　（法）阿兰·维贡德莱　　译　　者　胡小跃　伍　倩
选题策划　儒意图书　　出 版 人　黄小初
出版统筹　柯利明　林苑中　　特约监制　夏　莱　张　琦
责任编辑　李　黎　聂　斌　　特约编辑　郭凤岭
特约校对　马竟芳　　营销统筹　蕊　蕊
责任印制　张军伟　　封面设计　李　琳
出版发行　凤凰出版传媒股份有限公司　江苏凤凰文艺出版社
出版社地址　南京市中央路165号，邮编：210009
出版社网址　http://www.jswenyi.com
印　　刷　北京市十月印刷有限公司　　开　　本　670mm × 980mm　1/16
印　　张　28.75　　字　　数　400千
版　　次　2017年1月第1版　2017年1月第1次印刷
标准书号　ISBN 978-7-5399-9780-3
定　　价　98.00元